Texten fürs Web: Planen, schreiben, multimedial erzählen

Prof. Stefan Heijnk lehrt Print- und Onlinejournalismus an der FH Hannover und arbeitet als Journalist, Medienberater und Texttrainer.

Bevor er dem Ruf an die Hochschule folgte, bekleidete er als Vorstand, Chefredakteur, Redaktionsleiter und Projektmanager unterschiedliche Führungspositionen in namhaften Medien-Unternehmen.

Heijnk ist gelernter Zeitschriftenredakteur, schrieb u.a. für Stern.de und Spiegel.de, trainiert Online-Redakteurinnen und -Redakteure in Agenturen, Verbänden und Unternehmen und berät Medien-Häuser. Seine Kundenliste reicht von ARD bis ZDF, von Behörden über Konzerne und Ministerien bis zu Verbänden.

Stefan Heijnk

Texten fürs Web:

Planen, schreiben, multimedial erzählen

Das Handbuch für Online-Journalisten

2., überarbeitete und erweiterte Auflage

Stefan Heijnk
heijnk@t-online.de

Die Website zum Buch:
www.texten-fuers-web.de

Lektorat: René Schönfeldt
Copy-Editing: Susanne Rudi, Heidelberg; Heike Heijnk, Hamburg
Satz: Almute Kraus, www.exclam.de
Herstellung: Birgit Bäuerlein
Umschlaggestaltung: Helmut Kraus, www.exclam.de
Druck und Bindung: L.E.G.O., S.p.a., Vicenza, Italien

Bibliografische Information der Deutschen Nationalbibliothek
Die Deutsche Nationalbibliothek verzeichnet diese Publikation in der Deutschen Nationalbibliografie; detaillierte bibliografische Daten sind im Internet über http://dnb.d-nb.de abrufbar.

ISBN 978-3-89864-698-7

2., überarbeitete und erweiterte Auflage 2011

Ringstraße 19 B
69115 Heidelberg

5 4 3 2 1 0

Inhalt

Vorwort

So wie es sich abzeichnet, werden in den nächsten Jahren vor allem vier Trends das Web-Publishing prägen: das weitere Hinein-Explodieren des mobilen Internets in den Alltag; das noch engmaschigere Sich-Durchdringen von klassischem WWW und sozialen Netzen; der Versuch der Medienunternehmen, Bezahlschwellen für ihre digitalen Angebote einzurichten; und die Hoffnung, mobile Endgeräte wie das iPad oder das GalaxyTab könnten ein ausgeruhtes Lese-Erlebnis künftig auch an portable Bildschirme binden.

Natürlich werden diese Trends auch das Texten fürs Web beeinflussen und das tägliche Schaffen in den Web-Redaktionen verändern. Schließlich wird das, was auf der großen Bühne geschieht, an den Bildschirmen und an den Tastaturen in Redaktionen und Büros durch Mausklick und Tastendruck zur täglichen Praxis.

Ob im Web daraus dann letztlich erfolgreicher (Text-)Inhalt entsteht, entscheidet sich in jedem Einzelfall im Wesentlichen in zwei Aspekten: Zuerst muss die Web-Strategie stimmen. Selbst die handwerklich saubersten Teaser und Artikel, die scanfreundlichsten Seiten-Layouts und die effizientesten Interaktionsarchitekturen können auf Dauer nur dann in eine gewünschte Richtung wirken, wenn diese Richtung festgelegt ist. Das klingt zwar nach Binsenweisheit, ist aber nach wie vor längst keine Selbstverständlichkeit. Ohne Strategie wird auch das beste Handwerk wirkungslos verpuffen. Fehlen also ein Planungshorizont und ein definiertes Ziel, dann ist auch im digitalen Publizieren alles nichts.

Und dann kommt es natürlich auf die Website selbst an. In jeder Sekunde, mit jedem Visit und mit jeder Pageimpression stimmen die Nutzer im Web per Mausklick, ob am Schreibtisch oder unterwegs, über das Wohl und Wehe einer Website ab. Und dies letztlich an nur zwei Standard-Orten: auf den Website-Übersichtsseiten und auf den Website-Innenseiten. Was auf ihnen zu sehen und zu lesen ist und natürlich die Muster, in denen diese Seiten intern und extern mit dem Web verwoben werden – das ist das, was im Zentrum steht.

Dieses Buch bietet Wissen über beides, über Strategie und Handwerk im Web-Publishing: Es liefert Ansatzpunkte für das Planen nutzerfreundlicher Websites und für die strategische Website-Analyse. Und es erläutert detailliert und in zahlreichen Beispielen, worauf es im Texterinnen- und Texter-Handwerk für scan- und lesefreundliche Übersichts- und Innenseiten wirklich ankommt – von der Gestaltung wahrnehmungsoptimaler Seiten-Templates über das Schreiben suchmaschinenoptimierter Überschriften bis hin zur Produktion multimedialer Web-Specials. Leitend sind dabei drei programmatische Thesen:

- Visuelle Interfaces und effiziente Interaktionsarchitekturen entscheiden auf allen Plattformen und in sämtlichen digital adressierten Zielgruppen über die User Experience (UX) im Web. Kenntnisse über das kognitionspsychologisch optimale Gestalten und Vernetzen von Web-Seiten sind und bleiben deshalb unverzichtbar für mediengerechtes Texten im Web. Web-Texterinnen und Texter brauchen deshalb fundiertes **Wissen fürs Inhalt-Planen**.

- Die Schriftsprache ist nach wie vor der dominante Vermittlungsmodus im Web. Audio- und Video-Elemente haben selbstverständlich ihren Platz, doch das geschriebene Wort wird auf absehbare Zeit der Dreh- und Angelpunkt erfolgreichen Web-Publishings bleiben. Web-Texterinnen und Texter brauchen deshalb praxisgerechtes **Wissen fürs Schreiben im Web**.

- Das Texten fürs Web geht weit über das Schreiben fürs Web hinaus. Texten fürs Web bedeutet: die unterschiedlichen Medienmodi Schrift und Foto, Ton und vertontes Bewegtbild professionell zu produzieren, angemessen einzusetzen und mediengerecht miteinander zu verknüpfen. Kenntnisse über multimediales Erzählen und Fertigkeiten im multimedialen Erzählen waren in den vergangenen Jahren zwar eher für publizistische Nischen relevant, werden auf Dauer aber für das Web-Publishing unverzichtbar sein. In der absehbaren Zukunft könnten sie vor allem im Publizieren auf portablen Tablet-Endgeräten zum Schlüsselfaktor werden – sofern das vielfach skizzierte optimistische Szenario zutrifft. Web-Texterinnen und Texter brauchen deshalb zukunftssicheres **Wissen über multimediales Erzählen**.

Gegliedert ist das Buch diesen Thesen folgend in drei Kapitel. Im Kapitel **Planen** (Kapitel 1) geht es weniger um die einzelnen Prozessschritte für konkretes Projektmanagement, denn dafür gibt es schon etliche eigene Buchtitel. Stattdessen geht es im Kern um das, was den Projektmanagement-Leitfäden meist fehlt – um ein grundsätzliches Verständnis der Mediengattung Website und um die Wahrnehmungspsychologie der Website-Nutzer: Wann ist eine Website vollständig? Wie lässt sich das virtuelle Medium Website als abgrenzbare Ganzheit begreifen? Wie nutzen Nutzer dieses immer noch junge Medium? Welche Erwartungen haben sie beim Besuch einer Website? Wohin schauen sie zuerst? Worauf klicken sie zuerst? Wie viel Zeit spendieren sie für das Überfliegen einer Start- oder einer Innenseite? Wie viel Zeit verbringen sie auf den unterschiedlichen Seitentypen? Wie reagieren sie auf Fotos? Wie reagieren sie auf Geschriebenes? Welche Seitenlayouts und welche Navigationsmuster sind ihnen angenehm? Welche Konventionen konnten sich in den vergangenen Jahren etablieren? Und was sagt die Usability-Forschung zu diesen Fragen?

Sicher sind die Antworten darauf vielfach noch im Fluss, werden es auf absehbare Zeit auch bleiben. Manche der in diesem Kapitel formulierten Empfehlungen tragen deshalb sicher noch das Etikett »vorläufig«. Dennoch können die meisten der gegebenen Leitlinien heute nach wissenschaftlichen Kriterien bereits als hinreichend abgesichert gelten. In jedem Fall konzentriert sich das Kapitel stets auf die praxisrelevanten Fragestellungen des Website-Machens. Das in der Erstauflage entwickelte und vorgeschlagene Modell des Content-Kegels als Metapher für ein möglichst griffiges, konzeptionelles Verständnis der Mediengattung Website wird dazu beispielsweise verknüpft mit analytischen Methoden des strategischen Managements (SWOT-Analyse), um es stärker für praktische Belange zu operationalisieren.

Im Kapitel **Schreiben fürs Web** (Kapitel 2) geht es dann um die Grundregeln attraktiven, eingängigen Schreibens und um die speziellen Anforderungen des webgerechten Schreibens – sowohl für die Übersichts- und Artikelseiten auf Websites als auch für die Apps auf mobilen Endgeräten. Thematisiert werden in diesem Kapitel natürlich auch die Regeln des suchmaschinenoptimierten Schreibens, jedoch nicht in einem eigenen Teilkapitel nach dem gängigen Muster der »Zwanzig goldenen Regeln der Onpage-Search-Engine-Optimization (SEO)«. Stattdessen werden die SEO-Tipps punktuell dort eingewoben, wo es inhaltlich passend erscheint, Optimierungsregeln für Überschriften also im Teilkapitel Überschriften, Optimierungsregeln für Artikelseiten im Teilkapitel über Artikelseiten. Zudem wird die SEO perspektivisch betrachtet: Es wird ausgeleuchtet, in welche Richtung sich die SEO ganz grundsätzlich entwickelt und worauf Online-Redakteurinnen und -Redakteure sich am besten schon heute einstellen sollten. Das Kapitel liefert also nicht nur eine Handvoll SEO-Kochrezepte, sondern kümmert sich auch um die längerfristigen SEO-Trends. Zum Start in dieses Kapitel werden Tipps und Tricks vor allem für Einsteiger gegeben, fortgeschrittene Texterinnen und Texter können diesen Teil überspringen.

Wer Multimedia mediengerecht und zielgruppenorientiert einsetzen will, braucht Wissen darüber, wann welcher Vermittlungsmodus der richtige ist. Genau dies steht im Zentrum des Kapitels **Multimediales Erzählen** (Kapitel 3): Welche Stärken und welche Schwächen haben die einzelnen Medienmodi, also Schrift und Foto, Audio und Video, Animation und Daten? Wann ist beispielsweise Schrift als Vermittlungsmodus für ein Thema besser geeignet als Audio? Wann ist ein Foto oder eine Bilderstrecke besser geeignet als ein Video? Und wann ist es genau umgekehrt? Worauf ist zu achten, wenn ein Artikel mit Audiokomponenten ergänzt wird? Muss die Audiodatei dann den Text wiederholen oder muss sie ihn ergänzen? Dies und mehr wird hier detailliert unter die Lupe genommen.

Zusätzlich wird für jeden Medienmodus in konkreten Beispielen gezeigt, was dabei herauskommt, wenn die webtypischen Freiheitsgrade wie Dreidimensionalität oder Interaktivität wirklich ausgeschöpft werden: Wie sieht das beispielsweise ganz praktisch aus, wenn webtypische Interaktivität in ein Video eingebaut und nicht nur um das Video herum gebaut wird? Wie sieht es aus, wenn Nachrichten nicht als Artikel, sondern als 3D-Animationen dargestellt werden? Oder: Wie sieht das aus, wenn Fotos vertikal, horizontal oder in der Tiefe entgrenzt werden? In der Zusammenschau der Beispiele liefert das Kapitel also eine Matrix des im Web Möglichen. Sie soll orientieren und Impulse geben für eigene Projektideen und für die Diskussionen innerhalb der Redaktion oder mit Agenturen. Ähnlich funktioniert auch der zweite Teil des Kapitels: Hier wird der vor knapp zehn Jahren in der Erstauflage skizzierte und heute in vielen Facetten etablierte Kanon onlinetypischer Darstellungsformen in Beispielen vorgestellt und erläutert. Und natürlich werden auch praktische Tipps für die Umsetzung in eigenen Produktionen gegeben.

Das Buch richtet sich dabei nicht allein an Journalistinnen und Journalisten, sondern an alle, die Inhalt fürs mobil oder stationär genutzte Web planen, schreiben und/oder multimedial produzieren – also ausdrücklich auch an Redakteurinnen und Redakteure in Unternehmen, Organisationen, Verbänden und

Behörden. Schließlich ist attraktives Texten im Web heute längst nicht mehr nur eine Aufgabe für Journalisten-Profis, sondern für alle, die darauf angewiesen sind, ihre Zielgruppen im Web professionell anzusprechen und zu informieren. John Paul Titlow, Kolumnist des renommierten US-Tech-Blogs readwriteweb.com hat es vor einiger Zeit einmal so skizziert: »Heute reicht es einfach nicht mehr aus, ein einladendes Schaufenster und tolle physische oder digitale Produkte zu haben. Angetrieben durch soziale Medien, mit denen sogar die Suchmaschinen kaum Schritt halten können, ist das Web heute ein Echtzeitmedium. Wie können gerade Kleinunternehmen darin konkurrenzfähig bleiben? Ein entscheidender Teil der Antwort auf diese Frage ist etwas, woran die meisten Unternehmen bislang keinen Gedanken verschwenden mussten: sich im Web als Verleger zu verstehen.«

Professionelles Schreib-Handwerk wird deshalb heute fast überall im Web benötigt – nicht nur im Journalismus. Wenn dieses Buch Sie als Texterin oder Texter darin unterstützt, im Web noch professioneller und noch zielgerichteter zu publizieren, dann hat es sein Ziel erreicht. Die im Web zugänglichen Quellen werden übrigens auf www.texten-fuers-web.de als Literaturverzeichnis versammelt, damit Ihnen das lästige URL-Abtippen erspart bleibt. Und als besonderes Bonbon gibt es unter www.dpunkt.de auch die Erstauflage dieses Buches zum kostenlosen Download.

Danken möchte ich an dieser Stelle sehr herzlich all jenen, die zum Werden dieses Buches beigetragen haben: Bernhard Többen, Werner Bogula und Ulf Grüner für viele anregende Fachgespräche; Antje Blinda, Ralf Böcker, Werner Bogula und Arnd Schirmer fürs kritische Gegenlesen des Manuskripts und wertvolle Anregungen in der Schlussphase der Buchproduktion; meinen Studierenden im Journalistik-Studiengang an der FH Hannover sowie den Workshop-Teilnehmerinnen und Teilnehmern bei news aktuell, an der ARD-ZDF-Medienakademie und in vielen anderen Weiterbildungsveranstaltungen für viele aufschlussreiche Diskussionen; René Schönfeldt vom dpunkt.verlag für die konstruktive Zusammenarbeit und das entgegengebrachte Vertrauen; Almute und Helmut Kraus von Exclam für das wunderschöne Buch-Layout. Und ganz besonders danke ich meiner Frau Heike und meinem Sohn Henrik für die Geduld und die Unterstützung in den vergangenen Monaten. Und für die Liebe. Euch beiden ist dieses Buch von Herzen gewidmet.

Stefan Heijnk, Hamburg im März 2011

Kapitel 1

Planen fürs Web

Wer eine Website zu konzipieren, ein Themenpaket zu schnüren oder auch nur einen Printartikel fürs Web zu adaptieren hat, sollte wissen, wie die Nutzer da draußen an den Bildschirmen ticken: Wohin schauen sie zuerst? Wie reagieren sie auf Fotos? Wann steigen sie ins Lesen ein? Wie viele Sekunden spendieren sie fürs Überfliegen von Startseiten oder inneren Seiten? Welche Layouts sind ihnen angenehm? In diesem Kapitel geht es deshalb um die Psychologie der Nutzer: Vorgestellt werden die wichtigsten Befunde der User-Experience-Forschung zum Blick- und Leseverhalten auf Webseiten. Und es wird gezeigt, was daraus für die Praxis folgt.

Unterschiede: Site-Planen versus Blatt-Machen

Unter Blattmachen versteht man in der Printmedien-Welt das inhaltliche und optische Komponieren von Texten und Bildern zu Zeitungen und Zeitschriften. Inhalt wird dabei in die für alle Printmedien gleichermaßen typische Form aneinandergereihter Papierseiten gebracht. Blattmachen bedeutet also, Inhalt in eine sinnvolle lineare Folge zu überführen. Im Web liegen die Dinge etwas anders: Hier geht es darum, eine ständig wachsende Website angenehm navigabel zu strukturieren und jede einzelne Seite so zu komponieren, dass sie möglichst magnetisch auf Nutzerblicke wirkt.

Eine nutzerfreundliche Site-Struktur und nutzerorientierte Seitenlayouts sind dabei keine Sache des reinen Bauchgefühls, denn fürs Site-Machen auf informierenden Websites liegen aus den vergangenen zehn Jahren inzwischen viele belastbare Leitlinien vor. Sie werden in diesem Kapitel vorgestellt. Oberflächlich betrachtet gehört dieses Wissen vielleicht eher in die Design-Abteilung, doch auch fürs nutzerorientierte Webtexten ist es entscheidend zu wissen, wie die Nutzer auf unterschiedliche Inhalte-Angebote reagieren und in welchem Zeitfenster sie mit den Inhalten interagieren.

Grundsätzlich verhält es sich im Internet vielfach genau umgekehrt zu den Gegebenheiten in Printmedien: Webtexte werden üblicherweise in nonlinearen, virtuellen Netzstrukturen organisiert. Über die sprachnatürliche Wort- und Satzfolge hinausgehende Linearität findet allenfalls in inhaltlich abgegrenzten (kontinuierlichen) Text- oder Seitenpaketen statt. Entsprechend stehen Site-Macher vor völlig neuen Fragen der Inhalte-Organisation – vor allem, weil das Rezipieren von Webinhalten für die Nutzer alles andere als ein Vergnügen ist. Ihre Situation muss deshalb unbedingt von vornherein in die Site-Planung einbezogen werden: Wie kann ihnen im Web das lesensnotwendige Ortsgefühl vermittelt werden? Wie kann das selektive Lesen unterstützen werden? Wie kann man eine intuitive, schnelle und einfache Navigation ermöglichen?

Die Antworten auf diese Fragen liegen im Interface- und Interaktionsdesign. Interfacedesign meint im Schwerpunkt die grafische Gestaltung von Benutzeroberflächen in Mensch-Maschine-Kontakten, hier also zwischen Nutzern und Websites, und zielt darauf, diesen Kontakt so weit wie möglich auf den Menschen hin zu optimieren.

Im Interaktionsdesign geht es hingegen im Schwerpunkt um das, was hinter der Oberfläche liegt. Die Betrachtung ist ganzheitlicher, es wird nicht für ein bereits existierendes Produkt entwickelt, sondern von vornherein für ein neu zu schaffendes Produkt. Praktisch sind die beiden Ansätze kaum voneinander zu trennen. Im Wesentlichen sind es drei Aspekte, die den Kontakt der Nutzer mit einer Website prägen, also darüber entscheiden, ob der Kontakt schon im Moment des Besuchs, aber auch nach dem Besuch, individuell als positiv oder negativ eingeschätzt wird: das Screendesign, der Inhalt und die Navigation.

Greifen diese drei Aspekte in webgerechter Weise ineinander, dann wird die Website davon profitieren, den eingehenden Besucherstrom (Inbound-Traffic) verlustfrei in die Inhalte-Rubriken und zu den Inhalte-Seiten lenken und dort auch vervielfachen. Ob das klappt, hängt konkret davon ab, ob die Site zielgruppenorientiert die passenden Inhalte anbietet, ob sie professionell auf die Suchmaschinen-Robots von Google und Co. eingerichtet ist, ob sie Empfehlungslinks in sozialen Netzwerken generiert und ob Start- und Artikelseiten erwartungskonform layoutet sind.

Forschung I: Zeitschranken

Anders als noch vor ein paar Jahren sind die Website-Startseiten für die Nutzer heute nicht mehr das dominierende Zugangstor. Die Suchergebnislisten in Suchmaschinen und tendenziell vor allem die Empfehlungslinks in sozialen Netzwerken führen die Nutzer vielfach direkt auf die inneren Seiten zu den Artikeln. Gleichwohl ist die Startseite nach wie vor eine wichtige Schaltstelle.

Ob sie ihre Funktionen als Schaufenster, Wegweiser und Zubringer im Website-Nutzer-Kontakt erfüllen kann, entscheidet sich jeweils innerhalb weniger Sekunden. Und die entscheidende Rolle spielt dabei das Screendesign, also die Anordnung der unterschiedlichen Komponenten im Seitenlayout. Ganz wie im richtigen Leben ist der erste Blickkontakt auch für eine Website der vorentscheidende. Ziel jeder Startseite ist es, den Lesern oder Kunden möglichst rasch und störungsfrei das inhaltliche Angebot zu unterbreiten, die Auswahl aus dem Angebot effizient zu unterstützen und dann punktgenau ans Ziel zu führen.

Im Grundsatz geht es dabei zu wie auf einem Wochenmarkt: Die Startseite unterbreitet den Nutzern ihre Angebote und die Nutzer schauen sich zunächst einmal die Auslagen an. Trifft eines der unterbreiteten Angebote auf ein gesteigertes Interesse, dann greift der betreffende Nutzer zu, klickt auf einen Link und guckt sich das Angebotene genauer an. Sind die Angebote für einen Nutzer aber allesamt uninteressant, dann ist die Sache vorbei, noch ehe sie richtig begonnen hat. Analytisch betrachtet verläuft diese Startphase im Kontakt zwischen Website und Nutzer also in einem Dreischritt:

1. Abwarten der Ladezeit
2. Scannen der Startseiten-Inhalte
3. Entscheidung: Mach ich jetzt den ersten Klick oder lass ich's?

Wie viel Geduld die User für das Laden einer Startseite üblicherweise mitbringen, ist für Websites in einigen, meist allerdings schon älteren Studien ausgeleuchtet worden. Die Usability-Forscher Nina Bhatti, Anna Bouch und Allan Kuchinsky beispielsweise konstruierten dazu 2000 in einer Untersuchung mit dem Titel »Integrating User-Perceived Quality into Web Server Design« eine ebenso einfache wie effiziente Versuchsanordnung. Um herauszufinden, wann sich die Geduld der Nutzer erschöpft, platzierten sie auf einer fiktiven Startseite einen Beschleunigungsschalter mit der Aufschrift »Laden der Seite beschleunigen« (sinngemäß übersetzt) und maßen über die Server-Logs dann die Zeit, die verging, bis die Testpersonen den Button anklickten. Ergebnis: Im Durchschnitt geschah dies nach 8,67 Sekunden. Aktuell ist zu vermuten, dass die maximale Wartezeit fürs Laden noch deutlich knapper bemessen sein wird.

Usability-Guru Jakob Nielsen hat zum gleichen Thema in den vergangenen Jahren immer wieder auf nutzerseitige innere Zeitschranken hingewiesen (1993, 1997, zuletzt 2009). Danach werden die Benutzer grundsätzlich schon nach einer Sekunde ungeduldig und registrieren bewusst, dass sie warten müssen. Je länger sie warten müssen, desto größer wird die Ungeduld. Die nächste Zeitschranke wird dann nach etwa zehn Sekunden erreicht – das ist die durchschnittliche zeitliche Länge des Geduldsfadens. In dieser Zeitspanne bis zu zehn Sekunden fangen die Benutzer an abzuschweifen und sind schon

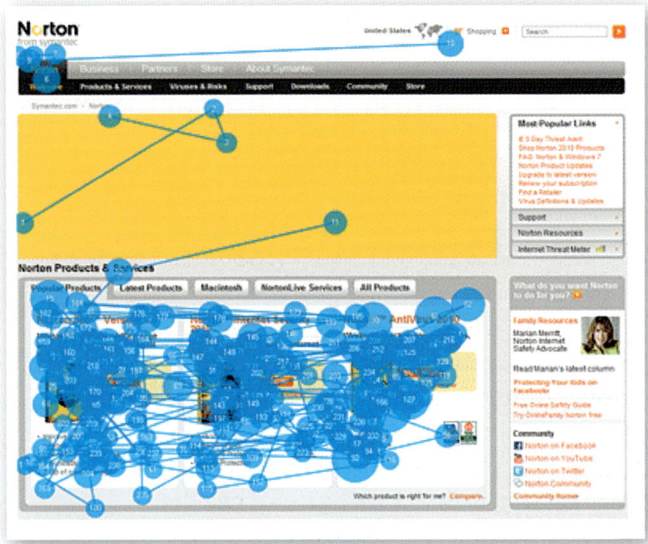

Abb. 1: *Der Blickverlauf oben zeigt: Der Proband hatte keine Lust, die achtsekündige Ladezeit abzuwarten. Während des Ladevorgangs schaute er zuerst ein paar Mal auf das leere Feld und betrachtete in der verbleibenden Kontaktzeit nur noch die alternativen Flächen. Die 23 Prozent Aufmacherfläche generierten nur ein Prozent der gesamten Blickkontakte – eine dramatisch ungünstige Fläche-Nutzen-Relation.*
Unten: Hier hatte der Testkandidat sofort Blickkontakt mit dem Aufmacher. Das Resultat: ein radikal veränderter Blickverlauf.

nicht mehr richtig bei der Sache. Dauert das Laden länger als zehn Sekunden, dann bricht der Flow ab. Oft verlassen die Benutzer die Website dann und nehmen den durch die Wartezeit unterbrochenen Kontakt nicht wieder auf.

Im Jahr 2010 hat Nielsen sich erneut der Ladezeit zugewandt. Großformatige Bilder auf Startseiten spielten in Zeiten der breitbandigen Flatrate-Verbindungen zwar keine nennenswerte Rolle mehr für die maximal verträglichen Wartezeiten, so Nielsen. Sehr wohl problematisch seien aber am Startseitenkopf platzierte Applikationen, etwa Foto-Rotationen. In einer Eyetracking-Studie stellte er dazu fest, dass die Nutzer auf lang ladende Applikationen nicht warten und sich stattdessen schon nach wenigen Momenten den schneller geladenen Alternativen zuwenden. Im konkreten Fall war eine Flash-Animation am Seitenkopf einer Startseite implementiert, die für das Laden acht Sekunden benötigte. Die Blickverläufe bei den ungeduldigen Probanden zeigten eindeutig: Es wird am liebsten gleich losgelegt, schon acht Sekunden Wartezeit waren schlicht zu viel. Wenn der Top-Inhalt einer Startseite also nicht sofort zu sehen ist, dann machen im Idealfall die alternativen Angebote das Rennen, im ungünstigeren Fall kommt es zum Kontaktabbruch. Der investierte Aufwand für die schicke Applikation am Seitenkopf verpuffte also (s. Abb. 1).

Zeitschranken: Was folgt daraus für die Praxis?

Wenn Ihre Startseite nicht spätestens nach acht Sekunden auf dem Bildschirm des Anwenders ist, dann ist es definitiv zu spät. Ihre Inhalte, Ihre Teaser, Ihre Illustrationen, Ihr Corporate Design, Ihre Produkte, Ihre Dienstleistungen können absolut exzellent sein – und haben trotzdem kaum noch eine Chance, überhaupt wahrgenommen zu werden. Diese acht, vielleicht auch zehn Sekunden müssen dabei vermutlich als absolute Obergrenze eingestuft werden, denn es gibt durchaus auch Hinweise darauf, dass die gewährte Ladezeit heute noch weit kürzer ist. Fürs Abwarten der Ladezeit werden also im Normalfall längstens etwa acht Sekunden eingeräumt. Die sich anschließende Scanphase ist dann natürlich stark von persönlichen Faktoren auf Seiten des Nutzers abhängig, ganz wesentlich beispielsweise von der individuellen Intensität des Ausgangsinteresses. Entsprechend kann die Länge der Scanphase von Person zu Person stark variieren. Einigermaßen sicher ist jedoch, dass sie zwar länger ist als die Ladezeitphase, aber trotzdem äußerst knapp bemessen bleibt. Nielsen etwa gibt an, dass zehn Sekunden normalerweise auch die Zeitspanne sind, die Benutzer dafür brauchen, um sich auf einer Webseite umzusehen – ehe sie im ungünstigen Fall zu einem negativen Urteil gelangen und woanders hingehen.

Ist die Scanphase dann vorbei und per Klick eine Artikelseite aufgerufen, kann das Lesen auf den Zielseiten stattfinden. Dort dauert der Besuch auf einer Einzelseite dann etwa 30 bis 60 Sekunden. Das Kieler Marktforschungsinstitut Dr. Parge & Partner stellte 2002 in einer Untersuchung fest, dass das Zeitfenster für das Aufrufen und Scannen der Startseiten-Inhalte eine zeitliche Größe von 25 bis 60 Sekunden hat. Abzüglich der acht Sekunden für die Ladezeit verblieben 17 bis 52 Sekunden für das eigentliche Scannen. Die Internetberatung Dr. Heindl kam in einer Logfile-Analyse 2003 auf Verweilzeiten je betrachteter Webseite von durchschnittlich 53 bis 60 Sekunden in einem Gesamtspektrum von nicht unter 15 Sekunden bis in Einzelfällen weit über 250 Sekunden. Jakob Nielsen wiederum taxierte 2006 die durchschnittliche Verweilzeit für die Startseiten auf 25 bis 35 Sekunden und für die inneren Seiten auf 45 bis 60 Sekunden, Durchschnittsminima und -maxima waren dabei jeweils abhängig von der Webnutzungserfahrung der Nutzer. Je weberfahrener also die Probanden, desto kürzer die Verweilzeiten. Klar ist bei dieser Befundlage: Die Leute sind im Internet ungeduldig. Sie wollen für ihre Zeitinvestition rasch belohnt werden, sonst sind sie weg.

Gelingt es, die User in diesen knappen Zeitfenstern zum ersten Klick und dann zum Lesen zu bewegen, dann ist ein erster entscheidender Schritt geschafft, und die Website hat sich eine Chance auf zusätzliche Klicks erarbeitet. Dabei spielt übrigens keine Rolle, ob die Website primär ein Quotenziel verfolgt, also möglichst viele Seitenabrufe generieren soll, oder ob sie als Corporate Site das Ziel hat, möglichst viele Produkte zu verkaufen, möglichst viele E-Mail-Adressen zu akquirieren oder möglichst viele Kundendaten zu sammeln. Mehr Traffic ist in jedem Fall gut fürs Geschäft. Und mehr Traffic erreichen Sie letztlich nur dann, wenn die User schon in den ersten Augenblicken schnell zu den sie interessierenden Inhalten finden. Schnelle Orientierung und glasklare Gewichtung sind deshalb das A und O für jedes StartSeitenlayout.

Tipp: Messen Sie gelegentlich die technische Ladezeit für Ihre Startseite auf Standardrechnern. Mehr als zwei Sekunden Ladezeit auf jeweils typischen Endgeräten sind in vielerlei Hinsicht schon zu viel. Wie ein typischer Standardrechner technisch ausgestattet ist, hängt von der jeweiligen Zielgruppe ab. Hier geben die Logdaten des Website-Servers aussagekräftige Hinweise. Schauen Sie also zuerst auf Ihre Logdaten. Und sind Sie sich nicht sicher, ob Ihre Start- und Artikelseiten von Ihren Nutzern angemessen schnell erfasst werden können, dann bietet sich eine Blickaufzeichungsuntersuchung an, ein sogenanntes Eyetracking. Damit wird im Labor beispielsweise festgestellt, wohin die Testnutzer auf einer gerade betrachteten Seite tatsächlich schauen, wie lange der Blick auf bestimmten Komponenten verweilt oder wann der Blickkontakt abbricht beziehungsweise eine interne Suche angesteuert wird. Aus den gewonnenen Eyetracking-Daten lassen sich dann konkrete Optimierungen ableiten.

Forschung II: Positionserwartungen – was gehört wohin?

Wenn Menschen Medien nutzen, dann wissen sie meist ohne weiteres Nachdenken, was mit dem jeweiligen Medium zu tun ist. Wenn Sie beispielsweise jetzt eine Zeitung in die Hand nehmen, dann wissen Sie aus dem Stand, wie viele Seiten sie in etwa hat, dass die Seiten nummeriert sind, dass die wichtigsten Themen auf der ersten Seite stehen, dass sie thematisch in Ressorts und physisch in sogenannte Bücher unterteilt ist und so fort. All dies wissen Sie, weil es Ihnen im mehr oder minder regelmäßigen Umgang mit Zeitungen vertraut geworden und buchstäblich in Fleisch und Blut übergegangen ist. Der Vorteil dieses Wissens liegt darin, dass Sie sich in jeder beliebigen Zeitung schnell zurechtfinden können: Wer darüber Bescheid weiß, wie eine Zeitung aufgebaut ist, kann sie auch effizienter nutzen.

Die Kognitionspsychologie nennt ein solches Wissen über Dinge oder Vorgänge ein mentales Modell oder Schema, für Mediengattungen heißen sie Mediengattungsschemata. Sie unterscheiden sich in ihrer Stabilität: Die Zeitung als Mediengattung hat beispielsweise seit ihren Anfängen gut 400 Jahre benötigt, um die heute gebräuchliche, gewohnte Form anzunehmen. Das Zeitungsschema darf deshalb als relativ stabil gelten. Die Website als Mediengattung ist da noch vergleichsweise jung, das Website-Schema entsprechend noch in Bewegung, es zeigt aber durchaus schon einige stabile Konturen.

Dieses Schema zu kennen ist für Website-Macher unabdingbar: Wenn die nutzerseitig investierte Zeit für das Scannen der Inhalte knapp ist, und das ist sie definitiv, dann sollten die Standardkomponenten genau dort stehen, wo sie von den Nutzern auch erwartet werden. Erwartungskonformität in der Positionierung unterstützt das schnelle Sich-Orientieren und spart Zeit. Alles andere kostet Zeit. Der Usability-Forscher Michael Bernard hat sich in den vergangenen Jahren intensiv um die Konturen dieses kognitiven Website-Schemas gekümmert, Basisarbeit geleistet und in mehreren Studien weit über 1000 Testpersonen befragt, an welchen Positionen sie typische Site-Komponenten üblicherweise auf einer Startseite erwarten. Um die Platzierungserwartungen herauszufinden, wurden die Bildschirmflächen

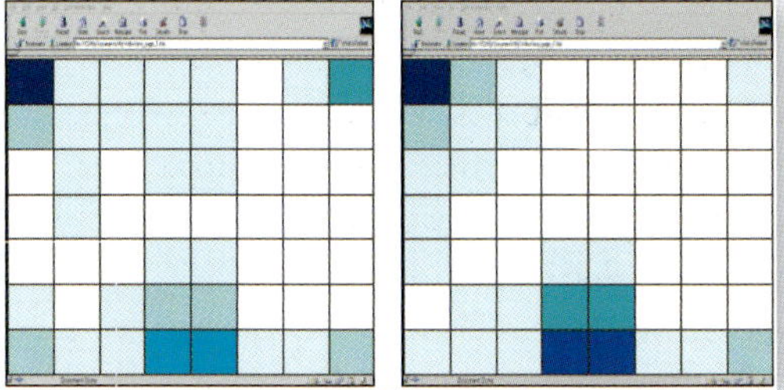

Abb. 2: *Erwartete Position für den »Zurück-zur-Startseite«-Link (bei Nutzern mit weniger als einem Jahr Internet-Nutzung (links) und bei Nutzern mit drei und mehr Jahren Internet-Erfahrung (rechts))*

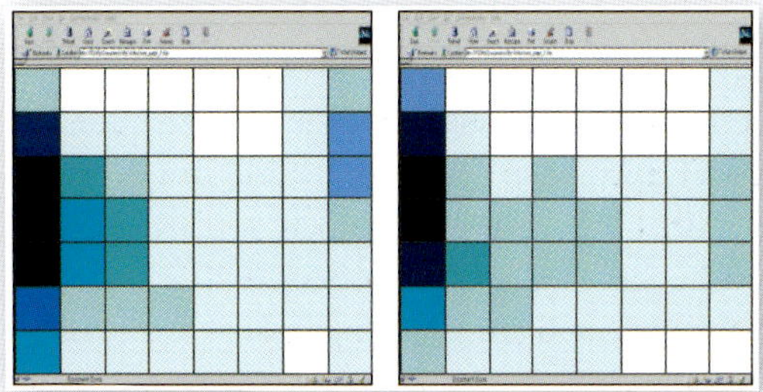

Abb. 3: *Erwartete Position für die Hauptnavigationslinks*

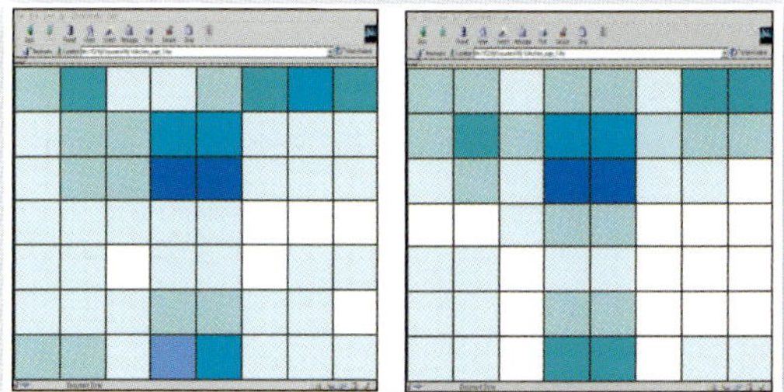

Abb. 4: *Erwartete Position für die Site-interne Suche*

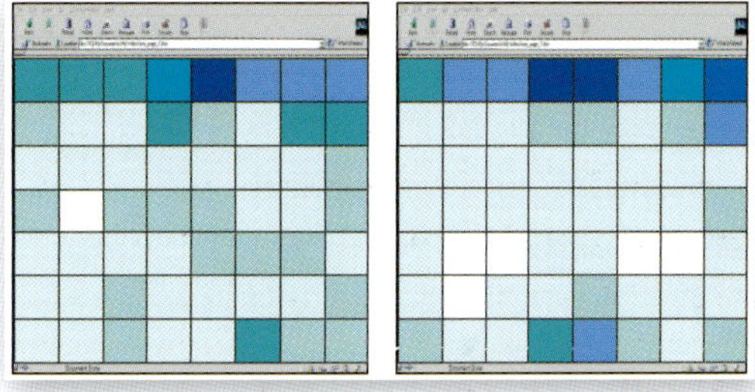

Abb. 5: *Erwartete Position für Werbebanner*

dazu in 56 Quadrate eingeteilt, und die Probanden sollten benennen, in welchem dieser Quadrate sie die einzelnen Seiten-Elemente üblicherweise suchen würden. In seiner ersten Studie aus dem Jahr 2001 befragte Bernard 346 Testpersonen und unterteilte seine Probanden in Neulinge und erfahrene Webuser. Nebeneinander gestellt zeigen die erarbeiteten Befunde deutlich, ob und inwieweit generelle Platzierungserwartungen für Standardkomponenten in Abhängigkeit von der Nutzungserfahrung voneinander abweichen. Im Einzelnen förderte die Untersuchung Ergebnisse wie in den Abbildungen 2 bis 5 zutage (ausgewählte Befunde); das Blau in den Quadraten ist auf den Ergebnisbildern umso dunkler, je öfter ein betreffendes Quadrat von den Probanden als »erwartete Position« angegeben wurde.

In unregelmäßigen Zeitabständen (2002 und 2004) wiederholte Bernard seine Tests und stellte dabei fest, dass sich im westlichen Kulturkreis, also dort, wo von links nach rechts gelesen wird, in vielen Fällen bereits ein deutlicher Konsens über das Website-Schema eingestellt hat. Allerdings gab es im Zeitverlauf für zwei Standardkomponenten auch deutliche Bewegungen in den Positionserwartungen: Die Hauptnavigation wurde 2001 klar in einer linken Spalte erwartet, in 2004 und 2006 sind aber verstärkt auch Positionserwartungen in einer horizontalen Linie am Seitenkopf dokumentiert – hier zeichnete sich also mindestens

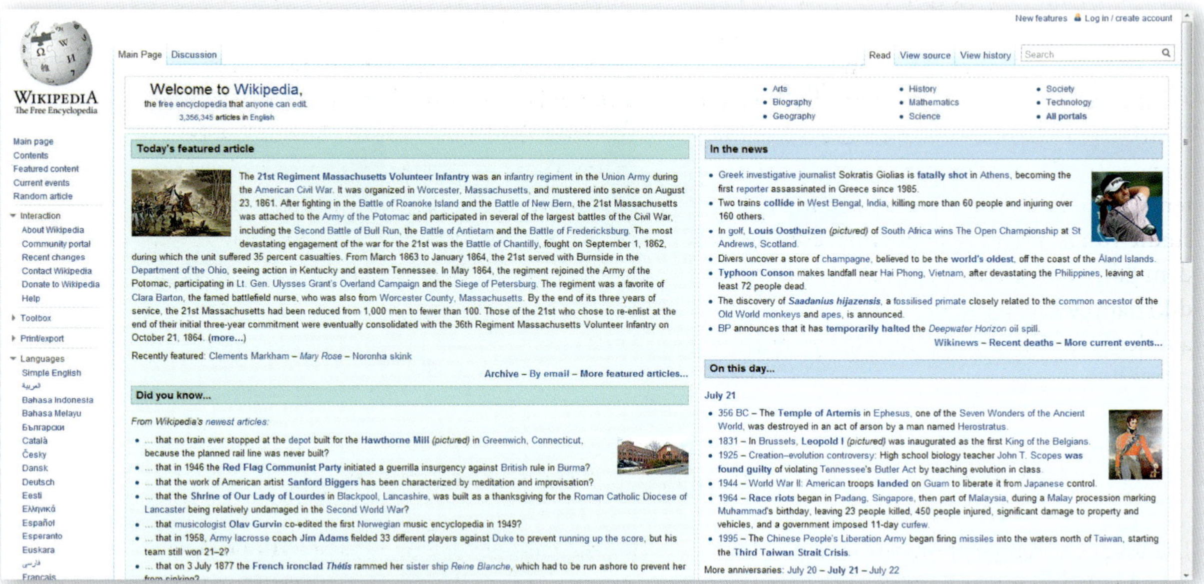

Abb. 6: *Ortswechsel: Auf www.en.wikipedia.org befindet sich das Eingabefeld für die interne Suche nicht mehr links in der Hauptnavigation, sondern rechts oben am Seitenkopf. Bei den Nutzern sorgte diese Änderung für keinerlei Irritation, jedenfalls gab es keine wütenden Proteste.*

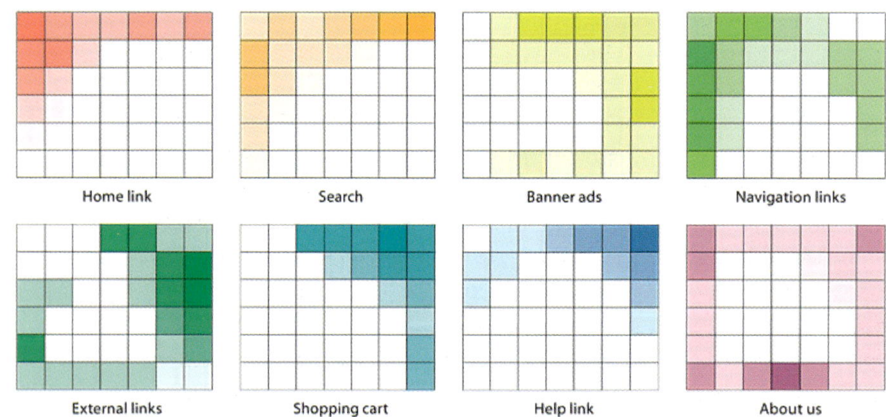

Abb. 7: *Die Website-Forscher Patrick J. Lynch und Sarah Horton haben die Befunde der wichtigsten Studien zu den nutzerseitigen Positionserwartungen grafisch zusammengefasst. Je intensiver die Farbe in den Quadranten, desto häufiger haben die Webnutzer die entsprechende Komponente an der betreffenden Position erwartet.*

ab, dass Hauptnavigationslinks nicht nur links in einer Spalte angemessen sind, sondern auch in einer querlaufenden Zeile am Seitenkopf. Ähnliches war zu beobachten für die erwartete Position der Site-internen Suche: 2002 wurde sie von den Probanden mehrheitlich am Seitenkopf in der Mitte erwartet, in einer Folgestudie von A. Dawn Shaikh und Kelsi Lenz aus dem Jahr 2006 (in leicht veränderter Methodik) dann tendenziell aber eher rechts oben auf der Startseite. Auch wenn die genannten Studien nicht mehr ganz taufrisch sind, so erscheinen sie für praktische Fragen nach wie vor tragfähig: Auf der englischsprachigen Wikipedia-Site beispielsweise wurde 2010 das Sucheingabe-Fenster aus der linken Randspalte nach rechts oben an den Seitenkopf neu positioniert. Zur Begründung dieser Screen-Layout-Änderung verwies das Wikipedia-Team im Wikimedia Technical Blog explizit auf die Shaikh/Lenz-Studie von 2006 sowie auf eigene Tests.

Positionserwartungen: Was folgt daraus für die Praxis?

Die festgestellten Positionserwartungen für einzelne Website-Standardkomponenten bedeuten nicht, dass alles immer genau dort zu stehen hätte, wo es von den Nutzern erwartet wird. Positionsabweichungen von den generalisierten Nutzererwartungen sollten allerdings gut durchdacht und gut begründet sein. Von den Platzierungserwartungen kann also durchaus auch abgewichen werden, wenn nicht gleich mehrere Standardkomponenten an ungewohnter Stelle stehen. Und selbst das kann im Grenzfall freilich Konzept sein. Web-Publishing ist eben keine Mathematik, in der es nur die eine richtige Lösung gäbe, sondern psychologisch determiniert. Im Einzelfall kommt es auf den Gesamtzusammenhang an. Im Web Style Guide von Patrick J. Lynch und Sarah Horton sind die bislang vorliegenden Befunde zu den nutzerseitigen Positionserwartungen für Websites grafisch zusammengefasst worden (s. Abb. 7)

Interessant ist darin beispielsweise, dass die Hauptnavigationslinks vielfach nach wie vor in der linken Randspalte erwartet werden – auch wenn sich diese Erwartung im Lauf der letzten zehn Jahre aufgeweicht hat und zusehends häufiger Positionen in einer Horizontalen am Seitenkopf erwartet werden. Und: Auch für die Benutzerführung auf Tablet-Rechnern wie Apples iPad oder dem Samsungs GalaxyTab spielen diese erlernten Positionsschemata eine maßgebliche Rolle (siehe Abschnitt »Lesen auf dem Tablet«, Seite 30).

Tipp: Positionserwartungen sind dynamisch, sie können sich im Zeitverlauf ändern. Eine Website, die den sich verändernden Positionserwartungen nicht folgt, wirkt irgendwann altbacken. Umgekehrt reagieren Nutzer auf zu viele unübliche Positionen wichtiger Komponenten äußerst sensibel. Die nutzerseitigen Positionserwartungen sind deshalb im Zeitverlauf genau zu beobachten und in Website-Neugestaltungen unbedingt ernst zu nehmen. Checken Sie vor einem Relaunch-Projekt deshalb immer, ob und inwieweit sich die Positionserwartungen für Standard-Webkomponenten verändert haben. Kostenlose Newsletter wie beispielsweise der des Software Usability Research Laboratory halten Sie darüber auf

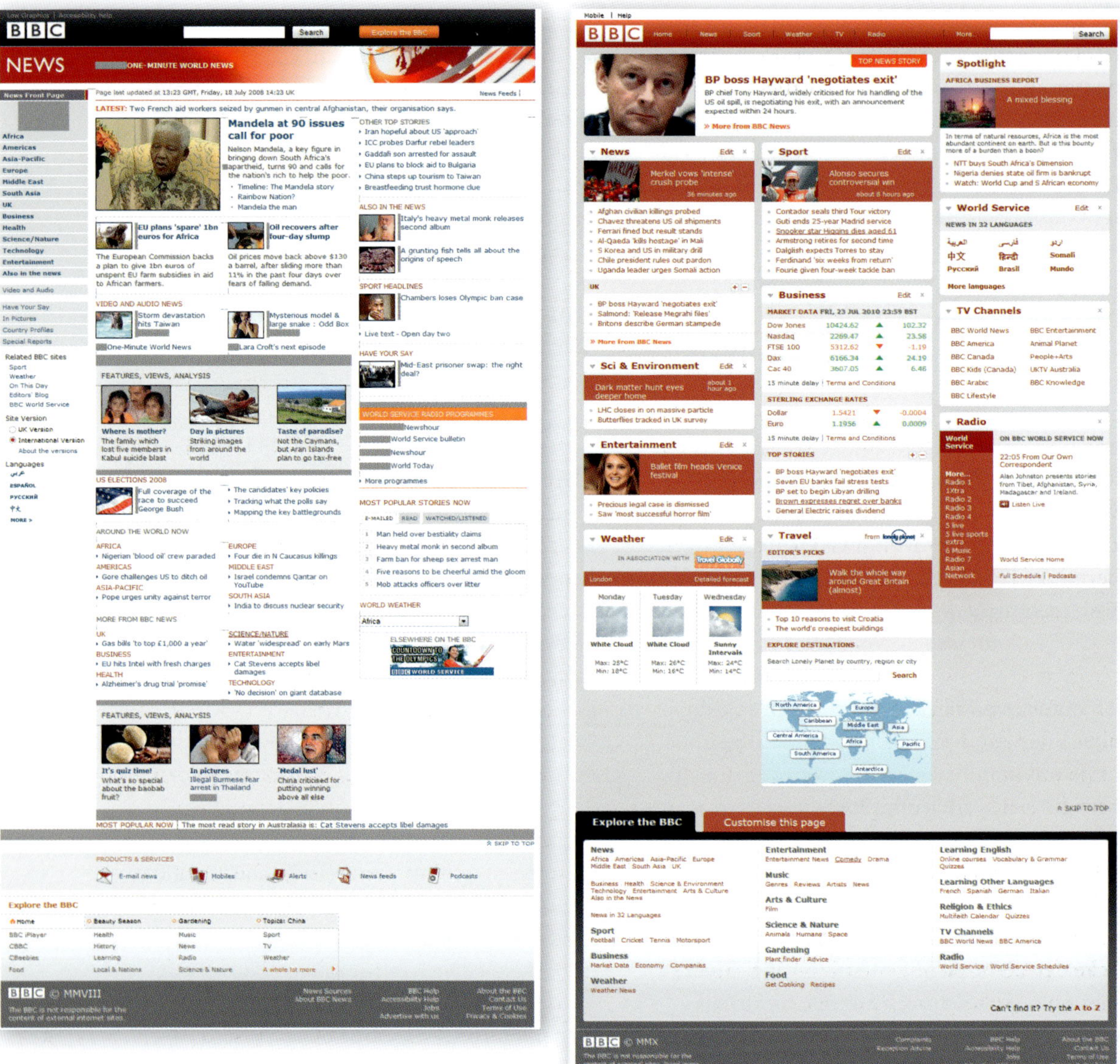

Abb. 8: *Vorher und nachher: Die BBC stellte ihre Website im Sommer 2010 auf ein neues Layout um und erntete dafür heftige Kritik.*

dem Laufenden. Wie heftig die Nutzer reagieren können, wenn Standard-Websitekomponenten in einem Relaunch plötzlich neue, ungewohnte Positionen erhalten, musste Mitte 2010 die BBC-Online-Redaktion erfahren. Das BBC-Redesign-Team hatte die Hauptnavigation der News-Website in der linken Spalte verschwinden lassen und im neuen Screendesign stattdessen querlaufend am Seitenkopf implementiert – die Nutzer liefen auf der BBC-Feedback-Seite dagegen Sturm (s. Abb. 8).

Besonderheiten für E-Commerce-Websites

In der Praxis macht es einen Unterschied, welchen konkreten Zweck eine Website erfüllt und an welche Zielgruppe sie sich richtet. Für die Standard-Komponenten auf Shopping-Websites gibt es beispielsweise eine Reihe spezieller Positionserwartungen. So hat Michael Bernard festgestellt, dass die Nutzer an Shop-Websites zumindest in Teilbereichen deutlich andere Positionserwartungen stellen als jene, die generell für Websites zu beobachten sind. Zu ähnlichen Beobachtungen kommen auch die Usability-Forscher von E-Result aus Göttingen in ihrer »Imagery III«-Auswertung aus dem Jahr 2009. Bernards Befunde aus dem Jahr 2002 sehen für Shopping-Site-Komponenten folgendermaßen aus:

Den Warenkorb platzierten die Teilnehmer der Studie am ehesten in der rechten, oberen Ecke des Bildschirms. Offenkundig scheint hier noch keine generalisierte Erwartungshaltung zu existieren, denn im Vergleich zu anderen typischen Komponenten auf Shopping-Sites sind die Ortserwartungen stark gestreut. Sicher kann man nur sagen: Eine Platzierung des Einkaufskorbs im Seitenzentrum würde den Nutzererwartungen völlig zuwiderlaufen. Michael Bernard, der Autor der Studie, meint, »eine Platzierung am rechten Seitenkopf scheint sich zu etablieren. Zum Beispiel platzieren viele Online-Händler ihren Einkaufskorb an dieser Position, etwa Bestbuy.com, Dell.com, Target.com und andere.«

Den Login/Register-Link erwarteten die meisten Probanden ganz links am Seitenkopf. »Dies«, so Bernard, »stimmt überein mit der Platzierung des Logins auf zahlreichen großen Sites, wie etwa AmericanAirlines.com, DeltaAirlines.com oder globalsources.com.« Der Login-Link werde üblicherweise an diese Stelle gesetzt, weil angenommen werde, dass die Besucher nach dem Seitenaufruf zuerst hierher schauten.

Hilfe- oder Service-Links wurden von den Testpersonen ganz deutlich in der rechten, oberen Ecke erwartet – heute bereits ein Standard auf Shopping-Sites. Entsprechend sollten diese Links unbedingt an dieser Position eingebunden werden.

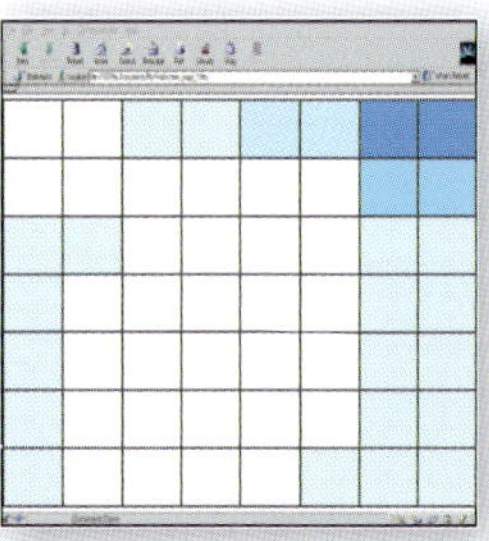

Abb. 9: *Positionserwartung für den Warenkorb*

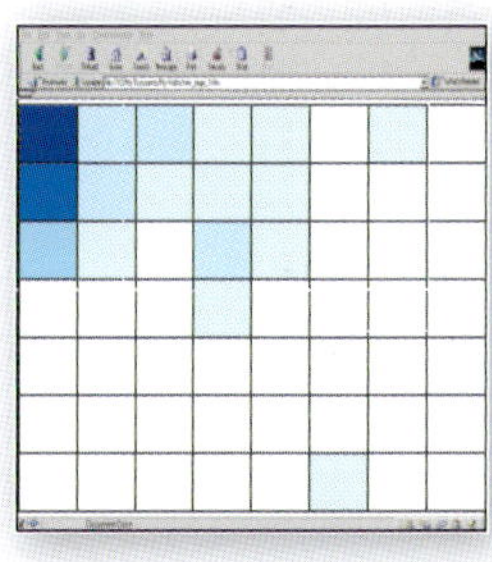

Abb. 10: *Positionserwartung für das Einloggen*

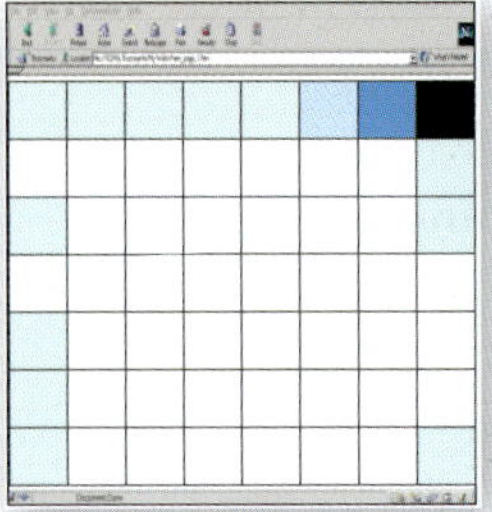

Abb. 11: *Positionserwartung für Hilfe- und Service-Links*

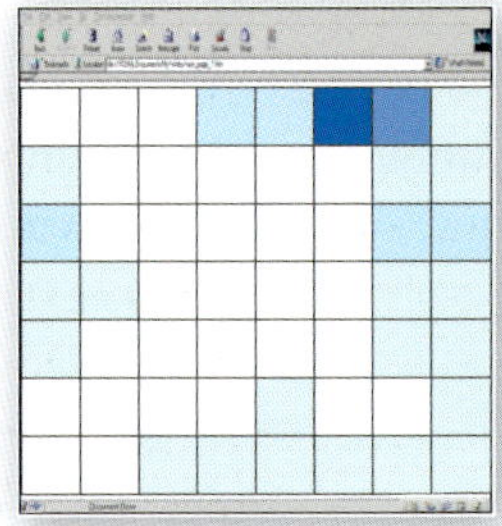

Abb. 12: *Positionserwartung für die Bestellfunktion*

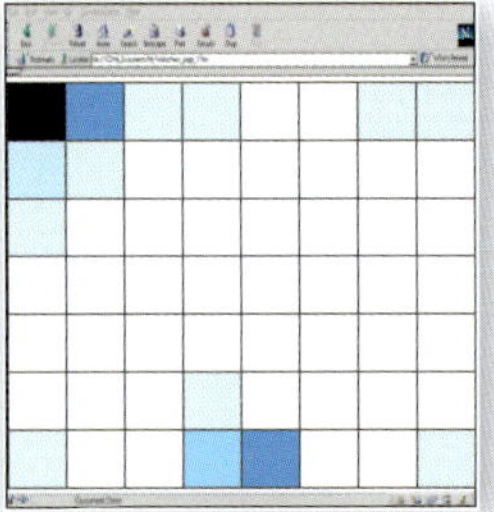

Abb. 13: *Positionserwartung für den Homepage-Link*

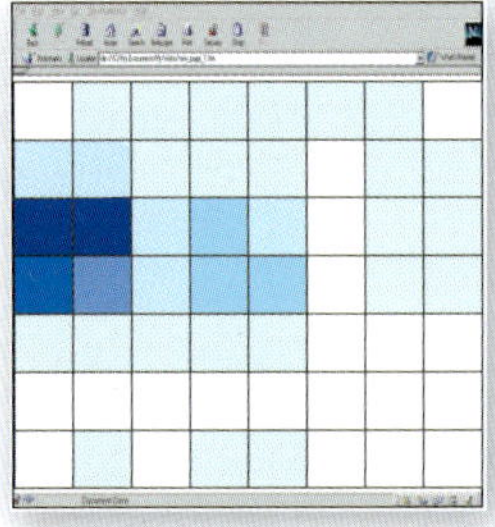

Abb. 14: *Positionserwartung für Merchandise-Komponenten*

Bestellmöglichkeiten wurden von den Testpersonen am oberen Seitenrand erwartet, mit einer deutlichen Tendenz in Richtung rechte Seitenhälfte.

Den »Homepage«-Button für eine schnelle Rückkehr auf die Startseite sehen die meisten Befragten eindeutig links oben in der Ecke – oder in der Mitte am unteren Seitenrand. »Dies«, so Bernard, »war schon vorher so vermutet worden, da beide Stellen herkömmlich für diesen Link genutzt werden und auch von mehreren Stil-Büchern als die angemessenen Orte empfohlen werden.« Entsprechend empfiehlt er, den Homepage-Link an beide Stellen zu setzen.

Merchandise-Komponenten erwarteten die Testpersonen am Seitenrand links in der Mitte. Unter Merchandise-Komponenten sind u.a. Dinge zu subsumieren wie Newsletter, Katalogangebote, Gewinnspiele etc. Interessant ist hier, dass diese Komponenten von etlichen Probanden offenbar auch im Seitenzentrum erwartet wurden.

Vier Maßnahmen für mehr Haftkraft

Stehen die Standard-Komponenten an den zu erwartenden Positionen, dann hat die Website einen stabilen Navigations- und Orientierungsrahmen. Um für die Website jetzt auch inhaltlich Stickyness, also Haftkraft, zu erzeugen, braucht es jedoch noch deutlich mehr. Nicht nur der Rahmen ist möglichst nutzerorientiert zu gestalten, sondern natürlich auch der eigentliche Inhalt. Um ihn optimal zu arrangieren, hilft es, das Layout konsequent auf das typische Nutzerverhalten in der Scan-Phase abzustimmen. Der typische Verlauf dieser Scan-Phase sieht so aus:

1. Auf der Startseite angelangt, stellt sich jeder Nutzer zuerst die Frage: Bin ich hier jetzt auf der gewünschten Site gelandet oder nicht? Entsprechend wird nach Anhaltspunkten gesucht, die diese Frage beantworten.
2. Hat der Nutzer festgestellt, dass er genau dort gelandet ist, wo er hinwollte, dann wird der angebotene Inhalt überflogen. Anhand von Überschriften, Fotos, Grafiken und Teaser-Texten wird das Inhalte-Spektrum taxiert und punktuell überprüft, ob der gerade betrachtete Inhalt gesteigert relevant sein könnte.

3. Scheint dies der Fall zu sein, wird ein erster Link angeklickt und eine erste Artikelseite aufgerufen.

Auf dem Weg von der Startseite zum Volltext durchlaufen die Besucher also mehrere Mikrophasen, und jede birgt potenziell ein Ausstiegsrisiko. Mit Blick auf den typischen Verlauf der Scanphase sind zwei Punkte besonders wichtig: Die Startseite muss in Bruchteilen einer Sekunde glasklar darüber Auskunft geben, was sie ist. Und in den Folgesekunden muss sie möglichst zahlreiche Blickkontakte zwischen Inhalten und Nutzern anregen, damit ein erstes Angebot angeklickt wird. Sie muss klar geordnet kommunizieren, was sie anzubieten hat. Die folgenden Maßnahmen helfen, diese Anforderungen zu meistern.

Maßnahme 1: Glasklare Übersicht

Um die Nutzerblicke möglichst rasch an die Site binden zu können, ist es nützlich zu wissen, an welcher Stelle der Startseite die Nutzer ihren Blickflug typischerweise starten. Dort, wo die Nutzer zuerst hinschauen, sollte auch das zugkräftigste, stärkste Thema platziert werden. Die Befundlage zu dieser Frage ist inzwischen recht eindeutig: Die Nutzer schauen in den ersten Sekunden auf das obere linke Viertel der ersten Bildschirmportion – sofern die angebotenen Bildformate bestimmte Flächengrößen nicht überschreiten (siehe Kapitel 2: »Das optimale Bild«, Seite 103).

Die Fläche oben links ist also der Top-Quadrant jeder Website. Nach dem Aufrufen der Seite schauen die Nutzer auf diese heiße Zone, vor allem, um sich rasch zu orientieren. Das Firmenlogo, der Firmenname und Teile der Hauptnavigation gehören deshalb als visuelle Anker immer in diese Fläche. Neuankömmlingen auf einer Site wird auf diese Weise in Sekundenbruchteilen unzweifelhaft mitgeteilt, wo sie sich jetzt befinden und wie sie navigieren können. Abweichungen von diesem Standard sind zwar nicht von vornherein unsinnig, aber es sollte schon bewusst sein, dass sie in jedem Fall kostbare Zeit verbrauchen. Auf der anderen Seite: Wenn gezielte Abweichungen positiv überraschen, kann natürlich auch ein aufmerksamkeitssteigender Effekt eintreten. Die Website von BMW zum Beispiel ist im

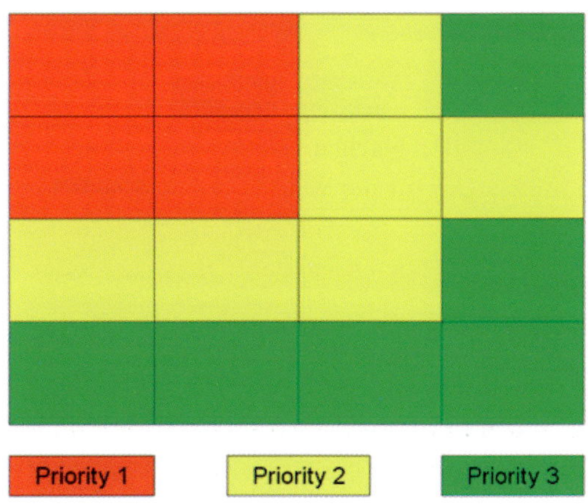

Abb. 15: *Blickverlauf und Top-Quadrant auf informierenden Websites aus der Studie Poynter Eyetrack III.*

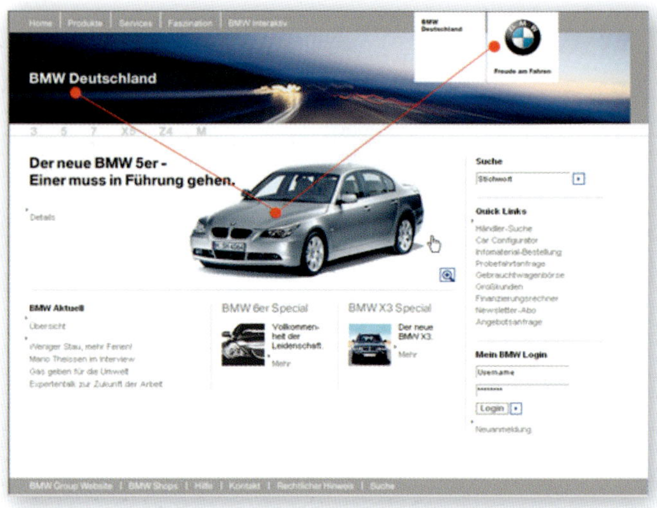

Abb. 16: *Die BMW-Website in einem Screenshot aus dem Jahr 2003. Die roten Linien zeigen die Blickachsen für die wichtigsten visuellen Elemente der Startseite.*

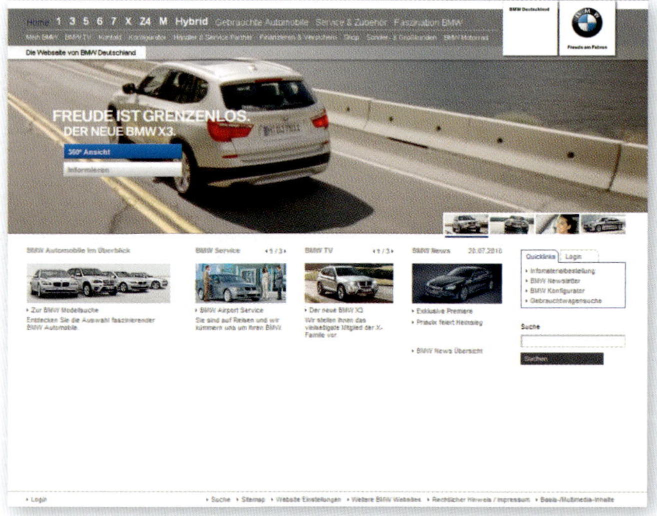

Abb. 17: *Die BMW-Website in 2010: Das Screenlayout ist strukturell nur moderat verändert worden, visuell dominiert nach wie vor das Produkt Auto. So ist das richtig.*

Screenlayout seit Jahren strukturell nur moderat verändert worden.

Der zentrale Eye-Catcher ist das BMW-Foto im Seitenzentrum, auch der Schriftzug BMW Deutschland steht im Top-Quadranten. Das Logo ist rechts oben platziert und damit an eher ungewohnter Position außerhalb des Top-Quadranten. 2010 ist das kaum anders: Der Auftritt ist visuell noch stärker auf das Produkt Automobil fokussiert. Der Aufmacher ist jetzt ein schnell ladendes Flash-Video, die Videoszenen sind so gefilmt und geschnitten, dass der Wagen in drei von vier Szenen zum Schriftzug »Freude ist grenzenlos« fährt. Das Firmenlogo ist also nach wie vor visuell nachrangig platziert, das nichtssagende Key Visual mit Autolichtern in einer Abendlandschaft weggefallen. Vorfahrt hat das Produkt BMW-Automobil.

Deutlich wahrnehmbare Optimierungen hat es dagegen beim Konkurrenten Mercedes gegeben. In 2003 war zwar das Logo erwartungskonform platziert. Nur: Wo sind die Informationen über die Autos? Jedenfalls nicht an der Top-Position der Startseite. Schon ziemlich erstaunlich ist, dass die eigentlichen Produkte der Nobelmarke Mercedes auf der Website-Startseite des Unternehmens so gut wie gar nicht stattfanden, zumal die animierten Illustrationen als Werbebanner wahrgenommen werden mussten. Die Website-Macher haben dazu gelernt: Im Jahr 2010 konzentriert sich die Startseite ähnlich wie bei BMW auf das Wesentliche. In der Bildsprache gibt es jedoch immer noch Optimierungspotenzial, die Motive schauen häufig vom Text weg statt zum Text hin.

Verbunden mit den Positionserwartungen für Standard-Webkomponenten lässt sich aus diesen Befunden ein Analyseraster für das Screendesign auf informierenden Websites erstellen, mit dem schnell zu identifizieren ist, ob eine Startseite erwartungskonform und für den Blickkontakt optimal aufgebaut ist. Dieses Analyseraster sieht auf der Basis der Studien von Michael Bernard und der Poynter-Eyetrack-III-Studie so ausaus wie in Abb. 20 auf der nächsten Seite.

Dieses Analyseraster ist abgeleitet aus den Usability-Forschungen zur optimalen Platzierung von Standard-Website-Komponenten. Es lässt sich prinzipiell auf jede Website-Startseite legen, sodass schnell festgestellt werden kann, ob das Screendesign wirklich glasklare, erwartungskonforme Übersicht bietet oder nicht. Das Raster zeigt beispielsweise auch sehr schön, warum die in jüngster Zeit aufgekommenen Aufmacher-Rotationen absolut sinnvoll sind: Die Top-Quadrant-Fläche wird mit ihnen nicht mehr nur einfach, sondern mehrfach genutzt. Das Analysebeispiel ffh.de (Abb. 21) zeigt deutlich: Der Top-Quadrant wird erwartungskonform genutzt. In zwei Aspekten wird auf der ersten Bildschirmportion vom nutzerseitig erwarteten Schema abgewichen: Hilfe/Service sowie die interne Suche sind nicht erwartungskonform platziert. Der multithematische Aufmacher in automatischer Rotation hat in diesem Layout visuell höchstes Gewicht und bindet die Blicke durch seine Animation an die erste Bildschirmportion.

Maßnahme 2: Mit der Tagline auf Nummer sicher gehen

Fast jeder kennt die Namen großer Marken wie Adidas oder Coca-Cola, BMW oder Tchibo. Wer die Websites dieser Unternehmen aufsucht, weiß schon vorher, was er dort zu erwarten hat: Sportartikel, Erfrischungsgetränke, Autos oder Kaffee und mehr. Kleine und mittlere Unternehmen (KMU) haben es da im Web schon schwerer, sich im

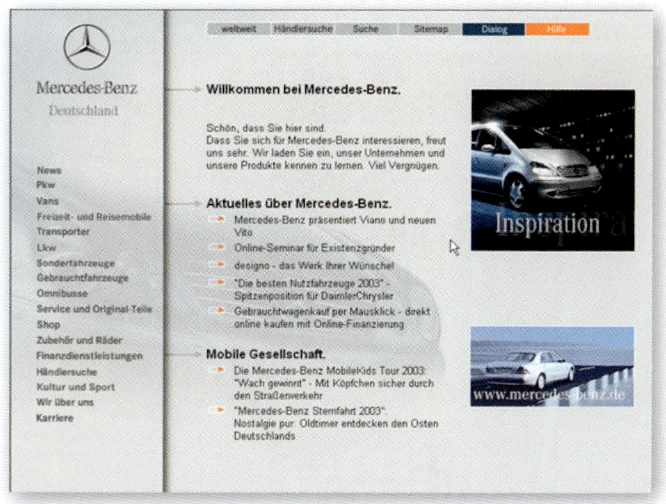

Abb. 18: *Die Mercedes-Benz-Website 2003 mit ellenlangem Erklärtext auf der Startseite*

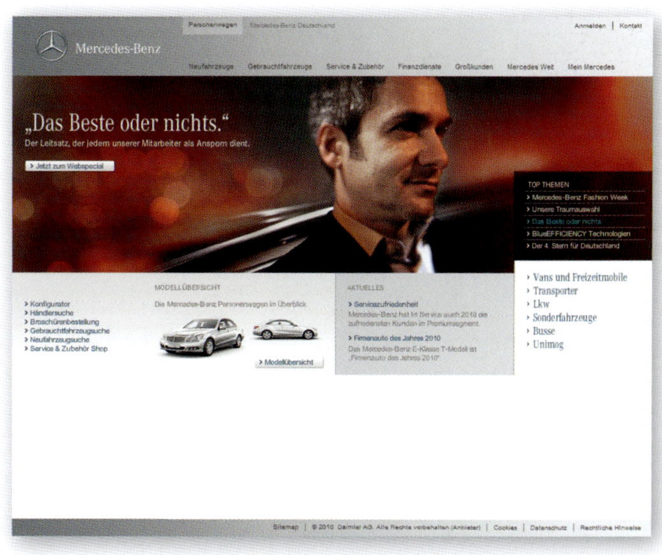

Abb. 19: *Die Mercedes-Benz-Website kommt 2010 schneller auf den Punkt, auch wenn visuell noch nicht alles vom Besten ist.*

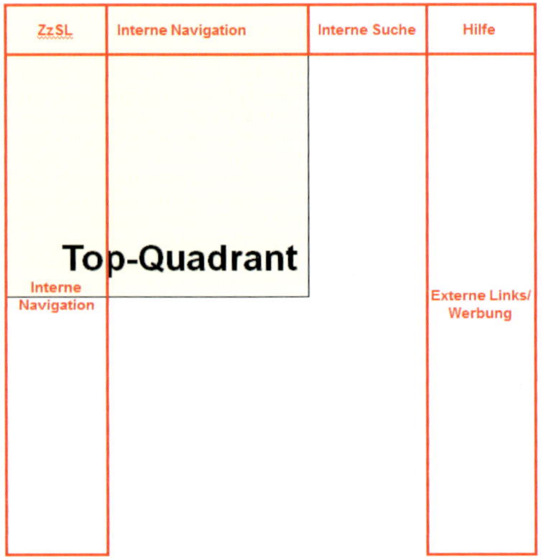

Abb. 20: *Analyseraster: Die Nutzer erwarten Standardkomponenten an Standardpositionen. ZzSL steht als Abkürzung für Zurück-zur-Startseite-Link (Home-Link).*

Abb. 21: *Analyse mit dem Wahrnehmungsraster: Auf ffh.de stehen die meisten Komponenten an ihrer jeweils erwarteten Position.*

Wettbewerb zu differenzieren. »Firma Meier« als Website-Domain ließe beispielsweise (zu) vieles offen. »Autohaus Meier« wäre schon deutlich prägnanter. Für die Nutzer im Web sind kategoriale Label wie »Autohaus« buchstäblich wegweisend, sie funktionieren wie Verkehrsschilder, erlauben es, frühzeitig die richtige Richtung einzuschlagen.

Auf der Website selbst ist es dann wichtig, mit wenigen Buchstaben mitzuteilen, was die Website ist. Auch Navigationssysteme in Autos melden sich zum Schluss einer Fahrt nicht ohne Grund mit dem Hinweis: »Sie haben Ihr Ziel erreicht!« Im Web verhält es sich nicht anders: Beim ersten Blick auf eine neu aufgerufene Seite stellt sich zuerst immer die Frage: »Bin ich hier jetzt richtig gelandet?« Logo und Website-Name allein können diese Frage im Grenzfall nicht immer verzögerungsfrei beantworten.

Um hier letzte Sicherheit zu erreichen, hat sich als Standard etabliert, eine sogenannte Tagline einzusetzen. Gemeint ist damit ein Satz oder eine Phrase, die dem Nutzer direkt sagt, was von der betrachteten Website inhaltlich zu erwarten ist. Als beispielsweise das Online-Auktionshaus eBay noch neu im Netz war und sich die meisten Menschen unter dem Namen eBay wenig Konkretes vorstellen konnten, brachte es die Tagline auf der eBay-Startseite bereits auf den Punkt: »eBay – der weltweite Online-Marktplatz« – Missverständnisse und Irritationen ausgeschlossen.

Ebenso wie das Logo und der Website-Name gehört auch die Tagline in den Top-Quadranten, also in den Bereich, der als Erstes auf dem Bildschirm zu sehen ist. Hier stellt sie sicher, dass eventuelle, wie auch immer zustande gekommene Irritationen und Fragen über den Zweck der Website direkt aufgelöst werden können. Schaut also jemand auf die erste Seite und versteht beim ersten Scannen der Inhalte nicht, was die Site eigentlich soll, dann schafft die Tagline rasch Klarheit. Tut sie es nicht, steigt die Wahrscheinlichkeit eines abrupten Besuchsabbruchs.

Nicht zu verwechseln ist die Tagline mit dem Marken-Claim. Zur Marketingstrategie vieler Unternehmen gehört es, einen Markennamen mit einer Phrase zu verknüpfen, etwa um die Marke emotional aufzuladen oder um das Mission Statement (Unternehmensziel) auf eine kurze Formel zu bringen. Diese Phrase wird Claim genannt. Beispiel: Wer im Fernsehen schon einmal einen Werbespot für »Ellen Betrix«-Kosmetikprodukte gesehen hat, kann sich vielleicht an die Formel »The Care Company« erinnern. Bei McDonald's ist es »Ich liebe es«. Oder bei BMW: »Freude am Fahren«.

Ein solcher Claim kommuniziert Aspekte der Marken-Identität und muss entsprechend prominent auch auf der flankierenden Website platziert sein, um die Marken-Wiedererkennung zu unterstützen. Allerdings ist nicht jeder Claim auch als Tagline geeignet, es kommt also auf den Einzelfall an.

Der Claim »Think Ahead. We're There." des Contentmanagement-System-Anbieters Coremedia AG (Abb. 24) funktioniert in einem internationalen Markt möglicherweise ganz prima, ist als Tagline aber völlig ungeeignet, weil er nichts über die Inhalte oder die Funktion der Website verrät. Claim und Tagline stehen zuweilen also in einem Konkurrenzverhältnis.

Gerade für kleine und mittlere Unternehmen in intensiven Konkurrenzsituationen ist es deshalb durchaus von Vorteil, keinen Claim zu haben, denn das erlaubt größere Formulierfreiheit für die Tagline. Sie ist dann Pflicht, wenn der Site-Name sich nicht selbst erläutert. Im Zweifelsfall stellt die Tagline sicher, dass ein Nutzer im Erstkontakt mit der Site gleich ein Aha-Erlebnis hat und ihn sich sagen lässt: »O.K., hier bin ich richtig.«

Abb. 22: *Tagline aus alten Tagen: Als eBay noch weithin unbekannt war, brachte die Tagline den Zweck der Website auf den Punkt und lieferte eine eindeutige Antwort auf die Frage: »Was genau bietet diese Site an?« Die Antwort lautete: »Dies ist ein weltweiter Online-Marktplatz.«*

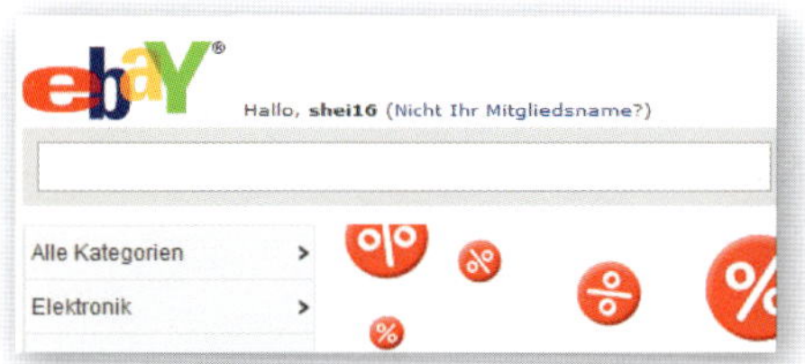

Abb. 23: *Heute kann eBay auf die Tagline verzichten – weil die meisten Internetnutzer wissen dürften, was eBay ist.*

Natürlich gibt es auch bei den Taglines gute und weniger gute. Wirklich unschön ist es, wenn Taglines nicht nur erläutern, sondern auch ungeschminkt zeigen, dass sie erläutern. So sollte eine Tagline für die Website des (fiktiven) Fahrradhändlers Tretler nicht lauten: »Dies ist die Website des Fahrradhandels Tretler«, sondern »Tretler – Trekking- und Tourenräder«. Auf einer Zeitung steht ja schließlich auch nicht »Dies ist eine Zeitung«, sondern »Zeitung für den Rhein-Neckar-Kreis« oder ähnlich.

In Sachen pro und contra Tagline spielt dabei keine Rolle, ob ein Nutzer die Website

Abb. 24: *Die Coremedia AG verwendete im Juni 2002 den Claim »Think Ahead! We're There«. Hätten Sie gleich erkannt, dass die Firma Contentmanagement-Systeme anbietet?*

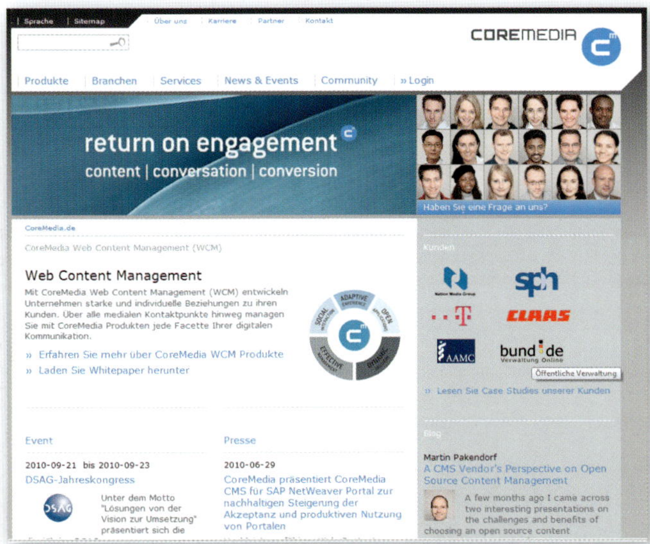

Abb. 25: *Im Jahr 2010 lautet der Claim »return on engagement. content | conversation | conversion«, er steht als Aufmacher auf der Startseite. Die neue Tagline ist sicher aussagekräftiger, in Wirklichkeit aber überflüssig, denn der zentrale, identifizierende Begriff lautet: »Web Content Management«.*

über eine Suchmaschine gefunden hat und von daher ja bereits wissen müsste, welche Site nach dem Anklicken auf den Bildschirm geladen wird. Erst die Site selbst gibt ihren Besuchern die letzte Sicherheit, dass es sich um genau jene Site handelt, die vom Nutzer gewünscht wurde. Alle anderen Instanzen sind in dieser Hinsicht vergleichsweise weniger verlässliche Sekundärquellen.

Ob die Frage »Bin ich hier richtig?« vom User mit »ja« oder »nein« beantwortet wird, liegt letztlich natürlich nicht in der Macht des Website-Anbieters, sondern ist abhängig vom Interesse und/oder vom Vorhaben des jeweiligen Nutzers. So könnte ein Nutzer beispielsweise erst nach dem Aufrufen der eBay-Startseite feststellen, dass die Site doch nicht das bietet, was er sich zunächst vorgestellt hatte. In jedem Fall stellt eine punktgenau formulierte Tagline sicher, dass kein Besucher verlorengeht, nur weil der Zweck der Website nicht eindeutig kommuniziert worden wäre.

Richtig eingesetzt, ist die Tagline also nicht mehr – aber auch nicht weniger – als eine Rettungslösung für den Fall der Fälle. Sie wird immer dann wichtig, wenn die Nutzer, aus welchen Gründen auch immer, beim Dechiffrieren des Website-Zwecks steckenbleiben. Besser ist natürlich, wenn es erst gar nicht so weit kommt und Irritationen und Fragen über den Zweck der Website erst gar nicht auftreten. Wichtiger noch als das Texten einer punktgenau formulierten Tagline ist deshalb die Traffic-optimale Platzierung der angebotenen Inhalte auf der Startseite.

Maßnahme 3: Der Platz an der Sonne

Der Top-Quadrant hat, wie oben gezeigt, für den Start der Scan-Phase besonderes Gewicht. Links oben sollten deshalb natürlich nicht nur Logo, Tagline und Anbietername platziert sein, sondern es sollte auch der Blickkontakt mit den Inhalten angebahnt werden. Entsprechend braucht mindestens ein erster Teaserblock eine Schnittmenge mit dieser Fläche und bekommt so den Platz an der Sonne. So weit ist das unproblematisch. Die komplexeren Fragen des Seitenlayouts stellen sich für die Site-Planung dann, wenn regelmäßig sehr viele Themen auf der Startseite unterzubringen sind.

Ist der Website-Inhalt sehr umfangreich und kann er in all seinen Facetten unmöglich auf einer Bildschirmportion geteasert werden, dann ist für die erforderliche Rollbalkenseiten ein Template zu entwickeln, das die verschiedenen Themenbereiche gruppiert und im Grundsatz dauerhaft zueinander ins Verhältnis setzt, sie also hierarchisiert. Das Leitprinzip für dieses Hierarchisieren ist simpel und lautet:

Relativ wichtigere Themen(-Gruppen) kommen nach oben. Die weiteren Themen(-Gruppen) folgen in absteigender Wichtigkeit.

Was banal klingt, hat weitreichende Konsequenzen: Es zwingt die verantwortlichen Planer dazu, ein Seiten-Template zu entwickeln, das prinzipiell für jedes Thema einen zielgruppenorientiert angemessenen Platz bereitzuhalten hat. Aufgabe der Redakteurinnen und Redakteure ist es dann noch, dieses Template in festgelegten Rhythmen mit frischem Inhalt zu befüllen und jedem Thema eine angemessene Position zuzuweisen. Für journalistische Redaktionen ist das tägliche Praxis (s. Abb. 26), für Kommunikationsabteilungen in Firmen, Verbänden oder Ministerien zuweilen aber eine eher ungewohnte, manchmal heikle Aufgabe. Wenn allerdings schon das Template keine angemessene Hierarchisierung einrichtet, kann die beste Redaktion nichts mehr retten (s. Abb. 27).

Hierarchisieren muss also sein, damit die Nutzer schon in den ersten Sekunden wissen, wo sie hinschauen sollen. Die Antwort auf die Frage, welche der eigenen Inhalte-Angebote relativ wichtiger und welche relativ weniger wichtig sind, entscheidet sowohl in der Template-Entwicklung als auch in der täglichen Content-Produktion darüber,

Abb. 26: *Klare Hierarchie auf freenet.de*

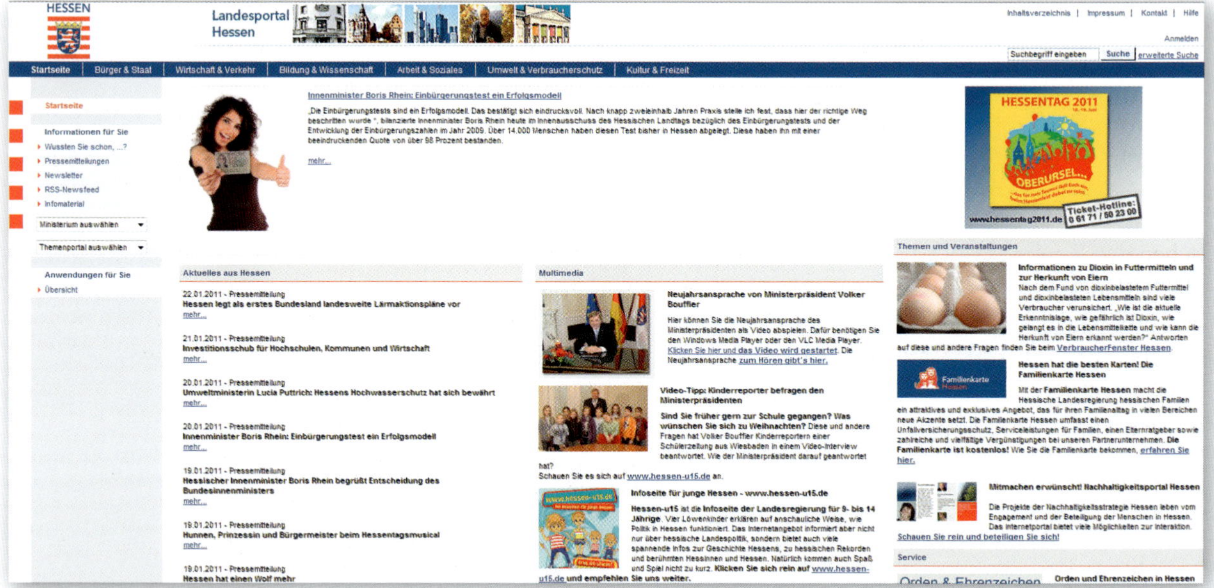

Abb. 27: *Das Landesportal Hessen: Die Startseite wirkt sehr vollgepackt und sehr kleinteilig. Hier ist nur mit Mühe zu erfassen, was wichtig ist und was nicht.*

- was auf die erste Bildschirmportion gestellt wird,
- was auf die weiteren Portionen der Rollbalkenseite gestellt wird und
- in welcher Reihenfolge dies geschieht.

Zu berücksichtigen sind für die Template-Entwicklung auch die typischen, positionsgebundenen Klickwahrscheinlichkeiten – und die können in Abhängigkeit von der Länge einer Startseite durchaus unerwartet variieren. Für lange Rollbalken-Startseiten ab etwa drei Bildschirmportionen ist der Fall aus Forschungssicht klar: Hier nimmt die Klickwahrscheinlichkeit im Normalfall nach unten hin linear ab, die Klick-Chancen sinken mit jedem weiteren Pixel. Wichtiges gehört also nach oben, weniger Wichtiges gehört nach unten. Für relativ kurz gehaltene Startseiten mit bis zu zwei oder drei Bildschirmportionen ist in Usability-Studien allerdings auch beobachtet worden, dass die Klickchancen am Seitenkopf hoch sind, im mittleren Teil absinken und zum Seitenende aber wieder signifikant ansteigen. Wer also eine relativ kurze Startseite zu bauen hat, sollte wichtige Themen auch ans Seitenende stellen.

Maßnahme 4: Flugplan für scannende Blicke

Ist die vertikale Hierarchie über die Gesamtlänge des Seiten-Templates geschaffen, dann geht es im letzten Schritt noch um die kleine Hierarchie in abgegrenzten Zonen und zwischen den Zonen. Wörter und Fotos helfen die Verhältnisse zu regeln. Auch hier ist es das primäre Ziel, die Blicke der Nutzer über möglichst viele Content-Angebote zu führen. Gelenkt wird dabei vor allem über Größenverhältnisse. Das Seitenlayout unterliegt zwei einfachen Regeln:

1. Relativ größerer Schriftgrad dominiert über relativ kleineren Schriftgrad.
2. Relativ größeres Illustrationselement dominiert über relativ kleineres Illustrationselement.

Der wichtigste Inhalt der Startseite bekommt also nicht nur den Platz an der Sonne, sondern auch den größten Raum und die attraktivste Ausstattung. Und trifft es zu, dass größere Bilder (E-Result) und größere Schrift (Poynter Eyetrack III) die Blickkontaktchancen steigern, dann entstehen zwischen den optisch dominanten Elementen wahrscheinliche Blickverlaufswege, die man als Blickachsennetze bezeichnen kann. Werden die optisch dominanten Elemente geschickt angeordnet, lässt sich durch engmaschige Blickachsennetze auch die Blickkontakt-Wahrscheinlichkeit für die nachrangig wichtigen Themen steigern.

Zu Hilfe kommt den Template-Entwicklern dabei ein Wahrnehmungsprozess, der in unser Sehen eingebaut ist: das periphere Sehen. Evolutionär betrachtet ist das periphere Sehen eine prima Erfindung, die beispielsweise hilft, wenn man auf der anderen Straßenseite einen Freund sieht, deshalb schnell die Straße überqueren will und dann im letzten Augenblick doch noch wahrnimmt, dass da von links ein LKW heranbraust. Auch den Seitenlayoutern bereitet das periphere Sehen große Freude, denn beim Fokussieren einer Textstelle erfassen die Nutzer nicht nur die gerade betrachtete Textstelle, sondern es werden automatisch auch immer die benachbarten Bereiche auf Relevantes hin gescannt. Schaut ein Nutzer also auf eine bestimmte Fläche, dann grast sein Blick im Augenwinkel unbewusst und autark auch umliegende Zonen ab – und die Kontaktchancen für dort platzierte Themen steigen. Dies gilt besonders dann, wenn der Blick vom einen zum nächsten großformatigen Foto oder von einer zur nächsten Schlagzeile springt: Alle überflogenen Flächen bekommen im peripheren Sehen eine Chance auf

Abb. 28: *In einem Eyetracking-Test an der FH Hannover wurde für die Titelseite einer Erstsemester-Zeitung überprüft, ob und inwieweit die konstruierten Blickachsen mit den tatsächlichen Blickverläufen übereinstimmen. Rechts: Die Heatmap zeigt, wohin die Probanden hauptsächlich gesehen haben (rote Flächen). Links: Die deduktiv konstruierten Blickachsen. Im Ergebnis zeigt sich eine weitgehende Kongruenz von Blickachsen-Endpunkten und Heatmap.*

Abb. 29: *Blickachsen auf Bild.de: Die erste Bildschirmportion ist so konstruiert, dass die Blickachsen zwischen den großformatigen Foto-Elementen (rote Linien) und zwischen den vier größten Überschriften (grüne Linien) über die weitere Teaser-Zeile und den News-Ticker spannen. Die Chancen auf Blickkontakt für die drei kleineren Teaser und den News-Ticker steigen.*

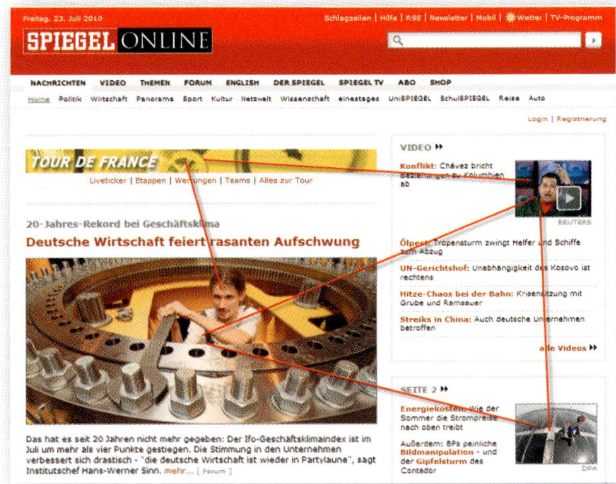

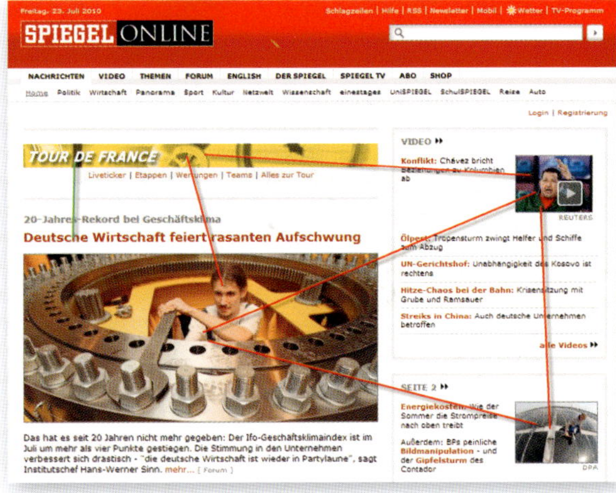

Abb. 30: *Anders als Bild.de setzt spiegel.de in der ersten Bildschirmportion auf nur ein Aufmacherthema. Die Blockachsen für die illustrativen Elemente (rote Linien) und für die größten Schriftelemente (grüne Linien) führen die Blicke tendenziell eher in die rechte Spalte, vor allem zum Videoblock.*

Blickkontakt. Entsprechend sollten die dominanten Fotos und Überschriften so angeordnet sein, dass die zwischen ihnen aufgebauten Blickachsen möglichst viele sekundär wichtige Inhalte-Angebote überspannen. Die reichweitenstarken Publikumswebsites Bild.de und spiegel.de sind in dieser Disziplin stilbildend.

Das Beispiel Bild.de in Abb. 29 zeigt, wie eine Verweilzone konstruiert werden kann: Die vielen Größenvariationen bei Fotos und Überschriften lassen ein schnelles Scannen kaum zu – hier braucht es also relativ mehr Zeit, um die Themen zu erfassen. Dazu trägt natürlich auch die Aufmacherfläche bei, die als

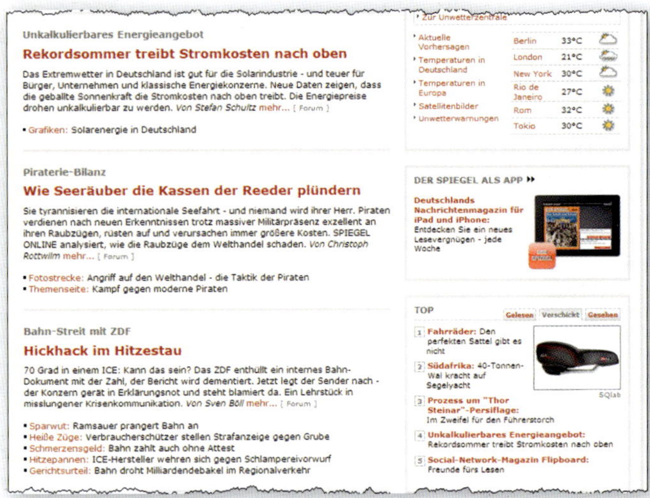

Abb. 31: *Ausschnitt aus der Startseite von spiegel.de*

Abb. 32: *Aus Eyetracking-Studien abgeleitet: Das Fenster am linken Rand zeigt, auf welche Zone die Nutzer im überfliegenden Lesen bevorzugt schauen werden. Die heiße Zone für schnelles Überfliegen.*

mehrteilige Foto-Rotation implementiert ist und ebenfalls ein längeres Hinsehen erfordert.

Auf spiegel.de dagegen wird die erste Bildschirmportion vom Aufmacherfoto dominiert – inhaltlich wird damit (fast) alles auf eine Karte gesetzt (Abb. 30). Ob die weiteren Illustrations- und Foto-Elemente in die Blickverläufe eingreifen, ist ohne einen Eyetracking-Test natürlich nicht sicher zu sagen. Zu vermuten ist es aber schon, denn vom umgebenden Weißraum heben sich selbst die kleinen Fotoformate deutlich ab. Die so konstruierten Blickachsen begünstigen vor allem die Blickkontaktchancen für die beiden Kastenelemente, also für die Videos und die »Seite 2«. Das Beispiel zeigt: Die erste Bildschirmportion ist hier nicht darauf angelegt, ein längeres Verweilen am Seitenkopf zu initiieren. Wer hier nicht ins Topthema einsteigt, wird schnell zur Maus greifen und sich per Rollbalken auf der Seite nach unten bewegen.

Auch im weiteren Verlauf der spiegel.de-Startseite zielt das Layout vor allem darauf, den Nutzern ein rasches Scannen zu ermöglichen. Das Ganze wirkt wie eine Scan-Rennstrecke: Die Teaser in der Hauptspalte stehen streng untereinander, die Teaserformen variieren nur dezent – und können deshalb schnell überflogen werden. Diese Form des Startseitenlayouts korrespondiert mit entsprechenden Eyetracking-Befunden: In der Poynter-Studie Eyetrack III etwa wurde festgestellt, dass sich die Nutzer beim Scannen der Teaser vor allem auf das linke Drittel konzentrieren, also zunächst gar nicht die gesamte Textfläche erfassen. Stehen die Teaser untereinander, kann das linke Drittel in gerader Linie nach unten überflogen werden (statt beispielsweise in einer nicht vorhersehbaren Zick-Zack-Linie) – und damit besonders flott.

Die zugrunde liegenden Gestaltungsprinzipien für das Konstruieren von Blickachsen lassen sich prinzipiell auf jede Website übertragen, gleich ob es sich um eine Medienwebsite oder eine Shoppingsite, eine Verbandssite oder eine Firmenwebsite handelt. Einen echten Eyetracking-Test können sie zwar nicht ersetzen, schließlich kommt es auch sehr entscheidend auf die Bildinhalte an. Allerdings geben die Blickachsen bei geringem Aufwand mindestens erste Hinweise darauf, wie die wahrscheinlich beschrittenen Blickwege auf der Startseite verlaufen.

Tipp: Machen Sie auf Ihrer Site selbst den Test und verbinden Sie die dominanten Fotos und die größten Textelemente durch Linien, sodass das Blickachsennetz sichtbar wird. Je mehr Textkomponenten kreuz und quer laufend von den Blickachsen überspannt werden, desto höher sind im Einzelfall die Chancen auf Blickkontakt für die unterliegenden Elemente. Auf der anderen Seite steigt auch die Scan-Zeit, was von den Nutzern als bremsend empfunden werden kann. Gibt es hingegen nur relativ wenige Blickachsen, die noch dazu parallel zur Vertikalen verlaufen, dann können die Nutzer die Themen tendenziell schneller scannen. Das Seitenlayout wirkt in diesem Fall eher flott.

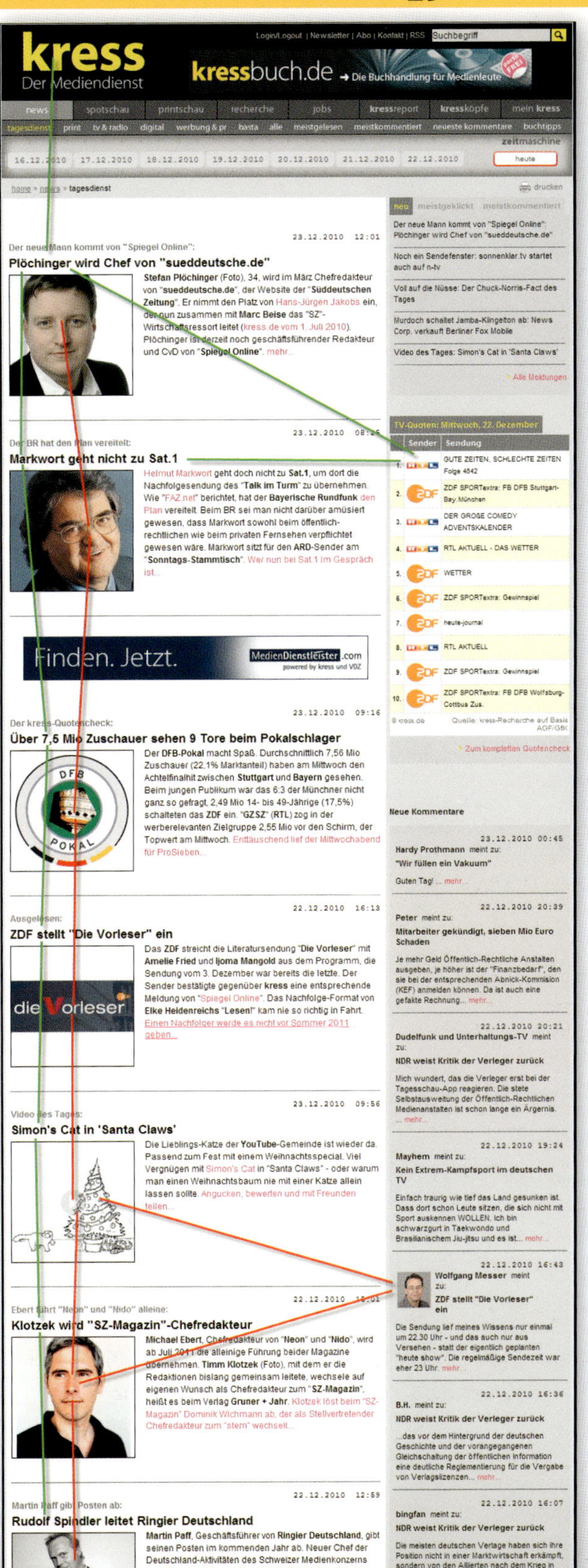

Abb. 33: *Beispielanalyse: Die streng linksbündig positionierten Teaser auf kress.de erlauben den Nutzern ein schnelles Überfliegen der aktuellen Themen. Für eine nachrichtliche Website ist ein solches Seitenlayout funktional genau richtig gewählt.*

Lesen auf dem Tablet

Auf Tablet-Endgeräten wird anders gelesen als im Web. Worauf es ankommt, zeigt die vielfach prämierte iPad-App der Frankfurter Rundschau.

Aus Usability-Perspektive ist eine Tablet-Applikation zuallererst nichts anderes als ein Stück Software, und für Software gibt es einigermaßen tragfähigen Konsens über einschlägige Qualitätskriterien. Zu finden sind diese Kriterien in den entsprechenden DIN-Normen, ganz wesentlich etwa in den sieben Grundsätzen der Dialoggestaltung (DIN EN ISO 9241-110): Danach kann Software dann als nutzerfreundlich gelten, wenn sie aufgabenangemessen, selbstbeschreibend, steuerbar, erwartungskonform, fehlertolerant, individualisierbar und lernförderlich gestaltet ist. Der vielleicht wichtigste Faktor in dieser Reihe ist die Erwartungskonformität. Praktisch meint sie: Content-Design und Navigationslogik einer App sind konsistent so zu strukturieren, dass alles so aussieht und funktioniert, wie es die Nutzer gewohnt sind. Sprich: Die gesamte App braucht ein verlässliches, vertrautes Ordnungsmuster und durchgängig in gleicher Weise eingesetzte Standard-Elemente.

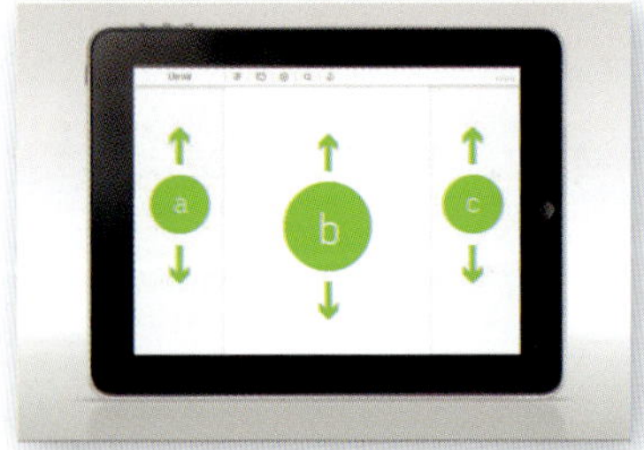

Abb. 34: *Das Libroid-Format verknüpft im Querformat drei Spalten, die Randspalten bieten kontextbezogen Zugriff auf Zusatzinformationen. Im Hochformat verschwinden die Marginalien zugunsten eines ungestörten Lesens in der Hauptspalte.*

Die iPad-FR der Frankfurter Rundschau erfüllt dieses Kriterium in geradezu prototypischer Weise. So ist ihr beispielsweise als Navigationsprinzip eingebaut, dass jeder Format-Modus (hoch oder quer) seine je eigene, eindeutige Funktion erfüllt: Hält ein Nutzer das iPad im Hochformat in den Händen, dann bekommt er eine Fassung ohne Schnörkel, mit Text und mit Bild. Hält er es dagegen im Querformat in Händen, dann wandelt sich der Inhalt zum Multimedia-Magazin. Die FR-App hat also quasi einen eingebauten Drehschalter: Ins Querformat drehen bedeutet, die Multimedia-Fassung aufzurufen, ins Hochformat drehen bedeutet, die auf Texte und Fotos konzentrierte Lese-Fassung aufzurufen.

Die FR-Redaktion hat das gerätetypische Doppelformat des iPad damit auf eine Weise genutzt, in der sich für die App eine klare, innere Ordnung ergibt. Der Ansatz könnte sich zum Standard mausern, denn auch für andere App-Anbieter erscheint diese Navigationslogik als Modell tauglich zu sein. Nicht ganz überraschend findet es sich beispielsweise – unabhängig von der FR – auch im Libroid-Format für E-Bücher, entwickelt von Ex-Spiegel-Mann und Bestseller-Autor Jürgen Neffe. Kern der Libroid-Technik ist ein Dreispalten-Raster fürs Querformat, verknüpft mit einem Einspalten-Raster fürs Hochformat: In der Mittelspalte steht der Text, rechts und links wird dieser Kern-Inhalt von relativ schmaleren Randspalten flankiert. Dort können Fotos eingebunden sein, Links ins Internet, Karten oder Grafiken – ganz ähnlich wie im Hypertext des Webs. Die drei Spalten sind kontextuell so verwoben, dass inhaltlich zueinander gehörende Texte, Bilder, Links oder Fotos stets in der Bildschirmhorizontalen – sozusagen auf Augenhöhe – immer gleichzeitig im Blickfeld sind. Wird eine der Spalten gerollt, bewegen sich die anderen entsprechend ihrer inhaltlichen Verzahnung mit je eigener Geschwindigkeit mit. Nutzer, die diese Ergänzungen ausblenden wollen, drehen das iPad einfach in die Senkrechte und die Randspalten verschwinden zugunsten des »reinen«, ungestörten Lesens – ganz ähnlich wie in der iPad-FR.

Vertraute Metaphern nutzen

Erwartungskonform sollte allerdings nicht nur das große Ganze gestaltet sein, sondern auch die Anordnung der Elemente im Detail – gerade für das Lesen auf einem neuen Medium wie dem iPad. Um die Leser zum Start nicht zu überfordern, hilft der Rückgriff auf vertraute Konventionen aus der Print- und aus der Webwelt. Einige, ausgewählte Beispiele:

- **Der Umfang:** Ganz oben auf der Liste der Print-Metaphern, die auch für Apps adaptiert werden sollten, steht die Eigenschaft »begrenzter Textraum«. Theoretisch könnte eine Tablet-App hunderte Seiten Text enthalten. Sinnvoll ist das jedoch nicht: Von den Printmedien her sind Leser damit vertraut, dass sie endliche Einheiten mit überschaubarer Seitenzahl erhalten. Auf der jeweils letzten Seite steht unten rechts ein Punkt und da ist dann definitiv Schluss. Printmedien können von ihren Lesern deshalb in vertretbarer Zeit komplett durchblättert werden und alles Wesentliche bekommt dabei eine Blickkontakt-Chance. Eine Website als dauerpubliziertes Zig-Tausend-Seiten-Universum bietet diesen Vorzug nicht. Printgebundene App-Ausgabe sollten deshalb in der Regel jeweils nur einen printvergleichbaren oder printgleichen Seitenumfang anbieten. Ob eine App-Ausgabe allerdings auch weniger Seiten anbieten darf als das zugehörige Mutterblatt, so wie es etwa bei der FR oder auch in der GEO-Selection-App der Fall ist, kann nur über das Businessmodell entschieden werden.

Ein echter Knackpunkt ist die jeweilige Dateigröße einer App-Ausgabe: Apps mit fast einem halben Gigabyte benötigen je nach Internetverbindung schnell bis zu 15 Minuten allein fürs Herunterladen und Installieren, also etwa die Hälfte der durchschnittlich fürs tägliche Zeitunglesen aufgewendeten Zeit. Für monatlich

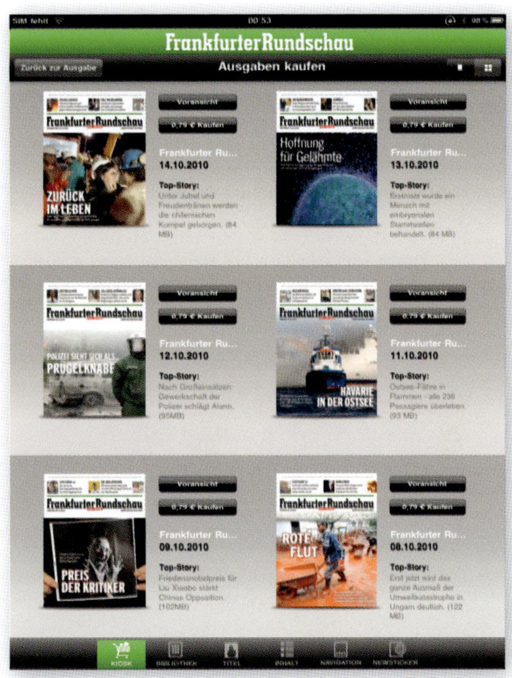

Abb. 35: *Die Dateigröße einer News-App ist ein wichtiger Faktor in der User Experience. Die FR-Redaktion hat es schon früh geschafft, die Dateigröße je App-Ausgabe nahezu zu halbieren.*

erscheinende Magazin-Apps wie Wired mag das vielleicht noch akzeptabel sein. Für tagesaktuelle Zeitungsapps ist das zweifellos ein Manko, denn auf Dauer können zu lange Ladezeiten ein echtes Verkaufshemmnis bedeuten.

- **Das Blättern:** Analogien zwischen Print und Tablet-Computer drängen sich auch in den Bedienkonzepten auf. Tablet-Apps werden – ganz ähnlich wie eine Zeitung oder eine Zeitschrift – mit den Fingern bedient, navigiert wird mit einem Set standardisierter Gesten, ganz ohne lästiges Zielen-und-Klicken mit der Maus. Das Blättern der Papierseiten wandelt sich auf dem iPad deshalb beispielsweise in ein intuitives Seiten-Wischen, die aktuelle Seite wird dazu mit dem Finger auf dem Bildschirm berührt, nach links weggewischt und durch die nächste Seite der linearen Seitenfolge ersetzt. So weit, so einfach. Unklar ist allerdings, wie viele Gesten die Leser tatsächlich beherrschen. Experten des Ludwigsburger Beratungsunternehmens User Interface Design (UID) sind dieser Frage nachgegangen und konnten in einer internationalen Studie mit 340 Probanden in neun Ländern feststellen, dass es selbst bei simpel anmutenden Aktionen wie »Weiter«, »Zurück«, »Nach oben rollen« oder »Nach unten rollen« signifikante Unterschiede gibt. Für die Aktion »Zurück« beispielsweise wischten gut 37 Prozent der Probanden nach links, 29 Prozent aber nach rechts, knapp 16 Prozent tippten an beliebiger Stelle auf den Bildschirm und 18 Prozent versuchten es mit gänzlich anderen Gesten. Ähnlich das Ergebnis für die Aktion »Nach unten rollen«: Gut 48 Prozent wischten nach oben, 39 Prozent aber wischten nach unten, fünf Prozent tippten an neutraler Stelle und knapp acht Prozent setzten andere Gesten ein. Aus den mehr als 9000 protokollierten Fingerbewegungen filterten die UID-Forscher ein Set von 28 Gesten, die als international einsatztauglich gelten können. Auf Nummer Sicher geht, wer die Nutzer mit Pfeilsymbolen in die jeweilige Lese-Richtung führt – auch hier ist die FR-App handwerklich sauber gebaut.

- **Die Paginierung:** Ob fortlaufende, absolute Seitenzahlen in einer App sein müssen oder nicht, erscheint momentan noch unentschieden. Manche bieten sie an (GEO, Handelsblatt), andere verzichten darauf (FR, Stern), wieder andere setzen relative Seitenzahlen für einzelne Artikel ein (also Seitenangaben wie »1 von 5«, etwa beim Spiegel) oder relative Artikelnummerierungen für einzelne Ressorts (beispielsweise »Artikel 1 von 6«, etwa bei Focus). So oder so brauchen Leser innerhalb einer App in jedem Fall eine Information über ihren aktuellen Standort. Minimum ist deshalb ein aufrufbares, horizontales oder vertikales Navigationselement für Vor-Zurück-Bewegungen im gesamten Textraum einer App, etwa als Fortschrittsleiste mit Seitenzahlangabe, als Pop-over-Inhaltsverzeichnis oder als sogenannte Flip-View mit Seitenminiaturen.

Print-Konventionen allein reichen allerdings nicht aus, um eine mediengerechte App auf die Beine zu stellen. Die Spiegel-App in der Ur-Version beispielsweise wurde von vielen Nutzern heftig kritisiert, weil ihr als digitales Medium ein erkennbarer Mehrwert gegenüber der Print-Version fehlte. Uninspirierte

E-Paper-Kopien oder gar simple PDFs in verappter Form wurden und werden in den Käufer-Kommentaren nicht zufällig regelmäßig verrissen. Auch Goldmedia Research stellte in seinen Forschungen fest, dass gerade jene Nachrichten-Apps von den Nutzern favorisiert werden, die neue Formen und Darstellungsmuster bieten. Das iPad ist in den Augen der Nutzer demnach ganz offensichtlich ein Multimedium. Neben Schrift, Foto und Grafik werden – ganz wie im WWW – auch Audios und Videos erwartet und das alles möglichst in interaktiven Spielarten. Entsprechend gehören zwingend auch Metaphern aus dem Web-Publishing in den Werkzeugkasten der App-Entwickler. Auch hier einige, ausgewählte Beispiele:

- **Standard-Positionen:** Aus der Web-Usability-Forschung ist bekannt, dass Website-Nutzer typische Komponenten wie den Home-Link, die Hauptnavigation, die interne Suche oder die Hilfe-und Service-Links an typischen Positionen erwarten. Wird diesem kognitiven Schema auf einer Website entsprochen, dann können sich die Nutzer rascher orientieren – alles Wesentliche steht dort, wo es standardmäßig hingehört. Dieses Website-Schema ist in vielen Studien belegt, beispielsweise in den Eyetracking-Studien des Poynter Instituts oder auch in den Testreihen des Software Usability Research Laboratory (SURL) der Wichita State University. Für die App-Konzeption ist anzunehmen, dass die Nutzer diese Positionserwartungen mindestens partiell auch auf die App-Navigation übertragen. Für iPhone-Apps jedenfalls ist das so bereits gesichert. Entsprechend sollte in jede Print-App beispielsweise oben links unbedingt ein Link zur Titelseite eingebaut sein. In der Praxis wird dieser simple Standard bislang kaum berücksichtigt. In der FR-App etwa fehlt ein solcher Link, in der Handelsblatt-App gibt es ihn auch nicht. Und in der Spiegel-App steht er in der Mitte einer Kopf-Navigationsleiste, funktioniert aber nicht erwartungskonform, denn er führt – wie in vielen anderen News-Apps auch – nicht auf die jeweilige Titelseite, sondern zur Bibliothek der bislang gekauften Ausgaben.

- **Rollseiten-Konventionen:** Anders als Papierseiten sind Bildschirmseiten prinzipiell nicht längenbegrenzt, theoretisch könnten sie jeweils Hunderte Meter lang sein. Für die App-Konzeption ist deshalb zu entscheiden, ob Bildschirmportionen oder Rollseiten angeboten werden sollten. Werden Rollseiten eingesetzt, ist festzulegen, wie lang sie maximal sein dürfen und wie sie binnenorganisiert werden. Eine iPad-Konvention ist in den bislang gelaunchten Apps im Ansatz bereits zu erkennen: PDF-Äquivalente setzen auf das Blättern als Metapher, iPad-spezifische Apps eher auf Rollseiten-Lösungen. In der FR-App beispielsweise werden Texte, die länger sind als der Bildschirm hoch ist, grundsätzlich zu Rollseiten. Im Hochformat werden sie zu Einspaltern, im Querformat zu Dreispaltern. Alle Seiten laufen also vertikal ohne relative Paginierung. In der Stern-App dagegen haben alle längeren Texte, unabhängig vom Format, einen Einspalten-Umbruch und werden durch querlaufende rote Balken jeweils am Seitenkopf in Bildschirmportionen zerlegt (s. Abb. 36). Das Balken-Element erzeugt also Seitenabschnitte innerhalb der Rollseiten. Das ist zwar ungewöhnlich, kann aber durchaus nützlich sein, weil es den Lesefortschritt stärker betont. Handwerklich besser wäre allerdings, wenn auf jedem roten Querbalken eine relative Seitenzahl (also etwa »Seite 1 von 12«) stünde, damit zu jedem Lese-Zeitpunkt klar ist, wie viele Abschnitte die Rollseite insgesamt hat und welcher Abschnitt gerade auf dem Schirm ist.

Eins-zu-Eins-Versionen gedruckter Zeitungen, wie zum Beispiel jene der Zeit, haben es da einfacher, denn sie werden wie das Printmedium einfach per Wischgeste horizontal geblättert. Die dargestellten, digitalen Seiten sind im Vergleich zu Papierseiten allerdings nicht viel mehr als große Miniaturen. Wer darin einen Artikel lesen will, muss per Fingergeste (mit zwei Fingern spreizen oder stauchen) in den Text hinein- und wieder herauszoomen. In der Handelsblatt-App gibt es deshalb alternativ einen Lesemodus, der zwar das Zoomen erspart, dafür aber textgestalterisch eher in die Bleiwüste führt. Besser gelöst ist das in der Geo-App: Der Nur-Text-Modus bietet hier ein deutlich angenehmeres Layout, weil die Zeilen nicht über die gesamte Bildschirmbreite laufen.

- **Multimedia:** Für Michael Bayer, iPad-Projektleiter der Frankfurter Rundschau, eröffnen Tablet-Computer eine neue Welt des Publizierens. »Wir gehen davon aus«, so Bayer, »dass iPad-Leser deutlich jünger sind als Zeitungsleser, dass sie technikaffin sind – und multimediale Elemente lieben.« Entsprechend spielt das multimediale Storytelling in der iPad-FR eine besondere Rolle. Dort, wo es sich anbietet, werden einzelne Geschichten quasi ipadifiziert, also durch Hörproben, Audiosequenzen, Ton-Bild-Schauen, Kurz-Videos, interaktive Grafiken oder interaktive Textkästen ergänzt. Als Erkennungszeichen weist ein grüner Kreis quer durch die App auf diese Elemente (s. Abb. 37). Das iPad-Team der FR hat damit auch in diesem Aspekt aus dem Stand ein ebenso einfaches wie effektives (und noch dazu markenfähiges) Navigationsinstrument geschaffen. Für den jeweiligen Medienmodus kann es mit einem jeweils passenden Zeichen bestückt werden. Geeignete Symbole für Text, Foto, Audio, Video oder Grafik sind den meisten Nutzern aus dem Web bereits vertraut, entsprechend sollte auch in den Tablet-Apps

Abb. 36: *In der Stern-App werden die Rollseiten durch querlaufende, rote Balken binnenportioniert, und unterteilen die Langseiten in bildschirmfüllende Teilseiten.*

auf das gängige Set dieser Icons zurückgegriffen werden.

Unverzichtbar für Audio- und Video-Sequenzen sind zudem die webtypischen Fortschrittsleisten, schließlich will jeder Nutzer spätestens beim Aufruf einer multimedialen Komponente wissen, wie lang das Zuhören oder Zuschauen maximal dauern kann. Das klingt vielleicht alles etwas selbstverständlich, doch manche Apps dokumentieren erstaunlicherweise das Gegenteil. Audio-Sequenzen in Wired oder auch in der FR kommen beispielsweise gern einmal ohne Fortschrittsleiste daher oder zumindest ohne Laufzeit-Angabe aus. Niemand ist unfehlbar.

Auch wenn sich Gestaltungskonventionen für Tablet-Apps also erst in blassen Umrissen abzeichnen, liefern etliche der bislang realisierten Applikationen bereits überzeugende Modelle. Die FR-App ist aus vielen Gründen ein ausgezeichnetes Role Model und kann konzeptionell als Orientierungsinstanz dienen. Manches darin hat ohne Zweifel das Zeug, sich als Standard zu festigen.

Bis sich allerdings Konventionen für News-Apps herauskristallisieren, wird noch einige Zeit vergehen. Mediendesign-Guru Mario Garcia zum Beispiel glaubt, dass sich ein Design für Tablet-Rechner »in fünf Jahren als etwas Eigenes etabliert haben wird, mit sichtbaren Anlehnungen an traditionelles Printdesign« und »80 Prozent Design speziell für Tablets.« Ob diese Vorausschau zutrifft, wird letztlich auch davon abhängen, ob kostenpflichtige News-Apps den Nutzern tatsächlich einen echten Mehrwert bieten – gerade gegenüber Tablet-optimierten, kostenlos zugänglichen Websites.

Abb. 37: *Die App mit dem grünen Kreis: Auf Multimedia-Komponenten wird in der iPad-FR durchgängig mit einem standardisierten Erkennungssymbol hingewiesen.*

Das iPad wird fürs Lesen genutzt

Für wirklich gesichertes Wissen speziell über optimale User Experience (UX) auf Tablet-Endgeräten ist es noch ein wenig früh, denn mit dem iPad ist eine völlig neue Geräteklasse eröffnet worden. Eine Inhaltsanalyse des Berliner Marktforschungsinstituts Goldmedia Custom Research stellte 2010 denn auch wenig überraschend fest, dass es an einheitlichen Standards noch mangelt und Usability-Probleme vor allem durch jeweils unterschiedliche Konzepte in den App-Benutzerführungen verursacht werden: Mal sind sie wie ein Printmagazin gebaut, mal wie eine Website. Der Nutzer muss blättern oder scrollen, mal vertikal oder mal horizontal. Bilder lassen sich ganz unterschiedlich vergrößern, oft im Zwei-Finger-Modus, dann aber wieder mit einem Finger oder gar nicht. Immerhin scheint es so etwas wie konzeptionelle Mainstreams zu geben:

- Da sind zum einen die Apps im Printstil. Sie sind strukturiert wie Printmedien für horizontales Blättern (Beispiele: Heilbronner Stimme, Nürnberger Abendzeitung, Die Zeit, iKiosk der Axel Springer AG). Manche Apps dieses Typs bieten den Nutzern neben dem PDF-Äquivalent der Printausgabe zusätzlich einen Nur-Text-Lesemodus auf Rollseiten (Beispiele: Handelsblatt, GEO). Manche binden auch Multimedia-Komponenten ein, wie zum Beispiel Dia-Schauen, interaktive Grafiken, Videos oder Audio-Interviews (Beispiel: Spiegel).
- Der zweite App-Typ orientiert sich an typischen Website-Formenmustern, bietet entsprechend Seiten für vertikales Scrollen oder Navigationsleisten am Seitenkopf (Beispiel: Focus).
- Als dritte Gruppe lassen sich Apps bündeln, die Struktur-Elemente von Printmedien und Websites, mit Multimedia-Elementen und der Interaktivität des Internet in gerätespezifischer Weise verbinden (Beispiel: Frankfurter Rundschau, Wired).

Ob Tablet-Computer von den Nutzern grundsätzlich überhaupt als Lesegeräte verstanden werden oder nicht, zeichnete sich – bei aller Vorsicht – bereits frühzeitig ab. Die Daten aus den ersten iPad-Nutzungsstudien zeigten deutlich, dass sich Tablet-Endgeräte tatsächlich als echte Lesemedien etablieren können. Im Trend deuteten fast alle Indizien darauf hin, dass Tablets ganz generell intensiver für ausgedehnteres Lesen genutzt werden.

Die britische Kommunikationsagentur Cooper-Murphy beispielsweise befragte im Jahr 2010 mehr als 1000 iPad-Besitzer telefonisch nach ihren (veränderten) Mediennutzungsgewohnheiten. Unter anderem stellten sie die Frage: Was ist Ihre bevorzugte Art für das Lesen von Zeitungen und Zeitschriften? 31 Prozent nannten das iPad als Medium, 26 Prozent entschieden sich für Laptop oder Desktop, Papier war für 24 Prozent das Medium der Wahl, 12 Prozent nannten das Mobiltelefon und sieben Prozent einen E-Reader. Noch deutlicher fiel der Befund auf die Frage nach dem bevorzugten Medium für das Buchlesen aus: Das iPad nannten 41 Prozent, für Gedrucktes entschieden sich 36 Prozent, für Laptop/Computer waren es 12 Prozent, für E-Reader sieben Prozent und für das Mobiltelefon vier Prozent. Die Angaben zur iPad-Nutzungsdauer zeigten zudem, dass das Tabletgerät mehr ist als ein Nebenbei-Medium: Gut ein Viertel der Befragten nutzten ihr iPad zwischen 10 und 20 Stunden pro Woche, bei weiteren

15 Prozent waren es sogar mehr als 20 Stunden. Das iPad fügte sich nach dem Kauf demnach schnell in den individuellen Medienkonsum seiner Besitzer ein und erschien gerade fürs Lesen als attraktive Option.

In die gleiche Richtung wiesen auch Indizien aus anderen Studien: Das Marktforschungsinstitut Resolve Market Research beispielsweise ging in einer repräsentativen Studie für den US-Markt der Frage nach, zu welchen Geräten das iPad in Konkurrenz steht. Das Ergebnis: Aus Besitzersicht ersetzt das iPad vor allem den Kauf eines E-Readers. Analysen der Marktforscher von Comscore oder auch der International Newsmedia Marketing Association (INMA) zeigten zudem, dass sich das iPad augenscheinlich als Lesemedium für den Feierabend und fürs Wochenende etabliert. Zum vollständigen Bild gehört allerdings auch, dass der Anteil der iPad-Pageviews am gesamten, zeitungsgebundenen Online-Traffic laut Comscore Ende 2010 noch bei unter ein Prozent lag. Auch wenn diese Daten aus dem Jahr 2010 nicht mehr sein können als eine Momentaufnahme: Das webtypische Konsultationslesen – also das Onlinegehen-Fragestellen-Antwortfinden-Offlinegehen – findet auf dem Tablet-Computer zwar auch statt, steht aber nach diesen Befunden nicht so sehr im Zentrum wie etwa am Desktop-Monitor. Tablet-Rechner scheinen das Lesen aus dem Kontext des wuseligen WWW herauszulösen, es vom Web zu isolieren und in eine printvergleichbare Erfahrung zu wandeln.

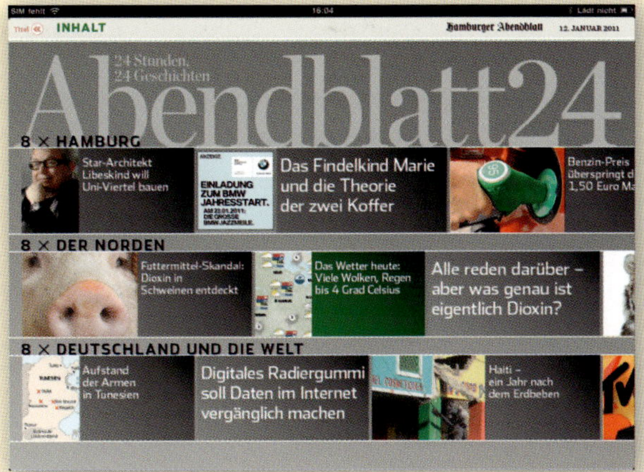

Abb. 38: *Tablet-App ist nicht gleich Tablet-App: Die Hannoversche Allgemeine bietet ein Print-Äquivalent (Typ Printstil), das Hamburger Abendblatt ein speziell für Tablet-Rechner konzipiertes Format (Tabletstil)*

Navigation: Alles fließt, oder?

Bis hierher ging es in diesem Kapitel um das Planen und Analysieren des Website-Interfaces, also primär um die Gestaltung von Oberflächen durch Seitenlayouts. Mindestens ebenso wichtig wie das Interface ist für den Website-Erfolg jedoch die Gestaltung des inneren Wegenetzes – dies ist die Aufgabe des Interaktionsdesigns, das manchmal auch als Site-Architektur bezeichnet wird.

Voraussetzung für das Entwerfen eines möglichst bequem zu benutzenden Website-Wegenetzes ist es natürlich, zunächst den Inhalt der Website genau zu kennen und in seiner Gesamtheit vollständig zu überblicken. Wenn die Website mehrere 10.000 Seiten hat und/oder die Seiten teils dynamisch generiert werden, ist das bereits eine anspruchsvolle Aufgabe. Ist sie erledigt, kann der Inhalt in Gruppen eingeteilt und können die Inhaltgruppen nach sinnvollen funktionsbezogenen Kriterien (wie: erwartetes Kaufinteresse, Aktualität oder Wichtigkeit) hierarchisiert

Navigation: Wann ist ein Interface nutzerfreundlich?

Egal ob es sich um kleinteiligere Interface-Muster für Einzelinhalte oder um die Interface-Architektur einer Gesamtsite handelt: Um bewerten zu können, ob ein Website-Interface benutzerfreundlich ist oder nicht, braucht es handfeste Kriterien, an denen sich die Qualität des Interfaces messen lässt. In der Norm DIN EN ISO 9241-10 des Deutschen Instituts für Normung (DIN) sind diese allgemeinen Kriterien für Benutzerfreundlichkeit beschrieben. Interface-Architekturen sollten danach mindestens die folgenden Merkmale zeigen:

1. Aufgabenangemessenheit

Die Benutzer werden in ihrer Arbeitsaufgabe effizient unterstützt. Sie erreichen ihre Ziele schnell, ohne durch die Eigenschaften des Dialogsystems unnötig belastet zu werden. Die User sollen ungestört genau das erledigen können, was sie auf der betreffenden Site machen wollen und machen sollen. Aufgabenangemessenheit heißt auf den Websites öffentlicher Verkehrsträger beispielsweise, dass Fahrplanauskünfte schnell und zügig möglich sein müssen. Aufgabenangemessenheit auf einer Shoppingsite bedeutet beispielsweise, dass der Bestellknopf sichtbar ist und einwandfrei funktioniert. Aufgabenangemessenheit auf einer Firmenwebsite bedeutet unter anderem, dass Produkte oder Dienstleistungen auf den ersten Blick identifiziert werden können und/ oder dass Anfahrtspläne und Kontaktadressen vorhanden sind.

2. Selbstbeschreibungsfähigkeit

Jeder Dialogschritt ist unmittelbar verständlich. Die Benutzer können sich eine für das Verständnis und für die Erledigung der Arbeitsaufgabe zweckmäßige Vorstellung von den Systemzusammenhängen machen. Im Klartext: Die Website muss dafür sorgen, dass die User genau das erledigen können, was sie erledigen wollen und sollen, ohne dazu irgendwelche Hilfeseiten aufrufen oder per Mail um Hilfe bitten zu müssen. Die Website muss also durch ihr So-sein-wie-sie-Ist eindeutig klären, was man auf und mit ihr machen kann. Selbstbeschreibungsfähigkeit bedeutet auf einer Medien-Website beispielsweise, dass Audio- oder Videosequenzen gleich als solche zu erkennen sind. Selbstbeschreibungsfähigkeit werden. Zu diesem Zeitpunkt sind die Gruppen noch unverbunden. Im nächsten Schritt geht es dann darum, sinnvolle Verbindungen zwischen und in den Gruppen anzulegen – bis hinunter auf die Ebene einzelner lokaler Texträume und Artikel.

Die Hypertextforschung unterscheidet im Wesentlichen drei Grundmuster des Vernetzens. Sie sind die Instrumente des Vernetzens und gehören in den Werkzeugkasten jedes Website-Planers: die Sequenz, die Matrix und das Netz.

Die wohl einfachste Methode, Inhaltegruppen oder einzelne Seiten in eine Ordnung zu bringen, ist die lineare Reihenfolge oder Sequenz. Je nach Kontext und Thema kann eine Sequenz logisch unterschiedlich organisiert werden, etwa als Zeitleiste, in naturgegebener Reihenfolge, alphabetisch oder alphanumerisch, vom Allgemeinen zum Speziellen oder vom Großen ins Kleine etc.

Als Interface-Grundmuster für eine komplette Website ist die Sequenz dann geeignet, wenn nur wenige Seiten angeboten werden sollen. De facto sind Websites mit

auf einer E-Commerce-Site bedeutet, dass ein Bestellvorgang intuitiv und ohne Konsultation einer Gebrauchsanweisung Schritt für Schritt erledigt werden kann. Und ganz praktisch bedeutet Selbstbeschreibungsfähigkeit, dass Navigationselemente präzise beschriftet sind.

3. Erwartungskonformität

Der Dialog entspricht den Erwartungen, die die Benutzer aus Erfahrungen mit bisherigen Arbeitsabläufen oder aus der Benutzerschulung mitbringen. Da die meisten User wohl nicht erst einen Volkshochschulkurs besuchen wollen, um die Bedienung einer bestimmten Website zu erlernen, heißt das im Klartext: In der Formgebung gilt das Gesetz der Gewohnheit. Dialogische Erwartungskonformität bedeutet im Web allerdings nicht nur, dass die von den Nutzern erwartete und die tatsächlich angebotene Form möglichst deckungsgleich sein sollten. Erwartungskonformität bedeutet im Web und dort insbesondere im Setzen und Texten von Linkverweisen (Hyperlinking), dass die durch einen Verweis auf Seiten der Nutzer erzeugten Informationserwartungen auch punktgenau bedient werden müssen.

4. Konsistenz

Das Dialogverhalten ist einheitlich. Uneinheitliches Dialogverhalten zwingt die Benutzer zu starker Anpassung an wechselhafte Durchführungsbedingungen ihrer Arbeit, erschwert das Lernen und bringt unnötige Belastung mit sich. Im Klartext heißt das: Wenn Sie auf einer Shopping-Site Bestellprozesse einbinden, sollte der Bestellvorgang für alle Produkte identisch sein. Und idealerweise sollte der für alle Produkte identische Bestellvorgang strukturell möglichst weitgehend identisch sein mit den Bestellabläufen auf anderen Shopping-Sites.

5. Fehlerrobustheit

Trotz fehlerhafter Eingaben kann das Arbeitsergebnis ohne oder mit minimalem Korrekturaufwand erreicht werden. Eingaben der Benutzer dürfen nicht zu undefinierten Systemzuständen oder Systemzusammenbrüchen führen.

Abb. 39: *Sequenzen eignen sich hervorragend als lokale Interfacemuster, um Artikel zu strukturieren, die über mehrere HTML-Seiten führen. Eine typische sequenzielle Interfaceform ist auch das Rondell-Interface, das häufig für Klickstrecken wie Fotoshows oder sequenzierte Texte und Tabellen verwendet wird.*

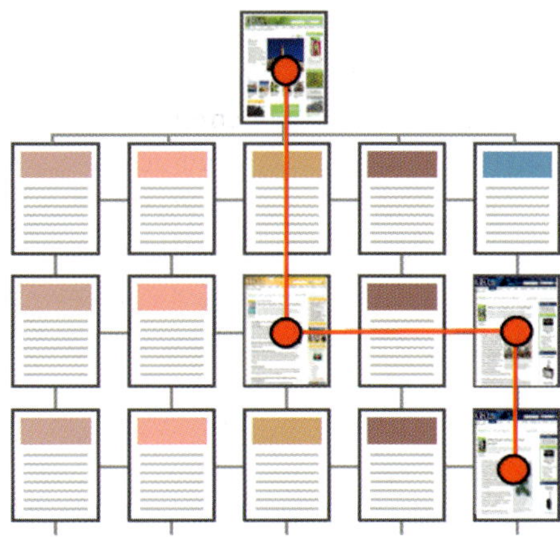

Abb. 41: *Die Matrix bietet über Querpfade deutlich einfacheren Zugriff auf die Inhalte benachbarter Navigationskategorien.*

Abb. 40: *In diesem Schaubild symbolisieren die Farbbalken eine Themengruppe. Auf einer Zeitungssite könnten die Farben zum Beispiel für die unterschiedlichen Ressorts stehen, auf einer Shoppingsite für die verschiedenen Produktgruppen. Innerhalb der Gruppe gibt es hier eine sequenzielle Verbindung, die von oben nach unten führt. Zwischen den Gruppen fehlen direkte Querverbindungen. Für einen Nutzer, der von der orangefarbenen in die blaue Gruppe wechseln möchte, bedeutet dies einen umständlichen Aufwand: Er ist gezwungen, einen Umweg über die Startseite zu nehmen.*

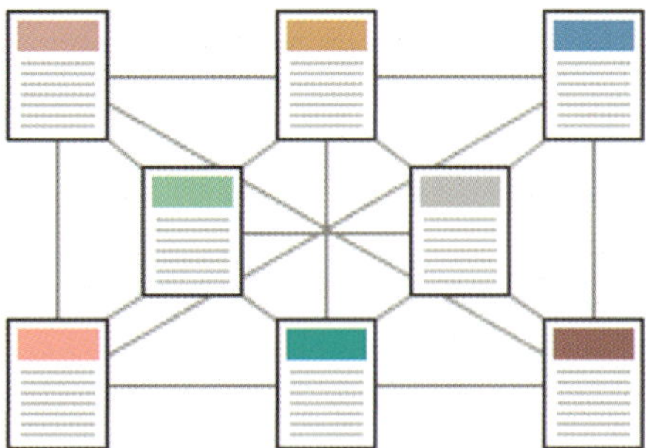

Abb. 42: *Das Netz-Interface erscheint vielen immer noch als Idealmodell, tatsächlich sind mit einer solchen Site-Architektur jedoch gerade bei großen Informationsmengen gravierende Nachteile verbunden.*

sequenzieller Interface-Architektur im Web eher die Ausnahme. Auch Varianten des Sequenz-Modells, in denen mehrere vertikale Top-down-Sequenzen parallel laufen, sind eher selten zu finden, denn mit wachsender Zahl der Ebenen werden die Klickpfade beim Wechseln zwischen den einzelnen Top-down-Pfaden immer länger und damit nutzerunfreundlicher.

Die Matrix, das zweite der drei Klickwege-Grundmuster, sorgt für vergleichsweise deutlich größere navigatorische Durchlässigkeit: Zusätzlich zur Top-down-Navigation wird hier eine Quernavigation ermöglicht, sodass die Nutzer direkt zwischen den gleichen Ebenen benachbarter Top-down-Pfade wechseln können, ohne dazu erst über die Startseite gehen zu müssen.

So ist es beispielsweise kein Problem, sich von der dritten Ebene des Top-down-Pfads A über Querverbindungen zur dritten Ebene des Top-down-Pfads C zu begeben. Die Matrix ist das vermutlich am weitesten verbreitete Interface-Modell im WWW, denn mit ihr können auch große Informationsmengen strukturiert, hierarchisiert und zugänglich gemacht werden. Zu erkennen sind Matrix-Klicknetze vor allem an den fest definierten Standard-Navigationsleisten, die sich auf allen Seiten der Site an der jeweils gleichen Position finden.

Echte Netz-Interfaces, in denen alle Inhalte untereinander vernetzt sind, kommen im WWW nur selten vor. Sie sorgen zwar für ein Höchstmaß an navigatorischer Durchlässigkeit, weil jedes Dokument von jedem anderen Dokument aus erreicht werden kann. Bei größeren Content-Volumina ist das jedoch kaum noch sinnvoll. Gegensteuern lässt sich in Grenzen durch virtuell geschichtete Navigationen, also durch Maus-sensitive Menüs.

Das rechte Maß: So berechnen Sie die optimale Site-Architektur

Bevor auch nur die erste Seite einer Website gebaut wird, sollte zumindest im Groben geklärt sein, wie viele Seiten die Site aufnehmen soll und wie eine entsprechende Site-Architektur auszusehen hat, sprich: wie viele Navigationskategorien gebraucht werden. Wie das Klickwegenetz letztlich aussehen wird, entscheidet sich schon mit dem ersten Spatenstich: Legen Sie beispielsweise drei Hauptnavigationslinks auf der Startseite an, dann müssen alle Inhalte, die nicht direkt von der Startseite aufgerufen werden können, diesen drei Navigationskategorien zugeordnet werden, egal ob es sich um 10 oder um 100.000 handelt.

Haben Sie beispielsweise 10.000 Seiten anzubieten, dann ist die Startseite mit nur drei Navigationspunkten zwar schön übersichtlich, auf den nachgeordneten Ebenen könnte allerdings Chaos ausbrechen, weil jeder Navigationspunkt im Durchschnitt gut 3300 Teil-Inhalte aufnehmen muss. Kein Problem, werden Sie jetzt vielleicht sagen, denn ich kann in den drei Unterpunkten ja beliebig viele weitere Unterpunkte unterbringen. Theoretisch ist das zwar richtig, aber praktisch wird das Interface dann sehr tief, für die meisten User tendenziell zu tief. Bleibt man bei diesen drei Ebenen, dann stehen 3 hoch 3, also 27 Kategorien zur Verfügung und jede Kategorie müsste rechnerisch gut 370 Seiten aufnehmen. Wenige Hauptnavigationspunkte auf der Startseite führen also bei vielen Einzel-Inhalten zu sehr tiefen Site-Architekturen – zu sehr voluminösem Inhalt in jeder einzelnen Navigationsgruppe.

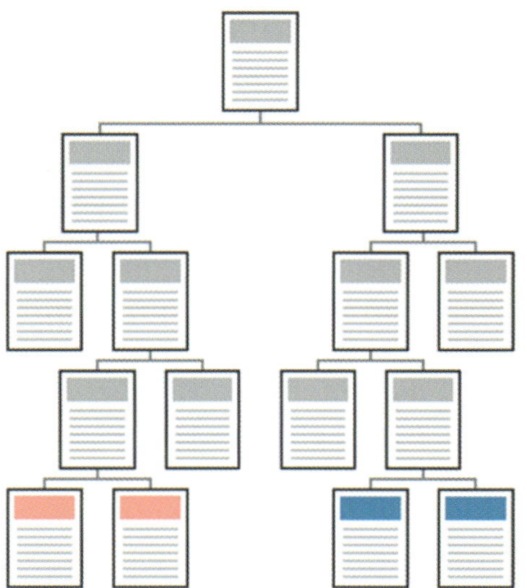

Abb. 43: *In diesem Schaubild führen nur zwei Links von der Startseite auf nachgeordnete Navigationskategorien. Zwangsläufig wird eine derart strukturierte Site mit wachsendem Content-Volumen immer unübersichtlicher. Das Strukturgesetz lautet in diesem Fall: Je geringer die Anzahl der Navigationslinks auf der Startseite, desto tiefer wird die Site.*

Wenn ein Ausbau in die Tiefe also nicht sinnvoll ist und die Anzahl der Ebenen nicht grenzenlos gesteigert werden kann, dann könnte man sich als Ausweg aus dem Dilemma natürlich auch sagen: O.K., wenn das so ist, dann packe ich eben deutlich mehr Navigationspunkte auf die Startseite, und dann passt das schon. Theoretisch ebenfalls keine schlechte Lösung. Nur: Wenn Sie in die Breite bauen und beispielsweise 100 Navigationslinks auf die Startseite packen, dann steigt auch der zeitliche Auswahlaufwand für die Nutzer.

Im Grundsatz geht es bei der Website-Planung also darum, zwei Faktoren in ein sinnvolles Verhältnis zu setzen: Der erste Faktor ist das geplante Content-Volumen beziehungsweise das für einen bestimmten Zeitraum geplante Content-Wachstum. Und der zweite und dabei limitierende Faktor ist die Anzahl der Navigationslinks, die erforderlich sind, um das jeweilige Content-Volumen zu erschließen beziehungsweise mit dem Content-Wachstum mitzuhalten. Limitierend ist dieser Faktor, weil den Nutzern prinzipiell zwar eine unbegrenzte Zahl von Seiten angeboten werden kann, nicht

Abb. 44: *Je größer die Anzahl der Navigationslinks auf der Startseite, desto breiter wird die Site. In diesem Schaubild führen neun Links von der Startseite auf die Navigationsbereiche der nachgeordneten Ebene, sodass prinzipiell ein großes Content-Volumen aufgenommen werden kann. Nachteil für die Nutzer: Je mehr Navigationsoptionen auf der Startseite angeboten werden, desto größer wird auch der Selektionsaufwand.*

aber eine unbegrenzte Zahl von Navigationslinks, schon gar nicht auf der Startseite. Der Grund ist natürlich auch hier das Zeitbudget der Nutzer: Das Zeitfenster für das Scannen der Startseiten-Inhalte beträgt, wie gezeigt, etwa dreißig Sekunden. Was in dieser Zeit nicht angesehen wird, existiert für die Nutzer auch nicht.

Wie viele Hauptnavigationslinks für eine Startseite verträglich sind, kann a priori kaum gesagt werden.

Der Blick auf die Startseiten prominenter Medienwebsites zeigt, dass dort im Durchschnitt jeweils etwa 100 Links auf redaktionelle Angebote eingebunden sind, Hauptnavigationslinks und Links auf werbliche Angebote sind darin nicht mitgezählt (s. Tab. 1).

Auf langen Startseiten verhalten sich die Nutzer ohnehin hochgradig selektiv und steuern nur jene Themenzonen und jene Hauptnavigationslinks an, die interessengebunden gerade relevant erscheinen. Es kommt also auf den Einzelfall an. Usability-Studien über optimal gestaltete Listen zeigen, dass fünf bis sieben Elemente schnell erfasst werden können. Nutzerbefragungen zu diesem Aspekt kommen zu ähnlichen Ergebnissen: Üblicherweise werden nur fünf bis sieben Links in einer Linkgruppe akzeptiert.

Für die Gesamtzahl thematischer Linkgruppen in der Hauptnavigation ist das ein ernstzunehmender Hinweis, er sagt aber nichts darüber aus, wie viele Links es insgesamt auf der Startseite sein dürfen. Näherungsweise lässt sich dies mit der folgenden kleinen Rechnung taxieren: Unterstellen wir für die maximale Scan-Phase eine Dauer von durchschnittlich 30 Sekunden (Nielsen) und berücksichtigen die physiologisch bedingte, minimale Fixationsdauer (inklusive Blicksprung) von 0,25 Sekunden, dann können in diesen 30 Sekunden maximal 120 Fixationen stattfinden.

Website	redaktionelle Links auf der Startseite	ressortbezogene Hauptnavigationslinks
spiegel.de	110	12
zeit.de	108	14
focus.de	114	12
ftd.de	71	10
fr-online.de	115	14 (+9)
faz.net	74	15
sueddeutsche.de	138	15
taz.de	83	9
stern.de	129	11
welt.de	139	16
Bild.de	87	11

Tab. 1: *Anzahl der Links auf den Startseiten ausgewählter Medienwebsites im Dezember 2010*

Entsprechend können unter optimalen Bedingungen 120 Komponenten einer betrachteten Seite einen Blickkontakt bekommen.

Im Normalfall wird aber nicht in jeder Fixation eine neue Site-Komponente betrachtet, visuell facettenreiche Symbole oder Logos beispielsweise erhalten im Blickverlauf meist mehrere Fixationen. Wenn je Komponente im Schnitt zwei Fixationen stattfinden, bleibt nur noch Zeit für maximal 60 Content-Komponenten. Zudem ist dann noch zu bedenken, dass diese 60 bis 120 Fixationen primär für das Scannen der Inhalte eingesetzt werden, nicht für das Erfassen der Standard-Elemente wie Homepage-Link oder Kontakt-Link, Impressum oder interne Suche im Hauptnavigationsrahmen. Und die kalkulierten maximal 120 Fixationen setzen zudem voraus, dass wirklich volle 30 Sekunden zur Verfügung stehen, also keine Zeit fürs Scrollen verbraucht wird und alle betrachteten Elemente gleich auf Anhieb

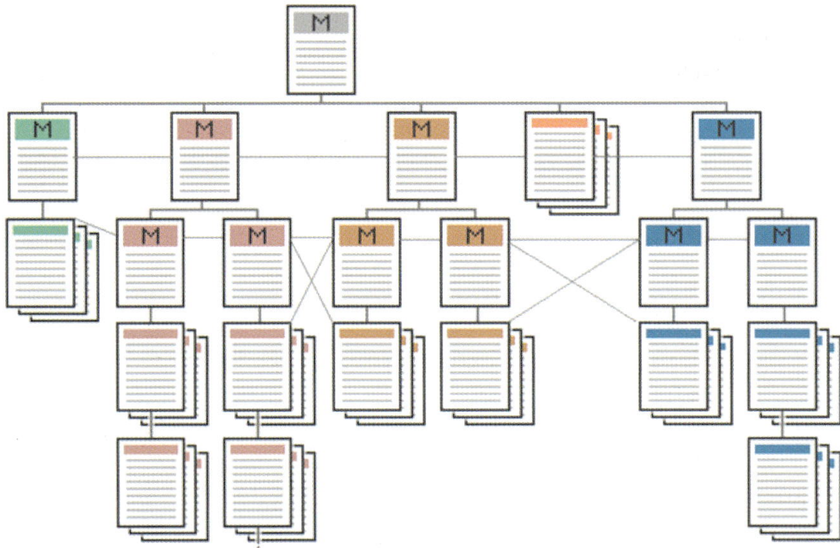

Abb. 45: *Eine optimal ausbalancierte Website-Architektur bietet die richtige Mischung aus navigatorischer Breite und navigatorischer Tiefe, damit die Klick-Entfernungen von einer Seite zu beliebigen anderen Seiten möglichst kurz bleiben.*

verzögerungsfrei erfasst werden. Unter dem Strich dürften selbst 60 blickberührte Komponenten schon relativ unwahrscheinlich sein, und für die Hauptnavigationslinks bleibt davon dann auch nur noch ein kleinerer Teil.

Wenn nun selbst großvolumige Websites wie Bild.de oder spiegel.de mit einem guten Dutzend Kategorien auf der Startseite auskommen, dürfte das für viele andere Website-Betreiber ebenfalls ausreichen. Nimmt man diese zwölf Kategorien-Links als Maßstab und eine Sub-Ebene mit vier Unterpunkten je Kategorie an, dann ergeben sich schon 48 Optionen für die Sortierung des Inhalts. Wird noch eine weitere, dritte Sub-Ebene mit wiederum jeweils vier Unterpunkten eingerichtet, dann sind es bereits 252 Optionen (192 plus 60). Das erscheint recht umfangreich, und für die meisten Fälle hat dieser rechnerische Navigationsraum sicher eine ausreichende Größenordnung, mehr brauchen vermutlich nur katalogische Websites.

Gerade bei kleineren Websites tritt allerdings auch eine umgekehrte Herausforderung auf. Sie lautet: Wie kann ich aus relativ kleinem Content-Volumen eine annehmbar gefüllt erscheinende Website bauen? Auch hier gilt wiederum: Ob Ihre Site im Content-Volumen eher dünn wirkt oder kompakt erscheint, entscheidet sich bereits auf der Startseite mit der von Ihnen gewählten Anzahl an Navigationspunkten und der von Ihnen gewählten Anzahl der Ebenen. Eine dünn wirkende Website ist also kein Schicksal, sondern das Resultat Ihrer Interface-Entscheidungen.

Beispiel: Sie sollen eine kleine Unternehmenswebsite bauen und planen mit vielleicht 400 Seiten (die kommen schneller zusammen, als mancher glaubt). Damit die einzelnen

Navigationskategorien nicht zu dünn wirken, sollte jede Navigationskategorie im Schnitt etwa zehn Seiten enthalten; je nach den Inhalten der Navigationskategorie sind einige Bereiche etwas umfangreicher (zum Beispiel der Produktkatalog), andere dafür etwas dünner (zum Beispiel der Kontaktbereich). Für die Navigation heißt das, dass Sie etwa vierzig Kategorien benötigen, um eine für dieses Content-Volumen passende Site-Architektur herzustellen. Rein rechnerisch reichen dazu sechs Kategorien auf der Startseite und eine zweite Ebene, auf der ihrerseits je sechs Navigationskategorien eingebunden sind, denn dann erhalten Sie 36 Kategorien auf der Sub-Ebene. Erscheint Ihnen das zu wenig, dann nehmen Sie eine dritte Ebene hinzu, reduzieren aber die Anzahl der Navigationslinks auf der Startseite von 6 auf 4, und Sie erhalten 64 Kategorien.

Und wenn Ihnen die Website dann immer noch zu dünn wirkt, bleibt eine letzte Alternative: Sie stellen alle Inhalte auf eine Seite. Die Startseite ist dann gleichzeitig die Website. Diese sogenannten One-Page-Websites sind im Web gerade für Kleinunternehmen mit überschaubarer Angebotspalette eine praktische Sache: Sie reduzieren den Pflegeaufwand und erzeugen hohe Schlüsselbegriffdichten – sind also auch für die Suchmaschinenoptimierung eine günstige Lösung (s. Abb. 46).

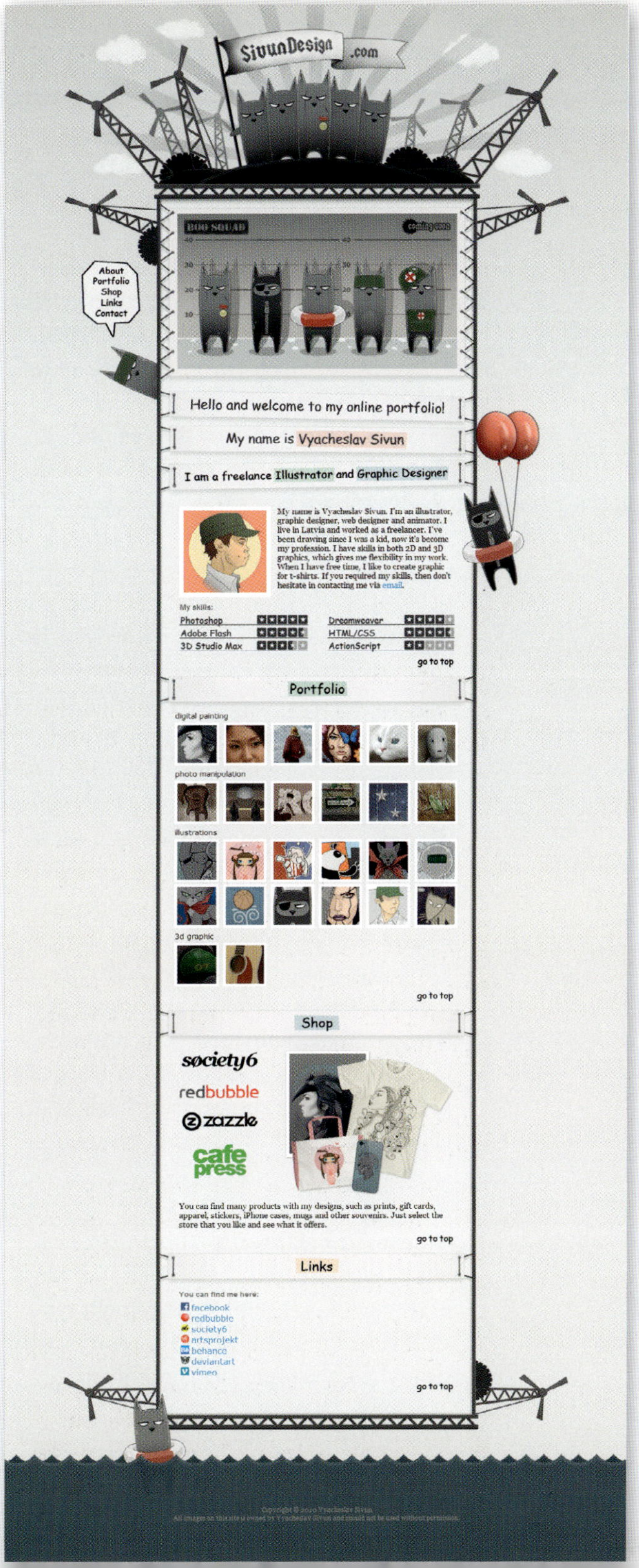

Abb. 46: *Alles auf einer Seite: One-Page-Websites reduzieren das Interface auf einige wenige Anker-Links.*

Exkurs: Die Gestaltgesetze – und was sie für die Navigation bedeuten

Das Sehen ist ein konstruktiver Prozess, der biologisch bedingten Prinzipien unterliegt. Diese Prinzipien werden in der Kognitionspsychologie als Gestaltgesetze bezeichnet. Sie beschreiben, so der Verständlichkeitsforscher Peter Teigeler, »wie wir das, was an Wahrnehmungsreizen auf uns trifft, ordnen, gliedern und unserer Art zu sehen anpassen«. Das Sehen ist dabei im positiven Sinne unbelehrbar, denn diesen Gesetzen können wir nicht entrinnen, selbst wenn wir es wollten:

- **Gesetz der Nähe:** Was nahe beieinander ist, wird als zusammengehörig wahrgenommen; was einander fern ist, wird als nicht zusammengehörig wahrgenommen.
- **Gesetz der Ähnlichkeit**: Ähnliches oder Gleiches wird als zusammengehörig, Unähnliches beziehungsweise Ungleiches wird als nicht zusammengehörig wahrgenommen.
- **Gesetz der Geschlossenheit**: Was durch Linien zusammengeschlossen, also »geschlossen« ist, wird als zusammengehörig wahrgenommen. Was nicht durch Linien zusammengeschlossen, also »offen« ist, wird nicht als zusammengehörig wahrgenommen. Auch Weißräume können Linien formen.
- **Gesetz der Erfahrung**: Ähneln Formen einer bekannten Form, dann werden sie bevorzugt wahrgenommen. Ähneln Formen keiner bekannten Form, dann werden sie nicht bevorzugt wahrgenommen.
- **Gesetz der guten Gestalt**: Es werden bevorzugt solche Formen als Figur beziehungsweise Gestalt aufgefasst, die insgesamt einen einfachen, voraussehbaren und gesetzmäßigen Verlauf aufweisen. Formen, die kompliziert, nicht voraussehbar und nicht gesetzmäßig verlaufen, werden weniger als Gestalt aufgefasst.

Im Interface- und Interaktionsdesign für Websites wird in der Praxis nach wie vor regelmäßig gegen diese Wahrnehmungsgesetze verstoßen. Navigationselemente werden beispielsweise gern logisch falsch gruppiert und quer über die Startseite gestreut, Weißlinien trennen Navigationsmenüs oder Contentfelder, die eigentlich zusammengehören, und Ähnliches. Die Folgen dieser Fehler sind vermeidbar: In der äußerst kurzen Scan-Phase gehen durch visuell unklare Kommunikation schnell wertvolle Sekunden für unnötige Verstehensprozesse verloren, und zwar in aller Regel genau dort, wo die Site den Nutzern schnelle Orientierung bieten muss – im Navigationsrahmen. Gerade hier ist sauber zu arbeiten, damit die Struktur der Site SOFORT störungsfrei verstanden werden kann (s. Abb. 47). zeigt – stellvertretend für viele andere Sites –, welche Probleme durch Missachtung der Gestaltgesetze entstehen.

Der Kernbereich der Startseite ist beispielsweise mit einem weißen Hintergrund unterlegt. Die weiße Fläche formt einen Rahmen, der dem Nutzer mitteilt: »Alles, was auf der weißen Fläche steht, gehört zusammen und ist von gleicher Art«. Tatsächlich aber enthält der Kernbereich drei unterschiedliche Content-Kategorien: Auf der linken Seite ein Promo-Bild, in der rechten Spalte eine Reihe von Themen-Anreißern, deren Vollversionen über einen Link mit der Beschriftung »Details« erreicht werden, und in der Mitte einen

Abb. 47: *Obwohl die Grundstruktur durchaus aufgeräumt wirkt, lassen sich auf dieser Startseite eine ganze Reihe von Gestaltgesetz-Verletzungen aufzeigen.*

Abb. 48: *Hätten Sie's gedacht? Dies ist eine Contentseite, die direkt von der oben gezeigten Startseite erreicht wird. Die Navigationselemente sind optisch und inhaltlich völlig anders gestaltet als jene auf der Startseite, so dass man glauben muss, eine andere Website vor Augen zu haben.*

Ticker plus Textliste sowie zwei Links mit den Beschriftungen »Details« und »More Info«. Der »Details«-Link führt hier nicht auf einen Text (wie es in der rechten Spalte der Fall ist), sondern zu einem E-Mail-Kontaktformular. Und der »More Info«-Link führt auf die Seite, die im zweiten Screenshot zu sehen ist. Diese Seite hat ein völlig anderes Layout als die Startseite. Hier werden also gleich mehrfach Gestaltgesetze missachtet, vor allem das Gesetz der Ähnlichkeit, das Gesetz der Geschlossenheit und das Gesetz der guten, vorhersagbaren Form.

Wie Sie Ihre Hyperlinks optimal setzen und betexten

Jeder angeklickte Link ist letztlich ein Nutzerurteil: Je häufiger sich ein Nutzer klickend fürs Weiterlesen auf einer Website entscheidet, desto stabiler wird im Zeitverlauf auch die sich aufbauende Nutzer-Site-Bindung – und umgekehrt.

Hyperlinks sind so gesehen eines der zentralen Instrumente, um meist zufällig vorbeischauende Nutzer an eine Site zu binden. Wer im Umgang mit den farbigen HTML-Verweisen bereits fit ist, kann diesen Kasten überspringen. Eine kleine Auffrischung kann aber auch den Profis sicher nicht schaden.

Link-Schrott vermeiden

Wohin der Hyperlink die Nutzer letztlich führt, wird im so genannten Hyperlink-Tag festgelegt. Für die technisch weniger Interessierten hört sich das vielleicht kompliziert an, ist aber eine einfache Geschichte. Der Befehl oder HTML-Tag hat in allen Quelltexten die gleiche Struktur und sieht so aus:

```
<A HREF="http://www.produkte.de"> Hier geht's zu den Produkten!</A>
```

`<A HREF=` sagt dem Browser: Achtung, jetzt kommt ein Hyperlink. Die Webadresse in hochgestellten Anführungszeichen nennt dem Browser das Zieldokument und der Text in den spitzen Klammern wird vom Browser in eine anklickbare Textzeile umgewandelt. `</A>` sagt dem Browser: Hier ist der Befehl zu Ende. Der Webbrowser interpretiert diesen Befehl und setzt ihn in einen Hyperlink um. In diesem Fall sieht er so aus:

Hier geht's zu den Produkten!

Klickt man als Webnutzer auf diesen Link, dann wird die Produkte-Seite in den Browser geladen, und schwups hat der Nutzer Zugriff auf einen völlig anderen Inhalt. Zumindest theoretisch, denn in der Praxis kann das aus unterschiedlichen Gründen schiefgehen.

Falsch verbunden: Fehler 404

Ein fehlender Buchstabe, ein Punkt oder Bindestrich an der falschen Stelle – und der Zugang zu weiterführenden Informationen ist für den User erst einmal verbaut. Statt der erhofften Information beamt der Browser dann nämlich eine Fehlermeldung auf den Monitor des Anwenders, und den wird das sicher gar nicht freuen. Passieren kann das aber nicht nur dann, wenn die HTML-Tags von Hand geschrieben werden, sondern auch in ausgefeilten Content-Management-Systemen (CMS). In diesen Software-Umgebungen wird es den Redakteuren oder Producern meist erspart, den kompletten HTML-Tag immer wieder aufs Neue eingeben zu müssen. Der Anfang des Hyperlink-Befehls (also `<A HREF=http://`) ist deshalb häufig bereits vorgegeben, so dass nur noch der Domainname plus Top-Level-Domain (evtl. plus Dateiname) eingegeben werden muss. Kopiert ein Redakteur dann aber die gewünschte Zieladresse aus der URL-Zeile des Browsers in das CMS, dann wird die kopierte Adresse im HTML-Quelltext zum korrupten Hyperlink.

Und der sieht so aus:

```
<A HREF=http://http://www.produkte.de>Hier geht's zu den Produkten!</A>
```

Weil zu Beginn zweimal `http://` enthalten ist, kann die Seite nicht aufgerufen werden. Die Konsequenz ist deshalb die gleiche wie bei einer ungenau abgetippten URL: Auf dem Monitor des Anwenders erscheint die

Fehlermeldung 404 des Hypertext Transfer Protocol (HTTP) – File not found (Datei nicht gefunden). Das Fatale daran: Just in jenem Augenblick, in dem sich ein Nutzer entschieden hat, sich zu den Produkten zu begeben, handelt er oder sie sich eine herbe Enttäuschung ein. So nah dran, wird er sich sagen, nur noch ein einziger Mausklick, und dann so etwas. Die erste und wichtigste Regel fürs Hyperlink-Setzen und -Redigieren lautet deshalb: Links zeichengenau abtippen und anschließend ausprobieren, ob der Link auch tatsächlich funktioniert. Unsauber adressierte Links sind vermeidbarer Interface-Schrott.

Webadressen sind beweglich

Selbst wenn die Adresse fehlerfrei in den HTML-Tag eingegeben wurde und der Hyperlink korrekt funktioniert, heißt das noch lange nicht, dass das auch so bleibt. Vor allem beim Verlinken in tiefere Regionen einer Website (»deep-linking«, also auf bestimmte Einzelseiten) kann es passieren, dass die Adresse vom Anbieter irgendwann geändert wird. Die Folge: Da sich der HTML-Tag nicht automatisch an die neue Adresse anpasst, kann die vom Anbieter neu adressierte Seite auch nicht mehr gefunden werden. Der ursprünglich korrekte Link wird zum faulen Ei (im Englischen spricht man auch von link-rot oder broken links), bricht in sich zusammen – und der Nutzerfrust ist programmiert.

Gleiches gilt natürlich auch für den Fall, dass die Zielseite komplett vom Netz genommen wird. Das Malheur trifft dabei nicht nur denjenigen, der auf eine bestimmte Information verknüpft hat, sondern auch denjenigen, auf dessen Information verknüpft wurde. Sind also Adressänderungen für eigene Seiten unumgänglich, dann sollten – wenn möglich – alle Seiten, auf die von außen verlinkt worden ist, intern per Redirect mit den neuen Adressen verbunden werden. Den Umweg werden die Nutzer allemal eher akzeptieren als den Frust, den sie sich mit broken links einhandeln.

Sprechende URLs verwenden

Unter sprechenden Webadressen werden URLs verstanden, die bereits über die verwendeten Wörter prägnant mitteilen, welcher Inhalt auf der betreffenden Seite zu erwarten ist. Sprechende URLs sind praktizierte SEO. Und für den eingehenden Traffic sind sie extrem wichtig, weil potenzielle Nutzer den Aufruf einer Seite häufig davon abhängig machen, ob die Begriffe in der betrachteten Seiten-URL relevant erscheinen oder nicht. Steht beispielsweise in einer Link-Empfehlung oder in einer Suchergebnisliste die Webadresse
http://www.sport1.de/artikel_307791.html,
dann weiß der Nutzer nur, dass es ums Thema Sport geht. Wenn die Webadresse aber lautet:
http://www.sport1.de/fussball/champions-league/Bayern-siegt-in-Cluj.html,
dann ist der Nutzer sehr viel genauer im Bilde, und die Klickwahrscheinlichkeit steigt.

Auf keinen Fall in die Irre leiten

Professionelles Verlinken ist aber bei Weitem nicht nur eine Frage sauberer HTML-Programmierung.

Mindestens ebenso wichtig sind die sprachlichen Aspekte des Verlinkens, denn sie entscheiden, ob ein Link vom Nutzer als nützlich oder als unnütz bewertet wird. Zentrales Moment ist in dieser Hinsicht das mit jedem Hyperlink verbundene Informationsversprechen: Jeder Link erzeugt beim Nutzer eine konkrete Erwartung über das, was nach dem Klick auf den Bildschirm geliefert wird. Wird die erzeugte Erwartung durch den Inhalt des verlinkten Dokuments nicht erfüllt, dann ist Frust beim Leser die unweigerliche Konsequenz. Passiert das auf einer Site in kurzer Folge mehrfach, dann wird es fast unmöglich sein, die Nutzer dauerhaft zu binden oder zur Rückkehr zu bewegen. Ein simples Beispiel zeigt, dass die vom Nutzer konstruierte Erwartung direkt von den Wörtern abhängt, auf die der Hyperlink gesetzt wird. Verschiebt man den HTML-Tag auf ein anderes Wort oder auf andere Wörter, dann verschiebt sich auch die Semantik des Links:

Washington: Barack Obama tritt zurück

In diesem Fall wird auf Seiten der Nutzer die Erwartung erzeugt, dass sich hinter dem Link Informationen über die Stadt Washington verbergen. Beispielsweise könnte man sich vorstellen, dass eine politische Landkarte der USA angeboten wird, auf der Washington eingezeichnet ist.

Washington: Barack Obama tritt zurück

Wird »Barack Obama« als Link genutzt, würde man vermutlich erwarten, dass auf Mausklick eine Biografie auf den Monitor geliefert wird.

Washington: Barack Obama tritt zurück

Die beiden ersten Beispiele erlauben den Nutzern eine recht genaue Vorhersage über das, was nach dem Klick zu erwarten ist. Im Unterschied dazu wird in der dritten Variante deutlich, dass eine unbedachte Verlinkung stark verwirren kann. Ganz konkret lässt sich in dieser Beispielvariante kaum treffsicher schlussfolgern, welche Information nach dem Mausklick auf »tritt zurück« auf den Bildschirm geladen werden wird. In meinen Online-Journalismus-Seminaren wurden beim Lesen dieser Variante regelmäßig die unterschiedlichsten Vermutungen geäußert. Die Palette der Gedanken reichte dabei von »Hier gibt's den vollständigen Bericht« über »ein Foto, das ihn bei seiner Rücktrittserklärung zeigt« bis hin zu »Hier gibt's eine Liste der Präsidenten, die frühzeitig von ihrem Amt zurückgetreten sind« – nicht gerade ein Zeichen für klare Orientierung auf Seiten der Nutzer. Anders formuliert: Die Entscheidung für oder gegen das Weiterlesen findet auf unklarer Informationsbasis statt, dauert länger und hält vom eigentlichen Lesen ab.

Gerade in der Einstiegsphase, also dann, wenn ein Nutzer in den Text gelockt werden soll, ist eine solche Verlinkung tödlich. Wenn nicht klar ist, was auf den nachfolgenden Seiten zu erwarten ist, lässt ein User in der Tendenz eher die Finger von den angebotenen Links. Passiert das in kurzer Zeit mehrfach, dann wird er nicht nur die Finger von den Links, sondern auch gleich von der Website lassen.

Für die redaktionelle Arbeit heißt das konsequenterweise, dass das Verlinken keine Angelegenheit ist, die man schnell mal nebenher erledigt. Ganz im Gegenteil: Nutzerfreundliches Verlinken will wohlüberlegt sein. Ziel sollte es dabei immer sein, den Nutzern eine zutreffende Informationsprognose zu ermöglichen und ihnen eine nervtötende Sondierungsklickerei so weit wie möglich zu ersparen.

Washington: Barack Obama tritt zurück

ist deshalb deutlich sinnvoller. In dieser Variante wird aus der Textzeile kein Element optisch herausgehoben, was die Verlinkung unspezifisch wirken lässt. Entsprechend ist die nutzerseitige Informationserwartung im positiven Sinn unkonkret und damit paradoxerweise deutlich klarer. Sie vermittelt den Nutzern unzweideutig die Botschaft: »Hier geht's weiter. Wer mehr zum Thema wissen will, klicke bitte hier.«

Links müssen zum Kontext passen

Vor allem in den Anfängen des öffentlich zugänglichen WWW wurden Hypertext-Dokumente lustvoll mit Links vollgeballert. Jeder HTML-Autor schien der Welt sagen zu wollen: Seht her, ich weiß, was den Hypertext vom Text unterscheidet. Auch heute sieht man immer noch Texte, in die die Links zum Schaden der Nutzer nur um der Links willen eingebaut sind. So wäre es beispielsweise schlichter Blödsinn, in der politischen Schlagzeile

Washington: Barack Obama tritt zurück

mit dem Link auf eine Site zu verweisen, in der das Reisebüro Washington & Partner Karibik-Reisen zu Sonderpreisen verhökert. Für die Auswahl der Verknüpfungen gilt also immer der Leitsatz: Verlinkt wird nur dann, wenn es im Kontext Sinn stiftet und die zusätzliche Informationsquelle den Anwendern einen konkreten Mehrwert beschert. Soll den Lesern ein in sich stimmiges Informationsnetz angeboten werden, dann müssen alle miteinander verbundenen Content-Elemente (wie Links, Pop-Up-Frames oder Illustrationen etc.) in nachvollziehbarer inhaltlicher Beziehung zum Verknüpfungszentrum stehen, also beispielsweise zu einem journalistischen Artikel. Umgekehrt sind Hyperlinks immer dann fehl am Platz, wenn sie vom eigentlichen Thema in unsinniger Weise wegführen und bei den Nutzern deshalb Irritation hervorrufen. Themenferne oder -fremde Links sollten also vermieden werden.

Linklabel: Auf den Punkt bringen

Im Interaktionsdesign kommt es vor allem darauf an, schnelle und störungsfreie Orientierung zu ermöglichen. Der erste Eindruck MUSS also positiv sein, denn alles, was negativ auffällt oder irritiert, belastet den Kontakt zwischen Nutzer und Website bis hin zum sofortigen Besuchsabbruch. Und das gilt insbesondere auch dann, wenn der zentrale Content-Bereich nicht zum Klick führt und die Nutzer deshalb einen schnellen Blick auf die Navigationsmenüs an den Rändern der Startseite werfen. Zuallererst gilt deshalb nach dem Gesetz der Nähe, dass die Navigationsmenüs verzögerungsfrei als solche erkannt und deshalb in übersichtlicher Ordnung gruppiert werden müssen.

Mit der sauberen Gruppierung ist der erste Schritt für die schnelle Nutzerorientierung getan. Zusätzlich braucht es jetzt noch eine

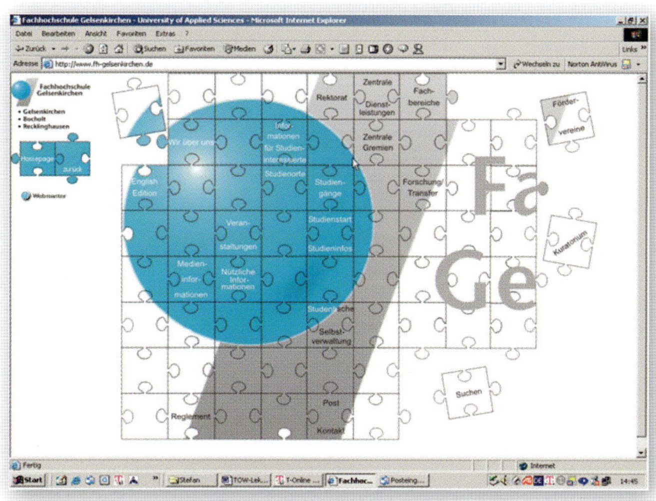

Abb. 49: *Navigation als Puzzlespiel. Hier werden die Labels nicht gruppiert, sondern willkürlich und ohne echtes System über die Startseite gestreut. Die Orientierung wird zur Geduldsprobe.*

klare und prägnante Beschriftung der einzelnen Navigationslinks. Auch hier gibt es ein paar Dinge zu beachten. Die beiden folgenden Listen zeigen Linkbeschriftungen, die auf zwei echten Shopping-Websites eingesetzt wurden. Website Nummer 1 verwendete die Begriffe:

Powerfacts
Powerbook
Powerbrain
Powermoments
Powerclub
Powerservice
Powerlab

Website Nummer 2 verwendete die Begriffe:

Kameras
Objektive
Blitzgeräte
Digital Imaging
Ferngläser

Was denken Sie, welche Produktwelten mit diesen Linklabels zugänglich gemacht werden sollten? Tatsächlich geht es in beiden Fällen um Fotokameras. Beim Lesen der Linktitel in der ersten Liste bleibt völlig in der Dunkelkammer, wovon hier die Rede ist. Gutmeinende könnten jetzt vielleicht sagen, hier wurde geschickt Neugier geweckt. Nur: In den Navigationsmenüs einer Website haben derlei lesepsychologische Kniffe nichts zu suchen.

Die Linkbeschriftungen im zweiten Beispiel unterstützen das schnelle Orientieren schon deutlich besser. Hier versteht man sofort, dass es um Produktkategorien geht. Eins von den Dingen ist allerdings anders als die anderen: »Digital Imaging« passt als Label nicht ganz in die Reihe. Und zwar nicht nur, weil es sich um einen englischsprachigen Begriff handelt, sondern vor allem, weil »Digital Imaging« keinen Gegenstand bezeichnet. Beim Beschriften der Links heißt es deshalb: Aufgepasst!

Storytelling mit Linklabels

Storytelling kommt aus dem Englischen und meint nichts anderes als Geschichtenerzählen. Sie wundern sich jetzt vielleicht, aber auch die Linkbeschriftungen auf einer Website können eine Geschichte erzählen. Und je nachdem, in welcher Reihenfolge sie stehen, kann die Geschichte gut erzählt sein oder schlecht.

Grundsätzlich stehen alle Navigationslinks in Gruppen, entweder vertikal gereiht in einer Spalte oder in einem Kasten oder horizontal sortiert in einer Zeile. Zwangsläufig entstehen dabei Reihenfolgen, entweder von oben nach unten laufend oder von links nach rechts. Diese Reihenfolgen können zufällige Ordnungen sein oder aber eine Logik abbilden, die den Websitebesuchern das Orientieren erleichtert.

Gerade auf Shoppingsites sollten die Reihenfolgen der Linklabels dem typischen Ablauf beim Einkaufen entsprechen: Soll beispielsweise ein PC-Programm gekauft werden, dann geht man nicht gleich zur Kasse, sondern schaut sich erst einmal ein wenig im Laden um, orientiert sich, geht zum entsprechenden Verkaufsregal, greift dort eine Packung heraus, schaut sie sich genauer an, entscheidet sich für den Kauf, geht dann erst zur Kasse und bezahlt. Funktioniert das Programm dann zu Hause nicht wie gewünscht, wird der Service angerufen und Hilfe erfragt. Der Hypertextforscher Mark Bernstein hat deshalb vorgeschlagen, das Link-Beschriften als Erzählung – eben als »Storytelling« – zu begreifen und die Linklabel in den Navigationsmenüs von links nach rechts laufend in logisch richtige Ordnungen zu reihen. In diesem Fall sähe eine horizontale Link-Geschichte sinnvollerweise wie in Abb. 50 aus und nicht wie in Abb. 51.

Beim Link-Beschriften kommt es also nicht nur auf eine präzise Wortwahl an, sondern auch auf eine logisch angemessene Reihenfolge der Links.

FEATURES DOWNLOAD PURCHASE SUPPORT CONTACT

Abb. 50: *In dieser Navigationsleiste eines Software-Online-Shops stehen die Linklabel in einer logisch plausiblen Reihenfolge. In Leserichtung bilden sie von links nach rechts den möglichen Verlauf eines Käufer-Website-Kontaktes ab.*

PURCHASE FEATURES DOWNLOAD SUPPORT CONTACT

Abb. 51: *In dieser Navigationsleiste gibt es keine logisch plausible Reihenfolge der Linklabel.*

Auf die Schliche gekommen: So bewegen sich Nutzer durchs Web

Die Gründe, ins Web zu gehen, sind sicher so zahlreich wie die Webnutzer. Jeder einzelne verfolgt mit seinem Besuch ein ganz individuelles, vor allem von persönlichen Interessen abhängiges Ziel. Usability- und Hypertext-Forscher haben trotzdem Mittel und Wege gefunden, das kaum fassbare Spektrum der User-Interessen zu klassifizieren und typische Klickverhaltensmuster zu beschreiben. Für die Website-Optimierung sind diese Befunde von sehr konkretem, praktischem Nutzen.

Eine der meistzitierten Studien in diesem Themenfeld stammt zwar aus dem Jahr 1995, ist also schon ziemlich betagt, trotzdem sind die Befunde nach wie vor hochaktuell. Unter dem Titel »Characterizing Browsing Strategies in the World Wide Web« (zu deutsch etwa: Beschreibung von Surfstrategien im WWW) diagnostizierten Lara Catledge und James Pitkow vom Georgia Institute of Technology in Atlanta (USA) grundsätzliche Navigationsmuster beim Benutzen von Websites. Zu den wichtigsten Faktoren im Nutzer-Website-Kontakt zählt danach die Intensität des zu unterstellenden Ausgangsinteresses. In Abhängigkeit vom Ausgangsinteresse wurden drei Hauptnavigationsmuster beschrieben:

1. **Komplett ungerichtetes Browsen**: Die Nutzer verfolgen mit ihrem Internetbesuch kein bestimmtes Ziel, sondern vertreiben sich die Zeit und schauen, ob sich möglicherweise ein Inhalt findet, der ihr Interesse weckt.
2. **Thematisch gerichtetes Browsen**: Die Nutzer wollen sich über ein bestimmtes Thema auf dem Laufenden halten und surfen auf Websites, die für ihr individuelles Themeninteresse relevant sind oder sein können.
3. **Punktgerichtetes Browsen**: Die Nutzer haben ein genaues Informationsziel vor Augen, sind beispielsweise auf der Suche nach einer bestimmten Studie, einem bestimmten Zeitungsartikel, einer ganz bestimmten Auskunft oder einem ganz bestimmten Produkt.

Jeder Internetnutzer kann dabei natürlich während eines Onlinebesuchs zwischen den drei unterschiedlichen Strategien hin- und herwechseln. Für die Website-Optimierung sind diese Befunde von ganz praktischer Bedeutung, denn je nach Zielgruppe und Website-Funktion dürfte eine dieser Surfstrategien regelmäßig die dominante sein. Ist beispielsweise anzunehmen, dass die Besucher einer bestimmten Site regelmäßig nur oberflächlich und ungerichtet an den angebotenen Inhalten interessiert sind, etwa weil sich die Site thematisch breit gefächert an ein sehr breites Publikum richtet (zum Beispiel eine zeitungsgebundene Website), dann ergeben sich daraus entsprechende Konsequenzen für die Content-Hierarchie, fürs Keywording und letztlich für die Site-Architektur. Ist dagegen zu erwarten,

Stichwort: Navigationsgrammatik für Websites

Um den Lesern eines Printmediums einen möglichst komfortablen Zugriff auf die Inhalte bieten zu können, werden im Blattmachen bestimmte Ordnungsinstrumente (wie Seitenzahlen, Signets, Logos, Rubriktitel, Bucheinteilung, Schriftgrößen, Abfolge der Ressorts, Textlängen etc.) eingesetzt. Ihr Einsatz erfolgt, ähnlich wie die Themenmischung, nach bestimmten Regeln. Ein Set solcher Regeln wird von der Textwissenschaft auch als Struktur- oder Navigationsgrammatik bezeichnet, mit deren Hilfe bestimmten Themen prognostizierbare Orte zugewiesen werden können. Regelmäßige Zeitungsleser können sich deshalb ohne langes Überlegen in ihrem Leib-und-Magen-Blatt zurechtfinden: Die Bundesliga-Spielberichte stehen am Montag – für jeden erwartbar – im Sportteil, die Veranstaltungshinweise auf der dritten Lokalseite und das Vermischte auf der letzten Seite des letzten Buches. Zwar ist die Print-Navigationsgrammatik nirgends verbindlich niedergeschrieben, im Großen und Ganzen werden aber in allen Druckmedien ähnliche Instrumente in ähnlicher Weise eingesetzt, so dass auch beim Lesen unbekannter Blätter eine schnelle Orientierung möglich ist.

Für Online-Medien gibt es bislang erst Ansätze einer einheitlichen Navigationsgrammatik. Vielerorts wird deshalb in der Site-Planung auf vertraute Metaphern zurückgegriffen, vor allem auf zeitungsähnliche Strukturmuster. Aus wissenschaftlicher Sicht mit gutem Grund: Rezeptionstests haben gezeigt, dass Webnutzer sich auf ihnen unbekannten Sites von Tageszeitungen deutlich schneller zurechtfinden als etwa auf den Sites von Rundfunksendern (Bucher 2001).

Kognitionspsychologisch ist das leicht zu erklären: Ist eine Zeitungs-Site ähnlich strukturiert wie das gedruckte Blatt, dann müssen die Nutzer nicht erst ein neues Strukturmuster erlernen und können auf ihre Erfahrungen mit dem vertrauten Ordnungsprinzip zurückgreifen. Die technischen Besonderheiten des Webs und die spezielle Rezeptionssituation setzen dem Einsatz von printtypischen Ordnungsinstrumenten jedoch recht enge Grenzen. Drop-down-Menüs beispielsweise kommen in Printmedien einfach nicht vor, Paginierungen sind im WWW nur begrenzt sinnvoll, und das Kernstück aller Hypertexte, der Hyperlink, ist in gedruckten Medien schlicht unbekannt. Die Nutzer stehen deshalb im Web vor ungewohnten Orientierungs-, Navigations- und Selektionsproblemen. Für die Site-Planung ist es daher absolut unerlässlich, sich immer wieder in die Situation der Nutzer zu versetzen.

dass die Besucher regelmäßig ein spezifisches Informationsinteresse haben werden, dann muss die betreffende Site entsprechend anders organisiert werden.

Aus wissenschaftlichen Logfile-Analysen ist zudem bekannt, dass Websites von den Nutzern in zwei typischen Bewegungsmustern erkundet werden: über eine Nabe-Speiche-Strategie (»hub-and-spoke«) und über eine Tieftauch-Strategie (»depth-first-search«).

Das **Nabe-Speiche-Muster** beschreibt, dass die Nutzer gern von einem selbstgewählten, besonders relevant erscheinenden Zentrum (z.B. der Startseite) über dort angebotene Links auf die jeweils nächstliegende Hierarchie-Ebene wechseln und nach diesem Tiefenklick gleich wieder zum Zentrum zurückspringen, wo das Spielchen von Neuem beginnt. Stellt man dieses Nutzungsverhalten grafisch dar, ergibt sich ein Rad-ähnliches Bild mit einer Nabe im Zentrum und zahlreichen Speichen, die vom Zentrum zu Satellitendokumenten führen und von dort wieder zurück zum Zentraldokument.

Die Nabe steht in dieser Strategie navigatorisch also im Zentrum einer gedachten Kreisbewegung: Nach jedem Schritt kehrt der Nutzer wieder zum Ausgangspunkt zurück, um von dort dem nächsten Link zu folgen. Das über Links erreichbare, weitere Inhalte-Angebot wird in diesem Bewegungsmuster regelrecht rundherum abgegrast. Die individuellen Gründe für dieses Navigationsverhalten können dabei äußerst unterschiedlich sein. Denkbar ist beispielsweise eine inhaltliche Motivation: Nutzer wollen sich einfach mit einem Thema umfassend beschäftigen und deshalb alle Seiten betrachten, eben auch Subseiten, die vielleicht von Interesse sein könnten. Denkbar ist aber auch, dass das gerade betrachtete Angebot einen exzellenten Eindruck macht und ein Betrachter deshalb prüfen will, ob die weiteren angebotenen Contents von gleicher Qualität sind – auch wenn sie vielleicht mit dem Ausgangsthema nichts zu tun haben. »Ein anderer Grund könnte darin liegen«, wie die Leipziger Hypertext-Forscher Wandke und Hurtienne vermuten, »dass die Links auf dieser Seite nicht eindeutig genug sind und die vorhandenen im Sinne von Versuch und Irrtum durchprobiert werden.«

Für die Praxis bedeutet dieses Benutzerverhalten, dass die Navigation eher »breit« als »tief« anzulegen wäre und eine entsprechende Interfacestruktur flach gebaut werden müsste. Im einfachsten Fall und bei entsprechendem Content-Volumen hätte eine Website dann nur zwei Hierarchieebenen, und jede Seite wäre von der Startseite aus direkt zu erreichen. In vielen Fällen ist das sicher sinnvoll. Allerdings kommt es immer auf die konkrete Site an. Denn je nach Funktion einer Website und je nach den Informationsinteressen der Zielgruppe kann ein solches Interface auch problematisch sein. Der nachfolgende Screenshot zeigt ein Beispiel für ein nichtoptimiertes Nabe-Speiche-Interface anno 2003: Die Startseite der Website des Hamburger Verkehrsverbunds (HVV) diente damals als Tor zu sämtlichen Services des HVV, von der Fahrplanauskunft über den Fuhrpark bis zu Firmenkunden-Services. Alle Contents waren dabei gleichberechtigt schnell erreichbar. So weit, so gut. Trotzdem war dieses Nabe-Speiche-Interface nicht optimal, denn das primäre Informationsbedürfnis im Adressatenkreis dürfte schon damals die Funktion »Fahrplanauskunft« gewesen sein. Entsprechend hätte sie auch einen Platz direkt auf der Startseite bekommen müssen. De facto war sie aber erst auf einer nachgeordneten Ebene platziert. Wer also schnell mal wissen wollte, wann von wo welcher Bus oder Zug von A nach B fährt, musste mit verspäteter Auskunft rechnen und

Abb. 52: *Die Startseite von www.hvv.de im Jahr 2003*

zusätzliche Klicks investieren. Inzwischen ist das auf hvv.de vorbildlich implementiert: Die Fahrplanauskunft steht gleich auf der Startseite.

Bei der **Tieftauch-Strategie** verfolgen Nutzer dagegen ihnen relevant erscheinende Links bis in tiefste Hierarchie-Ebenen und erzeugen dabei überdurchschnittlich viele Seitenabrufe pro Visit. Dieses Verhalten wird insbesondere bei Nutzern mit punktgerichtetem Ausgangsinteresse beobachtet. Im Gegensatz zur Hub-and-Spoke-Strategie kehren die Nutzer also nicht bereits nach dem Besuch der relativ nächstliegenden Ebene wieder zum Ausgangspunkt zurück, sondern folgen ihrem Ziel, bis es erreicht ist – oder bei vertretbarem Aufwand nicht mehr erreichbar erscheint.

Abb. 53: *Die Startseite von www.hvv.de im Jahr 2010*

So konstruieren Sie Klickwegnetze

Aus diesen wissenschaftlichen Analysen lassen sich eine Reihe von Interface-Modellen konstruieren, also standardisierte Klickwegnetze, um möglichst viele Seitenaufrufe zu generieren. Sie werden hier bezeichnet als Rondell-Interface, Labyrinth-Interface, Nabe-Speiche-Interface und Cliffhanger-Ketten.

Das **Rondell-Interface** ist eines der effizientesten Vernetzungsmuster, um Nutzer mit oberflächlichem Ausgangsinteresse in einfacher Weise über zahlreiche Content-Seiten zu führen – ohne dass dem Betrachter dabei die Orientierung verlorengeht. Dazu wird ein vollständiger Navigationskreis konstruiert, der den Nutzern eine lineare Bewegung im Kreis erlaubt. Vorteil für die Nutzer: Bewegen sie sich konsequent in eine der beiden angebotenen Richtungen, dann erscheint nach einer entsprechenden Anzahl von Klicks irgendwann wieder die zuerst betrachtete Content-Seite auf dem Monitor. Vorteil für

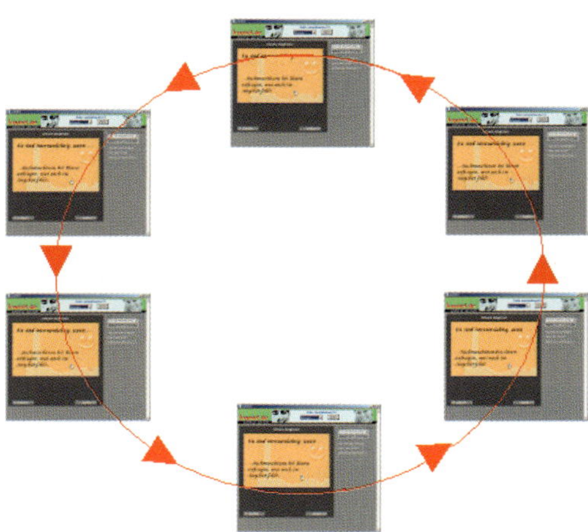

Abb. 54: *Rondell-Interface: Die Nutzer klicken sich durch eine linear gereihte Klickstrecke und gelangen zum Schluss wieder an den Ausgangspunkt zurück.*

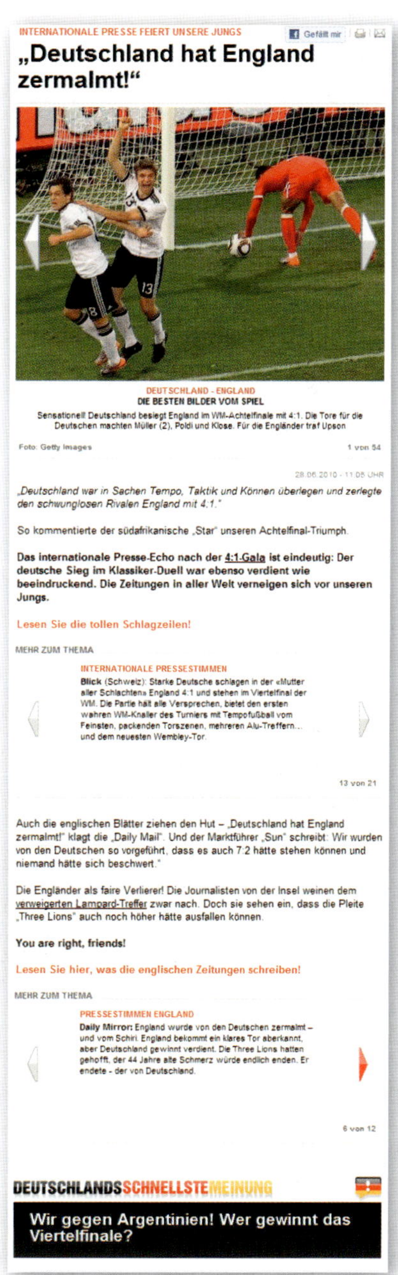

INTERNATIONALE PRESSE FEIERT UNSERE JUNGS

Gefällt mir

„Deutschland hat England zermalmt!“

DEUTSCHLAND - ENGLAND

DIE BESTEN BILDER VOM SPIEL

Sensationell! Deutschland besiegt England im WM-Achtelfinale mit 4:1. Die Tore für die Deutschen machten Müller (2), Poldi und Klose. Für die Engländer traf Upson

Foto: Getty Images 1 von 54

28.06.2010 - 11:05 UHR

„Deutschland war in Sachen Tempo, Taktik und Können überlegen und zerlegte den schwunglosen Rivalen England mit 4:1.“

So kommentierte der südafrikanische „Star“ unseren Achtelfinal-Triumph.

Das internationale Presse-Echo nach der 4:1-Gala ist eindeutig: Der deutsche Sieg im Klassiker-Duell war ebenso verdient wie beeindruckend. Die Zeitungen in aller Welt verneigen sich vor unseren Jungs.

Lesen Sie die tollen Schlagzeilen!

MEHR ZUM THEMA

INTERNATIONALE PRESSESTIMMEN

Blick (Schweiz): Starke Deutsche schlagen in der «Mutter aller Schlachten» England 4:1 und stehen im Viertelfinal der WM. Die Partie hält alle Versprechen, bietet den ersten wahren WM-Knaller des Turniers mit Tempofußball vom Feinsten, packenden Torszenen, mehreren Alu-Treffern... und dem neuesten Wembley-Tor.

13 von 21

Auch die englischen Blätter ziehen den Hut – „Deutschland hat England zermalmt!“ klagt die „Daily Mail“. Und der Marktführer „Sun“ schreibt: Wir wurden von den Deutschen so vorgeführt, dass es auch 7:2 hätte stehen können und niemand hätte sich beschwert.“

Die Engländer als faire Verlierer! Die Journalisten von der Insel weinen dem verweigerten Lampard-Treffer zwar nach. Doch sie sehen ein, dass die Pleite „Three Lions“ auch noch höher hätte ausfallen können.

You are right, friends!

Lesen Sie hier, was die englischen Zeitungen schreiben!

MEHR ZUM THEMA

PRESSESTIMMEN ENGLAND

Daily Mirror: England wurde von den Deutschen zermalmt – und vom Schiri. England bekommt ein klares Tor aberkannt, aber Deutschland gewinnt verdient. Die Three Lions hatten gehofft, der 44 Jahre alte Schmerz würde endlich enden. Er endete - der von Deutschland.

6 von 12

DEUTSCHLANDSSCHNELLSTEMEINUNG

Wir gegen Argentinien! Wer gewinnt das Viertelfinale?

Abb. 55: *Hier geht's rund: Rondell-Interface auf Bild.de gleich im Doppelpack.*

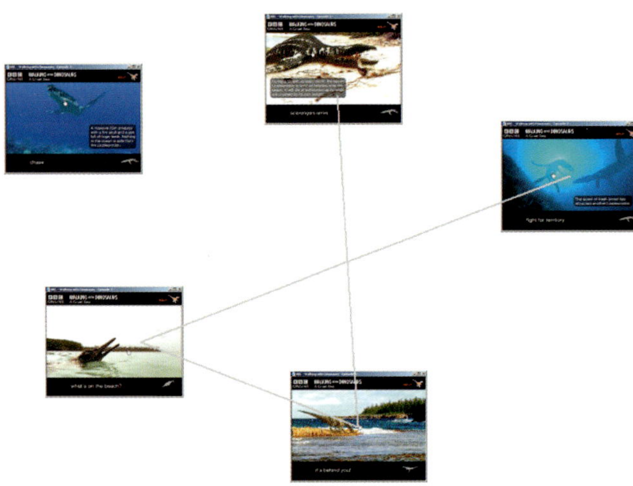

Abb. 56: *Labyrinth-Interface in einer Flash-Datei auf der BBC-Website: Jedes Bild enthält mehrere versteckte Hotspots zu neuen Bildern, sodass der Inhalt dieser Geschichte über Dinosaurier auf unterschiedlichsten Wegen erkundet werden kann.*

Abb. 57: *Nabe-Speiche-Interface: Die Linkgruppe wird zum lokalen Navigationszentrum, die angebotenen Links werden reihum angeklickt.*

den Anbieter: Rondell-Interfaces sind echte Klickmaschinen und erzeugen zahlreiche Pageimpressions (PI) bei vergleichsweise geringem Produktionsaufwand. Häufig wird dieses Interface-Modell für die Präsentation von Fotos, Bildern, Grafiken und Produkten eingesetzt, sehr erfolgreich aber auch für die Präsentation von Studienbefunden oder Ergebnislisten.

Das **Labyrinth-Interface** ähnelt auf den ersten Blick einem hierarchielosen, nonlinearen Netz, grundsätzlich handelt es sich aber um ein eigenes Konzept: Während sich ein Netz durch ungezieltes Verlinken ganz von selbst ergibt, ist ein Labyrinth-Interface gewollt und wird bewusst konstruiert. Trafficsteigernd wirkt es vor allem deshalb, weil es mit jedem Navigationsschritt frische Neugier erzeugt und die Nutzer zum Dranbleiben und Weitermachen verführt. Geeignet sind Labyrinth-Interfaces für Inhalte, die den Spieltrieb wecken sollen. In der Beispielabbildung fungieren die einzelnen Fotos als Suchbilder; erst wenn man den im Foto versteckten Hyperlink entdeckt, kann geklickt und zum nächsten Inhalt gewechselt werden – bis der über mehrere Seiten führende Klickpfad das Ziel erreicht. Als Belohnung fürs Dranbleiben erhielten die User nach jedem Klick jeweils eine kurze Animationsszene.

Nabe-Speiche-Interface: Aus den wissenschaftlichen Befunden kann direkt abgeleitet werden, dass Nutzer, wenn sie erst einmal einen interessanten Inhalt entdeckt haben, gern auch die mit diesem Inhalt verknüpften, quasi »umliegenden« Inhalte absurfen. Das Nabe-Speiche-Interface greift dieses typische Klickverhalten auf und setzt es in konkrete Klickwege um. Die Wahrscheinlichkeit zusätzlicher Seitenabrufe (Page Impressions) lässt sich auf diese Weise elegant steigern.

Cliffhanger-Ketten: Cliffhanger-Formulierungen gehören zu den wichtigsten Instrumenten, um Nutzer wirkungsvoll zum Weiterklicken zu bewegen (siehe Kapitel 2). Durch das Verknüpfen mehrerer Cliffhanger zu einer Kette können Klickwege konstruiert werden, die mit deutlich gesteigerter Wahrscheinlichkeit über zahlreiche Seiten führen. Da längere Texte eher ausnahmsweise am Bildschirm gelesen werden, wirkt diese Erzähldramaturgie zwar auch bei ausgedruckten Texten spannungsfördernd, doch dies ist im Web natürlich nicht das primäre Ziel. Geeignet sind Cliffhanger-Ketten vor allem dann, wenn es um mehrseitigen Inhalt in lokalen Texträumen geht, die nichtausdruckbare Komponenten enthalten (wie Videos und Audios etc.) und deshalb nur online rezipiert werden können. Den Prototyp für dieses dramaturgische Muster hat die St. Petersburg Times aus Florida mit dem Feature »28 Seconds – The Mystery of USAir Flight 427« geliefert.

Minutiös wird darin der Absturz einer Boeing 737 im Sommer 1995 nahe Pittsburgh rekonstruiert. Es wird erzählt, wie einzelne Hinterbliebene die Nachricht vom Tod ihrer Angehörigen erlebten, wie sie mit dem Verlust ihrer Angehörigen fertig zu werden versuchten und wie Flugsicherheits-Experten fieberhaft daran arbeiteten, die Absturzursache zu klären, um weitere Unglücke zu verhindern.

Das Feature ist nach wie vor im Web (Stand: Anfang 2011) und besteht insgesamt aus vier Kapiteln zu durchschnittlich je fünf HTML-Seiten. Jede HTML-Seite verbraucht beim Ausdruck zwischen fünf und sieben A4-Seiten, so dass der komplette Text weit über hundert A4-Seiten umfasst und dabei insgesamt aus 20 Textportionen besteht.

Um die Leser am Ende eines jeden Teiltextes zum Weiterklicken zu animieren, setzte Autor Bill Adair im Wesentlichen auf Cliffhanger: Entweder fungieren die jeweils letzten Zeilen jeder HTML-Seite als direkte oder indirekte Cliffhanger, oder der gesamte Text einer HTML-Seite wirft eine Frage auf, die, ohne direkt formuliert worden zu sein, zum Dranbleiben verführt. Schon auf der Einstiegsseite zum Feature wird ein Cliffhanger eingesetzt. Dort heißt es wörtlich:

28... 27...
It happened in little more than the time it will take you to read this paragraph. A routine flight in the world's most widely used jetliner, the Boeing 737.
19... 18...
It felt like turbulence first, but then theplane twisted left, and it was clear something was wrong.
6... 5...
Twisting, turning.
What the hell is this?
Impact.

Die HTML-Seiten in den Kapiteln gipfeln dramaturgisch dann jeweils in ähnlicher Weise. Die erste HTML-Seite des ersten Kapitels endet beispielsweise mit einer Reihe von Fragen:

»What happened?« a congressman demanded. »Why didn't you do something sooner? Why didn't you ground the fleet?«

Die zweite HTML-Seite deutet Unheil an mit dem Satz:

Flight 427 was on its way.

Die dritte HTML-Seite schließt mit dem Satz:

Just before impact, Emmett sounded resigned, almost pleading, as he said, »Noooo«.

Adair bedient sich aber auch klassischer Erzählmittel, wie sie etwa von Romanautoren genutzt werden, und konstruiert beispielsweise Seiten übergreifende Spannungsbögen. So erzählt er auf der zweiten Seite des zweiten Kapitels die Geschichte von Brett van Bortel und dessen junger Ehefrau Joan, die in der Unglücksmaschine einen Platz gebucht hatte. Klar ist an dieser Stelle des Features bereits, dass es keine Überlebenden gab. Unklar ist jedoch noch, ob van Bortels Frau an Bord war. Erst am Ende der HTML-Seite bekommt der Leser Gewissheit. Adair schreibt:

The phone rang a few minutes later.
»Did she have a very thin, simple gold band for a wedding ring?«
»Yes.«
»Mr. van Bortel. We've identified your wife.«

Wie Brett van Bortel auf die Schicksalsnachricht reagiert, bleibt dann zunächst offen. In den direkt folgenden Kapiteln wird erst einmal beschrieben, wie sich die Untersuchungsmaschinerie in Gang setzt, so dass die Leser zusätzlich auf die Folter gespannt werden. Erst im ersten Teil des dritten Kapitels wird der Handlungsstrang um Brett van Bortel wieder aufgenommen und die Neugier gestillt, wenn Adair erzählt, wie van Bortel das Jahr nach dem Unglück erlebt und wie er seine Trauer bewältigt hat.

Strukturell ist dieses Feature also streng hierarchisch aufgebaut. Die einzelnen Kapitel, in sich abgeschlossen, weisen am jeweiligen Seitenende jedoch über sich hinaus und wecken weitergehendes Interesse. Stolpert man dann zufällig in einen der Textteile, fällt es schwer, sich von der Geschichte wieder zu lösen. Das erzählerische Geheimnis liegt in der Mischung von lokalen Spannungsbögen je HTML-Seite und Cliffhangern, mit denen überwölbende Spannungsbögen konstruiert werden. Das Beispiel zeigt: Mit einer solchen Dramaturgie kann auch über Dutzende oder Hunderte Seiten (hier: 120 DIN-A4-Seiten) Spannung aufrechterhalten werden. Ist es erst einmal gelungen, einen Leser zum Einstieg in einen derart strukturierten Text zu bewegen, dann ist es nicht unwahrscheinlich, dass er auch am Bildschirm relativ lange dranbleibt. Dies gilt insbesondere dann, wenn die einzelnen HTML-Seiten – wie in »28 Seconds« demonstriert – nicht alle auf einmal ausgedruckt werden können, sondern jede der eingebundenen HTML-Seiten einzeln zum Drucker geschickt werden muss. Auf den ersten Blick erscheint das zwar nicht gerade nutzerfreundlich, aber ein Komplettdruck von 120 bebilderten Seiten würde bei den meisten Lesern sicher auch nicht gerade auf begeisterte Zustimmung treffen.

Natürlich sind nonlineare Dramaturgien für Leser, die gern und schnell von einem Text zum nächsten springen wollen, wesentlich angenehmer. Vor allem, weil sie es ermöglichen, sich vom vorgezeichneten Leseweg eines Autors schnell und unkompliziert wieder zu lösen. Doch im Web sind nicht nur Ziellos-Surfer unterwegs, sondern auch themenfeld- oder dokumentenorientierte Nutzer, die durchaus bereit sind, auch längere Zeit in das Lesen eines einzelnen Textes zu investieren (Poynter 2007). Gerade die beiden letzten Nutzertypen werden, ein entsprechend intensives Ausgangsinteresse vorausgesetzt, gegen lineare Dramaturgien wenig einzuwenden haben.

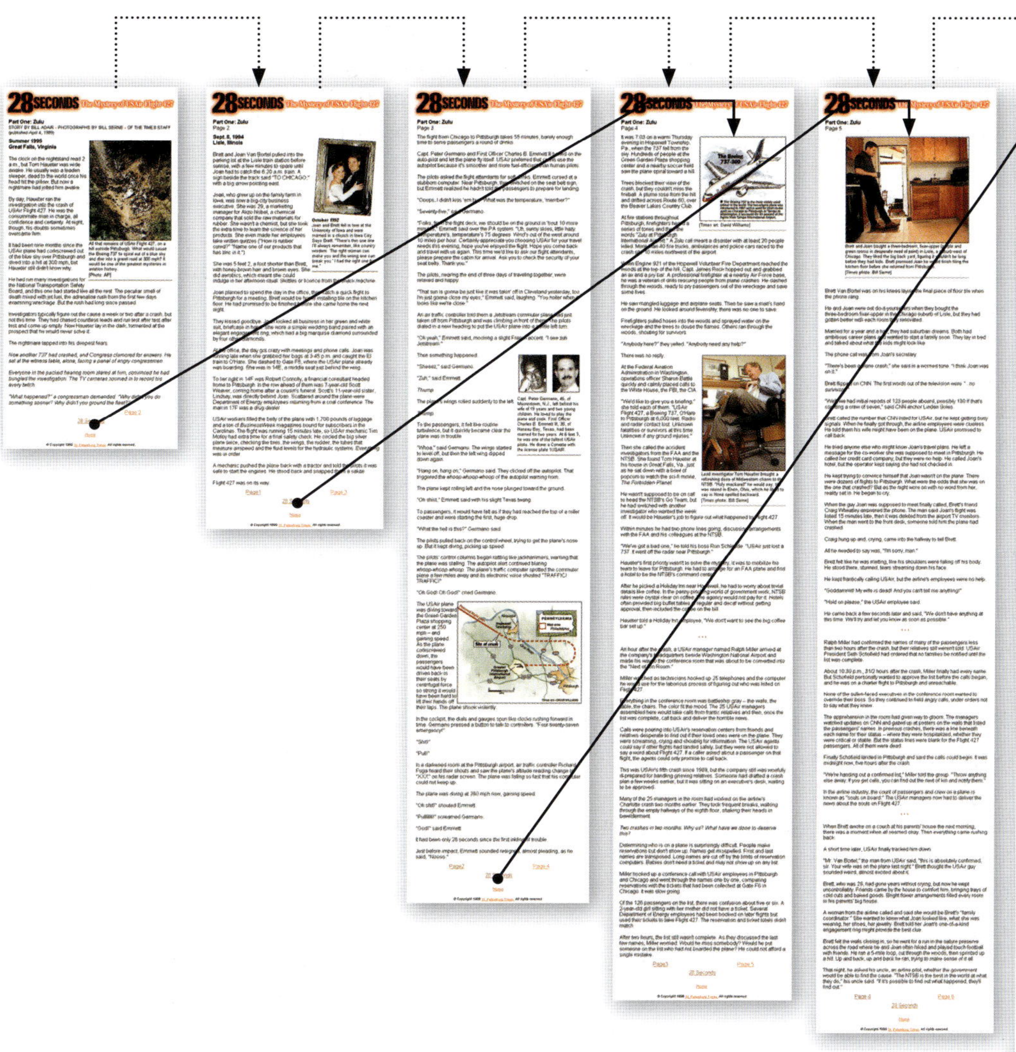

Abb. 58: *Das erste Kapitel in 28 Seconds besteht aus sechs HTML-Seiten. Am Ende jeder HTML-Seite wird eine Frage offen gelassen (entweder durch den letzten Abschnitt oder durch den gesamten Inhalt dieser Seite; um auf die jeweils folgende Seite neugierig zu machen. Geschickt: Die Antworten auf die offen gelassenen Fragen gibt es nicht immer gleich auf der nächsten HTML-Seite. Im Einzelfall wird die aufgebaute Spannung erst auf der übernächsten oder übernächsten Seite gelöst.*

Stichwort: Barrierefreiheit

Suchmaschinenoptimierung (Search Engine Optimization, SEO) ist im Prinzip nichts anderes als Barrierefreiheit für Index-Robots von Google, Bing & Co. – denn sie können weder sehen noch hören noch eine Maus bedienen. Fast alles, was die Seiteninhalte für Suchmaschinen optimiert, steigert deshalb gleichzeitig auch die Barrierefreiheit einer Website für körperlich behinderte Menschen. Wenn etwa sehbehinderte Menschen mit Screenreadern im Web unterwegs sind, machen sie in den ersten Sekunden des Website-Kontakts im Prinzip nicht anders als Index-Robots oder als sehende Nutzer: Sie scannen die Schlüsselbegriffe. Das tun sie dann zwar nicht mit den Augen, sondern hörend, und lassen sich meist zuerst die Seitentitel und die Überschriften vorlesen. Sie verschaffen sich also auf akustischem Weg einen Überblick über die angebotenen Inhalte. Damit die Seiteninhalte insbesondere auch für sehbehinderte Menschen zu rezipieren sind, gilt es einige Dinge zu berücksichtigen. Achten Sie auf

Abb. 59: *Auf heise.de sind Texte mit einer Vorlese-Funktion ausgestattet. Zumindest für sehbehinderte Menschen, die ohne Screenreader auskommen wollen, kann das sicher nützlich sein.*

- aussagekräftige Seitentitel im Title-Tag,
- eine klare Gliederung durch Überschriften, Zwischenüberschriften und Absätze,
- aussagekräftige Linktexte und
- Bilder mit Image-Alt-Texten.

Außerdem sollten neben diesen üblichen On-Page-Optimierungen noch einige zusätzliche Punkte beachtet werden, um die Seiten für sehbehinderte Menschen möglichst barrierefrei zu gestalten:

- Navigationsmenüs als Listen (<ul> oder <ol>) aufbauen. Für Sehbehinderte sind sie dadurch als Navigationsblock erkennbar.
- Tabellen dürfen nicht fürs Layout eingesetzt werden, sondern nur für Tabellendaten.
- Formularfelder werden unbedingt mit Label-Beschriftungen ausgestattet. Nur so können Sehbehinderte den Zweck der jeweiligen Formularfelder eindeutig identifizieren.
- Immer eine Alternative für Bild-Captchas anbieten. Captchas sind Zahlen- und Wortfolgen, die von einer Website erzeugt und dann vom Nutzer eingegeben werden müssen, wenn er auf der gerade benutzten Website beispielsweise einen Artikel kommentieren oder eine E-Mail absenden können will. Fehlen Captcha-Alternativen, dann werden Sehbehinderte von vielen Funktionalitäten im Web ausgeschlossen.
- Bei Schmuckbildern, die nur dem Design dienen, muss der Alt-Text leer gelassen und nicht einfach weggelassen werden. Also »alt=«. Nur in dieser Form wird der Alt-Tag von Screenreadern übergangen. Wenn man den Alt-Text weglässt, liest der Reader »Grafik: Url blablabla.jpeg«. Das nervt.
- Ajax-Lösungen sollten immer nur als Alternative einer Standard-Variante angeboten werden.

Content-Stretching: Über den Duft von Schlüsselbegriffen

Drei bis vier Klicks – mehr Quote gibt es für eine Website durchschnittlich pro Visit nicht zu ernten, so glaubten es zumindest viele Usability-Experten noch vor ein paar Jahren. Und so hält sich die Legende auch heute noch.

Inzwischen ist jedoch klar, dass das nur bedingt stimmt. So hat der US-amerikanische Usability-Forscher Jared Spool schon früh herausgefunden, dass der Durchhaltewille der Nutzer direkt von einzelnen Wörtern abhängig sein kann. Ist das Interesse stark genug, dann ist es den Nutzern herzlich egal, ob eine Information auf der ersten oder der siebten Website-Ebene verankert ist oder ob in Dutzende Fragmente aufgeteilt wird. Letztlich, so Spool, komme es auf den »Scent« einer Information an (zu deutsch: Spur, Duft oder Geruch). Duft werde den Informationen durch Reizwörter verliehen, und genau diese seien es, denen die Nutzer auf der Suche nach einem bestimmten Inhalt hinterherschnupperten. Hätten sie die Witterung erst einmal aufgenommen, dann folgten sie der Erfolg versprechenden Vokabelspur treu von Seite zu Seite, bis das Zieldokument endlich erreicht sei.

Prägnante Keywords sind deshalb offenkundig nicht nur probate Mittel der On-Page-SEO, sie wirken im Einzelfall auch klickmotivierend. Bemerkenswert sei dabei, so Spool, »dass die Leute die Nähe eines Zieldokuments förmlich spüren, aber nicht sagen können, warum sie dies spüren«. Das klingt etwas esoterisch, doch die Erhebungsmethode, die diese Befunde zutage förderte, war ebenso simpel wie sauber.

Spool konfrontierte seine Probanden mit einer Suchaufgabe, notierte dabei jeden einzelnen ihrer Suchschritte und stellte ihnen nach jedem Klick immer zwei Fragen: »Wir fragten danach, welche Informationen sie hinter den Links vermuteten – und stellten dabei fest, dass sie meist ziemlich danebenlagen. Und wir fragten, ob sie nach dem Klick nun das Gefühl hätten, der gewünschten Information dennoch näher gekommen zu sein oder nicht. Dabei stellte sich heraus, dass die Nutzer tatsächlich ein Gespür für die Nähe des Zieldokuments besitzen.«

Mit entsprechenden Reizwörtern, so Spool, könne demnach eine betörende, unwiderstehliche Duftspur zum Zieldokument gelegt werden. »Sind die Nutzer erst einmal auf ein Reizwort gestoßen, ist es ihnen fast egal, ob das, wonach sie suchen, nur einen oder sechs Klicks entfernt ist.« Unbedingt erforderlich sei es jedoch, die Vokabelspur auf den zwischengeschalteten Seiten immer wieder aufzufrischen: »Finden sich die Reizwörter nicht auf jeder betrachteten Zwischenseite, dann geht die Spur verloren.« Die Nutzer klickten dann meist auf den Back-Button, um die Spur wieder aufzunehmen – »ein untrügliches Zeichen, dass die Vokabelspur Lücken enthält«.

Ohne dass Spool es direkt angesprochen hätte, lässt sich aus diesen Befunden ein weiteres Rezept für mehr Klicks ableiten: Schafft man es, eine lückenlose Reizwortkette zu knüpfen, dann können zwischen Ausgangs- und Zieldokument quotenfördernd zusätzliche Seiten geschaltet werden, die die Nutzer anzuschauen haben, ehe man sie ans Ziel gelangen lässt. Alles, was man dazu braucht, ist ein zugkräftiger, möglichst exklusiver Inhalt. Bild Online beispielsweise hatte einen solchen Inhalt im November 1999 auf der Website: ein ausdruckbares Formular, mit dem man zu Unrecht von Weihnachts- und Urlaubsgeld einbehaltene Krankenkassenbeiträge zurückfordern konnte. Im gedruckten Blatt war das Oeuvre ein absoluter Renner, wurde auf vielfachen Wunsch sogar ein zweites Mal abgedruckt, und im Internet wurde daraus ein idealtypisch konstruierter Scent-Content: Gleich auf der Homepage wies ein eigener Button mit dem Stichwort »Das Formular « den Weg zum Thema. Und auf der ersten Artikelseite standen dann die passenden, in der Vorweihnachtszeit geradezu elektrisierenden Reizwörter wie »Der Geld-zurück-Antrag«, »Anspruch«, »zu viel gezahlte Beiträge« und vor allem »Das Formular zum Ausdrucken«. Flankierend wurden dann über vier Stichwort-Links weitere Informationen zum Thema angeboten (wie »Die Rechtslage« und »So

Textschichten statt Inverted Pyramid

Usability-Forscher streiten immer noch mit Verve darüber, ob die aus den Printmedien stammende umgedrehte Pyramide das einzig sinnvolle Textmuster fürs Web ist oder nicht. Selbst ohne detailliertere Betrachtung erscheint die Diskussion einigermaßen praxisfremd, denn ähnlich wie im Print-Bereich gibt es auch im Web für die unterschiedlichsten Informationszwecke eine ganze Palette entsprechender Textformen – von feature- und reportageähnlichen Mustern über Kolumnen und interaktive Texte bis hin zu unterschiedlichsten Interviewformen. Auch im Web ist also nicht alles, was geschrieben wird, nackte Nachricht. Allerdings kommen gerade in der aktuellen Berichterstattung im Web die Vorteile des pyramidalen Nachrichtenaufbaus voll zum Tragen: Er sorgt dafür, dass die Kerninformationen – auf Lauftextebene – gleich zu Beginn geliefert werden. Und er erlaubt einen Lektüreabbruch mitten im Text, ohne beim Leser größere Verständlichkeitsprobleme zu verursachen. Das Schreiben von Meldungen und Berichten für eine Website wird deshalb auf absehbare Zeit im Grundsatz genauso funktionieren wie das Nachrichtenschreiben für ein Druckmedium. Unterschiede zwischen dem Texten für Print und dem Texten fürs Web ergeben sich im Wesentlichen aus den Eigenheiten des Publikationsraums Internet und werden vor allem beim Hyperlink-Texten und -Platzieren, beim Verfassen von Vorspännen und beim nonlinearen Fragmentieren von Inhalten manifest.

Auf Mikro-Ebene bleibt also nicht alles, aber doch vieles beim Alten. Insbesondere die umgedrehte Pyramide wird im Internet keineswegs überflüssig. In Reinform findet sie sich im Web allerdings eher auf der jeweiligen Lauftextebene. Nur auf den inneren Subseiten sind Schlagzeile, Vorspann, Illustration und Lauftext als Ensemble versammelt und ähnlich wie in Printmedien auf einen Blick als Einheit erfassbar. Betrachtet man dagegen nicht nur die Lauftextebene, sondern das gesamte Textensemble, dann erscheint die umgedrehte Pyramide als Beschreibungsmodell für Webnachrichten nur noch partiell geeignet. Stattdessen müsste man eher ein Schichtenmodell annehmen, um den Textkorpus adäquat beschreiben zu können: Erst kommt jeweils eine Teaser-Schicht auf der Startseite (Vorspann, Schlagzeile und Illus), dann die Lauftextschicht (meist mitsamt wiederholtem Teaser), schließlich die mit dem Lauftext direkt verknüpften Satellitenfragmente (beispielsweise Zoom-Versionen von Grafiken oder Fotos). Bereits auf der Mikro-Ebene, also bei einzelnen Artikeln, ist demnach deutlich zu erkennen, dass das Web Rohtexte in medientypische Organisationsmuster zwingt und eigene Formen schafft.

berechnen Sie, wie viel Ihnen zusteht«), um die Nutzer vollständig zu informieren und die Scent-Spur Quoten fördernd zu erweitern.

Es ist natürlich auch anzunehmen, dass die Nutzer beim Scent-Schnüffeln beide im vorangegangenen Abschnitt skizzierten Suchstrategien einsetzen: Ist die Spur erst einmal aufgenommen, dann wird sie über nahezu beliebig viele Stationen verfolgt – es wird also in die Website-Tiefe getaucht. Und ist das Ziel erreicht, dann liegt es aus Nutzersicht nahe, auch die themenverwandten Seiten auf Nützliches und Interessantes hin zu prüfen. Die Tieftaucher schalten am Zielort also hochwahrscheinlich wieder in die Nabe-Speiche-Strategie um.

Strategische Planung: Wann ist die Website komplett?

Zur Website-Planung gibt es viele ausgezeichnete Ratgeberbücher, die das Thema meist jedoch eher prozess- und/oder technikorientiert angehen. Was dann zuweilen fehlt, sind Gedanken darüber, welche Eigenheiten das Internet als Publikationsraum ganz allgemein und ganz grundsätzlich charakterisieren – und was daraus für die Art und Weise folgt, in denen sich Menschen in diesem Publikationsraum bewegen. Aus meiner Sicht kann kein Website-Konzept wirklich erfolgreich sein, wenn ein grundlegendes Verständnis für die Eigenheiten dieses Publikationsraums fehlt.

Jede Website-Planerin und jeder Website-Planer braucht zuerst also ein Konzept für das Konzipieren, ein mentales Modell für das, was in diesem Medium prinzipiell möglich ist, um dann entscheiden zu können, was auf der Website konkret gemacht werden soll oder muss. Erst ein solcher Möglichkeitshorizont erlaubt die zielgerichtete Strategie. In crossmedialen Konstellationen kommt natürlich noch hinzu, wann und wie die Menschen zwischen den Medienkanälen hin- und herwechseln, wann sie beispielsweise von der Website ins Radio-Hören wechseln oder von den TV-Nachrichten zur Website springen. Hier ist dann zusätzlich zu beachten, welche funktionalen Vor- und Nachteile die Website als Mediengattung gegenüber anderen Mediengattungen hat. Wem dieser Überblick fehlt, dem bleibt meist nur zu beobachten, was die Konkurrenz gerade veranstaltet, um Neuerungen dann in abgewandelter Form vielleicht zu kopieren. Produktinnovation wird so zum kalkulierten Blindflug.

Was kann eine Website nun prinzipiell anbieten? Beantworten lässt sich diese Frage mit dem Blick auf die Funktionen, die eine Website bei gegebenen technischen Möglichkeiten maximal erfüllen kann. Die im idealtypischen Sinn komplette Website ist dann jene, die all diese technisch möglichen Funktionen anbietet. Und die idealtypisch optimale Website ist jene, die all diese technisch möglichen Funktionen in optimaler Weise umsetzt.

Eine grundsätzliche, funktionale Analyse für mediengebundene Sites, medienverwandte Sites und medienähnliche Sites ist relativ unkompliziert. Alles, was man dazu braucht, sind die medientypischen Basisfunktionen (Information, Orientierung, Kritik, Unterhaltung, Kommunikation) und die grundsätzlichen Merkmale des Internets:

- Das Internet ist echtzeitaktuell und eignet sich damit für die Verbreitung zeitsensibler Inhalte, wie etwa in RSS-Feeds oder Live-Tickern.
- Es ist interaktiv. Inhalte können von den Nutzern zeitsouverän beeinflusst, vernetzt oder individuell auf sie zugeschnitten werden.
- Es ist im Platzangebot entgrenzt, bietet theoretisch also unendlichen Raum und eignet sich damit als Speicher für enzyklopädische Inhalte, beispielsweise für Archive oder Datenbanken.
- Es ist multimedial. Alle Darstellungsmodi der traditionellen Mediengattungen sind nutzbar: Texte, Fotos, Grafiken, Animationen, Videos, Töne – im Internet können sie nahezu ohne Einschränkungen miteinander verbunden werden.
- Es ist vernetzt. Praktisch ist jedes Dokument über Hyperlinks mit allen anderen Dokumenten verbunden. Und faktisch ist der Hypertext damit ein einziger, weltumspannender Text.
- Es ist global. Inhalte können theoretisch von jedem Ort der Welt gleichzeitig der ganzen Welt mitgeteilt werden.
- Es ist multidirektional und in der Zielgruppengröße skalierbar. Es ermöglicht also Formen der Eins-zu-eins-Kommunikation (One-to-One, beispielsweise zwischen natürlichen Personen), der Eins-zu-Gruppe-Kommunikation (One-to-Many, wie beispielsweise Multicasting oder Webinars) und der Gruppe-zu-Gruppe-Kommunikation (Many-to-Many).
- Es ist dauerpublizierend. Es gibt keine physisch bedingten Erscheinungsrhythmen, -zyklen oder definierte Sendezeiten.

Auf einer Website können also informierende, unterhaltende, kritisierende, orientierende und kommunikative Komponenten in aktueller (aber auch in nicht aktueller), in interaktiver, multimedialer und/oder vernetzter Form angeboten und dabei dauerhaft oder punktuell an definierbare Zielgruppen gerichtet werden, wobei die Kommunikationsrichtung ebenfalls frei definierbar ist. Inhalte werden also nicht nur vom Anbieter in Richtung Nutzer gesendet, sondern über Rückkanäle auch in umgekehrter Richtung. Entsprechend facettenreich ist das Spektrum der im Internet realisierbaren Funktionen: Eine Website kann als Radio- oder TV-Sender, als Zeitungs- oder als Zeitschriftenderivat fungieren. Sie kann die Funktion eines Lexikons übernehmen oder virtueller, interaktiver Berater sein. Sie kann aber auch die Funktion eines Kaufhauses oder Reisebüros, eines Lebensmittelgeschäfts oder einer Telefonzelle simulieren. Und sie kann all diese Funktionen natürlich auch gleichzeitig auf sich vereinen. Sie ist, wie der Journalist Peter Glaser einmal formuliert hat, »ein Jetzt-Hier-Alles-Medium«.

Jeder Nutzer wird die genannten Funktionsmöglichkeiten beim Surfen im Web nach und nach als prinzipiell machbar kennenlernen und deshalb im Zeitverlauf intuitiv bestimmte Erwartungshaltungen gegenüber der Mediengattung Website aufbauen. Das technisch Machbare prägt also den Erwartungshorizont der Nutzer. Deckt eine Website dann bestimmte Eigenschaften nicht ab oder bietet sie bestimmte Inhalte in bestimmten technisch möglichen Formen nicht an, dann wird sie, in Teilen oder insgesamt, zwangsläufig als unvollständig oder gar als mangelhaft bewertet.

Welche Funktion soll die Website erfüllen?

Für die praktische Site-Planung ebenso wie für die tägliche Arbeit in Online-Redaktionen lässt sich aus dem Katalog der webtypischen Funktionen zunächst einmal ableiten, welche Funktionalitäten eine Website anbieten muss, will sie im Sinne des technisch Möglichen einen vollständigen Service offerieren. Eine Website braucht danach folgende Merkmale, um im idealtypischen Sinn vollständig zu sein:

- Eine Website braucht **Aktualität**: Die Internet-Nutzer wissen, dass sie von diesem Medium echtzeitaktuelle Inhalte erwarten können und dass diese Inhalte im Prinzip von jedem Ort der Welt in Echtzeit zu ihnen gelangen können. Nur durch Aktualität kann die Dauerpublikation Website kontinuierlichen Besuchsanreiz erzeugen.

- Eine Website braucht **Tiefe**: Die Nutzer wissen, dass das Medium unbegrenzt Platz bietet. Nur durch inhaltliche Tiefe können auch anspruchsvollste Informationsverlangen erschöpfend befriedigt werden.

- Eine Website braucht **Interaktivität** und **Dynamik**: Die Nutzer wissen, dass sie im Internet interaktive und personalisierbare Inhalte erwarten können, und wollen deshalb mitwirken und Zeitpunkt, Ablauf und -geschwindigkeit der Interaktion selbst bestimmen oder beeinflussen können.

- Eine Website braucht **Multimedialität**: Die Nutzer wissen, dass im Netz alle existierenden Medienmodi für die Informationsvermittlung genutzt werden können. Nur durch Multimedialität lassen sich Inhalte schaffen, die in anderen Mediengattungen nicht reproduzierbar sind und die Mediengattung Website unverwechselbar machen.

- Eine Website braucht interne wie externe **Vernetzung**: Die Nutzer wissen, dass im Internet prinzipiell alle Dokumente mit allen Dokumenten verknüpft werden können – und wollen diese Vernetzungsmöglichkeiten in möglichst einfach gehaltener Weise nutzen und beeinflussen.

- Eine Website braucht kontinuierliche **Zugreifbarkeit**: Die Nutzer wissen, dass Websites typischerweise zeitpunktunabhängig zugänglich sind, 24 Stunden am Tag und an sieben Tagen in der Woche.

Ob und inwieweit alle oder nur einzelne dieser Eigenschaften in der Praxis genutzt werden müssen (oder können), hängt dann jeweils von der Zielgruppe und von den zur Verfügung stehenden personellen, technischen und finanziellen Ressourcen ab. Nicht alles, was wünschenswert ist, kann oder muss auch realisiert werden. Die Kunst des Site-Machens ist zunächst also ganz wesentlich eine Frage der strategiegeleiteten Auswahl aus diesen denkbaren Kernfunktionalitäten: Welche der möglichen Funktionen sind für die zu realisierende Website notwendig, welche zusätzlichen Funktionen sind wünschenswert und welche sind überflüssig? Eine Antwort auf diese Frage kann natürlich nicht pauschal gegeben werden und hängt vom jeweiligen konkreten Fall ab. Ist die Frage geklärt, stellt sich eine nächste: Wie kann der Inhalt sinnvoll organisiert werden?

Das Contentkegel-Modell

Ob Zeitung, Zeitschrift, Website oder TV-Programm – Content-Angebote, gleich welcher Mediengattung, benötigen eine plausible Ordnung, um der selektiven Nutzung durch Menschen zugänglich zu sein. In der Printmedien-Welt wird den Blattmachern ein solcher Ordnungsrahmen quasi frei Haus geliefert: Die aneinandergereihten Papierseiten schaffen einen abgegrenzten Textraum und im Zusammenspiel mit dem Links-rechts-Lauf unserer Schriftsprache zwangsläufig auch eine entsprechend orientierte Achse, in die die redaktionell gewichteten Inhalte eingefügt werden (müssen). Die inhaltliche Gliederung unterwirft sich also der körperlichen Form.

Im Web gibt's aber nun mal keine physikalischen Körper. Die Mediengattung Website ist unstofflich, physisch nicht determiniert und kann anders als die Printmedien deshalb auch keinen physischen Ordnungsrahmen zur Verfügung stellen. Ein wesenseigenes Ordnungsprinzip kann man einer Website deshalb auch nicht ansehen. In der Art des Inhalte-Transports hat sie zwar Ähnlichkeit mit dem Fernsehen oder dem Hörfunk, in denen elektrokodierte Inhalte auf einer Zeitachse organisiert werden. Doch eine zeitpunktgebundene Einmalpublikation als Ordnungsprinzip, wie man es von den Funkmedien kennt, wäre für die Dauerpublikation Website ökonomisch völlig unsinnig. Im Einzelfall kann es zwar sinnvoll sein, bestimmte Themen – ähnlich wie in Hörfunk und Fernsehen – zu passenden Tageszeiten ins Netz zu stellen. Ein zeitpunktdefiniertes Programmschema à la TV oder Radio ist im Web grundsätzlich aber nur bedingt sinnvoll, beispielsweise dann, wenn auf moderierte Chats hingewiesen oder ein Promi-Chat zum Ereignis aufgebaut werden soll. Auch die Netzstruktur als anarchisches Verknüpfungsmuster gibt der Website keine brauchbare Ordnung, weil es darin keine die Informationsselektion unterstützende Hierarchie gibt.

Abb. 60: *Der Content-Kegel als Modell für die Website-Analyse.*

Ergo muss für die Website ein geeigneter Ordnungsrahmen auf andere Weise konstruiert werden. Nützlich erscheint es dazu, Websites als hierarchische Gebilde zu begreifen und ihre Inhalte nach Neuheit und Wichtigkeit zu ordnen. Die innere strukturelle Hierarchie der Mediengattung Website gibt sich dann als virtueller Körper in Form eines gestuften Content-Kegels zu erkennen:

- Stunden-, minuten- und sekundenaktuelle Kurzinformationen stehen an der Spitze, sie formen die oberste Ebene. Für Medien-Sites wären dies Meldungen, überthront von der jeweiligen Top-Meldung, auf Shopping-Sites dagegen aktuelle Sonderangebote, auf den Sites öffentlicher Verkehrsunternehmen (Bus und Bahn) die Fahrplanauskunft. Auf dieser Ebene sind auch die aktualitätsgebundenen Community-Services wie Kommentarmöglichkeiten, Votings, Twitter- und/oder Facebook-Windows eingebunden.

- Auf der mittleren Stufe finden sich tagesaktuelle, mittelbar aktuelle und latent aktuelle, ausführlichere Stoffe. Auf Medien-Sites können das beispielsweise webadaptierte Magazingeschichten, Reportagen oder Features sein, auf Autohersteller-Sites dagegen animierte Erläuterungen neuer Brems- oder ABS-Systeme und auf Versandhaus-Sites beispielsweise Produktbeschreibungen.

- Das Fundament schließlich bilden Konsultationstexte, Archive und andere Formen enzyklopädischer Inhalte ohne besondere aktuelle Relevanz, also beispielsweise Lexikonartikel oder Landkarten sowie dauerhaft installierte Kommunikationsangebote wie Datenbanken oder Kataloge.

Dauerhaft installierte Strukturelemente wie beispielsweise Navigationsleisten und Ressortrubriken, wie Link-Widgets ins Web 2.0 oder Linksetzmuster durchdringen und verbinden alle vorhandenen Ebenen und schaffen damit die Möglichkeit zur Navigation. Je nach aktualitäts- und relevanzhierarchischer Feingliederung lassen sich natürlich auch weitere Stufen formulieren.

Was für die Website als Mediengattung auf der Meso-Ebene gilt, ist dabei als selbstähnliches Ordnungsmuster auch auf der Makro-Ebene für das Web insgesamt und auf der Mikro-Ebene für beliebige Teil-Inhalte anzunehmen. Das Kegelmodell beschreibt also die innere, inhaltliche Ordnung – für das Web insgesamt, für beliebige Websites und auch für jeden beliebigen Teil-Inhalt einer Website. Es liefert ein fraktales Muster als mentales Modell für das Betrachten von Mikro-, Meso- und Makro-Ebenen im Web und orientiert vor allem das Planen des Interaktionsdesigns. Und es ist nicht zu verwechseln mit der umgedrehten Pyramide als journalistisches Aufbauprinzip für Meldungen und Berichte.

SWOT-Analyse mit dem Kegelmodell

Jede beliebige Website ist mit Hilfe dieses Modells prinzipiell als mindestens dreistufiger Content-Kegel begreifbar, sodass unterschiedlichste Websites funktional analysiert, kategorisiert und miteinander verglichen werden können. Im Sinne des Kegel-Modells ist eine Website dann als vollständig zu bezeichnen, wenn sie alle drei Basisstufen anbietet. Praktisch nützlich ist das Modell in vielerlei Hinsicht, etwa für vergleichende Analysen, für Strategie-Analysen, für das Interaktionsdesign kompletter Rubriken oder für die Navigationsplanung lokaler Texträume.

In der vergleichenden Analyse zweier Websites kann so beispielsweise zeitpunktbezogen ein relativer Entwicklungsstatus bestimmt werden, etwa wenn die eine Website alle drei Stufen nutzt, die andere Website dagegen nur auf der Top-Stufe agiert. In der Strategie-Analyse kann festgestellt werden, ob und in welcher Weise eine Website von dieser idealtypischen Ordnung abweicht. So erlaubt das Beobachten des Vorhandenseins und des Fehlens einzelner Standard-Komponenten auf den zugehörigen Stufen begründete Rückschlüsse auf die unterliegenden Priorisierungen und damit auf die strategischen Zielsetzungen der betrachteten Website. Im Interaktionsdesign kann analysiert werden, in welche Stufe neue Rubriken navigatorisch sinnvoll einzubinden sind, etwa wenn

Themenpakete nicht mehr nur punktuell, sondern generell angelegt werden. Und natürlich können auch lokale Interfaces für kleinteiligere Inhalte-Angebote geplant werden, etwa für Webspecials.

Gerade für die strategische Planung und die strategische Beratung im Web-Publishing liefert das Kegelmodell einen wichtigen Schlüssel, denn es kann methodisch mit dem Instrument der SWOT-Analyse verbunden werden. Die SWOT-Analyse ist ein gängiges Analyse-Verfahren des strategischen Managements, mit dem Stärken (Strengths), Schwächen (Weaknesses), Chancen (Opportunities) und Gefahren (Threats) eines Produkts, eines Services oder eben auch eines Medienangebots systematisiert beschrieben werden.

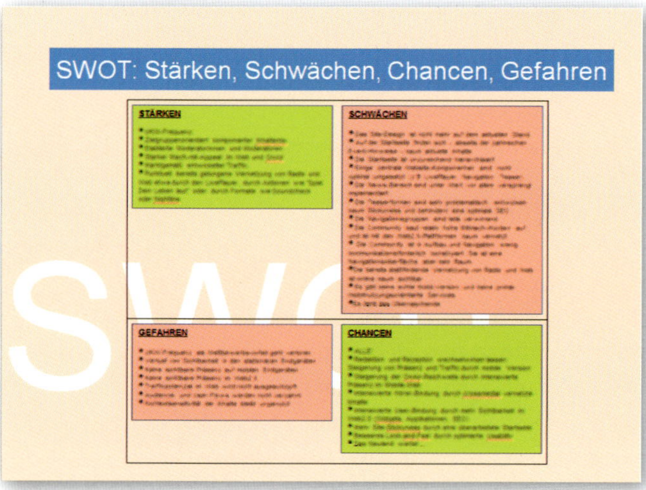

Abb. 61: *Das Standard-Muster für eine grafisch aufbereitete SWOT-Analyse zeigt Stärken, Schwächen, Gefahren und Chancen des betrachteten Angebots in der Zusammenschau. Schon die Flächenverhältnisse können Hinweise darüber liefern, in welchem Zustand sich das Angebot zum Zeitpunkt der Analyse befindet. Hier dominiert der Schwächenkatalog – es gibt also einiges zu optimieren.*

Als Grundlage setzt eine SWOT-Analyse voraus, dass ein Sollzustand skizziert werden kann, das prinzipiell Mögliche also bekannt ist. Diesen Möglichkeitshorizont liefert das Contentkegel-Modell. In der SWOT-Analyse für Websites lässt sich damit feststellen, welche der technisch möglichen Website-Komponenten mit Blick auf eine definierte Zielgruppe bereits vorhanden sind und welche nicht beziehungsweise welche Website-Komponenten bereits optimal und welche noch suboptimal gestaltet sind. In der Gesamtschau können daraus Empfehlungen abgeleitet werden, wie eine Website zu optimieren oder zu repositionieren ist.

Pragmatischer Ansatzpunkt für jede SWOT-Analyse ist das Screendesign. Dazu werden jeweils die Positionen einzelner Website-Komponenten und die Flächenverhältnisse zwischen den gegebenen Komponenten insbesondere auf der Startseite festgestellt, denn die strategische Ausrichtung einer Website findet – so oder so – an der visuellen Oberfläche ihren sichtbaren Ausdruck. Schon die Anordnung und die relative Größe einzelner Website-Komponenten auf der Startseite geben also erste Aufschlüsse darüber, wie die Website insgesamt strategisch aufgestellt ist. Hinzu kommen dann jeweils natürlich in der weitergehenden Analyse die Standard-Daten aus der Marktforschung, etwa Performance-Werte wie die Anzahl der Visits, der Page Impressions, Click-Throughs etc. Für strategische Fragen in der Website-Planung liefern Kegel-Modell und SWOT-Analyse ein praxisorientiertes, tragfähiges Bewertungsraster.

Die folgende Beispiel-Analyse der bigFM-Startseite (s. Abb. 62) zeigt, wie die Oberfläche für den Einstieg in eine Website-Analyse genutzt werden kann: Die erste Bildschirmportion auf bigFM.de wirkt auf den ersten Blick

Abb. 62: *Die bigFM-Startseite wirkt vielleicht überladen, folgt aber einem klaren Konzept.*

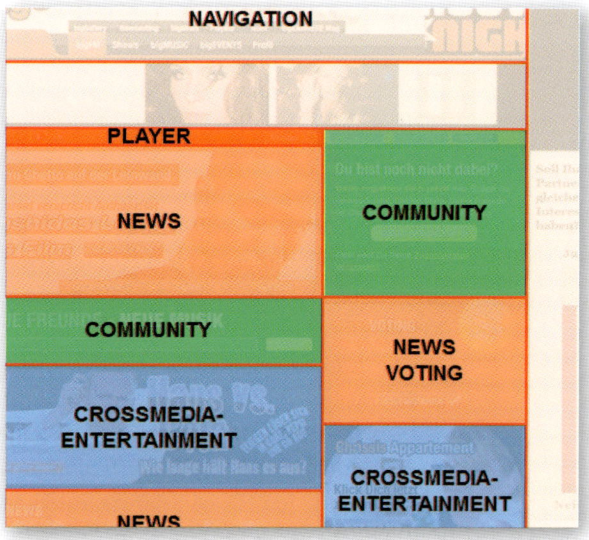

Abb. 63: *Die Analyse zeigt: bigFM konzentriert sich auf aktuelle Themen und aktualitätsgebundene Kommunikationskomponenten (wie Voting oder Crossmedia-Entertainment), die interaktiv Kontakt mit und in der Community schaffen sollen. Konzeptionell ist bigFM.de damit eine Website, die primär die oberste Stufe des Content-Kegels nutzt. Latent aktuelle Stoffe oder gar Enzyklopädisches finden sich darin kaum.*

vielleicht überladen, hat strategisch aber eine klare Linie: Sie ist konzipiert als News-Lieferant, Community-Treff und verbindet crossmedial OnAir und Web, um die Zielgruppe an die Marke zu binden. Die News liefern den Quasselstoff für die Community und unterstützen das Involvement.

Im Screendesign ist das Ganze klar hierarchisiert: Die linke Spalte dominiert, die rechte Spalte ist nachgeordnet – weil sie schmaler läuft. Kernkomponenten sind News und Community, die sich in ihrer Position auf der Vertikalen abwechseln: In der Hauptspalte dominieren die News, in der Sekundärspalte die Community. Flankiert werden beide durch Crossmedia-Entertainment-Inhalte. Überthront wird das Ensemble durch den konsistent am Seitenkopf platzierten Player für Live-Stream und reine Online-Channel. Damit wird kommuniziert, was die Website ist: ein Radiosender im Web.

Themen planen mit dem Kegelmodell

Auch für die redaktionelle Site-Planung hat das Kegel-Modell praktischen Nutzwert. Jedem Ressort, jeder Datenbank, jedem Navigationselement, jedem Text und jedem Textfragment lässt sich mit seiner Hilfe eine relative Wichtigkeit und damit auch ein Platz innerhalb der Site-Hierarchie zuweisen: Auf einer typischen Medien-Site beispielsweise gehört die frischeste und zugleich wichtigste Nachricht, sei es als Hyperlink, als Anreißer mit Bild oder im Volltext, an die oberste Stelle der Einstiegsseite. Bleibt das Thema dieser Nachricht aktuell, dann wird sie jeweils von der neuesten Meldung zum Thema verdrängt, fällt dabei aber nicht aus dem Angebot, sondern wird mit der aktuelleren Meldung verknüpft und auf einer nachgeordneten Seite platziert. Sie sinkt also gewissermaßen in den Mittelbau der Website beziehungsweise auf eine tiefergelegene Ebene.

Ist ein Thema dagegen von der aktuellen Agenda verschwunden, dann wandern die zum Thema publizierten Texte ins Archiv oder werden zu Textpaketen und Dossiers zusammengefasst, fundamentieren also den Content-Kegel. Je nach Nachrichtenlage können archivierte Dokumente durch aktuelle Ereignisse natürlich auch erneut an Relevanz gewinnen und in der Content-Hierarchie wieder nach oben rücken, mitunter bis auf die Einstiegsseite. Dies kann beispielsweise auch dann gerechtfertigt sein, wenn für einen daueraktuellen Inhalt, beispielsweise eine Serie, aufwändig recherchiert wurde.

Die relative Relevanz der einzelnen Themen entscheidet zeitpunktbezogen also darüber, ob eine Information auf einer hierarchisch höheren oder niedrigeren Seite Platz findet und ob sie auf der betreffenden Seite ober- oder unterhalb des Monitorbruchs laufen sollte (analog zum Zeitungsbruch: die Unterkante der Bildschirmfläche). Anzahl und Zuschnitt der unterschiedlichen Inhalte-Rubriken, die Reihenfolge der Rubriken auf vertikalen, horizontalen oder zeitpunktdefinierten Skalen sowie die jeweilige Platzierung der Ressorts in der Navigationsstruktur und auf den Seiten sind dann von den spezifischen redaktionellen Zielsetzungen abhängig.

Redaktionelle Selektions- und Verknüpfungsentscheidungen in aktuellen Berichterstattungen programmieren dabei typische Organisationsmuster, aus denen wiederum entsprechende Darstellungsformen erwachsen. Ein Beispiel sind die Themenpakete als themenbezogene Inhalte-Konglomerate: So wurden schon Anfang 2000 zur CDU-Spendenaffäre um Alt-Kanzler Helmut Kohl auf vielen deutschen Websites erstmals verbreitet Themenpakete eingerichtet, in denen jeweils nicht nur die neuesten Enthüllungen, sondern in voller Länge auch alle bis zum jeweiligen Zeitpunkt bereits veröffentlichten Artikel, Videosequenzen und O-Töne bereitgehalten wurden. Ein gutes Jahr später wurde in gleicher Weise auf vielen Websites im In- und Ausland auch die Berichterstattung über die Terroranschläge auf das World Trade Center in New York aufbereitet. Heute sind ähnlich organisierte Themenpakete auf Medienwebsites regelmäßig anzutreffen. Spiegel Online etwa hat dieses Muster in seiner Rubrik Themen durchgängig auf der Site verankert und verlinkt aus den aktuellen Meldungen und Berichten gezielt auf die jeweils thematisch passenden Themenseite (s. Abb. 64). Die Themenseiten erweitern dabei nicht nur die Stufe des latent aktuellen Inhalts, sondern stärken als zusätzlicher Zielraum für interne Links auch die SEO.

Das Organisationsmuster ist dabei immer das gleiche: Der jeweils neueste Text tritt an die Stelle des jeweils zuletzt aktuellen Textes, und alle bereits publizierten Texte bleiben direkt zugreifbar. Ist der aktuelle Anlass der Berichterstattung nicht mehr relevant, dann können diese Themenpakete weiterverwertet, beispielsweise in andere Kontexte eingewoben werden, sofern über themenverwandte Ereignisse zu berichten ist. Geschieht im betrachteten Thema gerade nichts Neues, dann werden die sich nach und nach anreichernden Themenpakete dennoch nicht von der Site genommen, sondern im Angebot belassen. Die neueste Nachricht aktualisiert also immer den existierenden Bestand und verleiht dem gesamten Textsortiment neue, aktuelle Relevanz.

Strategisch hat diese Organisationsform einen nicht zu unterschätzenden Effekt als Nutzer-Website-Bindungsinstrument: Werden latent aktuelle Themenpakete auf einer Website dauerhaft gepflegt und prominent in der Content-Hierarchie verankert, etablieren sie sich meist schnell als die Anlaufstelle für ein bestimmtes Thema. Insbesondere gilt dies für regionale Themen, von denen zu erwarten ist, dass Konkurrenz-Sites nicht in ähnlichem Umfang über sie berichten werden. Für eine Hamburger Regionalzeitung würde es sich beispielsweise anbieten, die Artikel über die Elbphilharmonie-Baukosten als daueraktuelles Themenpaket zusammenzubinden, für eine Stuttgarter Zeitung wäre sicher das Bauprojekt Stuttgart21 ein Dauerthema, und für ein Lokalblatt im Münsterland oder im niedersächsischen Wendland wird es die Atommüll-Lagerung sein.

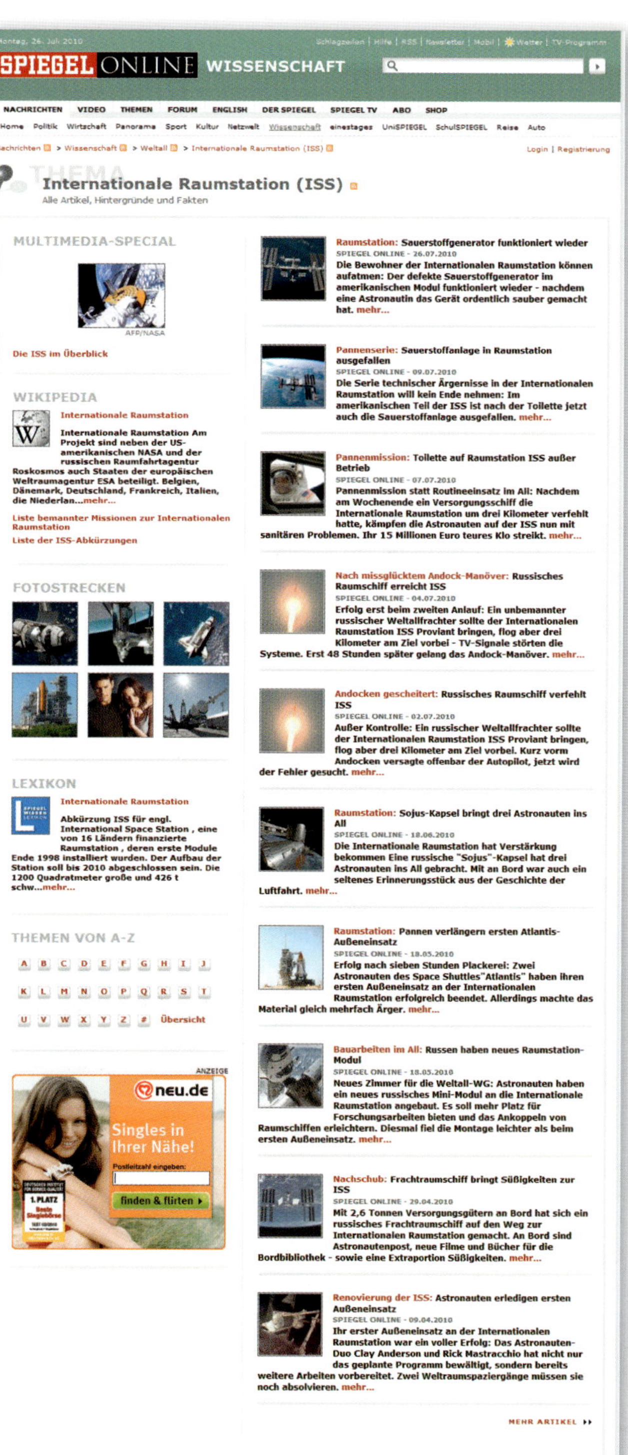

Abb. 64: *Themenpakete als SEO-Instrument auf Spiegel Online*

Checkliste: Die Website planen und optimieren

- ✔ Es gibt für die Website eine definierte Strategie.
- ✔ Es gibt für die Website definierte Ziele.
- ✔ Der aktuell wichtigste Inhalt steht im Top-Quadranten oben links.
- ✔ Die Website-Standardkomponenten stehen genau dort, wo sie von den Nutzern erwartet werden.
- ✔ Die Teaser auf den Übersichtsseiten sind klar hierarchisiert.
- ✔ Sofern das nicht jedem Nutzer sofort klar ist: Eine Tagline sagt, was die Site anbietet.
- ✔ Die Blickachsen sind funktional zielgerichtet konstruiert.
- ✔ Die Navigation ist aufgabenangemessen.
- ✔ Die Navigation ist selbstbeschreibend.
- ✔ Die Navigation ist erwartungskonform.
- ✔ Die Navigation ist konsistent.
- ✔ Die Navigation ist fehlertolerant.
- ✔ Die Navigation nutzt vertraute Metaphern, Muster und Orientierungselemente.
- ✔ Die Gestaltgesetze werden nicht verletzt.
- ✔ Alle Linklabel sind aussagekräftig und prägnant.
- ✔ Die Linklabel sind logisch plausibel gruppiert.
- ✔ Die Linklabel sind in einer logisch plausiblen Reihenfolge angeordnet.
- ✔ Auf den Artikelseiten wird sinnvoll kontextualisiert.
- ✔ Die Links funktionieren einwandfrei.
- ✔ Eingebettete Links werden sparsam verwendet.
- ✔ Zentrale Schlüsselbegriffe werden in Schlagzeilen, Teasern, Linktexten, Title-Tag, Zwischenüberschriften und Seiten-URLs wiederholt verwendet.

Kapitel 2

Schreiben fürs Web

Wer seine Nutzer zum Lesen animieren will, braucht interessante und nützliche Inhalte und obendrauf eine ebenso klare wie lebendige Sprache. Gutes Deutsch, egal ob für Websites oder für Printmedien eingesetzt, ist dabei kein Hexenwerk. Talent erleichtert die Sache natürlich schon ein wenig. Doch in Wirklichkeit ist eine attraktive Schreibe zuallererst ein Handwerk, das sich Schritt für Schritt erlernen lässt. In diesem Kapitel geht es um das, worauf es beim Schreiben attraktiver Texte fürs Web ankommt: Wie starte ich zügig ins Schreiben? Woher nehme ich gute Themen? Was kann ich tun, wenn's beim Schreiben einmal stockt? Was sind die richtigen Wörter, was sind die richtigen Sätze? Und nicht zuletzt: Was sind die Besonderheiten beim Schreiben fürs Web, für Unternehmen, für Newsletter und für Blogs?

Texten ist mehr als Schreiben

Schreiben fürs Web ist nicht gleichbedeutend mit Texten fürs Web. Sprachwissenschaftlich betrachtet sind auch Fotos, Grafiken, Videos und Audios letztlich Texte, also zeichenkodierte Information. Texten fürs Web bedeutet deshalb nicht nur Schreiben, sondern multimediale Sinneinheiten zu produzieren (siehe Kapitel 3), vernetzte Texträume zu schaffen und diese in weitgespannte, tiefreichende Hypertextnetze einzuweben. So verstanden ist das Schreiben fürs Web nur ein Teil des Textens fürs Web, wenn auch ein wesentlicher, und es unterscheidet sich in vielen Facetten zum Teil deutlich vom Schreiben für Papiermedien.

Vor allem das Mitdenken von Hypertext-Zusammenhängen schon beim Schreiben ist ein zentraler Unterschied zum Schreiben für Printmedien: Während in Papiermedien die Inhalte allenfalls im Kontext der jeweiligen Seite verbunden sind, so sind sie im Internet über Hyperlinks in Netzen vieltausendfach auch faktisch verknüpft. Jeder neue Text wird im Web also nicht nur veröffentlicht, sondern gleichzeitig auch in das große Ganze eingewoben – und dieses Einweben unterliegt webeigenen Regeln.

Das Vernetzen der eigenen Seiten mit den großen Suchmaschinen oder mit Web-2.0-Plattformen, das interne Vernetzen der eigenen Inhalte und das nutzerorientierte Komponieren vernetzter multimedialer Texträume sind zwangsläufig Anforderungen, die dem Aufgabenprofil von Redakteuren für Printmedien nur partiell ähneln. In einigen Aspekten hat das mit dem Schreiben für Printmedien also nur noch wenig oder gar nichts mehr zu tun. Auf der anderen Seite gibt es auch viele Gemeinsamkeiten: von der Themenfindung über die Leitlinien für eine eingängige Sprache bis hin zu klaren Redigier-Regeln ist nicht alles neu oder komplett anders, nur weil es im Internet stattfindet. Hier soll nun gezeigt werden, was aus der Printwelt auch im Web fürs Teaser- und Artikelschreiben gilt – und was im Web wirklich neu ist.

Keine Angst vor dem leeren Blatt

Am Anfang jedes Schreibens steht nicht das erste Wort, sondern das leere Blatt. Sinnvoll füllen lässt es sich nur dann, wenn es für den geplanten Text auch wirklich guten Stoff gibt, sprich: ein relevantes, zugkräftiges Thema. Die erste Herausforderung fürs Schreiben stellt sich also tatsächlich schon vor dem Schreiben der ersten Zeilen mit der Frage: Woher bekomme ich ein gutes Thema?

Ob ein Thema interessant ist und es das Schreiben lohnt, wird im Journalismus mit einer einfachen Formel geprüft: Nachricht ist das, was sich unterscheidet – »Hund beißt Mann« ist deshalb keine Nachricht, »Mann beißt Hund« dagegen schon. Wer attraktive Themen sucht, stellt sich am besten die Frage, die auch die potenziellen Leser stellen würden: Was gibt es Neues in Ihrem Unternehmen, was tut sich gerade Besonderes in Ihrer Organisation?

Gibt es Veränderungen in der Unternehmensführung, dann ist interessant, wer geht und wer kommt. Gibt es neue Produkte, dann ist interessant, was genau an ihnen neu ist. Gibt es einen neuen Service, dann ist interessant, was er leistet. Gibt es Veränderungen in der Kundenberatung, dann ist interessant, in welcher Weise die Kunden profitieren. Sind besondere Veranstaltungen geplant, dann ist interessant, was wann wo stattfinden wird. Gibt es gerade besonders viele Kundenanfragen zu einem bestimmten Produkt, dann ist interessant, diese Fragen in einem Artikel aufzugreifen und zu beantworten. Die Möglichkeiten sind unendlich.

Es kann aber auch passieren, dass Ihnen partout nichts einfallen will. Jeder, der schon einmal einen Text unter Zeitdruck zu schreiben hatte, wird das kennen. Um solche Blockaden aufzubrechen, vermittle ich in meinen Schreibtrainings einen Kniff, den ich die KAFE-Methode nenne. KAFE ist eine Abkürzung, und jeder Buchstabe steht darin für je eine Option, ein neues Thema zu finden:

- K steht für **Konterkarieren**,

gemeint ist: ins Gegenteil verkehren, gegen den Strich bürsten. Beispiel: Alle Welt glaubt, Multivitamin-Säfte seien in jedem Fall gut für eine gesunde Ernährung. Neuere Studien melden daran jedoch erhebliche Zweifel an. Im Übermaß können diese Säfte sogar Krebs auslösen. Gegen den Strich gebürstet heißt das neue Thema: *Vorsicht vor Multivitamin-Säften*. Ein anderes Beispiel: Im Kundenservice eines Telefonproviders häufen sich die Hinweise, dass das Neukundengeschäft stockt, weil viele Menschen meinen, der Wechsel zu einem neuen Provider sei technisch einfach viel zu aufwändig. Konterkarierend könnte das Thema etwa so lauten:

Der Wechsel zu einem anderen Telefonprovider ist extrem aufwändig – davon sind die meisten Telefonkunden jedenfalls felsenfest überzeugt. Wir zeigen Ihnen, wie Sie den Wechsel in nur vier Minuten erledigt haben. Garantiert.

Fragen Sie sich beim Konterkarieren also immer, ob sich eine hartnäckig haltende Überzeugung entkräften oder ob sich vermeintlich gesichertes Wissen neu beleuchten lässt. Wenn Sie Anhaltspunkte für berechtigte Zweifel an der gängigen Sicht der Dinge finden, haben Sie immer ein richtig gutes, neues Thema.

- A steht für **Aktualisieren**,

also auf den neuesten Stand bringen. Beispiel: Ihr Unternehmen hat vor knapp einem Jahr ein neues Produkt auf den Markt gebracht. Zum Jahrestag ist es jetzt Zeit für eine erste Bilanz. Oder: Vor einigen Jahren haben die Deutschen mehrere hundert Millionen Euro für die Opfer der Tsunami-Katastrophe gespendet. Heute zeigt sich, dass das Geld bei den Betroffenen viel Gutes bewirkt hat. Oder: Im September riefen wir zu einer Unterschriften-Aktion gegen die Schulreform auf, und weit über 100.000 Reformgegner haben mitgemacht. Heute ist klar: Die Pläne der Regierung sind vorerst gestoppt, zumindest die schlimmsten Neuregelungen bereits vom Tisch.

- F steht für **Fokussieren**,

also einen Teilaspekt ins Zentrum stellen. Beispiel: Bei der Bahn gibt es immer wieder technische Probleme mit den Rad-Achsen der ICE-Züge. Fokussieren ließe sich das Thema beispielsweise durch einen Bericht, in dem genauer beleuchtet wird, worin diese Probleme im Detail bestehen: Liegt es nach wie vor an Haarrissen in qualitativ minderwertigen Stahlstreben? Oder doch an Schmierstoffen in den Radlagern? – Fragen, die bei einem Werkstattbesuch geklärt werden können. Oder: Die von Ihrem Unternehmen produzierte Videokamera hat ein neues Firmware-Update bekommen und bietet jetzt fünf neue Funktionen. Sie schreiben zu jeder dieser fünf neuen Funktionen mindestens je einen Absatz für einen Überblicksartikel. Oder vielleicht sogar zu jeder Funktion je einen Artikel für eine Ratgeberserie.

- E steht für **Extrapolieren.**

Gemeint ist: nach den Auswirkungen fragen. Wenn beispielsweise nach einem harten Winter der Asphalt auf den Straßen aufgeplatzt ist und die massenhaft entstandenen Schlaglöcher immer wieder Schäden an den Autos verursachen, dann stellt sich die Frage, wer für diese Schäden aufkommt, wie hoch die Schadenssumme insgesamt ist, was der Einzelne zu tun hat, um im Schadensfall von den Verantwortlichen auch Geld zu bekommen.

Die Abkürzung KAFE für diesen Kniff ist übrigens nicht ganz zufällig gewählt, denn das Ganze lässt sich in fünf oder zehn Minuten bei einer entspannenden Tasse Kaffee erledigen. Zu richtig vielen neuen Themen kommen Sie dann, wenn Sie die KAFE-Optionen in ein Mind-Mapping einfließen lassen: Zeichnen Sie dazu einen Kreis in die Mitte eines Papierblatts und schreiben Sie den Kernbegriff Ihres Themas in diesen Kreis. Dann zeichnen Sie ausgehend von diesem Kreis vier (oder mehr) Linien, sodass das Ganze wie eine Sonne aussieht, und zeichnen Sie ans Ende jeder Linie wiederum einen neuen Kreis. Jetzt füllen Sie jeden dieser leeren Kreise ganz nach Belieben reihum mit je einem neuen Thema, einfach durch weiteres Konterkarieren, Aktualisieren, Fokussieren und/oder Extrapolieren. Wenn Sie an die neu befüllten Kreise dann wiederum weitere Linien und Kreise zeichnen und diese ebenfalls nach den KAFE-Regeln füllen, stehen in Windeseile mehr Themen auf Ihrem Papier, als in der nächsten Themenkonferenz untergebracht werden können. Sollte die Themensuche also einmal stocken, holen Sie sich einen Kaffee und ein Blatt Papier, und los geht's.

Steht der erste Schwung frischer Themen auf dem Papier, geht's im nächsten Schritt an die Nagelprobe: Greifen Sie sich aus den neuen Themen das am interessantesten erscheinende heraus – und stellen Sie sich die Frage aller Fragen: Warum sollte dieses Thema für jemanden von Interesse sein? Können Sie darauf unmittelbar und knapp antworten, ist alles bestens, und Sie schreiben als Nächstes gleich einen Entwurf für den Vorspann.

Fällt es aber schwer, aus dem Stand eine überzeugende Antwort zu geben, dann hilft auch hier wieder ein kleiner Kniff: Statt die Antwort nur im Kopf zu formulieren, schreiben Sie sie in zwei oder drei Zeilen einfach auf. Beginnen Sie ganz simpel etwa mit: »Meine Leser müssen das lesen, weil …«.

Ein Beispiel:

Das müssen meine Leser wissen, weil unsere Firma ganz gegen den Trend nicht nur neue Leute einstellt, sondern ihnen auch noch jede Menge Zusatzleistungen bietet.

Schummeln Sie dabei auf keinen Fall und schreiben Sie's wirklich auf, denn allein das Aufschreiben zwingt das Gedankengewölk in Ihrem Kopf in eine klare, sortierte Form – in die linear gereihten Zeilen. Klappt es mit dem Aufschreiben und überzeugt die Antwort, dann können Sie jetzt auch gleich einen ersten Vorspann schreiben. Gelingt das noch nicht, dann ist das Thema vermutlich noch zu schwammig und Sie sollten die Artikel-Idee noch einmal durchdenken und präzisieren oder ein anderes Thema aus Ihrem KAFE-Mind-Map angehen.

Im journalistischen Fachjargon wird diese Begründung des Themas als *Aufhänger* bezeichnet. Der Begriff ist im Wortsinn zu verstehen: Ob eine Geschichte es wert ist, geschrieben und veröffentlicht zu werden, hängt letztlich im wahrsten Sinn des Wortes an der Antwort auf das »Warum soll das jemand lesen?«

Ist der Aufhänger schwach, dann kann auch die beste Schreibe nichts retten – die Geschichte bleibt schwach. Ohne tragfähigen

Aufhänger lohnt es sich also tatsächlich noch nicht, mit dem Schreiben zu beginnen. Tun Sie es doch, werden Sie im Normalfall nur Ihre Zeit verschwenden und sich mit einem Thema quälen, das noch keines ist. Zum Schluss würde das Ganze einfach nur frusten. Deshalb: Ist der Aufhänger noch nicht ganz klar zu erkennen und gelingt es Ihnen im ersten Anlauf auch (noch) nicht, den Aufhänger in zwei oder drei knappen Sätzen aufs Papier zu bringen, dann setzen Sie besser noch einmal neu an.

Wem das zu langwierig ist, dem bietet sich noch ein anderer Weg: Sie können auch einsteigen, indem Sie nicht gleich vollständige Sätze, sondern ungefiltert einfach jene Wörter aufschreiben, die Ihnen zu Ihrem Thema gerade in den Sinn kommen. Lassen Sie die Wörter einfach in die Zeilen laufen. Als Ergebnis entsteht dann ein Textfragment, das vielleicht so aussieht:

Elektro-Autos keine Lösung Autofahren Klima schonen Strom nicht aus der Steckdose Zweifel Kohle Atom Wasser-, Solar-und Windenergie Ladezeiten Reichweiten gesetzliche Regelungen Unterschiede in Europa Wettbewerbsverzerrung hohe Investitionen bei geringer Nachfrage Wirtschaftsminister Kanzlerin Automobilverband Greenpeace

Das so entstandene Textfragment liefert Ihnen Ausgangsmaterial für den Vorspann. Unterstreichen Sie dazu einfach die wichtigsten Begriffe und formulieren Sie mit diesen dann zwei bis drei Sätze. In diesem Fall etwa so:

Elektro-Autos versprechen umweltschonendes Autofahren. Ob das wirklich so kommt, ist aber keineswegs sicher. Denn selbst Energie aus Wasser, Wind und Sonne hat ihre Tücken.

Ist das Thema in diesen Zeilen klar zu erkennen, dann haben Sie nicht nur den Aufhänger geschrieben, sondern auch schon gleich einen Vorspann. Sie werden sehen: Das weitere Schreiben geht jetzt viel leichter von der Hand.

Um nicht missverstanden zu werden: Dies sind keine Vorschriften, wie Sie in Sprachleitfäden gern gemacht werden, denn jeder geübtere Schreiber hat natürlich seine eigene Masche. Letztlich ist das Schreiben als Prozess immer eine sehr individuelle Angelegenheit. Für viele meiner Seminar- und Workshop-Teilnehmer haben sich die beschriebenen Kniffe jedoch als ganz nützlich erwiesen. Verstehen Sie die Kniffe also am besten als Instrumente für Ihren Schreib-Werkzeugkasten, die Sie dann in die Hand nehmen können, wenn gerade Bedarf ist.

Zusammenfassung: Ob das Schreiben eines Textes eher flüssig von der Hand geht oder nicht, entscheidet sich nicht erst im Schreiben selbst, sondern definitiv schon vorher. Nur wenn Sie vor dem eigentlichen Schreibbeginn Ihr Thema bereits klar vor Augen haben, werden Sie auch klare Gedanken zu Papier bringen können. Fällt Ihnen partout nichts ein, dann nutzen Sie die KAFE-Methode. Checken Sie bei jedem Thema, ob es das Schreiben wirklich lohnt. Geschrieben wird ein Text nur dann, wenn es einen starken Aufhänger gibt. Geübtere Schreiber prüfen, ohne es aufzuschreiben, ob die geplante Geschichte einen Aufhänger hat, und schreiben zum Start gleich den Vorspann. Wer sich beim Aufhänger nicht so sicher ist, schreibt zuerst auf, warum die Leser die Geschichte lesen müssen. Das klärt die Gedanken und erleichtert den Einstieg ins Schreiben. Wenn auch das nicht gleich klappt, assoziieren Sie Ihre Gedanken einfach frei schreibend, ohne Punkt und ohne Komma – und verwenden die aufs Papier notierten Wörter als Ausgangsmaterial für Ihren Aufhänger.

Ist der Aufhänger erst einmal sauber herausgearbeitet oder steht vielleicht auch schon der Vorspann auf dem Papier, dann ist der Horror vor der leeren Seite erledigt, und Sie können sich an das Schreiben des Artikels machen.

Den roten Faden finden

Geübtere Schreiber starten, wie gesagt, gern gleich mit dem Schreiben des Vorspanns. Aus gutem Grund: Jeder klar formulierte Vorspann wirft fast zwangsläufig folgerichtige Fragen auf, die dann im weiteren Schreiben Stück für Stück angegangen und abgearbeitet werden können. Ein guter Vorspann ist also so etwas wie ein Fahrplan für den weiteren Artikel, er liefert den roten Faden für die zu schreibende Geschichte gleich mit. Ein Beispiel:

> *Die XYZ AG trotzt der schwachen Konjunktur und sucht gegen den Branchentrend gleich mehrere Dutzend neue Mitarbeiter. Gesucht werden erfahrene Expertinnen und Experten für die Forschungsabteilung Genetik – auf die im neuen Job einige äußerst attraktive Zusatzleistungen warten.*

Dieser Vorspann liefert einen klaren Aufhänger und teilt auch hinreichend genau mit, welche Themenaspekte im Artikel aufgegriffen werden. Haben Sie's erkannt? Der Aufhänger für den noch zu verfassenden Artikel ist hier die Nachricht, dass die XYZ AG neue Mitarbeiter sucht. Und der Wortlaut des Vorspanns baut mindestens vier Informationserwartungen auf:

1. Wie hat es die XYZ AG geschafft, der Konjunkturkrise zu trotzen?
2. Wie viele neue Stellen schafft die XYZ AG ganz genau?
3. Welche genauen Qualifikationen werden erwartet?
4. Welche attraktiven Zusatzleistungen warten auf die neuen Mitarbeiter?

Mindestens diese vier Fragen müssen durch den Artikel beantwortet werden. Das kann in der Reihenfolge der Frageliste von Punkt 1 bis Punkt 4 geschehen. Alternativ könnte die Antwort auf Frage 1 aber auch ans Ende des Artikels gestellt werden, weil sie eher den Hintergrund der Nachricht ausleuchtet. So oder so: Das weitere Schreiben hat jetzt einen (vorläufigen) Fahrplan.

Sollte Ihnen der Vorspann so noch nicht gefallen und deshalb nochmal verändert werden, dann werden Sie sehen, dass sich mit dem Ändern des Vorspanns auch Ihr Fahrplan für das Textschreiben ändert. Wird der Vorspann beispielsweise gekürzt, dann wird auch die Liste der im Vorspann aufgeworfenen Fragen kürzer. Ohne den letzten Halbsatz würde das beispielsweise so aussehen:

> *Die XYZ AG trotzt der schwachen Konjunktur und sucht gegen den Branchen-Trend gleich mehrere Dutzend neue Mitarbeiter. Gesucht werden erfahrene Expertinnen und Experten für die Forschungsabteilung Genetik.*

In dieser Variante fällt die Frage 4 aus der Liste. Inhaltlich im Zentrum steht jetzt allein die Nachricht, dass die XYZ AG neue Mitarbeiter für ihre Forschungsabteilung sucht. Die in der ersten Version thematisierten »attraktiven Zusatzleistungen« bleiben außen vor und brauchen im Text jetzt nicht mehr zwingend erwähnt zu werden, auch wenn sie es natürlich immer noch könnten.

Manchmal klappt das mit dem roten Faden aber nicht ganz so problemlos, und dann braucht es auch hier wieder ein paar Kniffe.

Um den Faden gerade unter Zeitdruck sicher in die Finger zu bekommen, hilft beispielsweise ganz ungemein, dass allen Lesern eines gemeinsam ist: Unabhängig von thematischen Vorlieben und quer durch alle Zielgruppen wollen sie im Normalfall alle, dass das Wichtigste gleich zu Beginn des Textes mitgeteilt wird – die Details bei Bedarf dann gerne später.

Im Nachrichtenjournalismus gibt es dazu ein Textaufbau-Rezept, das *Prinzip der umgedrehten Pyramide*. Die Metapher will sagen: Das Wichtigste einer Meldung oder eines Berichts steht immer am Anfang, die nachrangig relevanten Aspekte folgen dann im weiteren Verlauf.

Das Bild ist allerdings etwas schief: Man könnte meinen, der Anfang nähme auch den breitesten Textraum ein – was definitiver Unfug ist. Das Gegenteil ist der Fall: Das Wichtigste wird möglichst knapp berichtet, maximal drei Sätze, mehr sollten es nicht sein. Alles Weitere kann dann durchaus ausführlicher geschildert werden. Insofern sagt die umgedrehte Pyramide als Metapher nichts über die relative Textmenge der unterschiedlichen Abschnitte. Sie versinnbildlicht allein das relative inhaltliche Gewicht der berichteten Informationen. Nicht mehr und nicht weniger.

Im nächsten Schritt stehen Sie als Autorin oder Autor dann ganz praktisch vor der weiteren Frage: O.K., das Wichtigste gehört an den Anfang – was genau aber ist denn nun bei meinem Thema das Wichtigste? Auch diese Frage ist nicht pauschal zu beantworten. Und auch hier gibt es wieder Hilfsinstrumente aus dem journalistischen Werkzeugkasten – die W-Fragen und den Küchenzuruf.

Die W-Fragen, genau genommen: die sieben W-Fragen sind ein ausgezeichnetes Hilfsmittel, das jeweils Wichtigste eines Themas verlässlich zu identifizieren und dabei nichts zu übersehen. Wer? Was? Wann? Wo? Wie? Warum? Welche Quelle? – das sind die Fragen, die bei jedem Ereignis, bei jedem Vorgang, bei jedem Geschehnis zu beantworten sind, wenn es relativ vollständig beleuchtet werden soll.

Die sieben W-Fragen werden unterschieden in die vier W-Fragen der Sachebene (Wer? Was? Wann? Wo?) und die W-Fragen der Deutungsebene (Wie? Warum?). Das W für die Quellenangabe spielt eine Sonderrolle, weil es auf jede andere W-Frage bezogen werden kann.

Zum Einstieg in ein Thema geht es immer um die vier W-Fragen der Sachebene: Wer? Was? Wann? Wo? Das ist es, was die Leser zuerst hören wollen, und deshalb stehen die Antworten auf diese Fragen auch gleich in den ersten Sätzen. Im Nachrichtenjournalismus werden diese ersten Sätze, mit denen die Sachfragen beantwortet werden, auch als Lead-Sätze oder einfach als Lead bezeichnet.

In welcher genauen Reihenfolge das geschieht, hängt wiederum jeweils vom Thema ab. Überschlägt sich beispielsweise ein Auto auf eisglatter Straße und bleiben die Auto-Insassen wie durch ein Wunder allesamt unverletzt, dann steht der glückliche Ausgang des Unfalls im Vordergrund, also das »Was?« Der Lead könnte so aussehen:

> *Fünf Männer sind am Freitagnachmittag bei einem schweren Auto-Unfall in den Albaner Bergen wie durch ein Wunder mit dem Leben davongekommen.*

Saß aber der Papst mit im Auto, dann steht natürlich das »Wer?« im Vordergrund:

> *Der Papst und vier weitere Männer sind am Freitagnachmittag bei einem schweren Auto-Unfall in den Albaner Bergen wie durch ein Wunder mit dem Leben davon gekommen.*

Wer sich unsicher ist, welche W-Antwort den Lead eröffnen muss, hilft sich am einfachsten mit dem Küchenzuruf. Nehmen wir noch mal den Papst-Unfall, und stellen Sie sich vor, Sie würden die Neuigkeit gerade selbst erfahren haben und in der Küche ihrer Wohnung gleich einem Freund oder der Partnerin oder wem auch immer weitererzählen. Sie würden vermutlich einsteigen mit:

Stell Dir vor, der Papst hat sich heute Nachmittag mit dem Auto überschlagen!

Ach du je, und was ist mit ihm?

Hat nur ein paar Schrammen abbekommen, hat wohl ziemliches Glück gehabt. Das muss übrigens ganz nah bei dem Dörfchen in den Albaner Bergen passiert sein, das wir im Urlaub besucht haben.

Alles Wesentliche ist damit gesagt – und zwar in einer zum Ereignis passenden, angemessenen Reihenfolge. Jetzt wäre vielleicht noch Raum für die Frage, wie es dazu kommen konnte. Und für die Frage, warum der Fahrer dazu nichts sagen will, für die beiden Deutungsfragen also. Die Geschichte wäre damit nach allen Regeln der Kunst auch schon rund, sprich: hinreichend vollständig erzählt.

Der Küchenzuruf hilft also, die Dinge in die richtige Reihe zu bekommen. Das funktioniert übrigens nicht nur bei harten Nachrichten, sondern bei jedem beliebigen Thema. Probieren Sie's einfach bei nächster Gelegenheit einmal aus.

Abb. 65: *Hier ist weder das ganze Wort noch sind die einzelnen Buchstaben zu sehen. Allein die Wortsilhouette reicht aus, um das Wort »Text« zu erkennen.*

Die richtigen Wörter

Aus der Verständlichkeitsforschung ist bekannt, dass Wörter über kognitive Schablonen erkannt werden, über die sogenannten Buchstaben-, Silben- und Wortschemata. Solange das Schriftbild leserlich ist und die Wörter in ihren vertrauten Buchstaben-Silhouetten auftreten, läuft das Lesen weitgehend unbewusst ab. Stoßen Sie beim Lesen aber auf ein unbekanntes Wort, dann gerät das Ganze ins Stocken, der Lesefluss wird unterbrochen.

Wenn Sie dann nicht sofort aus der Lektüre aussteigen, geschieht Folgendes: Sie lesen das unbekannte Wort, vielleicht einmal, vielleicht auch mehrmals, vielleicht Buchstabe für Buchstabe, im besseren Fall Silbe für Silbe, Sie statten es mit Klang aus, klären für sich die Bedeutung (aus dem Kontext oder durch Nachschlagen im Wörterbuch) und bauen so ein neues Wortschema auf. Es ist ganz wie beim Vokabeln-Pauken: Jedes neue Wort wird so lange wiederholt gelesen, bis es buchstäblich in Fleisch und Blut übergegangen ist.

Beim nächsten Sichtkontakt mit dem neu gelernten Wort läuft das Lesen dann wieder völlig störungsfrei, weil schon die grafischen Umrisse des Wortes ausreichen, um es rasch zu erkennen und ihm die korrekte Bedeutung zuzuweisen. Abb. 65 beispielsweise zeigt nur eine Wortsilhouette, und trotzdem können Sie das Wort ohne Weiteres erkennen – hoffe ich jedenfalls.

Die richtigen Wörter sind also zunächst einmal jene, die den Lesern visuell geläufig sind, denn jedes Textverstehen beginnt mit dem Erkennen der abgebildeten grafischen Zeichen. Sind diese Zeichen den Lesern *be*kannt, dann werden sie auch schnell *er*kannt. Wahrnehmungsphysiologisch ist eine zielgruppenorientierte Wortwahl deshalb eine ziemlich simple Sache: Wenn Sie jene Wörter verwenden, die die Leser kennen, dann gibt es meist auch keine Verständlichkeitsprobleme.

Wer flüssig zu lesende Texte schreiben will, benutzt also am besten genau jene Wörter, die mutmaßlich zum Wortschatz der jeweiligen Zielgruppe gehören. Einfache Wörter sind hier natürlich im Vorteil. Aber auch schwierige Begriffe sind unproblematisch, solange sie in der Zielgruppe visuell schnell erkannt werden können. Einem Mediziner zum Beispiel wird ein Wort wie Dehydrationsprophylaxe keine Leseschwierigkeiten bereiten, für einen Grundschüler sieht das mit Sicherheit anders aus. Entscheidend ist, dass die potenziellen Leser über die passenden visuellen Wortschemata verfügen. Als Faustregel gilt: Je breiter die Zielgruppe, desto einfacher sollte das verwendete Vokabular sein. Und je spezieller die Zielgruppe, desto eher sind spezielle Begriffe erlaubt. Fachbegriffe sind also nicht per se unverständlich.

Gehören Ihre Wörter zum Wortschatz der Zielgruppe, dann kann das also bereits der Beginn einer hoffentlich intensiven Lesebeziehung sein. Mehr aber auch nicht. Denn es kommt jetzt auch darauf an, attraktiv zu formulieren, Wörter zu verwenden, die nicht wie Bleistaub auf den Seiten liegen, sondern frisch sind und lebendig. Die Auswahl ist groß: Der DUDEN listet beispielsweise etwa 130.000 Stichwörter. Die wird zwar nicht jeder alle kennen, aber erwachsenen Lesern sind immerhin noch zwischen 8.000 und 16.000 Wörter geläufig. Völlig klar, dass es da gutes Material für den Satzbau gibt, aber eben auch weniger geeignetes.

Die richtige Wahl zu treffen ist trotzdem nicht so schwierig. Grundsätzlich sollte man sich vornehmen, den richtigen Ton anzuschlagen, denn die Wortwahl ist abhängig von der Zielgruppe. Folgen Sie Ihrer Intuition und achten Sie einfach darauf, das jeweils gefälligere Wort zu verwenden. Wenn Sie beispielsweise die Wahl haben zwischen den Wörtern *Inbetriebnahme* und *Start*, werden Sie sich vermutlich für *Start* entscheiden. Und warum? Weil es sich einfach besser anhört, nicht so gestelzt klingt, weil es kürzer ist, weil es näher an der gesprochenen Sprache und bildlicher ist. Wörter sind eben nicht nur Buchstabenketten, sondern mehr: Sie liefern Bilder für das innere Sehen, produzieren Kino für den Kopf. Wer es als Autor versteht, mit der Wahl seiner Wörter auch die sich beim Lesen einstellenden Bilder zu steuern, hat den ersten Schritt zum spannenden Text schon geschafft.

Es geht beim Schreiben allerdings nicht nur darum, die Sprache einer Zielgruppe zu sprechen, sondern sie auch unwiderstehlich anzusprechen. Wie gelingt nun diese Ansprache? Worauf kommt es dabei genau an? Zuallererst sollten die Wörter anschaulich sein. Sie gewinnen Kraft, wenn sie konkret sind. Abstrakte Wörter erschweren den Lesern das Textverstehen. Nehmen Sie zum Beispiel den folgenden Satz:

Der mengenmäßig überstrapazierte Konsum hochprozentiger Alkoholika kann zu Leberschrumpfung führen.

Ein solcher Satz ist schnell geschrieben, vernebelt aber, worum es geht. Er ist weder klar noch prägnant, er klingt gestelzt, er ist einfach ein Graus. Als Leser hat man vielleicht eine Ahnung davon, was inhaltlich gesagt werden soll. Vor dem geistigen Auge stellt sich aber kein klares Bild ein, das Ganze bleibt irgendwie undeutlich. Es ginge auch anders:

Zu viel Schnaps schrumpft die Leber.

Oder:

Wer zu viel Schnaps schluckt, schadet seiner Leber.

Hier zeichnen die Worte ein Bild. Geht es Ihnen auch so? Beim Lesen des ersten Satzes sehen Sie womöglich eine eben noch pralle gesunde, jetzt aber faltig schrumpelnde Leber vor sich. Und beim zweiten Satz sehen Sie vielleicht einen rotnasigen, eher ungepflegten Typen, der sich ein Schnapsgläschen an den Mund hält, das Zeug in den Rachen kippt, sein Gesicht verzieht und in Horst-Schlämmer-Manier ächzt: *Manno, hab ich heute Magen*.

Natürlich können Ihre Assoziationen auch andere sein. Entscheidend ist, dass sie überhaupt ausgelöst werden und zur Bildwelt des Themas passen, zum Kontext. Ob sich Bildliches einstellt, hängt ab von den verwendeten Wörtern, einerseits von den Verben und andererseits von den Substantiven. Substantive geben den Bildern die Form, Verben liefern Dynamik.

In meinen Seminaren und Workshops beobachte ich oft, dass die Teilnehmer vor dem Schreiben zwar durchaus sehr konkrete Bilder im Kopf hatten, im ersten Schreib-Anlauf dann aber doch im Abstrakten, im Komprimierten, im Noch-nicht-Konkreten steckenbleiben. Zu erkennen ist das auch an zu allgemeinen Wörtern:

Geflügel in Massentierhaltung ist eine Schande.

ist so ein Beispiel. Um das Bild weiter zu schärfen, hilft meist ein schneller Wörter-Check: In jedem Satz wird überprüft, ob sich die Dinge konkreter benennen lassen. Zuerst bei den Substantiven: Der abstraktere Oberbegriff *Geflügel* wird beispielsweise durch *Hühner* oder *Hähne* oder *Küken* oder *Hennen* ersetzt, *Verkehrsmittel* durch *Autos*, *Busse*, *Fahrräder* oder *Bollerwagen*, die *Ausrüstung* durch *Rucksack*, *Zelt* oder *Wasserkocher*. Aus dem Beispielsatz wird dann im nächsten Schritt ein

Hühner in Massentierhaltung sind eine Schande.

Dann wird die Massentierhaltung angegangen, und der überarbeitete Satz kann so aussehen:

Hühner in engen Drahtkäfigen zu halten ist eine Schande.

Oder:

Wenn Hühner in engen Drahtkäfigen leben müssen, ist das eine Schande.

Testen Sie es selbst: Schnappen Sie sich einfach einen beliebigen Text und suchen Sie zu den verwendeten Substantiven konkretere Alternativen. Sie werden sehen: Die Satzaussagen werden anschaulicher und klarer. Allerdings gilt auch: Nicht immer ist das konkretere Wort zwingend das bessere. Im Grenzfall kommt es auch darauf an, worauf Sie den Blick Ihrer Leser richten wollen. Im Normalfall schauen die Leser genauer auf jene Dinge, die im Text auch relativ genauer benannt sind. Vergleichen Sie im folgenden Beispiel dazu die Wirkung der drei Sätze:

Das Pferd sprang über den Zaun.

Und:

Der Araberhengst sprang über den Zaun.

Und:

Das Pferd sprang über das Stacheldrahtgatter.

Das in allen drei Sätzen gezeichnete Bild zeigt zwar immer die gleiche Bewegung (das Springen eines Pferdes über ein Hindernis), aber im zweiten Satz schaut man als Leser genauer auf den Akteur (den Araberhengst), im dritten Satz dagegen genauer auf das Hindernis (das Stacheldrahtgatter). Als Autorin oder Autor lenken Sie die Blicke Ihrer Leser also unter anderem durch verbale Präzision, und die Substantive sind Ihre Steuerhebel.

Sicher gibt es auch ein Zuviel des Guten: Zu viele Substantive führen in den sogenannten Nominalstil, das sprachgezeichnete Bild wird durch zu viele Hauptwörter überfrachtet und die Botschaft letztlich wieder unklar. Nominalstil bedeutet für den Leser: Er sieht vor lauter Wald den Baum nicht mehr, kann nicht sicher erkennen, worauf der Blick gerichtet werden soll. Es ist einfach zu viel Gegenständliches da. Auch hier ein Beispielsatz:

Der Startschuss für die neuartige Solarkraftwerkstechnologie ist ein wichtiger Schritt, der eine Revolution in der Erzeugung von Elektrizität aus Sonnenstrahlung bedeutet.

Mal abgesehen von einigen semantisch-sachlichen Ungereimtheiten dieses Satzes: Sieben Substantive auf knapp zwei Zeilen, drei davon mehrfach gekoppelte Substantive, das ist Nominalstil pur und schlicht und einfach der Substantive zu viel. Hinter dem Wortungetüm Solarkraftwerkstechnologie verstecken sich in diesem Fall zum Beispiel sehr konkrete Solarzellen, die mehr als 800-mal mehr Strom erzeugen als herkömmliche Solarzellen. Alternativ kann die gleiche Aussage deshalb viel kürzer und klarer aufs Papier gebracht werden:

Revolutionäre Solarzellen erzeugen 800-mal mehr Strom.

Greifen Sie also nie zu tief in die Substantive-Kiste. Zu viele Substantive vernebeln die Aussage eines Satzes, verstellen den Blick aufs Wesentliche und verhindern das, was sie eigentlich schaffen sollen: das klare Bild. Und meiden Sie unbedingt auch alles, was auf -ung, -mus, -keit, -heit, -ion, -schaft, -ät, -tum oder -sal endet, denn das sind die Zombies unter den Substantiven, eigentlich mausetot und trotzdem irgendwie nicht totzukriegen.

Gut gewählte Substantive, das haben Sie gerade gesehen, geben den Satzaussagen Gestalt und Form, sie liefern sozusagen die Bühne. Zum lebendigen Text braucht es jetzt noch Dynamik – und die kommt mit den Verben ins Spiel. Vor allem die kraftvolle Verbensorte ist Autors Liebling. Ein Beispiel:

Auf dem Marktplatz herrscht reges Treiben.

Gefällt Ihnen dieser Satz? Hoffentlich nicht, denn der Satz ist eine schlimme Nebelkerze: In Wirklichkeit herrscht dort auf dem Marktplatz nichts und niemand. Es sind offenbar viele Leute dort, aber das, was sie tun, was dort tatsächlich geschieht, hat mit herrschen nichts zu tun und ist komplett versteckt in der substantivierten Form des Verbs treiben.

Auf dem Marktplatz wird vielleicht gerade gezecht und geklönt, gelacht und gestritten, gehandelt, flaniert und vielleicht wird sogar jemand oder etwas getrieben. Genau sehen kann man es als Leser dieses Satzes aber nicht. Schade. Und das Beispiel zeigt noch etwas: Substantivierungen, Verben also, die als Hauptwörter daherkommen, führen geradewegs in den Nominalstil. Und der ist, ganz ehrlich, eine echte Pest.

Achten Sie deshalb immer darauf, Verben zu bevorzugen. Verben sind die Blondinen jedes Textes, für die Damen wahlweise natürlich auch die durchtrainierten Surfertypen – zeigen Sie sie Ihren Lesern. Die werden nicht nur hinschauen, sondern glotzen.

Prüfen Sie immer, ob sich statt eines Substantivs nicht doch ein schönes Verb findet. In jeder Substantivierung beispielsweise ist immer ein kleines, schnuckeliges Verb gefangen, das sich wahnsinnig darüber freuen würde, aus seinem Substantiv-Gefängnis befreit und in den Text gelassen zu werden. Tun Sie ihm diesen Gefallen, lassen sie es aus seinem Gefängnis entkommen. Schreiben Sie also nie *Verbesserung*, wenn Sie das Gleiche auch mit dem schönen Verb *verbessern* sagen können. Und sprechen Sie auch nie von *zu Ende führen*, wenn das Verb *beenden* es einfacher und klarer sagt.

Nicht unterschlagen werden darf, dass es auch eine dunkle Seite des Verbs gibt. Verb ist noch lange nicht gleich Verb. Wenn es starke Verben gibt, Sie haben es vermutlich schon geahnt, dann wird es auch schwache Verben geben: die statischen Verben, die Funktionsverben und die Hilfsverben.

Statische Verben sind solche, die keine Bewegung zeigen, sondern ein Verharren, einen Zustand oder ein Ruhen. Die Verben *stehen*, *sitzen* oder *liegen* beispielsweise gehören dazu. Auch *aussehen*, *kennen*, *empfinden* oder *mögen*. Funktionsverben sind die Verb-Bauteile von Wendungen wie *zur Aufführung bringen*, *Platz machen*, *in Gang kommen*, *Verzicht leisten* oder *Bekenntnis ablegen*. Und schließlich die Hilfsverben *sein*, *haben*, *werden*, *sollen*, *wollen*, *können*, *dürfen* und *müssen*.

Es wäre grundfalsch anzunehmen, die schwachen Verben seien im Vergleich zu den aktiven Verben zwangsläufig immer die schlechtere Wahl. Gelegentlich geht es schon aus semantischem Grund gar nicht anders, als zum schwachen Verb zu greifen: *jemanden zur Verzweiflung bringen* ist schon etwas anderes als zu *verzweifeln*. Gerade deshalb lautet die Empfehlung: Schauen Sie bei den Verben genau hin. Kann ein schwaches Verb durch ein aktives Verb ersetzt werden, dann bringt das gleich mehr Leben in die Bude. Zögern sie dann nicht und streichen Sie das schwache Verb aus dem Text. Achten Sie dabei aber unbedingt auch auf den Sinn des Satzes. Redigiert wird nur dann, wenn das alternative Wort den Sinn nicht verändert.

Die richtigen Sätze

Nach landläufiger Meinung haben leicht verständliche Sätze einen einfachen Satzbau und bestehen aus Subjekt, Prädikat und Objekt. Wenn es doch tatsächlich so einfach wäre. Fakt ist: Wir Menschen sind Genusswesen und stehen einfach auf Abwechslung. Achten Sie deshalb möglichst darauf, einfachere und komplexere Sätze zu variieren, also zwischen kurzen und längeren Sätzen zu wechseln. Immer gleiche Subjekt-Prädikat-Objekt-Hauptsätze werden Ihre Leser auf Dauer nur langweilen und ihnen den Nerv töten. Und das ist gerade im Web keine gute Idee.

Was aber ist ein längerer Satz, was ein kürzerer? Und was ist ein einfacher Satz, was ist ein komplexer? Um das beantworten zu können, hilft ein kleiner Ausflug in die Biologie des Sehens, denn letztlich unterliegt das Lesen naturgegebenen Vorschriften, die abgeleitet sind aus dem Aufbau unserer Augen und unseres Gehirns:

Beim Lesen bewegt sich der Blick nicht in einer gleichmäßigen Bewegung über die Zeilen, sondern er hüpft in kleinen Sprüngen von einer Textstelle zur nächsten. Jeder dieser Sprünge dauert nur fünf bis zehn Millisekunden. Nach jedem Sprung folgt eine Stillstandphase, die sogenannte Fixation, in der der Blick für 0,2 bis 0,3 Sekunden auf einer bestimmten Textstelle ruht. Nur während dieser Fixation nimmt das Auge visuelle Information auf, die dann im Gehirn auf bislang nicht gänzlich verstandene Weise mit Bedeutung verbunden wird. Aus der Kognitionswissenschaft wissen wir auch, wie viele Buchstaben von geübten Lesern in typischen Leseschriftgrößen je Fixation maximal erkannt werden können: Es sind etwa 10 Buchstaben. Das Verstehen selbst findet in einem Drei-Sekunden-Takt statt. Innerhalb von drei Sekunden muss jeweils eine

Sinnkonstruktion abgeschlossen sein, sonst wird der Lesefluss mindestens unterbrochen, vielleicht sogar abgebrochen.

Nimmt man diese biologischen Voraussetzungen als Grundlage, dann erlaubt sie zumindest ansatzweise Aussagen darüber, wie lang Sätze längstens sein dürfen und wann ein Satzbau zu komplex wird. Die Längenobergrenze für eine Sinneinheit lässt sich ganz einfach ausrechnen: Wenn innerhalb von drei Sekunden in üblicher Lesedistanz maximal 15 Blicksprünge zu je 10 Buchstaben vom Gehirn verarbeitet werden können, lässt sich auch sagen, wie lang ein Satz oder Satzteil längstens werden darf – etwa 150 Buchstaben. Dieser Satz hatte jetzt beispielsweise exakt 201 Zeichen, was definitiv schon strapaziert. Es ginge auch kürzer, zum Beispiel wenn zwischendurch einfach ein Punkt gesetzt wird:

Das Gehirn kann bei üblicher Lesedistanz in drei Sekunden maximal 15 Blicksprünge zu je 10 Buchstaben verarbeiten. Sätze oder Satzteile sollten deshalb möglichst nicht länger sein als 150 Buchstaben.

Das Beispiel zeigt: Prüfen Sie immer, ob ein langer Satz nicht besser in zwei eigenständige Sätze zerlegt werden kann. Zwischendrin einen Punkt zu setzen – das schafft schneller erfassbare Sätze und gibt ihnen mehr Aussagekraft.

Zur durchschnittlichen Länge deutscher Wörter (gemessen in Buchstaben) gibt es übrigens unterschiedliche Befunde. Alle publizierten Werte pendeln um einen Durchschnitt von sechs Buchstaben. Der in vielen Stilfibeln kolportierte Leitsatz aus dem Redaktionshandbuch der Deutschen Presse-Agentur (dpa), ein verständlicher Hauptsatz dürfe maximal zwanzig Wörter haben, ist aus wissenschaftlicher Perspektive also ein durchaus angemessener Richtwert – 20 mal 6 Buchstaben macht 120 Buchstaben.

Und trotzdem ist das alles eher Erbsenzählerei, denn zu guter Letzt kommt es dann doch auch sehr auf die jeweils verwendeten Wörter an:

Bundesaußenminister Guido Westerwelle besucht unter Ingangsetzung von Flugbetriebsmitteln während seiner ersten Südostasien-Zeitverbringung die Stationen China, Taiwan und Südkorea.
(165 Buchstaben, 19 Wörter)

und

Bundesaußenminister Guido Westerwelle besucht in dieser Woche auf seiner ersten Südostasien-Reise zuerst China, dann Taiwan und schließlich Südkorea.
(135 Buchstaben, 19 Wörter)

Gleiche Wörterzahl bedeutet also nicht unbedingt eine gleich gute Verständlichkeit. Fürs praktische Schreiben heißt das aber auf keinen Fall, dass Sie bei jedem Satz das Lineal anlegen und die Wörter zählen müssten. Wörter zählen macht die Sätze nicht besser, schließlich kann ein Satz auch durchaus mehr als zwanzig Wörter haben und trotzdem gut zu verstehen sein:

Israel bleibt der verlässlichste Verbündete der USA, muss aber zur Kenntnis nehmen, dass das Töten palästinensischer Zivilisten »eindeutig unakzeptabel« ist, sagte Vizepräsident Dan Quayle heute einer jüdischen Besuchergruppe. (28 Wörter)

Das Beispiel zeigt: Besteht ein Satz aus einem Haupt- und einem Nebensatz, dann ist nur wichtig, dass jeder Satzteil für sich innerhalb des Drei-Sekunden-Fensters abschließend verstanden werden kann. Die Wissenschaft grundiert und präzisiert durch ihre Forschungen also eher, was wir als Leser und auch als Autoren intuitiv schon wissen: Beim Satzbau gibt es ein »zu lang«, aber keine verlässliche Größe für dieses »zu lang«. Trauen Sie deshalb ruhig Ihrem Schreibgefühl. Und schauen Sie beim Redigieren dann noch mal genauer hin. Am besten lesen Sie sich den Text in der ersten Fassung mit Stimme vor. Geht Ihnen beim Lesen eines Satzes die Puste aus, ist Kürzen angesagt.

Was die Satzkomplexität angeht, verhalten sich die Dinge ganz ähnlich wie bei der Satzlänge. Wie gesagt: Unser Textverstehen folgt einem Drei-Sekunden-Takt. Um das Verstehen eines Satzes abzuschließen, hat ein Leser also nicht mehr als drei Sekunden Zeit.

Wenn nun aber ein Satz oder Satzteil in einen anderen Satz eingeschoben wird, führt das in schöner Regelmäßigkeit dazu, dass diese zeitliche Grenze überschritten wird. Für den Leser ist das ein echtes Problem: Der erste Teil des Hauptsatzes ist schon wieder aus dem Kurzzeitgedächtnis gelöscht, noch ehe der Leser den Schluss des Satzes erreicht hat. Resultat: Der verbundene Sinn der voneinander getrennten Hauptsatz-Teile kann nicht mehr konstruiert werden.

Ähnlich wie beim Lesen eines unbekannten Wortes bricht ein Leser die Lektüre dann im schlimmsten Fall ab. Nur im besseren Fall wird er noch einmal neu ansetzen und den störenden Einschub beim zweiten Lesen des Satzes einfach überspringen. Dazu ein treffendes Beispiel aus der FAZ:

> *Das Fernsehen brach, programmgemäß, seine Übertragung für die Danziger Region nach dem weltlichen Teil der Feier, vor Beginn der Messe, bei der die Partei- und Staatsvertreter anwesend blieben, der – katholische – stellvertretende Ministerpräsident Ozdowski neben Lech Walesa die Kommunion empfing, ab.*

Hier steckt die Schachtel in der Schachtel in der Schachtel – wie in einer Matroschka-Puppe. Der Autor wird gedacht haben: Viel Vergnügen beim Auspacken! So richtig zündet das aber wohl nicht. Das Beispiel zeigt auch, warum es so schwierig ist, Schachtelsätze rasch zu verstehen. Das tragende Verb des Satzes ist das *abbrechen*. Durch die Satzeinschübe wird es auseinandergerissen, der Verbstamm steht gleich zu Beginn, das sinnstiftende Präfix dann am Ende des Satzes. Im schlechtesten Fall entsteht durch dieses Auseinanderreißen – aua – ein völlig irriger Zwischensinn:

> *Die Mitglieder des Aufsichtsrates schlugen ihn, nach einer mehrstündigen, kontroversen Diskussion, in der die Bilanz der vergangenen drei Amtsjahre noch einmal intensiv analysiert und bewertet wurde, erneut als Vorstandsvorsitzenden vor.*

Gerade der in den Hauptsatz grätschende eingeschobene Nebensatz ist also ein echter Problembolzen, vor allem wenn er sehr umfangreich gerät. Verzichten Sie deshalb auf längere eingeschobene Nebensätze. Ist ein Schachtelsatz unbedingt notwendig, dann fassen Sie den Einschub möglichst kurz.

Sicher ist Ihnen auch aufgefallen, dass die beiden Bandwurmsätze nicht nur schlecht zu lesen und schwer zu verstehen sind, sondern sich auch einfach schlecht anhören. Wenn Sie sich den Beispielsatz aus der FAZ noch einmal mit Stimme vorlesen, geht Ihnen ungefähr beim Adjektiv *katholisch* langsam die Puste aus. Und das bringt mich zum nächsten Kniff: Gute Sätze sind immer solche, die sich auch gut intonieren lassen. Deshalb: Lesen Sie sich Ihren Text zur Kontrolle nach dem ersten Herunterschreiben immer einmal mit Stimme vor. Klingen einzelne Sätze oder Satzteile dabei noch unrund und kommen Sie beim Lesen ins Stolpern oder bleiben Sie irgendwo hängen, dann haben Sie einen sicheren Hinweis auf etwas, was noch nicht gut formuliert ist. Orientieren Sie sich am besten immer an der gesprochenen Sprache (ohne in Slang zu verfallen) und vermeiden Sie gestelztes Deutsch. Schreiben Sie nicht:

Bei eventuellen Fehlfunktionen können Sie uns den Reifen im Nachgang auch in Form einer Rücksendung zur weiteren Bearbeitung zukommen lassen.

Sondern:

Wenn etwas nicht klappt, dann schicken Sie uns den Reifen einfach zurück. Wir kümmern uns darum, und in drei Tagen haben Sie Ersatz.

Testen Sie das gleich noch einmal an folgendem Auszug aus der Produktinformation eines großen Energiekonzerns. Lesen Sie den Text zuerst durch und achten Sie darauf, wo es beim Lesen hakt:

Mit dem variotherm-Wärmeservice der ABC Energie AG haben Sie die Möglichkeit, Ihren Wärmebedarf für Ihre Immobilie absolut sorgenfrei zu gestalten, und können in die zukunftsweisende und Ressourcen sparende Lösung aller Wärmeprobleme einsteigen. Wir als kompetenter und partnerschaftlicher Energieversorger planen, installieren und betreiben Ihre Wärmeerzeugungsanlage gegen eine geringe monatliche Gebühr.

Der erste Satz ist viel zu lang geraten. Außerdem ist er überfrachtet und vernebelt eher, worum es bei diesem Service eigentlich geht. Nicht anders der zweite Satz, der sicher auch noch Feinschliff braucht. Eine Alternative könnte so aussehen:

Sie wollen umweltschonende und behagliche Wärme für Ihr Haus? Dann nutzen Sie ab sofort unseren neuen variotherm-Wärmeservice: Wir liefern modernste Technik. Wir planen, installieren und überwachen Ihre Heizungsanlage. Und wir garantieren einen ebenso sicheren wie sorgenfreien Betrieb – zum fairen Preis. Testen Sie uns jetzt.

Wenn Sie die beiden Texte miteinander vergleichen, fällt Ihnen vielleicht auf, dass der zweite Text inhaltlich zwar nahezu identisch ist mit dem ersten Text, dabei aber auch deutlich kürzer. Aktive Verben und konkrete Substantive schaffen ein klares Bild, und die kürzeren Sätze unterstützen diese Wirkung. In der Kürze liegt also die Würze – sagt auch schon der Volksmund. Überflüssiges sollte deshalb regelmäßig gestrichen werden. René J. Cappon, der langjährige Chefredakteur der Nachrichtenagentur Associated Press, hat dazu einmal folgendes Beispiel gebracht:

Zwölf Rettungsambulanzen standen bereit, um verletzte Personen rasch in nahe gelegene Krankenhäuser zu bringen.

Der Satz erscheint erst einmal unverdächtig, er ist nicht zu lang, die Wörter sind unproblematisch zu verstehen. Und trotzdem: Es stimmt etwas nicht mit diesem Satz. Bei genauerem Hinsehen fällt auf, dass der Nebensatz komplett überflüssig ist: Ambulanzen sind Fahrzeuge für die Rettung; wenn sie eingesetzt werden, wird nicht getrödelt, sondern Gas gegeben; mit ihnen werden immer verletzte Menschen transportiert, nie gesunde und putzmuntere; und das Ziel ist in der Regel das nächstgelegene Krankenhaus. Vier Wörter, mehr hätte es für die gleiche Aussage nicht gebraucht:

Zwölf Rettungsfahrzeuge standen bereit.

Überprüfen Sie beim Feinschleifen der ersten Textfassung also immer auch, ob sich einzelne Sätze nicht noch knapper fassen lassen. Auch das Tilgen von Überflüssigem gibt dem Text mehr Kraft.

Formel K für bessere Texte

Möglicherweise raucht Ihnen jetzt ein wenig der Kopf, und Sie fragen sich: Kann ich an all das Gesagte über eingängiges Deutsch denken, kann ich es berücksichtigen, wenn ich einen Text schreibe? Ganz ehrlich: wahrscheinlich nicht. Schreiben ist kein vollends planbarer, in allen Facetten vorab kalkulierbarer Vorgang. Und Schreiben ist auch keine Mathematik: Es gibt niemals die eine richtige Lösung. Beim Schreiben wird deshalb im ersten Anlauf zunächst immer das Inhaltliche wichtiger sein als die sprachliche Oberfläche. Wenn Ihnen Ihr Thema klar ist, dann schreiben Sie deshalb die erste Fassung erst einmal herunter und werfen Sie den Anspruch über Bord, gleich in der ersten Fassung perfekt Druckreifes abzuliefern. Das schafft niemand. Schreiben ist immer ein Prozess des Veredelns: Wenn die erste Fassung geschrieben ist, dann ist der erste Schritt getan, und im nächsten Schritt wird redigiert, also feingeschliffen.

Erst in diesem Feinschliff sollte dann präsent sein, was hier über die richtigen Wörter und die richtigen Sätze gesagt wurde. Sicher könnte man noch weitaus mehr sagen und weitaus mehr Empfehlungen geben, wie es beispielsweise Wolf Schneider, Walther von LaRoche, Peter Linden, Heinz Pürer, Jürg Häusermann, René J. Cappon oder Ludwig Reiners in ihren lesenswerten Büchern zum Thema getan haben. Genau darauf soll hier aber mit voller Absicht verzichtet werden, denn verinnerlichen und praktisch nutzen lässt sich dieses Wissen über Sprache vor allem dann, wenn es auf das Wesentliche, das Handliche reduziert wird. Selbst der hier geschilderte Extrakt ist dazu womöglich noch zu umfangreich. Fürs Redigieren empfehle ich deshalb immer: Denken Sie einfach an die Formel K für den ansprechenden Text – konkret, klar, knapp und kurzweilig sollte er sein.

Konkret: Schreiben Sie nicht *Handwerksgegenstand*, wenn da ein *Hammer* liegt.
Klar: Nutzen Sie Verben und verzichten Sie auf zu viele Substantive.
Knapp: Verwenden Sie nicht mehr Wörter als unbedingt nötig. Und schreiben Sie dennoch nicht nur in kurzen Sätzen.
Kurzweilig: Jeder Satz liefert etwas Neues. Und würzen Sie das Ganze, wenn möglich und angebracht, immer mit einer Prise Überraschendem.

Wenn Sie sich diese Formel merken, werden Sie beim nächsten Redigieren genau das aus Ihrem Hinterstübchen abrufen, was Sie gerade benötigen. Ganz sicher.

Schreiben fürs Web

Aus Sicht der Informationsanbieter hängt der Erfolg im Web maßgeblich davon ab, ob die Zielgruppe auf die Site geführt werden kann, ob die Themenauswahl auf der Site stimmig getroffen ist und ob diese Inhalte dann auch handwerklich optimal und zielgruppenorientiert fürs Web umgesetzt sind. Ist das der Fall, wird der Erfolg messbar: Jeder Klick ist ein Votum für die betreffende Site, und jeder Klick zieht häufig weitere Klicks nach sich. Gerade deshalb ist es so wichtig, dass der erste Klick möglichst rasch erreicht wird.

Um Webnutzer zum Lesen zu bringen, bleibt den Website-Betreibern dabei im Normalfall nicht viel Zeit: Noch vor ein paar Jahren waren Website-Besucher durchaus bereit, bis zu zehn Sekunden allein für das Laden einer Seite zu spendieren – doch das ist lange vorbei. Belastbare aktuelle Studien zur maximal verträglichen Ladezeit gibt es zwar nicht, in den vergangenen zehn Jahren konnte ich aber viele Hundert Teilnehmer meiner Seminare und Workshops regelmäßig zu diesem Punkt befragen. Die Antworten aus jüngster Zeit liefern immerhin ein starkes Indiz: maximal um die drei Sekunden, länger wird heute nicht mehr gewartet. Und mancher entgegnet auf die Frage schon heute: Wieso Wartezeit?

Die drei Sekunden als Indiz korrespondieren dabei auch mit Studien, etwa von Manhartsberger und Musil (2002), die die Ladezeitgrenze schon vor einigen Jahren bei maximal etwa zwei Sekunden sahen. Nicht zuletzt Google hat die Ladezeit zwischenzeitlich zum Qualitätskriterium erhoben und in seinen Page-Rank-Algorithmus aufgenommen: Für Google liegt die Grenze zwischen guter und schlechter Ladezeit danach bereits bei 1,5 Sekunden. So oder so ist die Tendenz eindeutig: Künftig werden die Nutzer vermutlich nur noch für die Dauer eines Fingerschnippens warten, bis die Zielseite auf dem Schirm sein muss.

Das Ziel: Zum Dranbleiben animieren

Als Autorin oder Autor können Sie die Ladezeit kaum beeinflussen, das ist eher eine Aufgabe für den Webmaster Ihrer Website. Fürs tägliche Tun von Webschreiberinnen und -schreibern ist die Ladezeit also eher zu vernachlässigen.

Anders verhält es sich mit der zweiten Phase im Nutzer-Website-Kontakt, der Phase des scannenden, überfliegenden Lesens. Hier ist für den Erfolg der Website absolut entscheidend, ob die Redakteurinnen und Redakteure ihren Job verstehen oder nicht.

In dieser Scan-Phase, die sich an die Ladephase anschließt, geschieht Folgendes: Spätestens wenn die ersten Inhalte vollständig auf dem Bildschirm zu sehen sind, beginnt jeder Nutzer ganz individuell und im Takt von Sekundenbruchteilen zu überprüfen, wie die betrachtete Site organisiert ist und was sie inhaltlich anzubieten hat. Der Blick zuckt in dieser Phase kreuz und quer über die Seite, auf der Suche nach Antworten: Wo bin ich? Blick aufs Logo. Wie kann ich hier navigieren? Blicke auf die Navigationselemente. Was kann ich tun, wenn ich mich in der Site verlieren sollte? Blick auf den Hilfe-Link. Was wird hier inhaltlich geboten? Blicke – jetzt geht's also los – auf die Teaser.

Potenziell kann in dieser Phase jedes einzelne Bild-Element und jedes einzelne sichtbare Wort den individuellen Blickverlauf eines Nutzers mehr oder minder stark beeinflussen und die Blickrichtung verändern. Was die Geduld der Nutzer anbelangt, ist von vornherein klar: Sie ist begrenzt. In welchen zeitlichen Grenzen sie sich genau bewegt, hängt davon ab, welche Seite der Website gerade betrachtet wird. Zwei Fälle sind zu unterscheiden: Entweder schaut ein Nutzer im Erstkontakt mit einer Website auf die *Startseite* und überfliegt dort das generelle Inhalte-Angebot. Oder er gelangt per Deep-Link direkt auf eine *Artikelseite* und überfliegt den dort präsentierten Text oder Teil-Text, sieht also auf ein spezielles Inhalte-Angebot.

In beiden Fällen wird die betrachtete Fläche zunächst schauend überflogen, und jeder Nutzer überprüft sie ganz individuell auf das Vorhandensein graphischer Zeichen, die zu seinem jeweiligen aktuellen Interesse passen. Interessiert sich also jemand gerade für Haftpflichtversicherungen, dann wird er oder sie im überfliegenden Lesen auch auf entsprechende Zeichen und Begriffe achten und reagieren. Webgerechtes Schreiben bedeutet also zunächst einmal ein Optimieren der Textoberfläche für das überfliegende, scannende Lesen, im Textlayout wie im Inhalt.

Konkrete Forschungsbefunde zur Dauer dieser Scan-Phase gibt es vor allem für den Nutzerkontakt mit Website-*Startseiten*. Bleibt die Ladezeit unterhalb der skizzierten Drei-Sekunden-Grenze, dann bekommt die aufgerufene Website ihre Chance auf den ersten Klick. Das Zeitfenster ist denkbar knapp: Durchschnittlich etwa 15 Sekunden geben die User der Startseite einer informierenden Website für das Unterbreiten des Inhalte-Angebots – fast alle entsprechenden Studien der vergangenen Jahre kreisen um diesen Zeitwert. Die Ausnahme ist eine Studie von Jakob Nielsen aus dem Jahr 2006, in der er eine durchschnittliche Verweilzeit von 30 Sekunden feststellte. Nielsen relativierte den Befund allerdings ein wenig: Bei erfahrenen Nutzern seien es nur 25 Sekunden, und bei fortgesetzt steigender Web-Erfahrung seien weiter sinkende Verweilzeiten zu erwarten.

Selbst wenn die individuellen Werte abweichen und abhängig etwa vom mehr oder weniger stark fokussierten Interesse des Lesers streuen können, so ist aus den Forschungen in jedem Fall eines abzuleiten: Die Webnutzer sind extrem ungeduldig, sie sind immer auf dem Sprung, und der Geduldsfaden reißt im Nutzer-Website-Kontakt relativ schnell. Ähnlich wie für die Ladezeit ist deshalb auch fürs Scannen tendenziell zu erwarten, dass der Geduldsfaden künftig noch kürzer werden wird.

Für das überfliegende Lesen von *Artikelseiten* ist die Befundlage eher dünn. Es ist aber plausibel, davon auszugehen, dass das ursprünglich vielleicht noch oberflächliche Ausgangsinteresse eines Nutzers sich spätestens dort regelmäßig in ein fokussiertes Ausgangsinteresse wandelt. Bringt ein Nutzer ein solches fokussiertes Ausgangsinteresse mit und sucht in der Scan-Phase gezielt nach einer bestimmten Information, dann ändert sich hochwahrscheinlich auch die zeitliche Konstellation im Nutzer-Website-Kontakt. Tendenziell läuft sie rascher ins Extrem: Fehlen in der Phase des Überfliegens die Anhaltspunkte für die dringend gesuchte Information, dann wird der Kontakt besonders schnell abgebrochen; sind Hinweise auf die gesuchte Information aber vorhanden, dann steigt wiederum auch die Bereitschaft, den aufgerufenen Artikel tatsächlich zu lesen, auch über viele Seiten hinweg. Letzteres hat der Usability-Forscher Jared Spool schon sehr früh als Scent-of-Information-Effekt beschrieben.

Auf eine Formel gebracht: Findet ein Nutzer mit fokussiertem Ausgangsinteresse in der Scan-Phase auf einer Artikelseite zumindest Anhaltspunkte dafür, dass der betrachtete Text die gesuchte Information enthält, dann wird er zügig ins Lesen einsteigen und mehr Zeit investieren. Findet er sie nicht, dann ist er rasch wieder weg.

Unabhängig davon, ob gerade die Startseite oder eine Artikelseite betrachtet wird, gilt zudem, dass eine positive Nutzerreaktion möglichst früh erreicht werden sollte: Entscheidet sich ein Besucher in den wenigen Sekunden der Scan-Phase fortgesetzt gegen den ersten Klick oder gegen den Einstieg ins Textlesen, dann wird er mit wachsender Wahrscheinlichkeit wieder von der Website verschwinden. Möglicherweise auf Nimmerwiedersehen. Entdeckt ein Nutzer in diesen ersten Sekunden jedoch rasch mindestens ein interessant erscheinendes Themenangebot, dann steigt auch seine Bereitschaft, einen ersten Hyperlink anzuklicken oder ins Lesen einzusteigen und länger auf der betreffenden Site zu verweilen. Je früher ein User also auf individuell Interessantes oder Nutzwertiges trifft, desto besser. Psychologen nennen das den Halo-Effekt: Ist der erste Eindruck positiv, dann erhöht sich auch verlässlich die Bereitschaft zu bleiben und tiefer einzusteigen.

So simpel diese aus vielen Studien, Usability-Tests und Zugriffsprotokoll-Dateien herausgefilterten Befunde auch sind, so schwierig ist es in aller Regel, genauer zu prognostizieren, was die Nutzer im Einzelfall ganz konkret zum Bleiben animiert – und wie in derart kurzer Zeit ungeduldige Besucher ins Lesen geleitet werden können. Wenn es ein Pauschalrezept für erfolgreiche Websites gibt, dann lautet es ganz einfach: Bieten Sie Ihren Nutzern relevante, interessante, nützliche Inhalte. Das spricht sich herum, das macht die Runde, ist gleichzeitig die nachhaltigste Form der Suchmaschinen-Optimierung – und trotzdem nur die halbe Miete. Auf der Ebene des Schreibens für die Website muss ein solches Niveau tagtäglich handwerklich webgerecht gehalten werden – und das gilt sowohl für das Traffic-Generieren außerhalb der eigenen Website als auch für das Vervielfachen des Traffics auf der Website selbst. Es zählt dabei jedes einzelne Wort.

Zum Lesen animieren – auf der Startseite

Das Erste, was nach dem Laden einer Website-Startseite auf dem Monitor angezeigt wird, ist im Normalfall eine grafisch gegliederte Fläche, bestehend aus Logo, Navigationselementen, vielleicht Werbung – und die Teaser, zu Deutsch: Anreißer oder Webvorspänne. Strategisch sind sie die wichtigsten Texte einer Website überhaupt, denn mit ihnen entscheidet sich, ob mehr oder weniger zufällig vorbeischauende Webnutzer zu Lesern werden oder ob sie sich mit dem nächsten Mausklick wieder in Richtung Konkurrenz verabschieden.

Teaser bestehen in der Vollvariante aus einer Überschrift, einem kurzen Fließtext, einem Bild-Element und dem weiterführenden Hyperlink. Alle Komponenten dienen im Zusammenspiel einem gemeinsamen Zweck: Sie sollen die Leute dazu bewegen, in die Website hineinzugehen, also einen ersten Link anzuklicken. Um das zu schaffen, hat der Teaser zwei Aufgaben zu erfüllen: Er muss schnell und irritationsfrei über das Thema informieren. Und er muss Neugier aufbauen. Viel Platz für schreibhandwerkliche Fehler ist da nicht, denn im Durchschnitt bleiben, wie gesagt, etwa 15 bis 25 Sekunden, um das gesamte Inhalte-Angebot zu unterbreiten und den ersten Klick zu generieren.

Die optimale Überschrift

In der Scan-Phase auf einer Startseite steigen die Leser nie sofort ins konzentrierte Lesen der Textzeilen ein. Zuerst werden nur die zehn bis zwanzig aufmerksamkeitsstärksten Wörter angesehen – in aller Regel also die fett und groß gesetzten Überschriften. Jede dieser Überschriften hat zwei Aufgaben zu erfüllen: Sie muss das Thema klären. Und sie sollte Neugier wecken.

Der Blick eines Nutzers springt beim Scannen dann schnell von Überschrift zu Überschrift, und es wird blitzschnell festgestellt, ob die gesehenen Schlüsselbegriffe zum jeweiligen aktuellen Interesse passen oder nicht. Jeder Nutzer folgt darin natürlich seinen persönlichen Interessen und reagiert entsprechend auch auf jeweils andere Schlüsselbegriffe: der eine auf Steuertipps, ein anderer auf Trainerwechsel, wieder ein anderer auf Brangelina oder Desoxyribonukleinsäure.

Für die Nutzer ist in dieser frühen Phase des Kontakts mit den Inhalten absolut entscheidend, dass sie möglichst viele der angebotenen Themen mit möglichst wenigen Blickkontakten rasch erfassen können und dabei möglichst keines der persönlich relevanten Themen übersehen. Für das Verfassen von Überschriften ist inhaltlich deshalb ebenso absolut entscheidend, dass die Nutzer auf der Basis der zu sehenden Wörter jeweils verzögerungsfrei erkennen können, um welches Thema es im betrachteten Teaser gerade geht. Nur wenn mindestens ein Wort in der Teaser-Überschrift das jeweilige Thema klärt, kann ein Nutzer entscheiden, ob er einen Teaser genauer liest, also hängen bleibt, oder mit dem Blick zum nächsten Teaser springt. Ein Beispiel aus der Praxis:

Schleppende Existenz in langen Hosen

ist eine Überschrift, die offenlässt, um welches Thema es hier geht. Per se ist das weder gut noch schlecht. Nur: Auch wenn eine solche Überschrift sicherlich Neugier weckt, so stört sie dennoch definitiv das schnelle Überfliegen des Gesamtangebots, denn es fehlen die themenidentifizierenden Schlüsselbegriffe oder mindestens ein themenidentifizierendes Stichwort. Erst wenn in diesem Fall der Name Guido Westerwelle ergänzt wird und die Schlagzeile dann

Guido Westerwelle: Schleppende Existenz in langen Hosen

lautet, ist für den eiligen Betrachter glasklar zu erfassen: Hier geht's um Politik, um die FDP, um den aktuellen Bundesaußenminister und FDP-Parteivorsitzenden. Der Leser kann jetzt schnell entscheiden, ob das Thema für ihn relevant ist oder nicht. Grundsätzlich gilt diese Mechanik für alle Überschriften auf der Startseite, unabhängig davon, an welcher Position sie stehen. Besonders sensibel ist jedoch die Aufmacherposition, also der Teaser am Seitenkopf. Steht hier eine nicht prägnant formulierte Überschrift wie *Schleppende Existenz in langen Hosen*, dann gibt es für den Nutzer in der Scan-Phase zwei Möglichkeiten: Entweder er springt gleich zum nächsten Teaser, weil sie ihn abschreckt. Oder er investiert Zeit, um zu verstehen, worum es hier geht. Er muss jetzt also innehalten und den zugehörigen Teasertext lesen und wird sich dann für oder gegen den weiterführenden Klick zur Artikelseite entscheiden. Entscheidet er sich dafür, ist alles O.K. Tut er es nicht, dann ist jetzt ein nicht unwesentlicher Teil der durchschnittlichen Scan-Zeit bereits verstrichen und die Chance auf Blickkontakt für weitere Themen schon deutlich gemindert. Das Etappenziel, schnell den ersten Klick zu bekommen, würde mit einer solchen Überschrift als Aufmacher also eher in die Ferne rücken. Die Online-Redaktion der Süddeutschen Zeitung, von der das Beispiel stammt, hat den Namen Guido Westerwelle vorangestellt und damit also alles richtig gemacht. Anders eine Meldung auf www.heute.de, der ZDF-Nachrichtensite:

Zehntausende flüchten vor den Fluten

Tagelang hatte der Regen nicht mehr aufgehört. Im Nordosten Brasiliens sind bei schweren Überschwemmungen mindestens 38 Menschen ums Leben gekommen. Zehntausende sind auf der Flucht vor den Wassermassen.

Erst der Fließtext des Teasers klärt darüber auf, dass nicht die aktuelle Flutkatastrophe an der Oder gemeint ist, auch nicht die aktuelle Flutkatastrophe in China, sondern ein nahezu zeitgleiches, ähnliches Ereignis in Brasilien. Eine simple Spitzmarke in der Überschrift hätte den Mangel behoben:

Brasilien: Zehntausende flüchten vor den Fluten

Tagelang hatte der Regen nicht mehr aufgehört. Im Nordosten Brasiliens sind bei schweren Überschwemmungen mindestens 38 Menschen ums Leben gekommen. Zehntausende sind auf der Flucht vor den Wassermassen.

Sie sehen: Fehlt eine Spitzmarke oder eine Dachzeile, dann ist es für die Nutzer schwierig, rasch zu erkennen, um welches Thema es gerade geht. Stellen Sie sich spaßeshalber einmal eine Website-Startseite vor, auf der sämtliche Überschriften ohne themenidentifizierende Schlüsselbegriffe laufen – der sonst beim Lesen kaum bewusst wahrgenommene steuernde Effekt der Schlüsselbegriffe würde aus dem Stand überdeutlich ins Bewusstsein dringen, einfach weil er komplett fehlt.

Für das Verfassen von Überschriften gilt deshalb als Leitlinie: Überschriften auf Webstartseiten sind zuallererst Führungstexte. Sie haben die Aufgabe, die Nutzer schnell zum individuell jeweils am interessantesten erscheinenden Thema zu führen. Und dazu muss jede Überschrift mitteilen, um welches Thema es geht – sie braucht also immer einen themenidentifizierenden Schlüsselbegriff.

In die Überschrift gehören deshalb also vor allem möglichst konkrete Begriffe: »Unfall« beispielsweise lässt als Begriff beispielsweise noch vieles offen, »Schiffskatastrophe« ist deutlich prägnanter und klarer.

Testen Sie sich vor dem Schreiben der Überschrift am besten selbst mit der Frage: Ist das Wort, das ich gerade verwenden will, ein Oberbegriff? Wenn ja: Wie lauten thematisch zugehörige Unterbegriffe? Wenn Sie dann Unterbegriffe zum ursprünglich gewählten Wort gefunden haben, wählen Sie daraus jenen für die Überschrift aus, der inhaltlich am besten passt und das Thema besonders genau trifft.

Wie geht das Überschrift-Formulieren nun ganz konkret? Dazu ein Beispiel: Stellen Sie sich vor, Sie sollen eine Überschrift verfassen für einen Artikel zum Thema Wasserqualität an deutschen Stränden. Im Kern geht es darin um aktuelle Befunde einer bakteriologischen Testreihe von Wasserproben der 22 wichtigsten deutschen Badeorte an Nord- und Ostsee, durchgeführt vom ADAC, mit dem Ergebnis, dass fast alle Proben aus den Flachwasserzonen vor allem für Kinder gesundheitsgefährdende Keimbelastungen zeigen. Welche Begriffe kommen Ihnen jetzt in den Sinn? Vielleicht im ersten Gedanken: Wasserqualität. Ein erster Entwurf könnte also lauten:

Wasserqualität: Testreihe zeigt gefährliche Keimbelastung

Sie sehen auf den ersten Blick: Das ist noch ungenau. Das Substantiv Testreihe kann gleich gekürzt werden, denn das Wort Test verbraucht weniger Zeichen, ohne den Sinn zu ändern. Und der Begriff *Wasserqualität* lässt offen, um welche Art Wasser es geht, es könnte ja auch Trinkwasser gemeint sein. Als Alternative fällt Ihnen dann vielleicht *Badewasserqualität* ein. Nicht schlecht: *Badewasserqualität* ist ein präziserer Unterbegriff und der Überschriften-Entwurf würde jetzt so aussehen:

Badewasserqualität: Test zeigt gefährliche Keimbelastung

Damit wäre das Ganze sicher schon auf dem richtigen Weg, es fehlt aber noch etwas Zugkraft, denn getestet wird ja gern und viel, und da ist es nicht ganz unwichtig, wer dahintersteckt. In diesem Fall ist es der ADAC, der Allgemeine Deutsche Automobil Club e.V., für eine breite Öffentlichkeit sicher eine bekannte

Immobilienmarkt | Motormarkt | Stellenmarkt | Abo & Service | SZ-Shop | E-Paper | SZ Tickets

sueddeutsche.de

Politik | Wirtschaft | Geld | Kultur | Sport | Leben | Karriere | München | Bayern | Medien

Home | Multimedia | Video | Blogs | Kino | Spiele | Humor | Webservices | iPhone App | sued-c

Schleppende Existenz in langen Hosen

Kaum jemals hat man in der jüngeren Vergangenheit eine so erfolgreiche Selbstdemontage eines Spitzenpolitikers erlebt wie im Falle von Außenminister Westerwelle. Der FDP-Chef hat sich ein Amt zu viel zugemutet. *Ein Kommentar von Kurt Kister*

- FDP-Spitze sägt an Guidos Stuhl
- Guidos Erbe
- Liberale zwingen Westerwelle zum Kursschwenk

Enteignungen, Katastrophen und ein Putsch

"Made in Great Britain": BP wird zum bestgehassten Konzern in den USA. Das Desaster im Golf von Mexiko ist aber nur die jüngste einer ganzen Reihe von Fehlleistungen. *Von Andreas Oldag*

- BP zieht Chef Hayward vom Krisenmanagement ab
- Sieben Milliarden Liter Öl in den Golf von Mexiko?

Das traurige Mädchen

Nicht nur Erwachsene sind betroffen: Immer mehr Kinder in Deutschland werden wegen Depressionen behandelt. Ein Besuch bei Pauline und ihren Eltern in Hamburg. *Von Charlotte Frank*

- Mehr als Melancholie
- Jeder Dritte bekommt den Blues

Wacker, wacker

Mit dem WM-Song "Waka, Waka - This Time for Africa" quält uns Shakira durch den Sommer. Dabei könnte doch alles so schön sein. Die Bilder. *Von Ruth Schneeberger*

- Der Waka-Waka-Wahnsinn
- "Ich bin wie ein Moskito - ich schwitze nie"

"Du schwule Sau - das hört man oft"

Gewalt gegen Homosexuelle nimmt zu - sogar im sonst so weltoffenen Münchner Glockenbachviertel. Christopher Knoll, Initiator eines Solidaritätsbündnisses, über die Ursachen. *Interview: Lisa Sonnabend*

- München und seine Stadtviertel
- Die Angst vor dem Outing

Die Sprüche der Nerds

Was hält Homer Simpson vom Internet? Welche Geheimnisse plauderte Steve Jobs aus? Welcher Nerd wurde mit dem Ausspruch "Mamma Mia!" berühmt? Finden Sie es im Zitate-Quiz heraus!

- Als Steve Jobs noch ein Jüngling war
- "Computer sind nutzlos"

Ronaldos Erleichterung | Wie Blatter entscheidet | Schön schrill

Die "Grande Nation" - waidwund

Die Equipe Tricolore am Ende: Trainer Domenech befürchtet einen Boykott des entscheidenden Matches. Einige Spieler weinen, als Frankreichs Sportministerin von einem "moralischen Desaster" spricht.

- Weltmeisterschaft 2010 in Südafrika
- Frankreich versinkt im Chaos

Müde, fast depressiv

Die Spanier sind in Südafrika längst nicht die Spanier, die drei Jahre lang den Fußball beherrschten. Trotz des 2:0 gegen Honduras sieht es nicht gut aus für den Europameister. *Von Thomas Hummel, Johannesburg*

Immobilienmarkt | Motormarkt | Stellenmarkt | Abo & Service | SZ-Shop | E-Paper | SZ Tickets

sueddeutsche.de

Politik | Wirtschaft | Geld | Kultur | Sport | Leben | Karriere | München | Bayern | Medien

Home | Multimedia | Video | Blogs | Kino | Spiele | Humor | Webservices | iPhone App | sued-c

Schleppende Existenz in langen Hosen

Kaum jemals hat man in der jüngeren Vergangenheit eine so erfolgreiche Selbstdemontage eines Spitzenpolitikers erlebt wie im Falle von Außenminister Westerwelle. Der FDP-Chef hat sich ein Amt zu viel zugemutet. *Ein Kommentar von Kurt Kister*

- **Parteichef Westerwelle** FDP-Spitze sägt an Guidos Stuhl
- **FDP in der Krise** Guidos Erbe
- **FDP in Not** Liberale zwingen Westerwelle zum Kursschwenk

Amerikas neues Feindbild: BP

Enteignungen, Katastrophen und ein Putsch

"Made in Great Britain": BP wird zum bestgehassten Konzern in den USA. Das Desaster im Golf von Mexiko ist aber nur die jüngste einer ganzen Reihe von Fehlleistungen. *Von Andreas Oldag*

- **Nach Ölkatastrophe im Golf von Mexiko** BP zieht Chef Hayward vom Krisenmanagement ab
- **BP: Chef Hayward zum Rapport** Sieben Milliarden Liter Öl in den Golf von Mexiko?

Depressionen bei Kindern

Das traurige Mädchen

Nicht nur Erwachsene sind betroffen: Immer mehr Kinder in Deutschland werden wegen Depressionen behandelt. Ein Besuch bei Pauline und ihren Eltern in Hamburg. *Von Charlotte Frank*

- **Volkskrankheit Depression** Mehr als Melancholie
- **Depression im Winter** Jeder Dritte bekommt den Blues

In den Charts: Shakira

Wacker, wacker

Mit dem WM-Song "Waka, Waka - This Time for Africa" quält uns Shakira durch den Sommer. Dabei könnte doch alles so schön sein. Die Bilder. *Von Ruth Schneeberger*

- **Stilkritik: Shakiras WM-Song** Der Waka-Waka-Wahnsinn
- **Shakira, Pop-Arbeiterin** "Ich bin wie ein Moskito - ich schwitze nie"

München: Überfälle auf Homosexuelle

"Du schwule Sau - das hört man oft"

Gewalt gegen Homosexuelle nimmt zu - sogar im sonst so weltoffenen Münchner Glockenbachviertel. Christopher Knoll, Initiator eines Solidaritätsbündnisses, über die Ursachen. *Interview: Lisa Sonnabend*

- **Thema: Glockenbachviertel** München und seine Stadtviertel
- **Lesben in München** Die Angst vor dem Outing

Zitate-Quiz

Die Sprüche der Nerds

Was hält Homer Simpson vom Internet? Welche Geheimnisse plauderte Steve Jobs aus? Welcher Nerd wurde mit dem Ausspruch "Mamma Mia!" berühmt? Finden Sie es im Zitate-Quiz heraus!

- **Computerpioniere** Als Steve Jobs noch ein Jüngling war
- **Berühmte Fehlprognosen** "Computer sind nutzlos"

WM 2010

Die Bilder des elften Tages – Ronaldos Erleichterung | WM-Comic – Wie Blatter entscheidet | Fan-Kostüme – Schön schrill

Fußball-WM: Skandal bei Frankreichs Elf

Die "Grande Nation" - waidwund

Die Equipe Tricolore am Ende: Trainer Domenech befürchtet einen Boykott des entscheidenden Matches. Einige Spieler weinen, als Frankreichs Sportministerin von einem "moralischen Desaster" spricht.

- **Fußball-WM** Weltmeisterschaft 2010 in Südafrika
- **WM 2010** Frankreich versinkt im Chaos

WM 2010: Spanien

Müde, fast depressiv

Die Spanier sind in Südafrika längst nicht die Spanier, die drei Jahre lang den Fußball beherrschten. Trotz des 2:0 gegen Honduras sieht es nicht gut aus für den Europameister. *Von Thomas Hummel, Johannesburg*

Abb. 66: *Prägnante Überschriften sind für das überfliegende Lesen extrem wichtig.*
Links: Die Startseite von sueddeutsche.de ohne themenidentifizierende Elemente (wie Spitzmarken, Dachzeilen).
Rechts: Die gleiche Startseite von sueddeutsche.de mit themenidentifizierenden Elementen.

Instanz. Also nehmen wir den ADAC in die Überschrift auf. Am einfachsten geht das so:

> *Badewasserqualität: ADAC-Test zeigt gefährliche Keimbelastung*

Sind wir dann fertig? Eher nicht. Die Überschrift ist in dieser Form zwar schon ganz in Ordnung, so richtig überzeugend wirkt sie aber auch noch nicht. Wer spitzfindig ist, wird zum Beispiel jetzt noch fragen können: Geht's hier um Badewasser in der Wanne, in Wellness-Tempeln, in Freibädern, in Hallenbädern, in privaten Pools oder um Badewasser am Strand? Und: Die gekoppelten Substantive *Badewasser* und *Qualität* machen die Spitzmarke relativ lang. Sie merken es schon: Jetzt braucht es etwas Hirnschmalz und eine gute Idee. Um den Lesern im überfliegenden Lesen rasch mitzuteilen, dass es um das Badewasser an deutschen Stränden geht, wird ein präzisierender Begriff benötigt. Die einfachste Lösung ist sicher, etwas zu ergänzen und buchstäblich auf die vom ADAC besuchten Nord- und Ostseestrände hinzuweisen:

> *Badewasserqualität: ADAC-Test zeigt gefährliche Keimbelastung an Nord- und Ostseestränden*

Leider ist damit ein neues Problem aufgetaucht: Die Überschrift hat jetzt nicht mehr nur eine lange Spitzmarke, sie ist mit elf Wörtern auch insgesamt ziemlich lang. Wir sind also immer noch nicht durch. Hier hilft jetzt Umstellen und/oder Kürzen. Eine kürzere Variante könnte ohne das Wort Qualität auskommen, denn der Begriff Test impliziert hier eine Unterscheidung zwischen gut und schlecht:

> *Badewasser: ADAC-Test zeigt gefährliche Keimbelastung an Nord- und Ostseestränden*

Oder noch kürzer:

> *Badewasser: ADAC-Test zeigt gefährliche Keimbelastung an Nord- und Ostsee*

Das Unschärfe-Problem mit der Spitzmarke *Badewasser*: ist damit aber immer noch nicht ganz gelöst, denn um welche Art Badewasser es geht, wird erst am Ende der Überschrift klar – aus Nutzersicht ist das eher spät. Also stellen wir um:

> *Nord- und Ostsee: ADAC-Test zeigt gefährliche Keimbelastung im Badewasser*

So weit, so gut, klingt aber noch etwas unrund. Schauen wir auf die Substantive, dann stört die Keimbelastung. Sie erinnern sich vielleicht: Substantive, die etwa auf -keit, -heit, -ismus, -ion oder eben auch auf -ung enden, führen ins Abstrakte und sollten möglichst vermieden werden. Also wird wieder gekürzt, aus *Keimbelastung* wird *Keime*:

> *Nord- und Ostsee: ADAC-Test zeigt gefährliche Keime im Badewasser*

Wieder ein wenig besser, aber das Verb zeigen will nicht so recht passen. Aus gutem Grund: Wenn getestet wird, soll etwas herausgefunden werden. Das Ergebnis kann man zwar zeigen, ein Test als solcher ist aber vor allem ein Prozess des Heraus-Findens. Also dürfte finden als Verb hier besser passen. Probieren wir's aus:

> *Nord- und Ostsee: ADAC-Test findet gefährliche Keime im Badewasser*

Schon besser. Vielleicht noch eine Kleinigkeit: Ein Test ist natürlich selbst kein Akteur, kein Agens, kein handelndes Etwas. Bildhafter wird das Ganze dann, wenn eine Person auftritt, aus dem Test also der oder die Tester wird. Die Überschrift sieht jetzt so aus:

> *Nord- und Ostsee: ADAC-Tester findet gefährliche Keime im Badewasser*

Abb. 67: *Eine Auswahl der Überschriften, die in der Originalquelle auf ADAC.de sowie auf prominenten deutschen Medien-Websites zu lesen waren.*

Oder alternativ, sofern es mehrere Tester waren:

Nord- und Ostsee: ADAC-Tester finden gefährliche Keime im Badewasser

Fertig. Zum Vergleich noch einmal die Ausgangsversion:

Wasserqualität: Test zeigt gefährliche Keimbelastung

Sicher gibt es beim Überschriften-Verfassen zum Schluss nicht die eine, die allein richtige Lösung. Wenn Sie mit dem gezeigten Beispiel weiter spielen, fällt Ihnen vielleicht auch eine noch bessere Überschrift ein. Den Redaktionen deutscher Medien-Websites sind für dieses Thema natürlich auch andere Überschriften in den Sinn gekommen (siehe Überschriften-Screenshots in Abb. 67).

Entscheidend ist allein, dass Sie sich das skizzierte Vorgehen zu eigen machen. Zu tauglichen Überschriften gelangen Sie geradewegs dann, wenn Sie den ersten Entwurf Schritt für Schritt veredeln und dabei die 4Ks für eingängiges Deutsch beherzigen: Formulieren Sie *konkret*, nutzen Sie also, sofern es inhaltlich angebracht ist, statt verallgemeinernder Oberbegriffe bevorzugt prägnantere Unterbegriffe. Formulieren Sie *klar*, suchen Sie sich also möglichst starke Verben und bringen Sie nur so viele Substantive wie unbedingt nötig. Formulieren Sie *knapp*, prüfen Sie also immer, ob Sie das Gleiche in weniger Zeichen sagen können. Und formulieren Sie *kurzweilig*, also spannend, indem Sie den Kern des Artikels identifizieren und für den Leser auf den Punkt bringen.

Idealerweise wird die Überschrift dabei jeweils durch den oder die themenidentifizierenden Schlüsselbegriff(e) eröffnet. Aus zwei Gründen: Im westlichen Sprachkulturkreis lesen wir von links nach rechts, für die Nutzer beschleunigt es also das Themen-Scannen, wenn der Schlüsselbegriff möglichst zu Beginn der Überschrift zu sehen ist. Und nach allem, was aus der Usability-Forschung bekannt ist, schauen die Nutzer im überfliegenden Lesen zuerst immer auf Teilbereiche der Teasertext-*Fläche* und steigen nicht gleich ins Lesen der Teasertext-*Zeilen* ein. Tendenziell wird dabei zuerst das linke Drittel der Teasertext-Flächen betrachtet. Stehen die Schlüsselbegriffe also allesamt linksbündig, dann stehen sie genau dort, wo die Nutzer im scannenden Lesen bevorzugt hinschauen, und das Scannen der Inhalte kann besonders rasch erledigt werden.

Abhängig von den Elementen, aus denen der Überschriftkomplex komponiert ist, können die themenidentifizierenden Worte in der Vertikalen dabei durchaus an unterschiedlicher Stelle laufen: entweder als Spitzmarke in der Hauptschlagzeile, in der Dachzeile oder wie auf heute.de – was seltener zu sehen ist – in einer Unterzeile. Hauptsache ist: Die Schlüsselbegriffe stehen möglichst linksbündig. Übrigens: Auch wenn die Beispiele auf journalistische Sites zurückgreifen, gilt das hier Gesagte zur Überschrift für alle informierenden Websites grundsätzlich in gleicher Weise. Die Muster für das rasche Vermitteln der Inhalte sind unabhängig vom Website-Typus prinzipiell mindestens ähnlich oder gar identisch (Abb. 69).

Anders als beim Überschriften-Schreiben für Printmedien ist im Web zusätzlich zu berücksichtigen, dass Überschriften nicht nur von den Nutzern gelesen werden, sondern auch von den Index-Robots von Google und Co. Vor allem, wenn sie als Hyperlinks in die HTML-Seiten implementiert sind, entscheiden die in den Überschriften verwendeten Wörter ganz wesentlich darüber, an welcher Position auf einer Suchergebnisseite ein Dokument gelistet wird. Wer jetzt befürchtet, dass damit die sprachlichen Freiheiten eingeengt werden, für

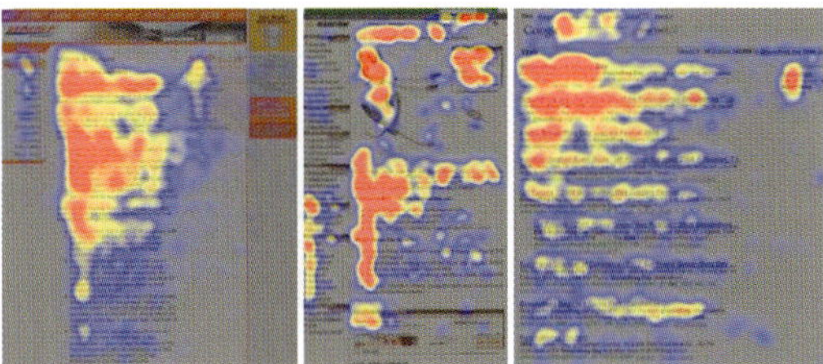

Abb. 68: *Diese Heatmaps aus Blickaufzeichnungsstudien des Usability-Beraters Jakob Nielsen zeigen, wohin die Nutzer beim Betrachten einer Webseite tatsächlich schauen. Die roten und gelben Flächen sind jene, auf die die Nutzer besonders häufig gesehen haben. Die Farbflecken formen so etwas wie den Buchstaben F, deshalb wird dieses typische Muster auch F-Pattern genannt.*

den gibt es eine gute und eine weniger gute Nachricht. Die weniger gute Nachricht lautet: Ja, es stimmt, das Suchmaschinen-Optimieren der Überschriften engt den sprachlichen Spielraum ein. Die gute Nachricht lautet: Der Spielraum für sprachlich Kreatives wird tatsächlich nur marginal eingeengt, weil die Algorithmen der Suchmaschinen, insbesondere jener von Google, immer genauer das abbilden, was auch für die Leser in der Scan-Phase entscheidend ist – sie reagieren sehr stark auf themenidentifizierende Stichwörter. Insofern sind die oben beschriebenen Empfehlungen beinahe bereits alles, was Sie wissen müssen, um redaktionelle Suchmaschinen-Optimierung, kurz SEO (für Search Engine Optimization), täglich zu praktizieren. Die einzig wirklich wichtige SEO-Rahmensetzung fürs Überschriften-Verfassen lautet also: Achten Sie darauf, in der Überschrift mindestens ein themenidentifizierendes Stichwort zu verwenden. Und verwenden Sie es in der Überschrift möglichst früh. Das ist absolut unerlässlich.

Im Weiteren sind dann noch ein paar Details zu beachten. Das erste dieser Details zielt auf

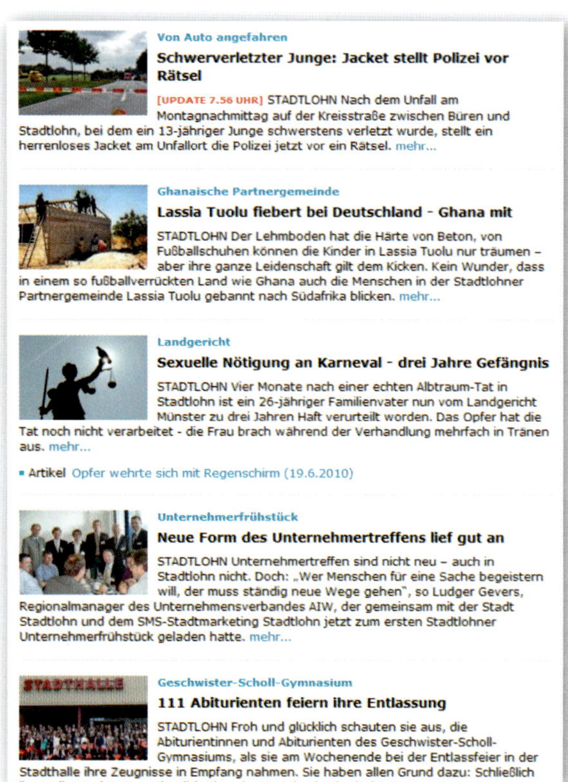

Von Auto angefahren
Schwerverletzter Junge: Jacket stellt Polizei vor Rätsel
[UPDATE 7.56 UHR] STADTLOHN Nach dem Unfall am Montagnachmittag auf der Kreisstraße zwischen Büren und Stadtlohn, bei dem ein 13-jähriger Junge schwerstens verletzt wurde, stellt ein herrenloses Jacket am Unfallort die Polizei jetzt vor ein Rätsel. mehr...

Ghanaische Partnergemeinde
Lassia Tuolu fiebert bei Deutschland - Ghana mit
STADTLOHN Der Lehmboden hat die Härte von Beton, von Fußballschuhen können die Kinder in Lassia Tuolu nur träumen – aber ihre ganze Leidenschaft gilt dem Kicken. Kein Wunder, dass in einem so fußballverrückten Land wie Ghana auch die Menschen in der Stadtlohner Partnergemeinde Lassia Tuolu gebannt nach Südafrika blicken. mehr...

Landgericht
Sexuelle Nötigung an Karneval - drei Jahre Gefängnis
STADTLOHN Vier Monate nach einer echten Albtraum-Tat in Stadtlohn ist ein 26-jähriger Familienvater nun vom Landgericht Münster zu drei Jahren Haft verurteilt worden. Das Opfer hat die Tat noch nicht verarbeitet - die Frau brach während der Verhandlung mehrfach in Tränen aus. mehr...
- Artikel Opfer wehrte sich mit Regenschirm (19.6.2010)

Unternehmerfrühstück
Neue Form des Unternehmertreffens lief gut an
STADTLOHN Unternehmertreffen sind nicht neu – auch in Stadtlohn nicht. Doch: „Wer Menschen für eine Sache begeistern will, der muss ständig neue Wege gehen", so Ludger Gevers, Regionalmanager des Unternehmensverbandes AIW, der gemeinsam mit der Stadt Stadtlohn und dem SMS-Stadtmarketing Stadtlohn jetzt zum ersten Stadtlohner Unternehmerfrühstück geladen hatte. mehr...

Geschwister-Scholl-Gymnasium
111 Abiturienten feiern ihre Entlassung
STADTLOHN Froh und glücklich schauten sie aus, die Abiturientinnen und Abiturienten des Geschwister-Scholl-Gymnasiums, als sie am Wochenende bei der Entlassfeier in der Stadthalle ihre Zeugnisse in Empfang nahmen. Sie haben allen Grund dazu: Schließlich

Lösungen für Ihre Lebenslage

Lösungen für Ihre Lebenslage (69)

Alter (6) › Zur Übersicht

Altersvorsorge – **Attraktive Perspektiven fürs Alter.**
Merken
Die gesetzliche Rente reicht nicht aus, um den gewohnten Lebensstandard im Alter zu halten. Steigen Sie deshalb jetzt ein und nutzen Sie staatliche Förderungen.
› Mehr Infos

Enkelkinder – **Wenn Sie etwas für Ihre Enkel übrig haben.**
Merken
Sie möchten Ihren Enkelkindern etwas Gutes tun? Dann sollten Sie das Richtige tun. Die Allianz berät Sie gerne.
› Mehr Infos

Existenzsicherung – **Im Notfall nicht alleine.**
Merken
Werden Sie unabhängig von Kürzungen der staatlichen Rente. Legen Sie Ihre Altersvorsorge so an, dass sich das Ersparte nicht verbraucht und trotzdem monatlich eine Summe zur Verfügung steht.
› Mehr Infos

Ruhestand – **Freizeit, ich komme!**
Merken
Mit dem letzten Arbeitstag beginnt der aufregendste Teil Ihres Lebens. Wir zeigen Ihnen, wie er mit Ihren Möglichkeiten finanzierbar ist.
› Mehr Infos

Vermögens-management – **Profis machen mehr aus Ihrem Geld.**
Merken
Damit Sie Ihre private Vorsorge optimal nutzen: Das Allianz Vermögensmanagement.
› Mehr Infos

Wohneigentum – **Wohneigentum als Altersvorsorge**
Merken
Erfahren Sie mehr über interessante Kombinationen rund um Ihre eigenen

Abb. 69: *Die Überschriften auf der Website der Münsterland-Zeitung und auf der Website des Versicherungsriesen Allianz sind handwerklich nach dem gleichen Muster gestrickt: Die Dachzeile identifiziert jeweils das Thema, die Hauptzeile liefert den thematischen Kern.*

die Frage, wie viele Zeichen eine Überschrift haben darf, wenn sie denn suchmaschinenoptimiert sein soll. Eigentlich müsste die Antwort natürlich 42 lauten – wer Douglas Adams »Per Anhalter durch die Galaxis« gelesen hat, weiß, wovon ich rede. Im Web stimmt diese Zahl aber nicht: SEO-Experten wollen erkundet haben, dass Google vor allem die ersten 55 Zeichen im Seitentitel, in Link-Beschriftungen (Ankertexte) und in Überschriften auswertet. Viele Medien-Websites halten sich an diese Regel. Wenn wir jetzt also noch einmal unsere final formulierte Überschrift aus dem ADAC-Beispiel nehmen und die Zeichen zählen, kommen wir aber leider auf 68 Zeichen:

Nord- und Ostsee: ADAC-Tester finden gefährliche Keime im Badewasser

Grundsätzlich ist eine längere Überschrift zwar nicht unbedingt ein Problem, das es wegzuredigieren gilt. Problematisch an dieser Überschrift ist allerdings, dass das wichtige Schlüsselwort Badewasser am Ende der Überschrift steht und deshalb von Google wahrscheinlich unberücksichtigt bleibt. Gibt ein Nutzer bei Google nun Badewasser und

Nordsee als Suchbegriffe ein, bekommt der Artikel mit dieser Überschrift hochwahrscheinlich ein schlechtes Ranking. Lösen lässt sich das Problem, wenn die Überschrift gesplittet wird in eine Dach- und eine Hauptschlagzeile (letztere läuft hier zweizeilig; auf einer Website sollte die Hauptzeile einzeilig laufen):

Nord- und Ostsee
ADAC-Tester finden gefährliche Keime im Badewasser

Die Dachzeile hat 16 Zeichen, die Hauptzeile 50 Zeichen. Im Prinzip wäre also alles im Lot, denn beide bleiben innerhalb der 55-Zeichen-Grenze. Allerdings hat Google jetzt auch gleich zwei Überschriften für das Dokument im Index: Die Dachzeile, auf HTML-Ebene beispielsweise mit dem h2-Tag gekennzeichnet, in der jetzt ein Stichworthinweis auf das Thema Baden fehlt. Und die Hauptzeile, auf HTML-Ebene beispielsweise mit dem h1-Tag gekennzeichnet, in der jetzt ein Stichworthinweis auf Nord- und Ostsee fehlt. Also muss noch einmal nachgebessert werden:

Baden in Nord- und Ostsee
ADAC-Tester finden gefährliche Keime im Badewasser

Die Dachzeile hat jetzt 25 Zeichen, die Hauptzeile immer noch 50 Zeichen. Alles ist gut. Unter SEO-Experten wird nun gern noch darüber debattiert, welches Überschriften-Tag für das Ranking höher gewichtet wird. Ist also die h1-Auszeichnung, verantwortlich für die relativ größere Schrift in der Hauptzeile, gewichtiger als die h2-Auszeichnung in der Dachzeile? Intuitiv würde jeder sagen, dass die größer gesetzten Wörter auch im Ranking gewichtiger sein müssen als die relativ kleiner gesetzten Wörter in der Dachzeile. Das ist jedoch nicht zwingend so: Es gibt ernstzunehmende SEO-Tests, die nachvollziehbar zeigen, dass das h2-Tag fürs Ranking meist gewichtiger ist. Aufklären könnten das natürlich die beiden Google-Gründer Larry Page und Sergey Brin – nur werden die beiden das aus nachvollziehbaren Gründen wohl eher nicht tun. Als Orientierungsgröße sind die 55 Zeichen dennoch durchaus nützlich.

Wichtiger noch als die Zeichenzahl ist allerdings offenbar die Anzahl der Wörter. Mehrere SEO-Experten haben unabhängig voneinander in ihren Tests erkannt, dass Google nur die ersten acht Wörter in Linktexten berücksichtigt. Der SEO-Dienstleister Sistrix hat beispielsweise festgestellt, dass Google seinen Index-Robots nach dem siebten Trennzeichen ein unmissverständliches »Feierabend!« zuruft. In einem Linktext wie

```
www.sistrix.de/artikel/verschiedenes/
1337-dies-ist-das-keyword.html
```

wird das themenidentifizierende Schlüsselwort *keyword* also nicht mehr indexiert, für den Index ist es nicht existent. Wird nun eine Überschrift (oder auch eine sprechende URL) als Link für eine Empfehlung genutzt und steht das themenidentifizierende Stichwort hinter dem siebten Trennzeichen, dann hat dieser Empfehlungslink keinen positiven Einfluss mehr auf den PageRank des Dokuments. Und das ist dann natürlich nicht im Sinne der Website. Als Trennzeichen gelten laut Sistrix übrigens: (Leerzeichen), (Komma), !, #, %, ,, (,), *, +, -, /, :, =, @, ~. Nicht als Trennzeichen gelten: & und _.

Auch dieser Hinweis lässt den Split der Überschrift in eine Dachzeile und eine Hauptzeile aus SEO-Sicht also sinnvoll erscheinen, denn er eröffnet doppelten Zeichenraum. In sämtlichen Überschriften auf der Startseite und auf den Artikelseiten sollten die genannten Grenzen unbedingt beachtet werden, vor allem weil Überschriften auf Web-2.0-Plattformen häufig für Empfehlungen als Backlinks genutzt werden – jede dieser als Link-Empfehlung kopierten Überschriften erhöht also die Chance auf ein Top-Ranking in den Suchergebnislisten, sofern eben die Acht-Wörter-Regel im Keywording berücksichtigt wird.

Klar ist natürlich auch, dass Google diese Werte für seinen Algorithmus schon morgen ohne Ankündigung und ganz nach Belieben variieren kann. Und deshalb will ich das zum Verfassen von Überschriften Gesagte unbedingt noch einmal gegen den Strich bürsten: Letztlich geht es im Web primär um die Menschen als Leser. Sie werden auch ohne Google wieder auf Ihre Site zurückkommen, wenn ihnen Inhalt und Stil gefallen haben. Trauen Sie sich deshalb immer die Überraschung zu, bieten Sie auch das, was nicht erwartet werden kann und sich nicht in Standards pressen lässt. Ohne Überraschung gibt es im Web keine Stickyness, keine Haftkraft der Wörter, nichts, was als besonderer Ton in Erinnerung bliebe. Machen Sie es gelegentlich also einfach mal ganz anders, als es alle erwarten oder fordern. Für Robots ist das unsinnig, menschliche Leser finden das sexy.

Checkliste: Die Überschrift

- ✔ Klären Sie als Erstes für sich selbst, um welches Thema es im Artikel geht. Lesen Sie den zugehörigen Text zuerst genau durch, denn dort finden Sie die Wörter, die das Thema in der Überschrift punktgenau benennen können. Unterstreichen Sie diese Wörter und verwenden Sie die treffendsten als Spielmaterial für die Überschrift. Denken Sie dabei immer an eines: Die Überschrift darf nichts versprechen, was der Text nicht hält.

- ✔ Nutzen Sie Signalwörter: Nur wenn die Überschrift inhaltlich auf den Punkt formuliert, das Thema also für die Nutzer schnell zu erkennen ist, erfüllt sie ihre orientierende Funktion fürs überfliegende Lesen in der Scan-Phase.

- ✔ Verzichten Sie möglichst auf Witze, Ironie oder auf flapsigen Jargon – in der Regel funktioniert das nicht. Die Ausnahme von dieser Regel lautet: Wenn Sie wirklich absolut sicher sein können, dass ein Witz oder die Ironie doch funktioniert, dann machen Sie's.

- ✔ Formulieren Sie konkret.

- ✔ Seien Sie vorsichtig bei Metaphern: Schiefe Bilder wirken schnell unfreiwillig komisch. Beispiel: *Das Sportlerherz schlug in der Reiterhose*

- ✔ In der Überschrift nicht kommentieren, werten oder moralisieren. Auf die Leser wirkt das wie eine Bevormundung. Ausnahme sind natürlich Überschriften für Meinungsbeiträge.

- ✔ Bei spektakulären Ereignissen wie Katastrophen, Verbrechen oder Unfällen nennen Sie immer den Ort des Geschehens, vor allem, wenn der Schauplatz im Ausland liegt.

- ✔ Zwischen Teaser-Überschrift und Teaser-Text dürfen keine Widersprüche auftauchen.

- ✔ Überprüfen Sie jede Überschrift vor dem Heißschalten auf der Website mit drei Fragen: Bringt sie das Thema auf den Punkt? Weckt sie Neugier? Ist sie unmissverständlich formuliert?

Das optimale Bild

Aus Blickaufzeichnungsstudien mit Printmedien-Lesern kann seit etwa 25 Jahren als gut gesichert gelten, dass Fotos (und Farbe) effiziente Mittel sind, um die Blicke der Leser an die Zeitungsseiten zu binden und in die Lektüre zu lenken. Grundsätzlich wirken sämtliche Foto- und Farb-Elemente auf Papierseiten als Blickmagneten, greifen also in den Blickverlauf ein. Erst übergroße Bilder, die mehr als 30 Prozent der Seitenfläche verbrauchen, wirken kontraproduktiv – zugehörige Texte werden dann signifikant weniger intensiv gelesen oder überhaupt nicht mehr. Trotzdem braucht jede Seite starke Bildakzente. Zu jedem Bild gehört zwingend eine Bildunterschrift – und beide müssen im Zusammenspiel innerhalb von drei Sekunden verstanden werden können. Ähnliches gilt für das Zusammenspiel von Bild und Überschrift: Auch sie müssen, soll der zugehörige Text eine Lese-Chance erhalten, auf einen Blick inhaltlich sinnvoll zu verstehen sein; Text-Bild-Scheren sind deshalb unbedingt zu vermeiden. Und nicht zuletzt: Jede Seite braucht eine visuelle Dynamik, also einen Wechsel aus relativ größeren und kleineren Bild-Elementen.

Für Online-Medien gelten diese Befunde in dieser eindeutigen Form nicht, teilweise sind diese Aspekte auch schlicht noch nicht oder nur unzureichend erforscht. Immerhin: Für den richtigen Einsatz von Bildern liegen durchaus schon einige Befunde vor. Statistisch gesehen, so hat es beispielsweise der Usability-Forscher Jakob Nielsen in seinen Untersuchungen festgestellt, wird mehr als die Hälfte der Bilder auf einer Webseite von den Nutzern komplett ignoriert. Und jene Bilder, die einen Blickkontakt bekommen, werden im Mittel dann nicht länger als zwei Zehntelsekunden betrachtet.

Ob ein Bild die Nutzerblicke magnetisch anzieht oder nicht, hängt dabei – wenig verwunderlich – von der Bildgröße und vom Bildinhalt ab. Das renommierte Poynter Institute in St.Petersburg in Florida hat dazu in mehreren Eyetracking-Studien sehr Nützliches für die Praxis herausarbeiten können: So werden Bilder in der Aufmerksamkeitskonkurrenz zu Text-Elementen auf einer Webseite erst dann bevorzugt angesehen, wenn sie eine bestimmte, als »durchschnittlich« definierte Größe erreichen. In den Tests lag diese Größe bei 230 mal 210 Pixel. Noch größere Bildformate (ab 365 mal 240 Pixel) hatten dann im Vergleich zu dieser Durchschnittsfotogröße kaum noch eine zusätzlich positive Wirkung auf Zeitpunkt, Anzahl und Länge der Blickkontakte. Mehr Fläche fürs Foto brachte aber ab 230 mal 210 Pixeln auch nicht mehr Blickkontakt – also scheint es hier eine gewisse Analogie zur Printwelt zu geben.

Waren die Bilder deutlich kleiner (80 mal 80 Pixel) als die durchschnittsgroßen Bilder, dann wurden sie von den Nutzern häufig komplett ignoriert – sie bekamen im Einzelfall zwar auch Fixationen, allerdings schauten die Nutzer bei diesen relativ kleinsten Fotos zuerst auf die Text-Elemente. Im Vergleich der Wirkung der durchschnittsgroßen zu den besonders großen Fotos gab es zudem Hinweise darauf, dass Schrift im Bild die Dauer der Blickkontakte verlängert.

Neben der Bildgröße entscheidet allerdings ganz maßgeblich auch die Bildaussage über den Blickverlauf. Stark blickmagnetische Kraft entfalten nach den Untersuchungen des Poynter-Instituts vor allem die Gesichter von Menschen und Tieren sowie fotografisch eingefrorene Handlungen, also beispielsweise ein Foto des Moments, in dem zwei Formel-1-Rennwagen ineinander rasen, sich ein Pilot mit dem Schleudersitz aus dem Cockpit eines

Kampfflugzeugs rettet oder der Fußball beim entscheidenden Elfmeter die Torlinie überquert. Diese Befunde zum Bildinhalt decken sich mit jenen von Jakob Nielsen. Danach werden Bilder bevorzugt,

- die lachende, sympathische Gesichter zeigen,
- auf denen Menschen zu sehen sind, die direkt in die Kamera schauen,
- die sexuelle Reize zeigen,
- die appetitanregendes Essen zeigen,
- die eindeutige Anweisungen geben.

Fotohandwerklich kommt es zudem darauf an, dass die Bilder

- kontrastreich und scharf sind,
- bei geringer Fotogröße interessante Bildschnitte anbieten (statt nur zu verkleinern),
- klare, eindeutige, schnell verständliche Bildaussagen liefern,
- inhaltlich zum Thema der weiteren Text-Information passen.

Die Checkliste zeigt: Das optimale Bild braucht ein starkes Motiv, eine gute Qualität und eine klare Aussage. Außerdem müssen Foto- und Text-Element inhaltlich eine Einheit bilden. Dies kann nur gelingen, wenn in der täglichen redaktionellen Praxis einige grundlegende Kompositionsregeln beherzigt werden:

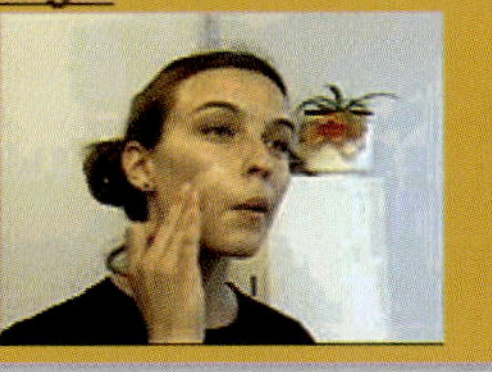

Abb. 70: *Bildmotive sollten zum Text hinschauen, nicht wegsehen.*

Achten Sie darauf, dass das Bildmotiv zum Text schaut

Beispiel: Rechts neben einem Text über die Qualität von Make-up-Cremes wird ein Foto platziert, auf dem in Nahaufnahme eine Frau zu sehen ist, die sich gerade ihr Gesicht eincremt. Die Frau schaut nach rechts – und damit vom Text weg (s. Abb. 70).

Die Blick- und Bewegungsrichtung eines Bildmotivs geht wenn möglich hin zum Text, in der Regel also in Richtung Seitenmitte. Hier sollte die Abbildung besser gespiegelt werden, damit die Person in Richtung Text schaut. Gespiegelt werden darf aber nur dann, wenn die Fakten eines Sachverhalts nicht verfälscht werden. Bei einer Unfallmeldung beispielsweise macht es einen Unterschied, ob ein Wagen von links oder von rechts in ein anderes Auto gekracht ist. Interessant ist in diesem Zusammenhang auch hier ein Befund aus Eyetracking-Untersuchungen, wonach die Blickrichtung im Bildmotiv offenbar auch die Richtung für den weiteren Blickverlauf bei den Nutzern bestimmt. Schaut ein Mensch in einem Bild also nach rechts, dann schauen die Betrachter dieses Bilds in der Folge auch auf der betreffenden Webseite nach rechts. Sie folgen also dem Blick des betrachteten Objekts. Wer das nicht glaubt, macht am besten an der nächstgelegenen Fußgängerampel einen Selbsttest: Stellen Sie sich einfach an eine Ampel, bleiben Sie auch bei grüner Ampel stehen und schauen Sie dann für eine Minute stumm und entschieden in die Luft. Sie werden feststellen: Es wirkt.

Bevorzugen Sie Nahaufnahmen

Vor zehn Jahren gingen manche Webdesign-Experten noch davon aus, dass die daumennagelformatigen Bildchen ganz fix von den Webseiten verschwinden und durch großformatige, printvergleichbare Bilder verdrängt werden

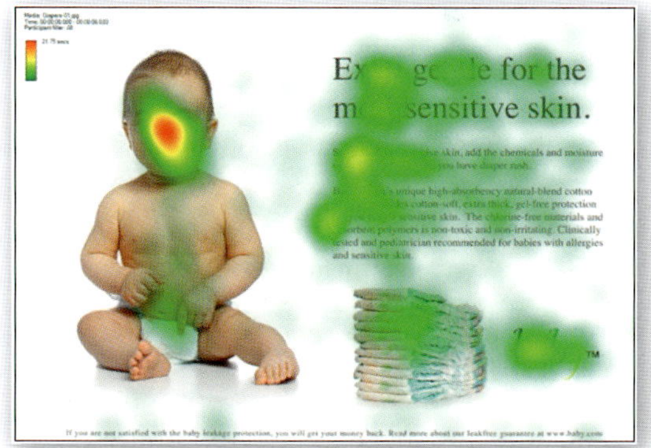

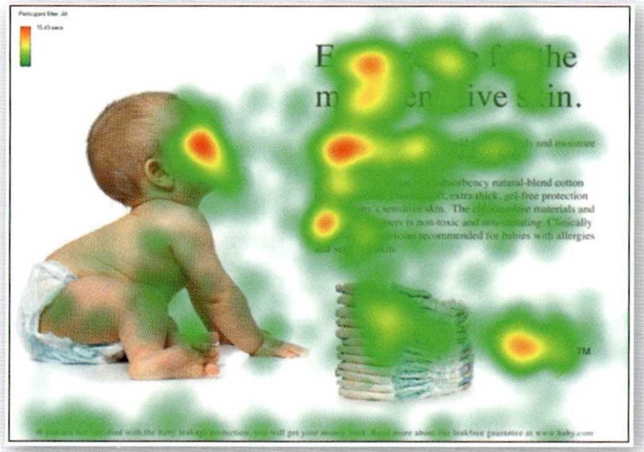

Abb. 71: *Im Eyetracking entlarvt: Wird das Babygesicht frontal gezeigt, dann schauen die Nutzer bevorzugt auf das Gesicht. Schaut das Kind aber zum Text, dann bekommt der Text mehr Blickkontakte.*

Abb. 72: *Und jetzt dürfen Sie raten: Welche Version generierte mehr Klicks? Auf den »Get My Free Quote«-Button in der unteren Version klickten doppelt so viele Nutzer wie auf den gleichen Button in der ersten Version.*

würden, sobald die Datenübertragungsgeschwindigkeiten es zulassen sollten. Auch Experten können irren: Zwischenzeitlich sind die Internet-Verbindungen tatsächlich deutlich schneller geworden, die Bonsai- Bildchen sind aber trotz DSL und Glasfaserkabel geblieben und werden auf absehbare Zeit ihren Platz auf den Webseiten auch weiterhin behaupten. Der Grund: Sie sparen eben nicht nur Kilobyte, sondern auch Platz. Gerade für das Layout der Startseiten, auf denen möglichst viele Inhalte angerissen werden müssen, ist das dauerhaft ein entscheidender Aspekt. An den Illu-Minis auf Website-Startseiten wird man deshalb auch künftig vermutlich nicht vorbeikommen, denn die steigenden Bandbreiten haben am Platzmangel auf Einstiegsseiten im Wesentlichen nichts geändert und erleben im mobilen Web ihre Renaissance.

Für die Bildauswahl sind die Daumennagelformate allerdings nicht ganz unproblematisch. Ein Beispiel: In Teheran gehen die Studenten auf die Straße, während in Berlin am selben Tag die Love-Parade stattfindet.

Abb. 73: *Mini-Formate und Total-Perspektive vertragen sich nicht. Wenn möglich, sollte im Kleinformat nur ein aussagekräftiger Ausschnitt des Fotos gezeigt werden.*

Abb. 74: *Nicht nur der Text muss sachlich korrekt sein, sondern auch das Bild.*

Auf der Homepage wird ein Teaser-Text mit einer unspezifischen Schlagzeile (»500.000 Menschen im Ausnahmezustand«) angeboten, dazu gibt's das Foto einer riesigen Menschenmenge. Problem für die Nutzer: Sie können beim schnellen Überfliegen des Teasers nicht ohne Weiteres entschlüsseln, ob es nun um die Love-Parade geht oder um die Demonstrationen im Iran. Eine Lösung: Man textet eine eindeutig das Thema identifizierende Schlagzeile (»Teheran: Studenten demonstrieren gegen die Mullahs«). Oder man liefert ein spezifisches Bild: bei der Love-Parade beispielsweise die Nahaufnahme zweier schrill gekleideter Raverinnen. Nahaufnahmen sind kleinteiligen Totalaufnahmen also immer vorzuziehen. Steht nur eine Totale zur Verfügung, dann sollte ein Ausschnitt genutzt werden – sofern die Bildaussage dann noch trägt. Ist die Schlagzeile bewusst unspezifisch getextet, dann muss das Thema über das beigestellte Foto vermittelt werden. Umgekehrt erfordert ein bewusst unspezifisches Bild, dass das Thema unmissverständlich über die Schlagzeile zu identifizieren ist. Nur auf diese Weise kann sichergestellt werden, dass die Nutzer das Themenangebot zügig scannen können.

Vermeiden Sie Bild-Text-Scheren.

Beispiel: In einer Schlagzeile wird mitgeteilt, dass der Benzinpreis auf zwei Euro pro Liter steigt. Die zum Text gehörende Abbildung zeigt eine Zapfsäule in Nahaufnahme, in deren Münzschlitz ein noch zu zwei Dritteln sichtbares, überdimensionales Zehn-Cent-Stück steckt. Das Bild suggeriert damit: Es geht um Cent-Beträge, obwohl die Schlagzeile von Euro-Beträgen spricht.

Vermeiden Sie Bildmotive, die irritierendes Beiwerk enthalten

Als Beispiel noch einmal die Make-up-Dame, die ihr Gesicht eincremt: Im Bildhintergrund hängt ein Blumentopf derart unglücklich an der Wand, dass man meinen könnte, er sei mit ihrer Stirn verwachsen. Ein solches Bild muss retuschiert werden, da das Beiwerk vom Motiv ablenkt.

Achten Sie darauf, dass die Bildinformation stimmt

Wenn zum Beispiel ein Text über das Ozonloch mit dem Foto einer in Sonnenuntergangs-Orange getauchten Tellerwolke flankiert wird, kann beim Betrachter der Eindruck entstehen, er habe nicht eine Tellerwolke, sondern das Ozonloch vor Augen. Suggeriert wird damit, dass das Ozonloch für das menschliche Auge sichtbar sei, was jedoch völliger Unfug ist. Ein solches Bild erzeugt beim Nutzer buchstäblich ein falsches Bild und ist deshalb unbedingt zu vermeiden. Im Ozon-Beispiel wäre etwa eine Satellitenaufnahme passender gewesen.

Vermeiden Sie unnötige Fluchtlinien

Damit das Erscheinungsbild einer Seite aufgeräumt wirkt, werden Bilder und Texte üblicherweise an Fluchtlinien ausgerichtet. Je mehr Fluchtlinien ein Seitenlayout enthält, desto unruhiger wirkt die Seite auf den Betrachter. Umgekehrt wirkt das Layout einer Seite deutlich klarer und ausgeruhter, wenn nur wenige Fluchtlinien entstehen.

Verwenden Sie nur aussagestarke Fotos

Zu kleine Bilder, Bilder ohne klare Aussage und Bilder mit schwachem Kontrast werden von den Nutzern gemieden. Jakob Nielsen beispielsweise hat in Eyetracking-Studien festgestellt, dass inhaltsleere Fotos in den Blickverläufen förmlich umkurvt und vermieden werden. Achten Sie also in der Foto-Auswahl darauf, nur starke Bilder mit klar erkennbarer Aussage auf die Seiten zu stellen.

Verzichten Sie auf Schmuckfotos

Gemeint sind damit Fotos, die keinen direkten Bezug zum Inhalt des Textes haben. Wenn beispielsweise eine Geschichte über Bergsteiger nur durch Fotos gutgelaunter, lachender Menschen aus dem Werbe-Foto-Archiv flankiert wird, dann passen Bebilderung und Artikel nicht mehr zusammen. Jakob Nielsen hat in seinen Eyetracking-Forschungen registriert, dass die Nutzer an Bildern dieses Typs einfach vorbeischauen. Nielsen nennt sie auch Filler Images, also Füll-Fotos, auf die unbedingt verzichtet werden sollte.

Checkliste: Das Foto

- ✔ Hierarchisieren Sie durch variierende Fotogrößen. Relativ wichtigere Themen oder Themenaspekte bekommen relativ größere Fotos.

Verwenden Sie bevorzugt Fotos,

- ✔ die lachende, sympathische Gesichter zeigen,
- ✔ auf denen Menschen zu sehen sind,
- ✔ die appetitanregendes Essen zeigen,
- ✔ die eindeutige Verhaltensanweisungen geben.

Achten Sie darauf, dass die Fotos

- ✔ kontrastreich und scharf sind,
- ✔ bei geringer Fotogröße interessante Bildschnitte anbieten (statt nur zu verkleinern),
- ✔ klare, eindeutige, schnell verständliche Bildaussagen liefern,
- ✔ inhaltlich zum Thema der weiteren Textinformation passen.

- Achten Sie darauf, dass das Bildmotiv zum Text schaut.
- Bevorzugen Sie Nahaufnahmen.
- Vermeiden Sie Bild-Text-Scheren.
- Vermeiden Sie Bildmotive, die irritierendes Beiwerk enthalten.
- Achten Sie darauf, dass die Bildinformation stimmt.
- Verwenden Sie möglichst nur aussagestarke Fotos.
- Verzichten Sie auf Schmuckfotos.
- Verzichten Sie auf Fotos, die gestellt wirken.

Die optimalen Teaser: Kurz und knapp wie Miniröcke

Das überragende Ziel einer Startseite ist es, jeden einzelnen Nutzer möglichst rasch für den ersten Klick auf einen Hyperlink zu gewinnen. Ein Nutzer wird ihn nur dann anklicken, wenn es gelingt, relevante Themen zu offerieren und ausreichend Neugier zu wecken. Für den Erfolg einer Website ist eine attraktive Themenmischung also bereits vorentscheidend. Und zusätzlich muss dann auch noch das Handwerkliche stimmen. Sprich: Die Startseite braucht knackige Überschriften, blickfangende Bild-Elemente und natürlich auch starke Teaser-Texte.

Teaser bestehen in der Vollvariante aus einer Überschrift, einem kurzen Fließtext, einem Bild-Element und dem weiterführenden Hyperlink. Alle Komponenten dienen im Zusammenspiel einem gemeinsamen Zweck: Sie sollen die Leute dazu bewegen, in die Website hineinzugehen, also einen ersten

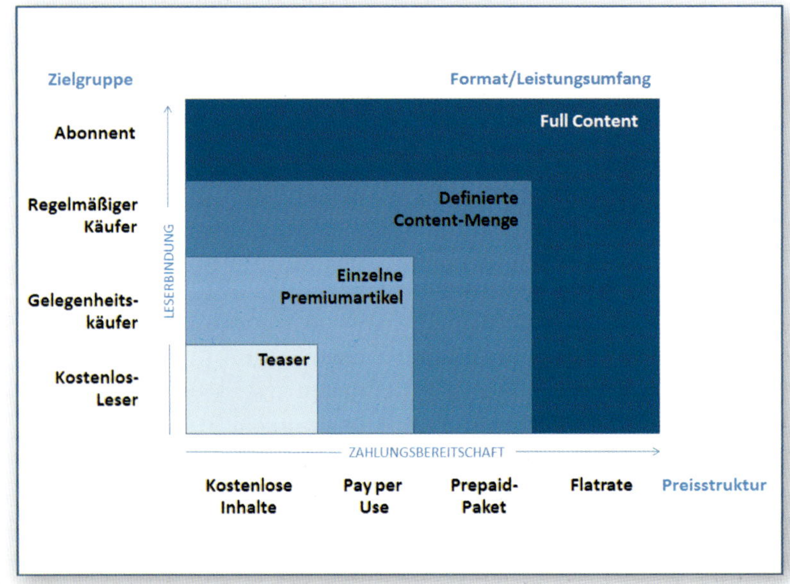

Abb. 75: *Die Teaser-Texte spielen in den Verwertungsstrategien vieler Verlage eine zentrale Rolle, sollen als kostenlos angebotene Initialkontakt-Elemente die Aufmerksamkeit binden und auf Bezahl-Inhalte lenken. Handwerkliche Fehler im Teaser-Texten verringern in diesem Szenario die Chancen auf Umsatz. Dreh- und Angelpunkt im Nutzer-Website-Kontakt sind und bleiben die Teaser ohnehin, also auch auf werbefinanzierten Sites ohne Bezahlschranke. Quelle: Greenwich Consulting.*

Link anzuklicken. Um das zu schaffen, hat der Teaser zwei Aufgaben zu erfüllen: Er muss schnell und irritationsfrei über das Thema informieren. Und er muss Neugier aufbauen. Viel Platz für schreibhandwerkliche Fehler ist da nicht, denn im Durchschnitt bleiben, etwa 15 Sekunden, um das gesamte Inhalte-Angebot zu unterbreiten und den ersten Klick zu generieren.

Bei den Teasern lassen sich im Wesentlichen zwei Hauptformen unterscheiden: der Lead und der Cliffhanger. Der **Lead** stammt als Form ursprünglich aus dem Nachrichtenjournalismus und bezeichnet einen Vorspann, der die wichtigsten der sieben W-Fragen kurz und bündig beantwortet. Es werden also möglichst kompakt jene Fragen beantwortet, die jemand stellen würde, der gerade von einem Ereignis erfährt und sich knapp darüber informieren will. Nicht zu verwechseln ist der Lead mit den vorangestellten Zusammenfassungen in wissenschaftlichen Fachartikeln, die alle relevanten Details enthalten und damit weit mehr Information als ein Lead. Lead-Teaser beschränken sich in der Regel auf die vier W-Fragen: Wer? Was? Wann? Wo? Ein typisches Beispiel für einen Lead, hier von der französischen Nachrichtenagentur Agence France Press, ist dieser Text:

> *Meteorologen erwarten in den kommenden Tagen einen Tropensturm unweit des Golfs von Mexiko, der die Anstrengungen im Kampf gegen die Ölpest stark behindern könnte. Südlich der mexikanischen Halbinsel Yucatán habe sich ein tropisches Tief gebildet, das sich am Samstag zu einem Tropensturm entwickeln könnte, erklärte das US-Hurrikan-Warnzentrum NHC.*

Damit ist das Wesentliche mitgeteilt:

> *Wer? Meteorologen*
> *Was? erwarten einen Tropensturm, der den Kampf gegen die Ölpest behindern könnte*
> *Wann? in den kommenden Tagen*
> *Wo? unweit des Golfs von Mexiko*
> *Welche Quelle? US-Hurrikan-Warnzentrum NHC*

Wer, was, wann und wo als die W-Fragen der Sachebene sind jene, die ein Lead unbedingt beantworten muss, wobei die Reihenfolge vom Thema abhängig ist. Die Fragen »Wie?« und »Warum?« als W-Fragen der Deutungsebene bleiben in der Regel in den Vorspännen unbeantwortet, denn für die Antwort braucht es meist mehr Raum, als ein Vorspann bietet. Die Frage nach der Quelle ist ein Sonderfall: Für Journalisten ist eine Antwort darauf unerlässlich, für PR-Redakteure in Unternehmen und Organisationen ist sie meist eine Selbstreferenz.

Bezogen auf den thematischen Kern sind die wesentlichen W-Fragen, die vier W-Fragen der Sachebene, hier also bereits beantwortet, der Informationskern ist inkludiert. Der klassische Lead wird von der Instruktionspsychologie deshalb auch als inklusiver Vorspann bezeichnet, weil alle zum Nachrichtenkern gehörenden Informationen darin zusammenfinden und wesentliche weitergehende Fragen erst gar nicht aufgeworfen werden – wie die folgenden drei Beispiele zeigen, eines von der Deutschen Presse-Agentur (dpa), zwei vom Deutschen Depeschendienst (ddp):

> *La Paz (dpa). Bei einem schweren Busunglück im Zentrum Boliviens sind mindestens 25 Menschen ums Leben gekommen. Weitere 44 Passagiere seien verletzt worden, als das Fahrzeug in der Region Cochabamba einen 85 Meter tiefen Abhang hinuntergestürzt sei, berichteten örtliche Medien.*

Gütersloh (ddp). Immer mehr Ein- und Zweijährige in Deutschland gehen in eine Kindertagesstätte. Im vergangenen Jahr besuchte durchschnittlich jedes fünfte Kind im Alter von einem Jahr eine Kita, eine Krippe oder wurde von Tageseltern betreut. Das geht aus einer Studie der Bertelsmann Stiftung hervor, die am Montag in Gütersloh veröffentlicht wurde. Von den Zweijährigen waren es fast 40 Prozent.

Karlsruhe (ddp). Das Bundesverfassungsgericht prüft, ob das Gentechnikgesetz mit dem Grundgesetz vereinbar ist. Schwerpunkt sei der Einsatz gentechnisch veränderter Pflanzen in der Landwirtschaft, sagte der für das Verfahren maßgeblich zuständige Richter Brun-Otto Bryde am Mittwoch in der mündlichen Verhandlung. Er wies darauf hin, dass die tatsächlichen Risiken und Chancen der Gentechnik «hoch umstritten» seien. Das Urteil wird in einigen Monaten erwartet.

In allen drei Beispielen wird deutlich, was den Lead als Teaser aus Lesersicht so nützlich macht: Das Wesentliche ist in wenigen Zeilen gesagt und damit in Sekunden zu verstehen. Im Kern bleiben keine Fragen offen. Der Vorteil für die Nutzer liegt auf der Hand: Sie werden schnell und präzise über das Wesentliche informiert, ein Weiterlesen erübrigt sich, zumindest dann, wenn die Details für den jeweiligen Leser individuell nicht relevant erscheinen.

Für die Website-Betreiber birgt der Lead damit jedoch auch ein gravierendes Problem: Eben weil hier nur die weitergehenden Fragen der Deutungsebene (Wie? Warum?) unbeantwortet bleiben, lösen Lead-Teaser meist nur einen schwach ausgeprägten Klick-Impuls aus. Eine Startseite, die ihren Nutzern – im Extremfall – ausnahmslos Lead-Vorspänne anbietet, ist deshalb klickstrategisch keine wirklich gute Idee. Webtexter brauchen deshalb neben dem Lead zusätzlich eine deutlich stärker Neugier motivierende Teaser-Form für ihren Werkzeugkasten, und das ist der Cliffhanger.

Das psychologische Wirkprinzip hinter dem **Cliffhanger** ist im Grundsatz einfach erklärt: Es geht ums gezielte Unterbrechen. Jeder, der schon einmal Fortsetzungsserien im TV gesehen hat, kennt die Masche: Da wird beispielsweise Westernheld Zorro zum Finale der aktuellen Folge von einer Horde wild um sich schießender Pistoleros verfolgt. Sein Pferd ist zwar schneller, und er scheint deshalb gute Karten zu haben. Doch plötzlich, ein paar hundert Meter vor ihm, kommt ein steiler Abhang in Sicht. Vom einen auf den anderen Augenblick sieht die Sache für Zorro ziemlich schlecht aus: vor ihm der Abgrund, hinter ihm die Verfolger. Die Spannung steigt – und dann heißt es »Schnitt« und »Schalten Sie auch nächste Woche wieder ein«, denn dann lösen wir die ganze Sache gerne auf.

Fürs Texten von Anreißern lässt sich dieses Prinzip ohne viel Aufwand auch ins Schriftsprachliche wenden: Es wird eine Neugier weckende Frage aufgeworfen und die Antwort für den Artikeltext in Aussicht gestellt – sozusagen als Belohnung fürs Weiterklicken. Das folgende, konstruierte Beispiel zeigt, wie aus einem knapp informierenden Lead ein Neugier motivierender Cliffhanger wird. Der Lead sieht so aus:

Hamburg. Bei einem Zugunglück am Dammtorbahnhof sind am Dienstagabend zwölf Menschen zum Teil schwer verletzt worden. Ein ICE ist gegen 20 Uhr aus Hannover kommend aus noch ungeklärten Gründen ungebremst in einen S-Bahn-Zug gerast.

Das Wesentliche des aktuellen Geschehens ist damit mitgeteilt. Ein Cliffhanger wird daraus, wenn im Teaser gezielt eine Frage aufgeworfen wird:

Hamburg. Bei einem Zugunglück am Dammtorbahnhof sind am Dienstagabend zwölf Menschen zum Teil schwer verletzt worden. Ein ICE ist gegen 20 Uhr aus Hannover kommend aus noch ungeklärten Gründen ungebremst in einen S-Bahn-Zug gerast. Glück im Unglück hatten dabei ein elfjähriger Junge und seine vierzehnjährige Schwester.

Natürlich wird der Teaser durch den zusätzlichen Satz länger. Der ursprüngliche Lead kann aber ohne Weiteres jetzt auch gekürzt werden, denn die Intention des Teasers ist im Cliffhanger nun nicht mehr eine relative vollständige Information, sondern ein Versprechen vollständiger Information für die Zeit nach dem Klick. Auf den zweiten Satz kann deshalb verzichtet werden, der Teaser lautet jetzt:

Hamburg. Bei einem Zugunglück am Dammtorbahnhof sind am Dienstagabend zwölf Menschen zum Teil schwer verletzt worden. Glück im Unglück hatten dabei ein elfjähriger Junge und seine vierzehnjährige Schwester.

Für den Leser stellt sich damit eine Frage, die er sich vorher eher nicht gestellt hat: »Glück im Unglück für die beiden zwei Kinder – wieso das?«, und plötzlich ist die Versuchung da, jetzt zu klicken. Auch für weniger dramatische Nachrichtenstoffe lässt sich das Prinzip problemlos umsetzen. Beispiel:

München. Die Sparkassen haben die Zinssätze für Guthaben auf Girokonten um 2 Prozent auf 5,5 Prozent angehoben.

So getextet erübrigt sich ein Weiterlesen. Eine passende Cliffhanger-Version könnte lauten:

München. Zinsen für Guthaben auf Girokonten gleichen meist nur die Inflationsrate aus. Die Sparkassen haben jetzt einen anderen Weg eingeschlagen – und die Zinssätze deutlich angehoben.

Als Nutzer fragt man sich hier: »Deutlich angehoben? Um wie viel?« und wird auf diese Weise geradezu genötigt, dem Link zu folgen – sofern das Thema für die persönlichen Interessen hinreichend relevant erscheint. Vielleicht ist Ihnen aufgefallen, dass es zwischen den Cliffhangern zum Zugunglück und zur Zinserhöhung einen entscheidenden Unterschied gibt: Im Zugunglück-Cliffhanger wird ein Nebenaspekt des Themas (das Glück im Unglück der beiden Kinder) fokussiert, im Zinssatz-Beispiel dagegen zielt der Cliffhanger auf den Kern des Themas.

Der Zugunglück-Cliffhanger könnte sicher auch anders ausgerichtet und die Leser-Aufmerksamkeit auf einen anderen Aspekt gelenkt werden. Etwa so:

Hamburg. Bei einem Zugunglück auf dem Dammtorbahnhof sind am Dienstagabend zwölf Menschen zum Teil schwer verletzt worden. Technik-Experten untersuchen jetzt die Ursache – und stehen vor einem kaum zu lösenden Rätsel.

Auf welchen Aspekt ein Cliffhanger inhaltlich zielt, lässt sich also – gebunden an den Artikel-Inhalt – steuern. Das Ziel muss es jeweils sein, mit dem Cliffhanger bei möglichst vielen Lesern den Neugier-Nerv zu treffen. Der auf die beiden Kinder zielende Cliffhanger ist deshalb die geeignete Wahl, wenn zur Zielgruppe einer Website zum Beispiel viele Eltern gehören. Der auf die Ursache zielende Cliffhanger ist die eher geeignete Wahl entweder bei einer sehr heterogenen Zielgruppe oder bei technikinteressierten Lesern. Cliffhanger zu verfassen ist deshalb ein Stückchen anspruchsvoller als das Lead-Schreiben, denn es setzt voraus, den inhaltlich stärksten Neugiermotivator des Artikel-Inhalts zielgruppenorientiert sicher zu erkennen.

Das Cliffhanger-Strickmuster ist dabei nicht allein journalistischen Themen vorbehalten. Cliffhanger lassen sich prinzipiell für alle denkbaren Themen formulieren, auch für Veranstaltungshinweise oder Produktwerbung:

Hannover. Der Gutshof Bernhard lädt am Sonnabend zum Frühlingsfestival. Auf drei Musikbühnen treten die größten Stars der deutschen Schlager- und Volksmusikszene auf. Und für die kleinen Gäste gibt es eine ganz besondere Überraschung.

Oder:

Hannover. Die neue Familien-Haftpflichtversicherung der Toll AG hat alles, was Ihre Familie vor dramatischen finanziellen Risiken schützt. Bei Abschluss bis zum 31. Mai gibt es außerdem drei attraktive Extras.

Zu beachten ist natürlich, dass das Vorspanntexten nach dem Cliffhanger-Prinzip niemals nur Selbstzweck sein darf. Ein Cliffhanger sollte also immer nur dann eingesetzt werden, wenn das mit ihm gegebene Informationsversprechen durch den Lauftext auch wirklich eingelöst wird. Außerdem ist zu bedenken, dass es die Nutzer schwer nerven kann, wenn die Startseite durch zu viele Cliffhanger zum Rätselheft wird. Leser wollen schließlich in erster Linie rasche Antworten erhalten und nicht mit einer Vielzahl neuer Fragen konfrontiert werden, die sie sich vorher nicht gestellt haben.

Cliffhanger-Vorspänne sind also äußerst wirksame, aber immer mit Bedacht einzusetzende Instrumente der Neugiermotivation. Unterscheiden lassen sich insgesamt vier Varianten: direkte, indirekte, akustische und visuelle Cliffhanger. Indirekte Cliffhanger wecken Neugier, indem sie durch Aussagesätze Fragen aufwerfen – wie in den Beispielen gezeigt. Direkte Cliffhanger münden dagegen in konkrete Fragesätze. Etwa: »Der CDU-Parteivorsitzende Schäuble hat ein drittes Treffen mit Waffenhändler Schreiber eingestanden. Muss er jetzt zurücktreten?« Visuelle Cliffhanger können durch absichtlich unscharfe beziehungsweise teilverhüllte Bildmotive erzeugt werden oder durch Bilder, in denen weitere Informationen versteckt sind. Meist werden sie durch Text-Cliffhanger flankiert. Akustische Cliffhanger wiederum erzeugen Neugier beispielsweise durch Geräusche, etwa ein Klopfen, ein Pfeifen, ein Quietschen oder durch Schritte.

Um Teaser auf den Punkt genau formulieren zu können, braucht es vor allem Übung, gerade beim Cliffhanger-Schreiben. Zunächst ist immer wichtig zu klären, welche Aufgabe der jeweilige Teaser auf der Startseite erfüllen soll. Vor dem Schreiben muss feststehen, ob der Teaser primär rasch über das Wesentliche informieren oder ob er primär einen Klickanreiz generieren soll. Geht es in erster Linie ums schnelle Informieren, dann muss es ein Lead-Teaser werden. Geht es um den schnellen ersten Klick, dann muss es ein Cliffhanger sein. Beim täglichen Teaser-Schreiben steckt der Teufel dann durchaus im Detail: Wie viele Zeichen sollte ein Teaser minimal beziehungsweise darf er maximal haben? Darf der Teasertext den Wortlaut der Überschrift wiederholen? Welche Details gehören in den Teaser, welche nicht? Darf ein Cliffhanger auch mit einer direkten Frage enden? Werden Zahlen als Zahlwörter oder mit Ziffern geschrieben? Sind Zitate im Vorspann sinnvoll?

Was die angemessene Teaser-Länge anbelangt, gibt es zwar keine wissenschaftlich abgesicherten Aussagen, aber immerhin verlässliche Indizien, denn die Teaser-Zeichenzahl lässt sich bei den erfolgreichen Publikumsmedien im Web schlicht und einfach auszählen. Die Werte für die Teaser-Texte pendeln sich im Durchschnitt bei etwa 200 Zeichen ein (jeweils ohne Überschrift, inklusive Leerzeichen), auf Bild.de sind es beispielsweise 150 Zeichen, auf spiegel.de etwa 250 Zeichen.

Aus Sicht der Wahrnehmungspsychologie ist dringend zu raten, diese aus der Praxis abgeleitete Konvention im Auge zu behalten und unbedingt zu berücksichtigen. Warum das so wichtig ist, zeigt ein kurzer Seitenblick auf die Art und Weise, wie wir Dinge in unserer visuellen Umwelt erkennen: Um ein betrachtetes Etwas schnell identifizieren zu können, arbeitet unser Gehirn mit sogenannten Wahrnehmungsschemata. Ein Tisch beispielsweise hat bestimmte Merkmale wie Tischbeine und Tischplatte, die für einen Tisch eben unabdingbar sind. Sie gehören zum Wahrnehmungsschema für das Objekt Tisch. Sind diese charakteristischen Merkmale vorhanden, dann können wir sagen: Das ist ein Tisch. Fehlen diese Merkmale, dann ist das betrachtete Ding kein Tisch, sondern irgendetwas anderes.

Bei Teasern gilt das in gleicher Weise: Ein Teaser braucht mindestens eine Überschrift, einen knappen Fließtext und einen Link, um rasch als Teaser erkannt werden zu können. Und der knappe Fließtext braucht wiederum eine bestimmte Zeichenzahl. Nur wenn diese Merkmale vorhanden sind, können wir sagen: Das ist ein Teaser. Hat der Teaser nun aber beispielsweise einen zu kurzen Fließtext, dann wird die betrachtete Zeichenansammlung nicht mehr eindeutig als Teaser erkannt, und ein Nutzer muss erst wertvolle Zeit investieren in das Dechiffrieren der ungewöhnlichen Form. Das wiederum geht zu Lasten der Zeit, in der im Normalfall schon die Inhalte erkannt werden wollen. Die Empfehlung lautet deshalb unbedingt: Teaser-Texte (also ohne Überschrift) dürfen nicht zu kurz sein, dürfen auch nicht zu lang sein – als Konvention kann eine Länge zwischen 150 und 250 Zeichen gelten.

Ist die maximale Zeichenzahl für den Teaser-Text in einem Content-Management-System festgelegt, dann sollte sie in jedem Einzelfall unbedingt weitestgehend ausgeschöpft werden. Ist beispielsweise per Zeichenzahlgrenze regelmäßig Platz für 200 Zeichen, werden für einen ersten Teaser aber nur 70 Zeichen verbraucht, für den zweiten Teaser dann 156 Zeichen, für den dritten Teaser nur 107 Zeichen und für einen vierten Teaser annähernd wieder die vollen 200 Zeichen, dann sind alle vier Teaser unterschiedlich lang. Der Effekt: Der meist auf definierte Bildhöhen ausgerichtete Umbruch sieht auf der Startseite zerfleddert aus, und das Ganze wirkt wie eine schlecht gemachte Schülerzeitung.

Was die Anzahl der Sätze anbelangt, kann als Richtwert für den Teaser-Text gelten: Zwei bis drei Hauptsätze sollten es sein. Asthmatisch kurze Sätze sind dabei nicht notwendig. Viel wichtiger ist eine gut klingende Satzmelodie – jeder Satz muss rhythmisch rund klingen, wenn er mit Stimme gelesen wird. Nur zur Sicherheit sei gesagt: Alles in einen Satz zu packen, ist schlicht verboten. Kein Satz darf die gesamte Zeichenzahl verbrauchen.

So oder so ist es immer eine gute Idee, mit Silben und Wörtern zu knausern. Verfahren Sie also am besten schottisch, d.h. sparen Sie Zeichen, wann und wo immer es möglich ist. Getilgt werden beim Redigieren ausnahmslos alle Wörter, die ohne Sinnverlust oder Sinnänderung weggelassen werden können. Vor allem der Verzicht auf Pronomen, Artikel, Vorsilben und Präpositionen kann wertvollen Platz schaffen, denn Sätze bestehen Pi mal Daumen

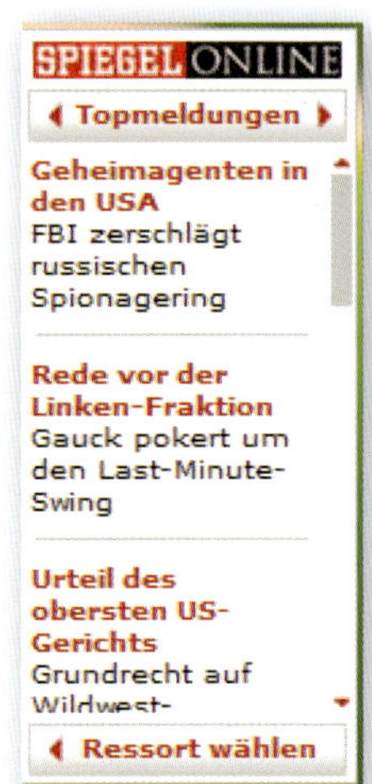

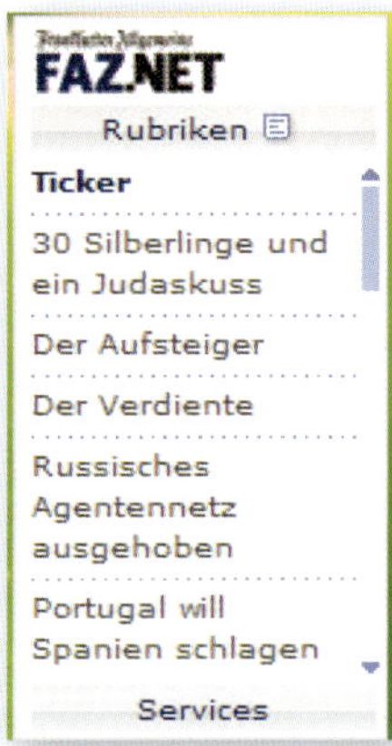

Abb. 76: *Schlagzeilen im Crossmedia-Mix.*
Links: die Startseiten der regulären Websites.
Mitte: die Schlagzeilen in den Desktop-Liveticker-Widgets.
Rechts: die Schlagzeilen auf den mobilen Startseiten.
Spiegel Online liefert die Schlagzeilen quer durch die Medienkette vollständig aus, bei FAZ.net ist das zumindest im Desktop-Widget (Mitte) nicht der Fall, dort wird nur die Hauptzeile ausgegeben.

zu einem Viertel aus nur 20 Wörtern: der, die, das, und, in, den, zu, nicht, von, mit, sich, er, sie, es, ist, des, auf, dem, ich, ein. Genitiv-Konstruktionen mit »von« oder »des« beispielsweise können meist problemlos durch einen echten Genitiv ersetzt werden: »Kohls Ehrenwort« ist knapper und kompakter als »das Ehrenwort von Kohl«. Viele Vorsilben sind absolut überflüssig: »Vorprogrammiert« ist zum Beispiel um keinen Deut aussagekräftiger als »programmiert«. »Erinnern« ist besser als »zurückerinnern«. Und – ein Klassiker – »aufoktroyieren « ist nur eine Zeichen fressende Doppel-Moppel-Version von »oktroyieren«.

Nebenbei bemerkt: Das Silben-Sparen wird gerade für angenehmes Lesen im mobilen Web künftig noch wichtiger werden. Schon heute werden Schlagzeilen und Teaser-Texte längst nicht mehr nur auf stationären Bildschirmen gelesen, sondern tendenziell immer öfter auch unterwegs – etwa in Push-Nachrichten-Services auf dem Handy, auf öffentlichen Infoscreens in Zügen oder Supermärkten oder in den grafisch und funktional abgespeckten Mobil-Versionen für Smartphones. Die Verwertungskette reicht also künftig deutlich über RSS-Feeds, Google News, Desktop-Widgets und/oder Videotext-Seiten hinaus – und immer geschieht das auf kleinstem Raum.

Und wie steht's mit der Redundanz?

Auch für die Frage, ob ein Teasertext den Wortlaut der Teaser-Überschrift komplett oder in Teilen wiederholen darf, lohnt sich ein Blick in die Praxis. Die folgenden drei Teaser von spiegel.de, rhein-zeitung.de und rp-online.de sind natürlich eine Zufallsauswahl, trotzdem geben sie Hinweise auf eine alltagstaugliche, praktikable Leitlinie:

Geheimagenten in den USA

FBI zerschlägt russischen Spionagering

Der Fall wirkt wie ein Thriller aus dem Kalten Krieg: Jahrzehntelang sollen zehn Männer und Frauen in russischem Auftrag amerikanische Politiker mit modernster Technik ausspioniert haben. US-Ermittler waren den mutmaßlichen Agenten auf der Spur - jetzt schlugen sie zu. Quelle: www.spiegel.de

Tödlicher Unfall im Emser Tunnel: Hätte Motorradfahrer gerettet werden können?

Bad Ems. Hätte der Motorradfahrer, der am Sonntagnachmittag bei einem Verkehrsunfall im Bad Emser Malbergtunnel tödlich verletzt wurde, gerettet werden können? Bei der Landung des Rettungshubschraubers ging wertvolle Zeit durch Gaffer verloren. Quelle: www.rhein-zeitung.de

»Notte Rosa« an der Adria

Strandparty ganz in Pink

Es ist der Tag, an dem auch echte italienische Machos nicht vor Pink zurückschrecken. Am 2. Juli feiert die Emilia Romagna wieder ihre »Rosa Nacht«. Dann sollen an den Stränden 10.000 rosarote Liegestühle stehen, 3.000 Straßenlaternen leuchten ganz in Pink. Quelle: www.rp-online.de

Wer die drei Teaser aufmerksam liest, erkennt schnell, dass es in allen drei Fällen nicht ohne Redundanz geht. Der Unterschied liegt in der Intensität der Wiederholungen: Während auf spiegel.de und rp-online.de in den ausgewählten Beispielen zentrale Begriffe variiert werden, steht auf der rhein-zeitung.de die Überschrift fast im Wortlaut auch im Teaser-Text. Urteilen Sie jetzt einfach selbst: Was gefällt

Ihnen besser? Ich tippe auf die variierenden Varianten. Wenn dem so ist: Machen Sie es genau so – Leser lieben Abwechslung.

Google ist für die Seite eminent unwichtig

Auf der anderen Seite: Im Publikationsraum Web werden die Teaser nicht nur von Menschen rezipiert, sondern auch von den Suchmaschinen. Google beispielsweise bewertet ein Dokument unter anderem danach, wie häufig das von einem Google-Nutzer gesuchte Stichwort in den indexierten Dokumenten auftaucht. Aufwändige Synonym-Sucherei ist deshalb ganz wie im Printjournalismus meist vollkommen überflüssig, denn jedes Synonym verwässert diese Schlüsselwortdichte einer Webseite, die sogenannte Keyword-Density – einer der wichtigeren SEO-Faktoren.

Taucht ein Wort in einem Dokument also nur einmal auf, in einem Konkurrenzdokument gleicher Länge dagegen fünf Mal, dann macht das Konkurrenzdokument (bei sonst gleichen Eigenschaften) im Ranking das Rennen. Nahezu wortgleiche Wiederholungen in Teaser-Überschrift und Teaser-Text sind im Sinne der SEO also völlig O.K., sie wirken allerdings auch eher hölzern. Wenn wir noch einmal die drei Agentur-Teaser aus dem Beispiel ein paar Seiten weiter vorn heranziehen und mit ihren Überschriften vervollständigen, wird das ziemlich deutlich:

Viele Tote bei Busunglück in Bolivien

La Paz (dpa). Bei einem schweren Busunglück im Zentrum Boliviens sind mindestens 25 Menschen ums Leben gekommen. Weitere 44 Passagiere seien verletzt worden, als das Fahrzeug in der Region Cochabamba einen 85 Meter tiefen Abhang hinuntergestürzt sei, berichteten örtliche Medien.

Immer mehr Ein- und Zweijährige gehen in Kita

Gütersloh (ddp). Immer mehr Ein- und Zweijährige in Deutschland gehen in eine Kindertagesstätte. Im vergangenen Jahr besuchte durchschnittlich jedes fünfte Kind im Alter von einem Jahr eine Kita, eine Krippe oder wurde von Tageseltern betreut. Das geht aus einer Studie der Bertelsmann Stiftung hervor, die am Montag in Gütersloh veröffentlicht wurde. Von den Zweijährigen waren es fast 40 Prozent.

Bundesverfassungsgericht prüft Gentechnikgesetz

Karlsruhe (ddp). Das Bundesverfassungsgericht prüft, ob das Gentechnikgesetz mit dem Grundgesetz vereinbar ist. Schwerpunkt sei der Einsatz gentechnisch veränderter Pflanzen in der Landwirtschaft, sagte der für das Verfahren maßgeblich zuständige Richter Brun-Otto Bryde am Mittwoch in der mündlichen Verhandlung. Er wies darauf hin, dass die tatsächlichen Risiken und Chancen der Gentechnik «hoch umstritten» seien. Das Urteil wird in einigen Monaten erwartet.

Elegant klingt das jeweils nicht – aber die Schlüsselbegriff-Dichte dankt. Wer jetzt auf die Idee kommt, ein bestimmtes Wort dann eben zwanzig Mal in drei Zeilen zu pressen, verhält sich nur vermeintlich pfiffig: Der Algorithmus von Google ist so gestrickt, dass eine unnatürlich hohe Wortdichte erkannt und als Spam bewertet wird (sogenanntes Spamdexing). Kommt Google Ihnen auf die Schliche, kann Ihre Website im schlimmsten Fall dafür aus dem Index der Suchmaschine fliegen. Natürliche Wortdichten liegen nach SEO-Experten-Ansicht bei etwa drei bis fünf Prozent. Ein bestimmtes Wort darf also drei bis fünf Mal in 100 Wörtern vorkommen.

Übertreiben sollten Sie es mit diesen sogenannten On-Page-SEO-Maßnahmen (Suchmaschinen-Optimierung für den Seiten-Inhalt) allerdings ohnehin nicht. Zuallererst geht es auch im Web immer um gute Inhalte für die Leser, erst dann um Google-gerechten Feinschliff. Googles Fernziel für die Evolution seines Algorithmus ist es, unnatürliches Textoptimieren möglichst unmöglich zu machen und den Algorithmus so komplex und gleichzeitig so effizient zu definieren, dass natürlich verfasste Artikel regelmäßig als die relativ besseren erkannt werden. Die heute noch sinnige Keyword-Zählerei wird auf längere Sicht vermutlich überflüssig werden.

Faktisch ist Google auf diesem Weg in den letzten Jahren zweifellos auch schon ein deutliches Stück vorangekommen: Heute sind es angeblich bereits mehr als 200 Einzelfaktoren, die den Page-Rank eines Dokuments bestimmen. Diese Faktoren als Textautor zu kennen und dann auch noch sämtlich im Schreiben angemessen zu berücksichtigen, ist schon heute fast unmöglich. Noch dazu sind diese relevanten Faktoren immer in Bewegung: So hat die Keyword-Dichte seit Jahren kontinuierlich an Ranking-Gewicht verloren, ursprünglich galten einmal sieben bis zwölf Prozent als optimal, heute sind es nur noch drei bis fünf Prozent, und morgen sind vielleicht auch diese drei bis fünf Keywords pro 100 Wörtern zu viel.

Es mehren sich auch die Hinweise darauf, dass der Google-Algorithmus in der Tendenz verstärkt auf die zu einzelnen Begriffen gehörenden Wortfelder reagiert, also das Vorhandensein thematisch passender Phrasen und Begriffe fürs Ranking mitberücksichtigt. Der Beispiel-Teaser mit dem Titel *FBI zerschlägt russischen Spionagering* von spiegel.de (siehe oben), der ohne Wortwiederholungen auskommt, dafür aber erkennbar breit das Wortfeld des Themas nutzt (Geheimagenten, FBI, Spionagering, Kalter Krieg, ausspioniert, Ermittler, Agenten) wäre danach gegenüber dem Teaser aus der Rhein-Zeitung künftig noch stärker im Vorteil. Polyseme (unterschiedliche Wörter mit gleicher Bedeutung), Antonyme (Wörter mit gegensätzlicher Bedeutung), thesaurische Kategorien von Wörtern in Themengebieten (z.B. Kategorie Schuhe: Halbschuh, Stiefel, Slipper, Sneaker, Sandale, Schnürsenkel) sind in Zukunft, zumindest sieht es danach aus, für die On-Page-SEO nicht mehr schädlich, sondern ganz im Gegenteil überaus interessant. Selbst Rechtschreibfehler fielen weniger ins Gewicht.

Für ein suchmaschinenoptimiertes Schreiben heißt das allerdings auch künftig nicht, dass die tragenden Substantive gedankenlos und wahllos durch Synonyme ersetzt werden sollen. Wenn Storch zwanghaft durch Meister Adebar ersetzt wird, Weihnachtsbäume als nadlige Gesellen daherkommen und Elefanten immer und immer wieder als Dickhäuter durch den Text trampeln müssen, dann ist das im Grenzfall fürs Suchmaschinen-Ranking vielleicht noch nützlich, sprachlich aber einfach nur stumpf.

Für die On-Page-Optimierung ist auch künftig das meiste schon getan, wenn das zentrale Keyword in einer mit h2 ausgezeichneten Überschrift und im Title-Tag der betreffenden Webseite steht, außerdem in der Dokument-URL und natürlich ein paar Mal im Text. Zukunftssicher wird das Ganze durch eine Wort-Prise aus dem Kontext: Im Text sollten auch ein paar Wörter stehen, die aus dem thematisch zugehörigen Wortfeld stammen – sofern diese sich im Schreiben nicht sowieso ganz von selbst auf die Seite mogeln.

Knackpunkte: Die Extra-Portion Teaser-Handwerk

Welche Details gehören in den Teaser, welche nicht? Darf ein Cliffhanger auch mit einer direkten Frage enden? Werden Zahlen als Zahlwörter oder mit Ziffern geschrieben? Sind Zitate im Vorspann sinnvoll? Wie viele Aspekte des Themas müssen abgehakt werden? Welche W-Frage lasse ich im Cliffhanger offen, um die Neugier am stärksten anzuregen? Diese Fragen, die ich weiter oben bereits angerissen hatte, sind noch offen. Um sie zu beantworten, folgen einige Teaser, die allesamt von Teilnehmern an den Schreib-Übungen meiner Workshops stammen. Manches daran ist schon ganz gut gelungen, manches noch nicht. Gerade jene Dinge, die darin noch nicht so rund sind, bieten die Chance, daraus etwas zu lernen – und allein deswegen werden sie hier gezeigt.

Ausgangspunkt für die Übungen ist ein Text, zu dem ein Teaser verfasst wird. Den Text müssen Sie nicht unbedingt kennen und gelesen haben, um die Teaser einschätzen zu können (wenn Sie wollen, finden Sie ihn auf www.zeit.de). Sie sollten aber zumindest wissen, worum es im Kern geht: Der hier benutzte Artikel berichtet, dass ein deutscher Physiker namens Nikolaus Laing mit seiner Ehefrau Inge (beide sind im Rentenalter) und mit einem internationalen Technikerteam im kalifornischen El Cajon (USA) ein völlig neuartiges Solarkraftwerk gebaut hat. Das Besondere an diesem Kraftwerk: Es holt mit sogenannten Konzentrator-Solarzellen etwa 800-mal mehr elektrischen Strom aus dem Sonnenlicht heraus, als es bislang technisch möglich war. De facto ist das mehr als eine technische Innovation, es ist eine technische Revolution: Großanlagen mit dieser Technologie könnten sogar Kohle- und Atommeiler überflüssig werden lassen. Sollten diese Kraftwerke beispielsweise in die Sahara gebaut werden, könnte Europa theoretisch seinen kompletten Strombedarf aus Afrika importieren. Technisch erscheint das machbar, praktisch umsetzbar ist es aber nur dann, wenn sich potente Investoren für die weitere Finanzierung finden. Erste Konzerne haben bereits Interesse angemeldet, der Öl-Riese BP will das Projekt unterstützen. Und als Randnotiz ist zu vermerken: Wie es sich für ein Start-up-Unternehmen in Kalifornien gehört, wurde das Ganze nach Angaben der Laings in einer Reihenhausgarage ausgetüftelt und zusammengebaut. Wer sich die Übungsteaser jetzt genauer anschaut, kann typische Knackpunkte im Teaser-Verfassen identifizieren. Der erste Teaser lautet:

> ***Angriff auf Atom- und Kohlemeiler***
> *Im sonnigen Kalifornien steht ein neues Super-Solarkraftwerk. Seine völlig neuen Fotozellen können rund 800-mal mehr Strom produzieren als herkömmliche Generatoren. Eine Revolution in der Fotovoltaik – die ausgerechnet von einem deutschen Ehepaar im Rentenalter in Gang gesetzt wurde.* ***weiter…***

- Knackpunkt **Überschrift**:

Thematisch führt die Überschrift *Angriff auf Atom- und Kohlemeiler* in eine völlig andere Richtung, als sie der Artikel tatsächlich anbietet. Beim Schlüsselwort *Angriff* in Verbindung mit *Atom- und Kohlemeiler* denkt man eher an einen terroristischen Anschlag, weniger an ein revolutionäres Kraftwerk. Gemeint ist hier ja in Wirklichkeit, dass die neuartige Solartechnik eventuell Atom- und Kohlekraftwerke ersetzen könnte. Eine Überschrift, die diese Aspekte aufgreift, könnte lauten: *Solartechnik: Kernkraft und Kohle vielleicht bald überflüssig.*

- Knackpunkt **Adjektiv**:

Seine völlig neuen Fotozellen ist ungenau. Wenn Fotozellen neu sind, ist das nichts

Ungewöhnliches. Entscheidend ist hier das es sich um *neuartige Fotozellen* handelt – das ist präziser formuliert und signalisiert den Nachrichtenwert deutlich besser. Das Gleiche gilt für das *neu* vor Super-Solarkraftwerk. Nachrichtlich besser ist es, dieses Hingucker-Adjektiv möglichst früh zu verwenden, die Fotozellen bräuchten dann ein neues Adjektiv: *Im sonnigen Kalifornien steht seit heute ein völlig neuartiges Super-Solarkraftwerk. Seine supereffizienten Fotozellen…*

- Knackpunkt **Genauigkeit**:

Generatoren sind etwas anderes als *Fotozellen*. *Generatoren* sollte deshalb ersetzt werden. Um eine Wiederholung von *Fotozellen* zu vermeiden, wird statt *Generatoren* jetzt *Technik* verwendet.

- Knackpunkt **Kürze**:

Ehepaar im Rentenalter ist länger als *Rentner-Ehepaar*. Und *Revolution in der Fotovoltaik* ist länger als *Fotovoltaik-Revolution*. Im Grenzfall, wenn noch einige Zeichen eingespart werden müssen, sollten jeweils die kürzeren Varianten zum Einsatz kommen.

- Knackpunkt **Tempus**:

Nutzer im Web erwarten von informierenden Websites echtzeitaktuelle Berichterstattung. Anders als in Print-Meldungen, wo das Perfekt als Standard gilt, wird im Web vor allem aufs Präsens gesetzt. Aus *in Gang gesetzt wurde* wird deshalb *in Gang gesetzt wird*.

- Knackpunkt **Verb**:

In Gang gesetzt klingt etwas gestelzt und kollokiert auch nicht wirklich mit dem Substantiv *Revolution*. Eine *Revolution* wird im üblichen Sprachverständnis eher *ausgerufen*, vielleicht auch *angezettelt* oder *gestartet*. Entscheiden Sie selbst, welches Wort Ihnen besser gefällt.

Die redigierte Fassung könnte damit so aussehen:

> ***Solartechnik: Kernkraft und Kohle vielleicht bald überflüssig***
> *Im sonnigen Kalifornien steht seit heute ein völlig neuartiges Super-Solarkraftwerk. Seine supereffizienten Fotozellen können rund 800-mal mehr Strom produzieren als herkömmliche Technik. Das ist eine Fotovoltaik-Revolution – die ausgerechnet von einem deutschen Rentner-Ehepaar gestartet wird.* ***weiter…***

Natürlich müsste man dann auch noch darüber nachdenken, ob es günstig ist, den Inhalt der Teaser-Überschrift im Teaser-Text nicht mehr aufzugreifen, zumindest nur noch indirekt. In dieser Form ist das aber schon O.K. Der zweite Teaser lautet:

> ***Die Klimaretter***
> *Mit neuen Super-Solarzellen will der deutsche Physiker Nikolaus Laing im kalifornischen El Cajon, das unweit von San Diego liegt, die weltweite Energieversorgung revolutionieren. Seine Solarzellen produzieren 800-mal mehr Strom, als bisher technisch möglich war. Die Erfindung könnte für Kohle- und Atomkraftwerke das Aus bedeuten. Deutsche Politiker sind schon begeistert.* ***mehr***

- Knackpunkt **Überschrift**:

Die Klimaretter ist sicher ein Hingucker, leitet aber in die Irre. In dieser personifizierenden Form werden die Leser eher ein Porträt erwarten, weniger eine Geschichte über eine revolutionäre Solartechnik. Ersatzweise nehmen wir die Überschrift aus der redigierten Fassung des ersten Teasers *Solartechnik: Kernkraft und Kohle vielleicht bald überflüssig*, ein wenig modifiziert zu *Solar-Revolution: Kernkraft und Kohle vielleicht bald überflüssi.g*

■ Knackpunkt **Wortstellung**:
weltweite Energieversorgung revolutionieren trifft den Sinn nicht ganz korrekt. So lässt *weltweite Energieversorgung* auch noch den Gedanken zu, dass es im Unterschied zur weltweiten Energieversorgung auch eine nationale, eine regionale oder eine lokale Energieversorgung gibt, die von dieser Technikrevolution unberührt bleibt. Das ist aber nicht der Fall. Klarer wird der Gedanke erst dann, wenn das *weltweit* neu positioniert wird: *weltweit die Energieversorgung revolutionieren*.

■ Knackpunkt **Detail-Information**:
Die Ortsangabe *im kalifornischen El Cajon, das unweit von San Diego liegt* ist für einen Vorspann deutlich zu detailliert. Eine rudimentäre Ortsangabe wie *von Kalifornien aus* hätte sicher ausgereicht. Auch der komplette Verzicht auf die Ortsangabe ist möglich, denn die Ortsinformation gehört nicht zum nachrichtlichen Kern der Geschichte – selbst wenn es im erweiterten Nachrichtenkern sicher relevant ist, dass es hier um einen Deutschen geht, der für sein Projekt offenbar lieber in Kalifornien lebt und arbeitet. Auch der Name Nikolaus Laing ist nicht zwingend erforderlich, denn Herr Laing ist sicher kein prominenter Forscher – sein Name könnte also ohne Weiteres auch erst im Text genannt werden.

Die redigierte Fassung könnte dann so aussehen:

Solar-Revolution: Kernkraft und Kohle vielleicht bald überflüssig
Mit neuen Super-Solarzellen will ein deutscher Physiker weltweit die Energieversorgung revolutionieren. Seine Solarzellen produzieren 800-mal mehr Strom, als bisher technisch möglich war. Die Erfindung könnte für Kohle- und Atomkraftwerke das Aus bedeuten. Deutsche Politiker sind schon begeistert. ***mehr***

Der mit diesem Teaser aufgebaute Cliffhanger ist übrigens ein doppelter, denn der Konjunktiv *könnte für Kohle- und Atomkraftwerke das Aus bedeuten* im vorletzten Satz lässt offen, unter welchen Voraussetzungen diese Kraftwerkstypen tatsächlich überflüssig werden. Und: *Deutsche Politiker sind schon begeistert* lässt offen, welche Politiker das sind.

Der dritte Teaser lautet:

Revolution auf dem Strommarkt!!!
Kohle- und Atomenergie könnten schon bald der Vergangenheit angehören: Ein deutscher Physiker hat in den USA für zwei Millionen Euro das leistungsfähigste Sonnenkraftwerk der Welt entwickelt. Namhafte Investoren aus der Energiebranche reißen sich jetzt um das Patent. ***mehr…***

■ Knackpunkt **Ausrufezeichen**:
Ausrufezeichen und VERSALSATZ funktionieren wie Lautstärke-Regler – zu weit aufgedreht, kann das etwas schmerzhaft werden. Übertreiben Sie es damit also nicht, weniger ist definitiv mehr. Die Ausnahme von dieser Regel gibt's natürlich auch: Auf Websites mit Boulevard-Farbe sind sie ein Muss. Ähnliches gilt auch für das Verwenden von Fragezeichen: Gerade im Web sind sie ausnahmsweise erlaubt; stehen sie aber in jedem zweiten Teaser auf einer Startseite in den Überschriften, dann wird die Website zum Rätselheft. Nicht besser ist es, wenn Teasertexte zu häufig mit einem Fragezeichen enden.

■ Knackpunkt **Überschrift**:
Das Substantiv *Revolution* ist sicher ein Hingucker, und es trifft hier auch inhaltlich den Kern. Und das weitere Substantiv Strommarkt deutet eine thematische Richtung an. Insgesamt lässt die Überschrift aber so nur undeutlich erkennen, dass es hier um eine

völlig neuartige Solartechnik geht. Mindestens eine Spitzmarke sollte es schon sein, damit die Nutzer das Thema möglichst schnell erfassen können: *Solartechnik: Revolution auf dem Strommarkt*. Alternativ kann man sicher auch mit dem Verb *revolutionieren* spielen. Etwa so: *Superzellen revolutionieren Strommarkt.*

- Knackpunkt **Kopplung**:

Gekoppelte Substantive sind zwar kein großer Störer, zu empfehlen ist trotzdem, die Substantive durch einen Bindestrich in ihrer gewohnten Wortsilhouette zu belassen. *Strom-Markt* ist visuell vertrauter und deshalb schneller zu erkennen als *Strommarkt*. Allerdings gilt auch hier wieder: Es gibt ein Zuviel des Guten. Wenn in einem Teaser viele gekoppelte Substantive stehen und die einzelnen Substantive darin mit Bindestrichen gekoppelt werden, dann kann das Schriftbild sehr unruhig wirken. In diesem Fall setzen Sie den Bindestrich gezielt nur für die visuell sehr ungewöhnlichen Kopplungen ein.

- Knackpunkt **Zahlen**:

Im Printjournalismus gibt es relativ strikte und weitestgehend beachtete Konventionen für das Verwenden von Zahlwörtern und Ziffern. So werden die Zahlen 1 bis 12 in Printmedien als Zahlwörter geschrieben, also eins bis zwölf. Hohe Zahlen ab 1.000.000 ebenfalls als Zahlwörter, also eine Million. Ziffern zu Beginn eines Textes sind in Printmedien in der Regel tabu. Die Geldsummen-Angabe *zwei Millionen Euro* aus dem Teaser wäre nach den Print-Regeln demnach nicht zu beanstanden. Im Web verhält es sich mit den Zahlen allerdings etwas anders, weil in Eyetracking-Studien immer wieder aufgefallen ist, dass die Nutzer im überfliegenden Lesen sehr stark auf Ziffern reagieren. Jakob Nielsen sagt dazu beispielsweise, dass »das Auge häufig an Ziffern gestoppt und sie fixiert hat, selbst wenn sie in einer Masse von Text versteckt waren«. Er vermutet, dass Zahlen deshalb so attraktiv wirken, weil sie harte Fakten liefern – was die Benutzer normalerweise mögen. Und, so Nielsen weiter, weil eine Reihe von Ziffern sich visuell stark von einer Reihe Buchstaben unterscheidet. Im peripheren Blickfeld des Benutzers stechen Ziffern deshalb stark hervor, sodass sie im Verlauf dann rascher fixiert werden. 2415 sieht ganz anders aus als vier, obwohl beides aus 4 Symbolen besteht. »Ziffern verbessern die Scanbarkeit von Web-Inhalten«, so Nielsen. »So einfach ist das.« Fürs Webtexten lautet deshalb die Empfehlung: Liefern Sie Zahlen-Information in Ziffern statt in Zahlwörtern, solange dadurch nicht zu viele Ziffern in den Text rutschen oder sehr lange Ziffernreihen entstehen, denn dann wird der Text unleserlich.

Ansonsten gibt es bei diesem Teaser nichts zu meckern. Ganz im Gegenteil: Besonders gelungen ist die Idee, im ersten Teasertext-Satz einen Doppelpunkt einzusetzen. Er sagt den Nutzern: Pass auf, jetzt kommt's! Und die schauen dann natürlich hin.

Um diesen Doppelpunkt zu retten, muss noch etwas Feinschliff sein: Weil die Spitzmarke in der neuen Überschrift ebenfalls einen Doppelpunkt erfordert hätte, im ersten Satz des Teaser-Textes aber eben schon ein Doppelpunkt steht, wird die Spitzmarke aufgelöst und mit *Revolution* gekoppelt. Weil damit wiederum ein zusätzlicher Trennstrich in die Überschrift gelangt, wird die zweite Trennstrich-Kopplung in *Strommarkt* wieder aufgelöst. Und damit das sperrig wirkende Konsonantendoppel in *Strommarkt* nicht doch noch in der Überschrift verbleibt, wird der *Strommarkt* zu *Energiemarkt*. Die redigierte Variante sieht dann so aus:

> ***Solartechnik-Revolution auf dem Energiemarkt***
> *Kohle- und Atomenergie könnten schon bald der Vergangenheit angehören: Ein deutscher Physiker hat in den USA für zwei Millionen Euro das leistungsfähigste Sonnenkraftwerk der Welt entwickelt. Namhafte Investoren aus der Energiebranche reißen sich jetzt um das Patent.* ***mehr****...*

Der vierte Teaser lautet:

> ***Die Sonnenstrahlen-Revolution***
> *Im kalifornischen El Cajon tüfteln zwei deutsche Physiker an einem neuartigen Solarkraftwerk und sind überzeugt, dass es »die Erzeugung von Elektrizität aus Sonnenstrahlung revolutionieren wird«. Schon bald sollen Solarkraftwerke dieses Typs in der Lage sein, Kohle- und Atommeiler zu ersetzen.* ***weiter****...*

- Knackpunkt **Zitat**:
Im Teaser-Text ist wenig Platz. Bevor dort ein Zitat eingebaut wird, ist deshalb immer zu überlegen, ob das wirklich eine gute Idee ist. Grundsätzlich ist eher davon abzuraten, denn damit wird wertvoller Platz der fremden Stimme überlassen. Allerdings gibt es auch hier wieder eine Ausnahme: Liefert das Zitat eine starke Aussage, etwa weil sie sehr kontrovers ist, dann gibt es einen guten Grund, das Zitat zu bringen. Und wenn das Zitat dann auch noch in klarer Sprache formuliert ist, gibt es noch mehr Grund, das Zitat zu bringen. Fehlt aber diese inhaltliche wie sprachliche Kraft, dann sollte aufs Zitieren verzichtet und der frei werdende Raum für wichtige Aspekte in eigener Stimme genutzt werden.

- Knackpunkt **Perspektive**:
Der Schlusssatz *Schon bald sollen Solarkraftwerke dieses Typs in der Lage sein, Kohle- und Atommeiler zu ersetzen* legt nahe, dass hier nicht der Autor spricht, sondern die beiden Physiker, zumal der Satz direkt auf das Zitat folgt. Selbst wenn das Zitat dort nicht stünde, würde der Satz trotzdem mitschwingen lassen, dass hier die Äußerung einer dritten Person wiedergegeben wird. Das ist im Einzelfall zwar kein größeres Problem, kann aber zum Problem werden, sobald eine solche Tonalität in den Teasern regelmäßig zu hören ist. Die Site vermittelt auf der Startseite dann keinen eigenen Standpunkt mehr, ihr fehlt der eigenständige Ton. Wenn alternativ formuliert wird: *Schon bald könnten Solarkraftwerke dieses Typs tatsächlich Kohle- und Atommeiler ersetzen* wird die eigene Perspektive des Autors deutlich.

Die alternative Teaser-Variante sähe jetzt so aus:

> ***Die Sonnenstrahlen-Revolution***
> *Im kalifornischen El Cajon tüfteln zwei deutsche Physiker an einem neuartigen Solarkraftwerk. Ihre Konzentrator-Zellen erzeugen 800-mal mehr Strom als normale Solarzellen. Schon bald könnten Solarkraftwerke dieses Typs tatsächlich Kohle- und Atommeiler ersetzen.* ***weiter***

Zum Schluss der Knackpunkt-Analyse nun noch ein fünfter Teaser:

> ***Sonnige Zeiten dank Opas Superzelle***
> *Mit einem Test-Kraftwerk im heimischen Garten will der 82-jährige Rentner Nikolaus Laing beweisen: Er hat die Lösung für alle Energieprobleme. Lange hat niemand an Laings schwimmende Solarzellen geglaubt – doch jetzt reißen sich sogar die Ölmultis um Opas Patent.* ***mehr***

Auch wenn die Überschrift im fünften Beispiel-Teaser gegen sämtliche SEO-Standards und gegen die Prinzipien des Textens fürs überfliegende Lesen verstößt: Sie ist definitiv ein Hingucker, und dafür gibt es unbedingten

Applaus. Einerseits kann sie zwar nur deshalb positiv überraschen, weil sie umrahmt ist von eher standardtreuen Überschriften. Andererseits schafft sie aber genau das, was die anderen eher nicht schaffen: Sie überrascht und durchbricht die Monotonie der weitgehend standardisierten Überschriften. Beides hat also seinen Wert: der Standard und das Abweichen vom Standard, solange beide in angemessener Balance genutzt werden. Und zum Teaser-Text ist nur eines zu sagen: Der ist prima. Und wer sich nun noch fragt, wie der Original-Teaser auf Zeit.de lautete – so:

> **Die Super-Zelle**
> *Ein Physiker-Ehepaar aus Deutschland hat ein Solarkraftwerk entwickelt, das Kohle- und Atommeiler verdrängen könnte*

Originell formulieren

Die Art und Weise, in der ein Thema im Teaser sprachlich präsentiert wird, hängt natürlich nicht nur von den beschriebenen Standards und Konventionen ab, sondern auch vom jeweiligen Medium, von der gewählten Darstellungsform und nicht zuletzt vom Thema selbst. Lead und Cliffhanger eignen sich vor allem für aktuelle Meldungen und Berichte. Latent oder mittelbar aktuelle Themen erfordern dagegen magazinige oder wochenzeitungsähnliche Formulierungen und deutlich mehr Einfallsreichtum. Erlaubt ist dabei zwar nicht immer, was gefällt. Erlaubt ist aber, was die Leser berührt, dem Thema gerecht wird und der Medienmarke angemessen ist. Die Palette der Möglichkeiten wird im Prinzip nur durch die eigene Vorstellungskraft begrenzt. Man kann Hintergrundwissen versprechen, Trends einordnen, sich auf die eigene Schulter klopfen, provozieren, Unheil ankündigen oder schmunzeln machen.

Häufig ist das natürlich ein Wandeln auf schmalem Grat, beispielsweise zwischen entgleisender und origineller Formulierung. Zum Tod von Rex Gildo etwa standen über einem Kommentar im Feuilleton der Zeit die Zeilen:

> *Tränen lügen nicht*
> *Der deutsche Schlager ist aus dem Klofenster gesprungen*

In einer Nachrichtenmeldung über Rex Gildos Tod hätte man mit einem derartigen Vorspann nur die eigene Pietätlosigkeit dokumentiert. Und auch in der Wochenzeitung *Die Zeit*, aus der diese Zeile stammt, ist ein solcher Appetizer, der den Tod eines Menschen als Metapher nutzt, sicher an der Grenze. Trotzdem zeigt das Beispiel, dass es neben der Cliffhanger-Variante auch noch andere Möglichkeiten gibt, um Spannung aufzubauen. In diesem Fall gelingt es durch eine Irritation: In einem Boulevardblatt würde man einen solchen Anreißer vielleicht noch erwarten, nicht aber in der ehrwürdigen Zeit. Als Leser ist man hier geneigt zu fragen, was dahintersteckt. Und auflösen lässt sich diese Spannung nur, wenn man den Lauftext liest. Ein Vorspann aus dem Wissenschaftsmagazin Natur funktioniert da in ganz ähnlicher Weise, allerdings weit weniger fragwürdig. Er lautet:

> *Östrogen im Kalb, Quecksilber im Fisch, Cadmium im Lamm. Das ist überhaupt nicht gefährlich. Vorausgesetzt, Kalb, Fisch und Lamm kannten die richtige Dosierung.*

Der Anreißer spricht ein Thema an, das wohl jeder schon einmal auf dem Tisch hatte – und adressiert damit eine breite Zielgruppe. Er überrascht und sorgt gleichzeitig für Spannung, weil üblicherweise als gefährlich bekannte Stoffe plötzlich nicht mehr gefährlich sein sollen. Er spricht die Neugier der Leser an, weil offengelassen wird, welche

Dosierung noch als ungefährlich gelten kann. Und er macht Kalb, Fisch und Lamm auf humorvolle Weise zu Individuen, die sich Gedanken über die Schadstoffbelastung ihrer Nahrung machen. Der subtil provozierte Lacher bleibt förmlich im Halse stecken. Wer wird da nicht weiterlesen?

In psychologischen Termini formuliert, konfrontieren beide Vorspänne die Leser mit einer kognitiven Dissonanz. Eine solche Situation wird immer dann erzeugt, wenn eine Information nicht mit dem eigenen Verhalten, den eigenen Urteilen oder dem eigenen Vorwissen übereinstimmt.

Etwa dann, wenn ein Leser lesen muss, dass zu viel Hygiene schädlich ist, dass Diäten dick machen oder Alkohol die Gesundheit fördert. Menschen neigen dazu, diese Dissonanzen auflösen zu wollen. Gelingt es also mit dem Vorspann, eine solche Situation herzustellen, dann ist fast schon sicher, dass ein flüchtiger Blick auf den Vorspann den Leser direkt in die Lauftextlektüre führen wird. Allerdings gilt auch hier, dass vom übertriebenen Einsatz dieses lesepsychologischen Kniffs dringend abzuraten ist, denn es besteht durchaus auch die Möglichkeit, dass die konstruierte Dissonanz nicht zieht – etwa wenn ein eingefleischter Anti-Alkoholiker einen Text über die den Kreislauf beschwingende Wirkung eines morgendlichen Glases Sekt erst gar nicht lesen will.

In jedem Fall müssen Thema und sprachliche Präsentation eines Themas zueinander passen. Eine Schlagzeile über eine Beinahe-Katastrophe muss das Dramatische vermitteln. Kracht beispielsweise ein 40-Tonnen-Laster in ein Wohnhaus und kommen die Bewohner nur knapp mit dem Leben davon, dann sollte man in einer Schlagzeile nicht schreiben: »Ein Laster zum Frühstück«.

An den Nutzen für die Nutzer denken

Der detaillierte Blick auf das Schreibhandwerk für die Startseite darf zu guter Letzt eines nicht in Vergessenheit geraten lassen: Webnutzer gehen ins Web, weil sie dafür einen Grund haben – es soll ihnen etwas bringen, es muss für sie nützlich sein. Für die Inhalte auf den Websites, auch für die Startseiten, ist es deshalb unerlässlich, dass sie einen Nutzen stiften sollten – denn dann gibt es auch Grund fürs Dranbleiben. Wie der Nutzen jeweils für eine konkrete Website aussieht, hängt natürlich von der Zielgruppe und den zu unterstellenden Interessen ab.

Gerade beim Texten für die Einstiegsseite ist deshalb unbedingt darauf zu achten, möglichst treffsicher die Interessen der potenziellen Nutzer anzusprechen. Ein Beispiel: Die Sparkasse verlautbart in einer Pressemitteilung, dass sie künftig eine Kundenkarte als neues Instrument zur Kundenbindung einsetzen wird und treuen Kunden damit kräftige Rabatte beim Besuch von Theatervorführungen, Schwimmbädern und Sportveranstaltungen ermöglicht. Relevant könnte diese Meldung für private Bankkunden sein, aber auch für Direktmarketing-Experten. Wie Schlagzeile und Vorspann des Teasers nun konkret auszusehen haben, hängt nun von der jeweiligen Zielgruppe ab. Sollen Marketing-Fachleute angesprochen werden, müsste die Schlagzeile das Instrument Kundenkarte in den Vordergrund stellen. Die Schlagzeile würde dann lauten:

Kundenbindung: Sparkasse setzt auf neues Instrument

Die gleiche Meldung, adressiert an Privatkunden, würde dagegen ganz anders einzuleiten sein. Für die Kunden ist schließlich Nebensache, ob die Sparkassen-Kundenkarte dem Anbieter mehr Kunden beschert. Für sie wird einzig und allein zählen, was die Karte ihnen in Euro und Cent bringt. Entsprechend müsste hier ganz anders getextet werden. Die Schlagzeile könnte etwa so aussehen:

Treue Sparkassen-Kunden kassieren jetzt doppelt

Zur Zielgruppenorientierung gehört dabei auch, dass man im Teaser oder im Einstieg zu einem Haupttext – wie bereits beschrieben – die passenden Schlüsselbegriffe einsetzt. Dies erleichtert den Nutzern die Informationsselektion und lässt sie schneller zu den für sie interessanten Texten finden. Beispiel:

Eine neue Behandlungsmethode für Wirbelsäulenleiden hat ein ukrainischer Arzt am Wochenende in Kiel vorgestellt.

Dieser Satz ist als Einstieg in den Teaser-Text zu diffus. Er liefert keinen Nutzen und registriert nur, dass etwas stattgefunden hat. Offenbar hat der Autor den Nachrichtenkern nicht erkannt. Stattdessen könnte man formulieren:

Arthrose-Kranke, Bronchial-Asthmatiker und Schlaganfall-Patienten dürfen jetzt auf schnellere Gesundung hoffen.

Ein solcher Einstieg spricht in direkter Weise eine bestimmte Gruppe von Personen an und teilt ihnen mit, dass die folgenden Informationen für sie wichtig sein können. Allen anderen wird von vornherein signalisiert, dass sie sich die Mühe sparen können. Schlüsselbegriffe wirken also wie Hinweisschilder an Weggabelungen: Die Interessierten werden schneller zum Ziel geführt, die Nicht-Interessierten vergeuden keine Zeit und werden zu anderen Texten weitergeleitet. In jedem Fall aber wird das selektive Lesen am Monitor unterstützt.

Teaser-Variante: Vorspann-Abbruch

Auf manchen Websites wird der Vorspann mitten im Satz abgebrochen – das war in frühen Webzeiten schon zu beobachten und ist es auch heute noch. Stilistisch ist ein solcher Vorspann unschön. Und lesepsychologisch ist er eine absolute Katastrophe, denn die Nutzer werden in der Orientierungsphase gezwungen, ihre Selektionsentscheidungen auf der Basis unvollständiger Information zu treffen. Zudem erzeugt ein solcher Vorspann bei den Nutzern schnell den Eindruck, dass man es mit einer automatisierten Site beziehungsweise mit Inhalten zu tun hat, die nicht von Journalisten redigiert worden sind. Meist ist dieses Muster die Folge starrer Template-Definition in Content-Management-Systemen. Werden die Template-Fenster kategorisch längenbegrenzt, dann läuft das eingehende Nachrichtenmaterial häufig auch unbearbeitet in die Einstiegsseite, und die Sätze werden nach einer bestimmten Zeichenzahl einfach abgebrochen. Das ist zwar günstig im Aufwand, aber ungünstig in der Wirkung.

Teaser-Variante: Anreißer-Link

Dabei handelt es sich meist um einen kurzen Satz oder ein Satzfragment, der beziehungsweise das komplett in einen Hyperlink-Tag als Anker-Text aufgenommen worden ist. Längere Varianten enthalten ausnahmsweise auch schon mal mehrere, in einen HTML-Tag eingebettete Sätze. In jedem Fall stehen Anreißer-Links immer für sich: Sie werden nicht von Schlagzeilen oder ergänzenden Sätzen begleitet. Und sie sind auch nicht in einen Fließtext eingebettet. Genutzt wird dieser Vorspanntypus vor allem, um auf Lauftexte von nachgeordneter Bedeutung beziehungsweise relativ geringerer Aktualität zu verweisen. Oder er wird eingesetzt, wenn möglichst viele

Meldungen auf einer Seite geteasert werden sollen, beispielsweise also für Nachrichtenlisten.

Und wohin mit dem Hyperlink?

Anders als in Printmedien geht's im Web nach dem Teaser-Kontakt mit dem Lesen nur dann weiter, wenn der Teaser mit einem oder mehreren Links ausgestattet ist, die zur Artikelseite führen.

Handwerklich stellt sich im Web deshalb die Frage, an welcher Stelle im Vorspann die Hyperlinks zu setzen sind. Soll der Link im Teasertext stehen? Sollen routinemäßig die Wörter am Ende des letzten Vorspannsatzes verlinkt werden? Soll nach Ende des letzten Satzes ein »Mehr«- oder »Weiter«-Hyperlink den Sprung ermöglichen? Darf über Schlagzeile, Illustration und Sprungwort gleich mehrfach verlinkt werden?

Grundsätzlich lässt sich sagen, dass in jedem Fall eindeutig zu kommunizieren ist. Wenn also beispielsweise im Teaser-Text mehrere verschiedene Begriffe als Hyperlinks genutzt werden, dann erwartet man als Nutzer im Zweifel auch mehrere unterschiedliche Zieldokumente. Werden in einem Teaser beispielsweise Links auf die Wörter »Steuerpaket«, »Presse-Erklärung« und »Pressekonferenz« gesetzt, dann erwarten die Nutzer auch nicht ganz zu Unrecht drei unterschiedliche Inhalte: einen etwa über die konkreten Inhalte des Steuerpakets, den Wortlaut der Pressemitteilung und vielleicht einen Videomitschnitt der Pressekonferenz. Muss man als Nutzer nach mehrfachem Hin und Her zwischen Teaser und Lauftext aber feststellen, dass alle Hyperlinks auf den gleichen Lauftext führen, dann hat das Zeit gekostet und Aufwand verursacht. Irritationen und Frust sind programmiert.

Gehen dagegen die Hyperlinks nicht von einzelnen Wörtern im Teaser-Fließtext, sondern regelmäßig von bestimmten Komponenten im Teaser aus, dann werden die Links von den Nutzern wortunabhängig verstanden. Führen zum Beispiel Schlagzeile und das unspezifische Sprungwort »Weiter« – ähnlich wie eine Imagemap – in allen Teasern als Hyperlink zum Lauftext, werden auf Seiten der Nutzer auch keine wortbezogenen Informationserwartungen erzeugt. Wird der Mauszeiger im Tiefflug über einem solchen Teaser zur Hand, dann signalisiert das den Nutzern unzweifelhaft: Auf Klick geht's hier direkt zum Lauftext, welche Wörter hier im Link-Tag stehen, ist unwichtig.

Trotzdem haben Hyperlinks auf einzelne Begriffe innerhalb des Teaser-Lauftexts (»eingebettete Links«) sicherlich auch ihre Vorzüge: Beim Blickflug über die Teaser erleichtern sie das Scannen nach Schlüsselwörtern. Und sofern sie mit Bedacht eingesetzt sind, erlauben sie eine präzisere Prognose der zu erwartenden Inhalte. Den Redakteuren machen sie dafür aber mehr Arbeit, weil für jeden Einzelfall zu prüfen ist, ob der jeweilige Link durch das zugehörige Zieldokument inhaltlich auch wirklich gedeckt ist und die Nutzer nicht in die Irre führt. Sind eingebettete Links nicht eindeutig getextet, verlangsamen sie zudem die Orientierungsphase: Als Leser sieht man sich bei mehrdeutigen Links gezwungen, ein eindeutiges Link-Versprechen zu konstruieren.

Entsprechend haben sich Verlinkungen auf bestimmte Teaser-Elemente schon früh als Standard durchgesetzt. Hyperlinks auf bestimmte Teaser-Komponenten wie Dachzeile oder Überschrift und auf ein unspezifisches Sprungwort lassen sich in CMS automatisiert erzeugen, gehen den Online-Redakteuren deshalb schnell von der Hand und entlasten die redaktionelle Arbeit. Sie müssen nur einmal definiert werden – und basta. Diese Standard-Links haben zwei entscheidende Vorteile: Die

Nutzer müssen diese Links nicht semantisch interpretieren, wissen also, dass die Links wie Türen zur Artikelseite funktionieren; sind die Überschriften zudem prägnant formuliert, wissen die Nutzer auch ohne semantische Verlinkung, welcher Inhalt nach dem Klick auf den Bildschirm geladen wird. Und vor allem: Standardmäßig verlinkte Überschriften sind ein vorzügliches und wichtiges Instrument der redaktionellen On-Page-Suchmaschinen-Optimierung.

Was die Ankertexte für die Sprungwörter in den Links am Schluss der Teaser-Texte anbelangt, ist die simpelste Lösung in aller Regel auch die eleganteste: Sprungwörter wie »Weiter« oder »Mehr« und Sprungphrasen wie »Zum Artikel« oder »Ganzer Text« sind thematisch zwar unspezifisch, dafür aber funktional absolut eindeutig und deshalb für die Einstiegsseite prima geeignet.

Ein heute nur noch selten zu findendes Zwischending sind Standard-Hyperlinks auf den jeweils letzten Halbsatz eines Teasers. Lesepsychologisch sind sie ein Grenzfall, denn sie können über die enthaltenen Wörter spezifische Erwartungen hervorrufen, aufgrund ihres fixierten Ortes aber auch als unspezifische Links interpretiert werden. In jedem Fall kommunizieren sie nicht eindeutig, so dass von ihnen eher abzuraten ist. Dies gilt umso mehr, wenn ganze Sätze als Hyperlinks genutzt werden. In vielen Webredaktionen sind diese sogenannten Hyperlinkgräber aus gutem Grund schon lange Zeit verpönt. In der AOL-Nachrichten-Redaktion beispielsweise durften Mehrwort-Hyperlinks schon in den Anfängen des WWW nie mehr als 25 Zeichen haben.

Für Links auf einzelne Wörter ist dann im Lauftext (sofern sinnvoll) noch ausreichend Gelegenheit. Als Faustregel kann man sich merken: Je sparsamer und bewusster der Hyperlink eingesetzt wird, desto größer ist die Nutzerfreundlichkeit. Und je geringer die Zeichenzahl innerhalb des Links, desto schneller kann das Link-Versprechen dechiffriert werden.

Das von Jakob Nielsen formulierte »Gesetz«, alle Hyperlinks müssten blau gefärbt und unterstrichen sein und nach dem Klick ihre Farbe ändern, erscheint vor diesem Hintergrund in seinem allgemeingültigen Anspruch anfechtbar: Ein ortsdefinierter Standard-Link als Teil einer stringenten Navigationsstruktur kann durchaus schwarz oder rot oder ohne Unterstreichung laufen, weil er nicht semantisch, sondern funktional begründet ist. Er bringt damit eine andere Qualität zum Ausdruck als die typischerweise blau gefärbten semantischen Links und kann deshalb wesentlich freier gestaltet werden. Vermutlich muss er sogar anders aussehen, gerade weil er eine eigene Qualität zum Ausdruck bringt.

Vom Teaser zur Artikelseite

Es stellt sich jetzt noch die Frage, was mit dem Teaser auf der Artikelseite geschieht: Steht er nur auf der Startseite oder wird er am Kopf der Zielseite wiederholt? Heute ist es vielleicht nur noch schwer vorstellbar, aber diese Frage wurde lang Zeit durchaus kontrovers diskutiert. Spätestens seit juristisch geklärt ist, dass Suchmaschinen auch auf die inneren Seiten verlinken und nicht nur die Startseite als Suchergebnis-Ziel anbieten dürfen, ist die Frage klar entschieden: Etabliert hat es sich, den Startseiten-Teaser auf der Artikelseite erneut zu zeigen, also zu duplizieren. In den meisten Content-Management-Systemen geschieht dies automatisiert: Nach dem Schreiben in ein dafür bestimmtes Template-Fenster erscheinen die Teaser in allen dafür vorgesehenen Distributionskanälen, auch und vor allem auf der Artikel-Ebene und auf der Startseite. Fertig.

Als problematisch an dieser Variante wurde lange Zeit bemängelt, dass die Leser dem

Vorspann zwei Mal begegnen, zuerst auf der Startseite und dann auf der Artikelseite. Diese Kritik hat sich inzwischen als Print-Denke entlarvt: Nutzer, die per Deep-Link auf eine Artikelseite gelangen, haben die Startseite im Normalfall gar nicht gesehen, werden sich also auch kaum daran stören, dass der Teaser auch auf der Startseite steht.

Und jene Nutzer, die den Teaser auf der Startseite bereits gelesen oder zumindest betrachtet haben und auf die Artikelseite wechseln, würden sich ohne Teaser-Wiederholung fragen, ob sie tatsächlich auf der richtigen Seite gelandet sind. Ohne den wiederholten Vorspann fehlt in diesem Fall schlicht der entscheidende Wiedererkennungsfaktor. Außerdem: Soll ein Text komplett ausgedruckt werden, müssten die Nutzer ohne den wiederholten Teaser immer zwei unterschiedliche HTML-Seiten aufrufen (die Startseite und die Artikelseite) und haben damit die doppelte Klickerei am Hals.

Der identische Vorspann gehört deshalb sowohl auf die Start- als auch auf die Artikelseite. Das Vorspann-Duplikat ist auf der Artikelseite unbedingt fett zu setzen, um den Nutzern den direkten Blicksprung zum Lauftextbeginn zu ermöglichen. Gestützt werden diese Empfehlungen auch durch eine Fokus-Gruppen-Studie des Poynter-Instituts (St. Petersburg/Florida), in der 1998 der Einfluss von Vorspann-Duplikaten auf das Leseverhalten am Bildschirm untersucht wurde. Der Nutzertest mit anschließender Befragung ergab: Für 53 Prozent der Probanden machte es keinen Unterschied, ob der Vorspann wiederholt

Jakob Nielsen und das Web als Kurztext-Medium

Einer der prominentesten Usability-Forscher ist der US-Amerikaner Jakob Nielsen. Seine Bücher und seine Alertbox-Webkolumne gelten in Webdesigner-Kreisen als Pflichtlektüre. Zu den am häufigsten zitierten Befunden Nielsens zählt die Erkenntnis, dass das Lesen am Bildschirm anstrengender ist als das Lesen von gedruckten Texten: Für ein und denselben Text, so fand er in einem Test mit insgesamt 81 Personen heraus, braucht ein Leser am Bildschirm 25 Prozent länger. Statt vier also zum Beispiel fünf Minuten. »Kurz und knapp texten« lautete deshalb seine zentrale Forderung an die Adresse der hypertextschreibenden Zunft. Häufig ist daraus fälschlicherweise abgeleitet worden, das Internet sei ein Medium ausschließlich für Kurztexte. Nielsen selbst würde das vermutlich vehement bestreiten. Fakt ist, dass er nie behauptet hat, das Internet sei ein reines Kurztext-Medium. Wer seine Kolumne über das Schreiben fürs Web genauer liest, findet darin den folgenden Satz: »Texte können kurz sein, ohne an Länge zu verlieren. Man muss sie dazu nur in Fragmente teilen und über Hyperlinks miteinander verbinden.« Plausibel erscheint das Konzept, weil jeweils von unterschiedlichen Interessensintensitäten bei den Nutzern auszugehen ist: Wer sich tiefergehend informieren will, liest mehrere oder alle Fragmente. Wer oberflächlich interessiert ist, liest nur ein oder zwei. Nielsen will diese Empfehlung allerdings nur für Texte gelten lassen, die von vornherein fürs Web als Reihen inhaltlich abgeschlossener Fragmente verfasst worden sind. Bereits existierende Langtexte dürften dagegen nach seiner Auffassung unter gar keinen Umständen durch Portionierung webfähig gemacht werden, weil die ursprüngliche Einheit des Textes dann nur noch umständlich durch Ausdruck aller Fragmente wiederherzustellen sei. An die Möglichkeit, dass Texte zusätzlich in einer Druckversion angeboten werden können, hat er dabei offenbar nicht gedacht.

wurde oder nicht. 18 Prozent äußerten, dass das Textverständnis unterstützt wurde. 29 Prozent meinten, die Wiederholung wirke langweilig. Genau 75 Prozent gaben an, Vorspann-Wiederholungen oft oder manchmal zu überspringen. Die Nutzer stört es also nicht, wenn sie dem Teaser ein zweites Mal begegnen.

Tipps für mehr Teaser in kürzerer Zeit

Teaser sind strategisch extrem wichtige Texte – trotzdem sollen sie im Tagesgeschäft natürlich auch möglichst rasch geschrieben werden, gerade dann, wenn es um Teaser für Fremdtexte geht, also um Nachrichtenagentur-Texte oder Pressemitteilungen, um Texte von Kollegen oder um Texte freier Autoren. Um das in möglichst hoher Taktfrequenz schaffen zu können, helfen ein paar handwerkliche Kniffe.

Für das Verfassen von Lead-Teasern schnappen Sie sich zuerst den Artikel und lesen ihn aufmerksam durch. Nachrichtenagentur-Berichte sind meist von vornherein so aufgebaut, dass der erste Absatz den Lead enthält beziehungsweise mit ihm identisch ist. In diesem Fall müssen Sie diesen ersten Absatz im CMS nur in das Teaser-Template verschieben und fertig. Bei Texten von Mitarbeitern, Vorgesetzten, freien Mitarbeitern oder aus anderer Quelle unterstreichen Sie beim Lesen des Textes die Antworten auf die sachlichen W-Fragen, also auf die Fragen: Wer? Was? Wann und Wo? Kopieren Sie die entsprechenden Satzfragmente einfach in das Teaser-Template und formulieren dort aus diesem Material zwei oder drei Sätze.

Für das Verfassen von Cliffhangern starten Sie in gleicher Weise wie beim Lead: Zuerst lesen Sie den Artikel aufmerksam durch. Um einen Ansatzpunkt für den Cliffhanger zu bekommen, stellen Sie dann die folgende Frage an den Text: Welche Information ist hier so wichtig, dass ich sie im Teaser nicht explizit mitteile, sondern nur andeute? Zusätzliches Wortmaterial können Sie dann natürlich auch hier gewinnen, indem Sie die Antworten auf die W-Fragen einsammeln.

Teaser sind mehr als nur Vorspänne

Gerade im Teasing löst sich das Schreiben fürs Web zumindest ein Stück weit von klassischen journalistischen Lehrbuchweisheiten: Im nachrichtlichen Print-Journalismus, vor allem für Zeitungen, gilt der Lead nach wie vor als das verbindliche Modell für den Texteinstieg. Die W-Fragen, so die Konvention, sind danach möglichst gleich in den ersten Sätzen zu beantworten.

Würde diese Linie im Web konsequent für sämtliche Vorspänne auf den Startseiten umgesetzt, dann gäbe es aus Nutzersicht nur im besonderen Einzelfall noch gesteigerten Anlass, auch die jeweilige Artikelseite aufzurufen. Alles, was sich »hinter« der Einstiegsseite befindet, wäre für den eiligen Betrachter höchstwahrscheinlich nicht mehr des Lesens wert, und die Page-Impression-Zahlen blieben deutlich unter ihren Möglichkeiten.

Nachrichtliche Leads hemmen also eher die Klick-Quote und sind deshalb fürs Web nur dann tauglich, wenn die Leser schnell und knapp informiert werden müssen. Um deutlich zugkräftigere Spannungsbögen konstruieren zu können, kommen im Web andere Vorspannmuster hinzu. Ein ganz wesentliches Instrument zur Neugiermotivation ist der Cliffhanger: Wird im Vorspann gezielt eine Frage aufgeworfen und die Antwort darauf für die Artikelseite versprochen, dann lassen sich die Nutzer sehr wirkungsvoll zum Bleiben verführen.

So verlockend es allerdings auch erscheinen mag, ausschließlich auf kraftvolle Cliffhanger-Vorspänne zu setzen, so energisch muss auch davon abgeraten werden. Nutzer erwarten von einer Website schließlich nicht eine Vielzahl neuer Fragen, sondern eine Vielzahl neuer Antworten. Im Texten für die Startseite sollten die unterschiedlichen Formen also gemischt werden. Dabei kann man sich durchaus von strategischen Erwägungen leiten lassen. Cliffhanger bieten sich beispielsweise regelmäßig für die Teaser auf der ersten Bildschirmportion an, um den ersten Klick in Richtung Lauftext möglichst rasch zu fördern. Gleiches gilt, wenn für ein Thema besonderer redaktioneller Aufwand betrieben wurde und die Inhalte entsprechende Kosten verursacht haben. Wann welcher Teaser-Typ einzusetzen ist, hängt zudem immer auch von der jeweiligen Funktion einer Website ab: Auf reinen Bestell-Sites oder für Funktionswebsites wie etwa die Fahrplanauskunft sind Cliffhanger in jedem Fall fehl am Platz. Alles was dort zählt, ist schneller Zugriff auf die nackte Information.

Übrigens scheint das Teaser-Schreiben fürs Web auch auf die Printwelt zurückzuwirken: Vor allem in Zeitschriften-Vorspännen sieht man heute, anders als noch vor zehn oder fünfzehn Jahren, inzwischen sehr häufig knapp formulierte, gezielt aufgebaute Cliffhanger. Die Dinge sind und bleiben beim Vorspann-Schreiben also in Bewegung.

Bitte nicht lesen – dies ist komplett unnütz

Sind Sie hier jetzt trotzdem eingestiegen? Aufmerksamkeit zu erregen, ist also nicht so schwierig, wie gemeinhin vielleicht angenommen wird. Das Erfolgsrezept ist eher simpel. Es lautet: Machen Sie es anders als üblich. Das Rezept zu verstehen ist sicher nicht schwierig. Die entscheidende Hürde ist eher das Umsetzen, denn manchmal fehlt die zündende Idee, fehlen die Ansatzpunkte, »es anders zu machen«. Ganz hilfreich ist da der Blick in die Trickkiste der Wahrnehmungspsychologie: Dort finden sich die sogenannten Aufmerksamkeitsgesetze, die allesamt sehr nützlich sind, wenn gezielt Aufmerksamkeit erzeugt werden soll oder muss. Aufmerksamkeit wird danach erregt,

- wenn Dinge unserem Weltwissen widersprechen (Dissonanzgesetz). Beispiel: *Delphine gelten als sanft und intelligent. Sie können aber auch ganz anders.*
- wenn die Reize intensiv, laut, kräftig oder relativ groß sind (Intensitätsgesetz). Beispiel: *Rudolf N. ist der frechste Knöllchen-Schreiber Deutschlands: Er verdonnerte Gerda S. (79) zu 35 Euro Parkgebühr für ihren Rollator.*
- wenn sich Dinge von anderen Dingen unterscheiden (Ausnahmegesetz). Beispiel: *Als Horst Köhler vor sechs Jahren ins Präsidialamt einzog, hatte er keinen einzigen langjährigen Vertrauten bei sich. Bei Christian Wulff ist das anders.*
- wenn die Einzelwirkungen aus diesen Gesetzen zusammenwirken, sich also addieren oder manchmal auch subtrahieren (Additivität). Beispiel: *Als Horst Köhler vor sechs Jahren ins Präsidialamt einzog, hatte er keinen einzigen langjährigen Vertrauten bei sich. Bei Christian Wulff ist das anders: Der bringt seine Patchwork-Familie mit – und für seine Stabsabteilung einen Knöllchen-Schreiber namens Rudolf N.* O.K., das ist etwas konstruiert, deshalb noch ein anderes Beispiel: *Delphine gelten als sanft und intelligent. Sie können aber auch ganz anders – vor allem, wenn es um Sex geht.*

Checkliste: Der Teaser

- ✔ Setzen Sie Lead-Teaser ein, um schnell über das Wichtigste zu informieren.
- ✔ Setzen Sie Cliffhanger-Teaser ein, um gezielt Neugier zu wecken.
- ✔ Konzentrieren Sie sich beim Cliffhanger-Schreiben auf den wichtigsten Aspekt des Themas.
- ✔ Begrenzen Sie die maximal erlaubte Zeichenzahl auf etwa 200 Zeichen (ohne Überschrift, inkl. Leerzeichen).
- ✔ Halten Sie sich an diese Zeichenzahl-Obergrenze.
- ✔ Schöpfen Sie die Zeichenzahl-Obergrenze in jedem Teaser möglichst weitgehend aus.
- ✔ Sparen Sie bei den Substantiven.
- ✔ Nutzen Sie aktive Verben.
- ✔ Verzichten Sie auf unnötige Präpositionen, Vorsilben, Pronomen und Artikel.
- ✔ Denken Sie daran, dass Ihre Teaser u.a. auch im mobilen Web gelesen werden. Hier ist die Aufmerksamkeitsspanne besonders kurz.
- ✔ Für die On-Page-SEO sollte das zentrale Keyword des zugehörigen Artikels möglichst in der Überschrift, im Title-Tag, in der Dokument-URL und im Teaser-Fließtext stehen.
- ✔ Schreiben Sie Zahlen als Ziffern, denn Ziffern sind Hingucker – solange es nicht zu viele werden.
- ✔ Verzichten Sie im Teaser auf unnötige Detail-Informationen – für die ist im Artikel noch Platz genug.
- ✔ Verzichten Sie möglichst auf Frage- und Ausrufezeichen.
- ✔ Formulieren Sie jeweils eine themenidentifizierende Spitzmarke beziehungsweise Dachzeile.
- ✔ Verzichten Sie möglichst auf eingebettete Links.
- ✔ Lesen Sie sich den Teaser einmal mit Stimme vor. Wenn Sie dabei ins Stocken geraten, sollten Sie den Satzbau glätten.

Zum Lesen verführen – auf der Artikelseite

Die Startseite ist aus Sicht der Usability-Forschung primär eine Selektionsseite: Hier wird ausgewählt, was zuerst gelesen werden soll. So gesehen ist sie funktional durchaus vergleichbar mit den Suchergebnisseiten der Suchmaschinen: Es zählt jedes Wort – und das, was oben steht, wird auch wahrscheinlicher angeklickt. Artikelseiten dagegen haben als innere Seiten einer Website im Vergleich eine andere Funktion: Hier wird zielorientiert gelesen beziehungsweise geschaut, gehört oder interagiert. Ist es also gelungen, einen Nutzer auf der Startseite, über eine Suchergebnisliste oder über einen Empfehlungslink für eine Artikelseite zu gewinnen, dann ist der weitere Blicksprung in Richtung Text-Lektüre schon deutlich wahrscheinlicher geworden. Wie geht's nun aber weiter? Was geschieht auf den Artikelseiten? Und wie können sie optimal strukturiert werden?

Nicht ganz überraschend zeigen die Befunde der Usability-Forschung für die Rezeption auf Artikelseiten ein verändertes Blick- und Leseverhalten. Der wesentlichste Unterschied zum Nutzerkontakt mit der Startseite ist, dass die Nutzer auf den Artikelseiten mehr Zeit verbringen, durchschnittlich etwa 45 bis 60 Sekunden. Warum das so ist, dafür gibt es sicher eine plausible Annahme: Das anvisierte, vorläufig priorisierte Informationsziel ist für den betreffenden Nutzer auf der Artikelseite erreicht. Es kann jetzt sozusagen die Ernte eingefahren werden, und da nimmt man sich gern etwas mehr Zeit.

Interessant ist, was in dieser knappen Minute konkret geschieht. Im Prinzip finden zwei Aktivitäten statt: Zuerst wird auch hier intensiv drübergeguckt, und dann wird interessengebunden mehr oder minder lange gelesen. Auch die durchschnittliche Verweilzeit auf den Artikelseiten ist also keine reine Lektürezeit.

Wie viele Wörter eines angebotenen Textes in dieser Zeit tatsächlich im Sinne eines Textlesens gelesen werden, unterliegt offenbar starken Schwankungen: Jakob Nielsen schätzt auf der Basis statistischer Logfile-Analysen, dass im Durchschnitt nur knapp zwanzig Prozent eines Artikelseiten-Textes wirklich gelesen werden. Die Poynter-Forscher hingegen registrierten in einer ihrer Blickaufzeichnungsstudien, dass Online-Nutzer auf den Artikelseiten im Durchschnitt 77 Prozent eines Textes lesen – und dass die Gesamtlänge eines Textes dabei keine Rolle spielt. Außerdem lasen 63 Prozent der Webnutzer, wenn sie in einen Artikel erst einmal eingestiegen waren, den betreffenden Artikel auch komplett durch.

Wenn also auch auf den Artikelseiten in den ersten Sekunden zunächst gescannt wird, dann vermutlich deshalb, weil die Nutzer vor dem Lesen nochmal überprüfen wollen, ob der Text auch wirklich hält, was er verspricht. Nielsen hat sich in seinen Studien schon 1997 damit befasst, wie Textlayouts auf Artikelseiten gestaltet sein sollten, damit den Nutzern ein rasches Inhalt-Erfassen so leicht wie möglich gemacht wird. Entscheidend ist danach eine klare visuelle Gliederung. Dazu sollten

- Schlüsselbegriffe gefettet,
- aussagekräftige Zwischenüberschriften formuliert,
- Aufzählungen in Listenform gestaltet und dazu Aufzählungszeichen verwendet werden,
- Textabsätze sich jeweils auf einen zentralen Gedanken konzentrieren und
- die Texte jeweils maximal halb so lang sein wie eine Version für Papier.

Zu ergänzen wäre dann nur noch, dass die Absätze jeweils durch Leerzeilen voneinander zu trennen sind. Darüber hat Nielsen in seiner Studie zwar nichts gesagt, es darf aber als Selbstverständlichkeit gelten. Schaut man sich die Befunde der wissenschaftlichen Textverständlichkeitsforschung und die Schreibtipps von Journalisten-Ausbildern an, dann hat Nielsen mit seinen Empfehlungen – zumindest in einigen Punkten – das Rad zum zweiten oder dritten Mal erfunden: Gefettete Stichwörter, Zwischenüberschriften, kurze, prägnante Sätze, aktive Verben, übersichtliche Textgliederungen und anderes wurden beispielsweise von den Hamburger Verständlichkeitsforschern Langer, Schulz von Thun und Tausch schon in den siebziger Jahren für Printmedien formuliert, sind also keineswegs neu. Trotzdem ist es Nielsens Verdienst, die Wirksamkeit dieser Instrumente schon früh auch für Webtexte nachgewiesen zu haben.

Wer heute aufmerksam durchs Web klickt, kann für Artikelseiten schnell feststellen, dass sie sich im Normalfall im Layout sehr ähneln und nahezu ausnahmslos die meisten der beschriebenen Merkmale zeigen. Mindestens drei Dinge sind aber noch zu ergänzen: Der erste Aspekt, der in Nielsens Liste nicht näher ausgeführt wurde, hat mit den Zwischenüberschriften zu tun. Zwischenüberschriften erleichtern den Nutzern das Scannen des Artikel-Inhalts, gleichzeitig sind sie als herausgehobene Text-Elemente auch Instrumente der praktischen Suchmaschinenoptimierung – sind also heute noch sinnvoller als anno 1997. Allerdings bleibt unklar, wann genau eine Zwischenüberschrift »aussagekräftig« formuliert ist. Meine Antwort darauf lautet: Sie ist es dann, wenn sie den Kerngedanken des nachfolgenden Textabschnitts auf den Punkt bringt, also den oder die zentralen Schlüsselbegriff(e) nutzt. Ein Beispiel aus dem Schlussabschnitt des Solarkraftwerk-Artikels:

> **SPD-Solarexperte plädiert für die neue Technologie**
>
> *Pyron Solar kalkuliert die Kosten für ein Kraftwerk mit einer Spitzenleistung von 600 Megawatt – es würde etwa 2,5 Quadratkilometer Fläche benötigen – mit 938 Millionen Euro. »Von der Auftragserteilung bis zur Schlüsselübergabe dürfte die Produktion zwei Jahre lang dauern«, schätzt Inge Laing.*
>
> *Mehr als drei Dutzend Anfragen hat die 78-jährige Physikerin bereits bekommen. Dass kürzlich sogar die Weltbank, die sich die Förderung erneuerbarer Energien in Entwicklungsländern auf die Fahne geschrieben hat, einen Vertreter nach San Diego schickte, stimmt das Team optimistisch. Marktanalysen zufolge könnten Pyron-Solar-Kraftwerke zuerst in Nordafrika großtechnisch umgesetzt werden. Dort sei die jährlich verfügbare Energie der Sonne pro Quadratmeter mit 2820 Kilowattstunden neben Kalifornien weltweit am höchsten, beste Voraussetzung, »um von Afrika aus ganz Europa mit Sonnenstrom zu versorgen«, schwärmt Nikolaus Laing.*
>
> *Auch der SPD-Solarexperte Hermann Scheer plädiert für die neue Technologie, die aufgrund der hohen Leistungen fossil befeuerte Kraftwerke aus der Energieerzeugung verdrängen könnte. Der vergleichsweise große Platzbedarf schränke den Bau von Laingschen Solarkraftwerken allerdings auf »Flächenländer« ein, so Scheer. Und wegen des hohen Gewichts der Wasserkühlung könnten die Anlagen auch nicht auf Flachdächern montiert werden.*
>
> *Interesse hat auch die Industrie angemeldet. BP, der Ölmulti mit der Sonnenblume im Label, bescheinigt Konzentratorkraftwerken das Potenzial für »signifikanten Effizienzzuwachs« und testet spezielle Fotozellen auf Teneriffa und Kreta. Einige Kinderkrankheiten seien noch zu beheben, heißt es im Konzern. Dazu gehören die häufigen Kurzschlüsse in den Zellen, schnell verschmutzende Linsen und Materialprobleme mit der Isolierung.*

Sie ahnen es vermutlich schon: Dies ist keine gute Lösung, denn die Zwischenüberschrift verweist sehr prominent auf das Politiker-Statement – und damit eher auf einen Nebenaspekt des Textabschnitts. Viel wichtiger ist hier die Information, dass beispielsweise die Weltbank und auch der Ölkonzern BP ein Interesse an der neuartigen Konzentratorzellen-Technik zeigen – nur wenn weitere Geldmittel fließen, kann in absehbarer Zeit eine erste großtechnische Anlage gebaut werden. Eine weitaus bessere Zwischenüberschrift ist deshalb jene, die auf Zeit.de verwendet wurde:

> **Auch die Weltbank interessiert sich für die neuartige Stromfabrik**

Grundsätzlich ist diese Zwischenüberschrift in Ordnung: Sie bringt die zentrale Information der nachfolgenden Absätze auf den Punkt, teilt mit, dass sich die Weltbank für die neuartige Stromfabrik interessiere. Das *Auch* zu Beginn der Zwischenüberschrift weckt außerdem Neugier, weil offenbar nicht nur die Weltbank interessiert ist. Die zwangsläufig aufgeworfene Frage »Wer denn noch?« animiert zum Lektüre-Einstieg. Ganz optimal ist die Zwischenüberschrift allerdings dennoch nicht, denn das themenidentifizierende Stichwort *Stromfabrik* steht als neuntes Wort in der Zwischenüberschrift – Google berücksichtigt aber auch hier nur die ersten acht Wörter. Die einfachste Lösung wäre jetzt, sofern das innerredaktionell statthaft ist, auf mindestens einen der beiden bestimmten Artikel zu verzichten:

Auch die Weltbank interessiert sich für neuartige Stromfabrik

Das liest sich etwas gerupft, klingt für Überschriften generell aber nicht ganz ungewöhnlich und wäre vor allem für die Suchmaschinen besser geeignet. Alternativen gibt es natürlich immer. So lassen sich die Satzteile auch umstellen, und die Überschrift wird einfach mit dem Objekt eröffnet. Das sieht dann so aus:

Für die neuartige Stromfabrik interessiert sich auch die Weltbank

In diesem Fall fällt das Wort *Weltbank* durch den Rost. Es wird damit natürlich unterstellt, dass das Wort *Weltbank* als Themenindikator relativ unwichtiger ist als das Wort *Stromfabrik*. Ob das wirklich sachgerecht bewertet ist, hängt natürlich von der jeweiligen Zielgruppe der Website ab, auf der dieser Artikel zu lesen ist. Entscheidend für eine Zwischenüberschrift ist also, dass sie prägnant ist – sie muss auf den Punkt formulieren, worum es im Kern im nachfolgenden Absatz oder in den nachfolgenden Absätzen geht. Am besten wird diese Anforderung erfüllt, wenn dazu einfach das inhaltlich zentrale Wort aus dem Fließtext auch für die zugehörige Zwischenüberschrift genutzt wird. Mit diesem Kniff werden zwei Fliegen mit einer Klappe geschlagen: Die Leser bekommen im überfliegenden Lesen zusätzliche, präzisierende Hinweise darüber, ob der Text zu ihrem jeweiligen Interesse passt. Und Google erhält zusätzliche Hinweise darüber, für welche Suchbegriffe dieser Artikel als inhaltlich passende Quelle ausgegeben werden kann.

Der zweite Aspekt, den Nielsen nicht beleuchtet hat, betrifft die maximal erlaubte Länge der Absätze. Studien zu diesem Punkt gibt es meines Wissens zwar nicht, plausibel aber ist, dass auf den jeweils ersten Bildschirmportionen immer bereits der Beginn des zweiten Absatzes zu sehen sein sollte. Nur dann, wenn eine erste Leerzeile in der ersten Bildschirmportion zu sehen ist, können die Nutzer davon ausgehen, dass der angebotene Text aufgelockert layoutet ist und Lesepausen bietet. Füllt der erste Absatz jedoch die gesamte erste Bildschirmportion, läuft also der Text ohne Leerzeile wie eine Säule von oben nach unten, dann müssen die Nutzer den Eindruck gewinnen: Dies ist eine Bleiwüste. Und das wäre nicht gut. Der erste Absatz sollte also immer kürzer sein, als der Bildschirm hoch ist.

Und wohin mit den Links?

Der dritte, komplexere Punkt betrifft die Platzierung der weiterführenden Hyperlinks: Gehören sie als eingebettete Links in den Text? Gehören sie neben den Text? Oder gehören sie in eine Link-Gruppe neben den Text beziehungsweise ans Textende? Eine klare Antwort gibt es darauf leider – oder zum

Glück? – nicht. Für jede Lösung gibt es gute Gründe, ebenso aber auch klare Nachteile, und das eröffnet natürlich Ermessensspielraum. Wichtig ist einfach, dass jeweils klar ist, welche Vor- und welche Nachteile mit einem bestimmten Hyperlink-Ort verbunden sind.

Stehen die Hyperlinks mitten im Text, ist daran grundsätzlich problematisch, dass sie in eine Wahrnehmungskonkurrenz zum eigentlichen Inhalt treten: Ein gleichzeitiges Lauftextlesen und Link-Dechiffrieren ist für den Leser schwierig, wenn nicht sogar unmöglich. Als Leser steht man in Texten mit eingebetteten Links (neudeutsch: Embedded Links) deshalb immer vor der Frage: »Soll ich den Lauftext zu Ende lesen oder doch besser dem angebotenen Link folgen?« – und diese Frage lässt sich kaum in jenen etwa 0,05 Sekunden beantworten, die im gleichen Moment eigentlich für den nächsten Blicksprung verbraucht werden. Der Leseprozess ist damit unterbrochen.

Zudem ist zu bedenken, dass eingebettete Hyperlinks nicht nur das Zeile-für-Zeile-Lesen beeinflussen. Weil sie durch ihre Färbung hervorgehoben sind, greifen sie bereits dann in die Blickwanderung eines Lesers steuernd ein, wenn die gerade betrachtete Seite nur kurz überflogen und noch nicht gelesen wird. So zieht ein blauer Klecks in einem sonst schwarz gefärbten Schriftbild unweigerlich den Blick auf sich – und lässt die Leser im schlimmsten Fall all das überspringen, was im betreffenden Text vor dem Hyperlink steht. Für die Website insgesamt muss das nicht schädlich sein, für das Lesen des betreffenden Artikels jedoch schon.

Mehrere eingebettete Hyperlinks in dichter Folge in einem ansonsten hyperlinklosen Text sind aus diesem Grund doppelt problematisch. Sie stellen die Nutzer nicht nur vor die Frage: »Lese ich weiter oder folge ich dem Link?«, sondern werfen zusätzlich auch noch die Frage

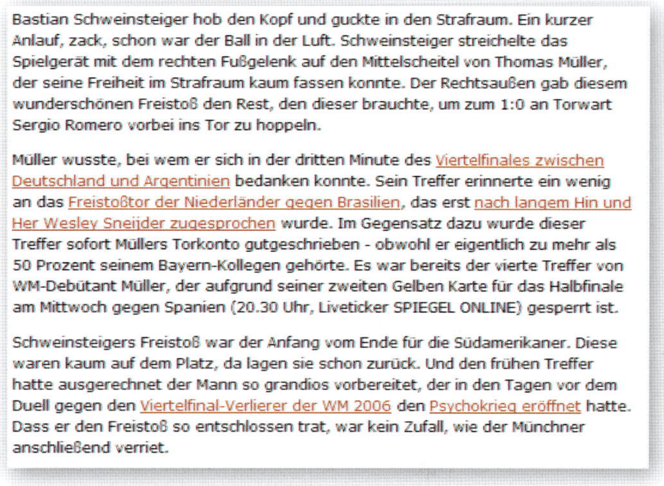

Bastian Schweinsteiger hob den Kopf und guckte in den Strafraum. Ein kurzer Anlauf, zack, schon war der Ball in der Luft. Schweinsteiger streichelte das Spielgerät mit dem rechten Fußgelenk auf den Mittelscheitel von Thomas Müller, der seine Freiheit im Strafraum kaum fassen konnte. Der Rechtsaußen gab diesem wunderschönen Freistoß den Rest, den dieser brauchte, um zum 1:0 an Torwart Sergio Romero vorbei ins Tor zu hoppeln.

Müller wusste, bei wem er sich in der dritten Minute des Viertelfinales zwischen Deutschland und Argentinien bedanken konnte. Sein Treffer erinnerte ein wenig an das Freistoßtor der Niederländer gegen Brasilien, das erst nach langem Hin und Her Wesley Sneijder zugesprochen wurde. Im Gegensatz dazu wurde dieser Treffer sofort Müllers Torkonto gutgeschrieben - obwohl er eigentlich zu mehr als 50 Prozent seinem Bayern-Kollegen gehörte. Es war bereits der vierte Treffer von WM-Debütant Müller, der aufgrund seiner zweiten Gelben Karte für das Halbfinale am Mittwoch gegen Spanien (20.30 Uhr, Liveticker SPIEGEL ONLINE) gesperrt ist.

Schweinsteigers Freistoß war der Anfang vom Ende für die Südamerikaner. Diese waren kaum auf dem Platz, da lagen sie schon zurück. Und den frühen Treffer hatte ausgerechnet der Mann so grandios vorbereitet, der in den Tagen vor dem Duell gegen den Viertelfinal-Verlierer der WM 2006 den Psychokrieg eröffnet hatte. Dass er den Freistoß so entschlossen trat, war kein Zufall, wie der Münchner anschließend verriet.

Abb. 77: *Jede Menge eingebettete Hyperlinks, und jeder wirft beim Anblick die Frage auf: Klicken oder Weiterlesen?*

auf: »Welchem der Links folge ich zuerst?« – eine ausgeruhte Lektüre des Basistexts wird dann kaum noch möglich sein.

In jedem Fall ist zu berücksichtigen, dass das Herausgehoben-Sein eingebetteter Links durch jeden zusätzlichen Link weiter verwässert wird; je mehr eingebettete Links auf wenigen Zeilen stehen, desto unnützer wird die Hervorhebung. In letzter Konsequenz sieht der Nutzer vor lauter Hyperlinks den Text nicht mehr. Beim Einsatz eingebetteter Links ist weniger also mehr.

Auf der anderen Seite haben eingebettete Links auch Vorteile: Gerade weil sie sich optisch aus dem Fließtext herausheben, sind sie für das schnelle Erfassen zentraler Begriffe des Artikels im überfliegenden Lesen natürlich wunderbar. Und: Eingebettete Links sind immer eng an ihren thematischen Kontext gebunden. Sie zeigen den Lesern unmissverständlich an: Hier gibt's mehr zu genau jenem Aspekt, der gerade im Blickfeld steht. Punktgenauer lässt sich ein weiterführendes

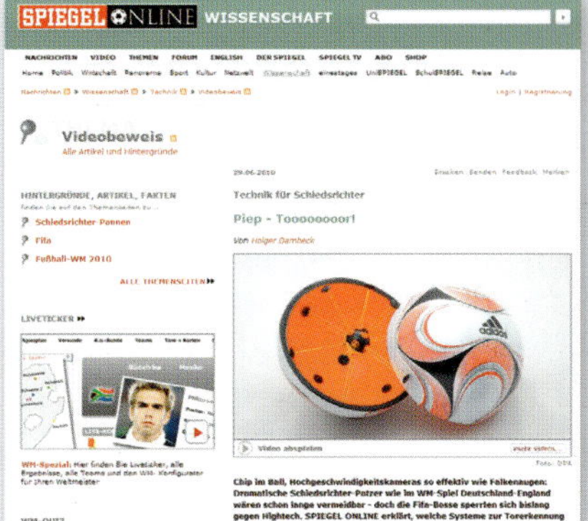

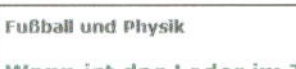

Fußball und Physik

Wann ist das Leder im Tor?

Firo

Das Ding muss über die Linie - das weiß jeder. Die Entscheidung, Tor oder kein Tor, ist jedoch schwieriger als gedacht. Der Dortmunder Physiker *Metin Tolan* erklärt, warum sich selbst erfahrene Schiedsrichter täuschen können.

Häufig erleben wir im Fußball umstrittene Torentscheidungen. War der Ball wirklich hinter der Linie? Das umstrittenste Tor der Fußballgeschichte ist wohl im WM-Finale 1966 gefallen und unter dem Namen "Wembley-Tor" in die Annalen eingegangen. Zinédine Zidane hat für Frankreich den ersten Elfmeter im Spiel lässig gegen die Unterkante der Latte gelupft. Von dort sprang er auf den Boden, wieder gegen die Latte und dann aus dem Tor heraus. Doch war dieser Ball wirklich im Tor? Im Elfmeterschießen hat David Trezeguet dann den entscheidenden Strafstoß gegen die Unterkante der Latte gehämmert. Der Ball sprang fast senkrecht nach unten auf den Rasen und von dort aus dem Tor heraus. War dieser Ball auch im Tor? Wir werden sehen, dass diese Fragen eigentlich nicht zu beantworten sind.

Ärger in WM-Spielen

Schiri-Fehler zwingen Fifa zu Beweistechnik-Diskussion

AP

Fifa-Präsident Blatter: "Wir müssen dieses Thema wieder diskutieren"

Die Fifa reagiert auf die krassen Fehlentscheidungen von WM-Schiedsrichtern: Präsident Blatter hat sich bei Mexiko und England entschuldigt - und kündigt eine neue Diskussion über technische Hilfsmittel an.

Hamburg - Fifa-Präsident Joseph Blatter hat sich für die Fehlentscheidungen einiger Schiedsrichter während der WM entschuldigt. Namentlich erwähnte er die Teams aus Mexiko und England, die in ihren Achtelfinals benachteiligt wurden. "Ich habe ihnen gesagt: Es tut mir leid, was geschehen ist", sagte der 74-Jährige. "Ich bedauere es, wenn ich die offensichtlichen Fehler der Schiedsrichter sehe. Es ist kein Fünf-Sterne-Turnier für die Unparteiischen. Ich bin betrübt."

Zudem schloss Blatter die Einführung von technischen Hilfsmitteln im Fußball nicht mehr aus. "Es wäre unsinnig, sich darüber keine Gedanken zu machen. Wir müssen dieses Thema wieder diskutieren", sagte Blatter am Dienstag in Johannesburg. Er machte allerdings klar, dass ausschließlich die Einführung einer

Schiedsrichter-Fehler

Anti-Wembley-Tor provoziert Streit über Videobeweis

Von Jens Witte

Foto: DPA

Deutschland feiert, der Gegner ist erschüttert. Englands Team wurde um den Ausgleichstreffer betrogen - die Szene dürfte noch jahrelang zu Diskussionen führen. Auch im Argentinien-Spiel machte der Schiedsrichter einen bösen Fehler. Kritiker fragen: Was muss passieren, damit der Videobeweis kommt?

Hamburg - Manuel Neuer und Hans Tilkowski haben einige Gemeinsamkeiten. Beide stammen aus dem Ruhrgebiet. Beide sind Torhüter. Und beide sind Hauptakteure der deutsch-englischen Fußballgeschichte. Tilkowski seit dem Wembley-Tor 1966. Neuer seit dem Anti-Wembley-Tor an diesem Sonntag.

Falls es jemand wirklich nicht weiß: Der Dortmunder Tilkowski kassierte im WM-Finale 1966 (4:2 n.V. für England) einen Treffer der Engländer, der nach fester deutscher Überzeugung keiner war. Der Ball auf der Linie - wie gesagt: nach deutscher Überzeugung - ging als sogenanntes Wembley-Tor in die Fußball-Geschichte ein. Seit 44 Jahren wird darüber gestritten, zu jedem Spiel beider

Entscheidung des Weltverbands

Fifa verweigert sich dem Hightech-Fußball

REUTERS

Fifa-Generalsekretär Valcke: "Den Fußball so erhalten, wie er ist"

Kein Chip im Ball, keine Torkameras: Der Weltverband Fifa hat neuen Technologien zur Unterstützung der Schiedsrichter auf dem Fußballplatz endgültig eine Absage erteilt. Fehler der Schiedsrichter gehören zum Spiel - lediglich einen Torrichter könnte es in Zukunft geben.

Hamburg - Der Weltverband Fifa entschied nach einer Sitzung mit dem für Regelfragen zuständigen International Football Association Board (IFAB), "der Technik die Tür endgültig zu verschließen", sagte Fifa-Generalsekretär Jérome Valcke. "Die Frage war, sollen wir Technik im Fußball zulassen, und die Antwort war ganz klar: Nein!", sagte Valcke auf einer Pressekonferenz in Zürich. Am dortigen Fifa-Sitz hatte sich das IFAB am Samstag zu seiner 124. Jahresversammlung getroffen.

Zwei Firmen hatten den Verantwortlichen der Fifa sowie der Verbände aus

Abb. 78: *Embedded Links auf spiegel.de*

Dokument nicht an das aktuelle Interesse eines Lesers anbinden. Voraussetzung ist dann allerdings, dass der Text auch Wörter oder Satzteile anbietet, die inhaltlich als Linktext für einen Hyperlink geeignet sind. Idealerweise sollten jene Wörter oder Satzteile, die als Anker-Text (Linkbeschriftung) verwendet werden, auch gleich am Kopf der Zielseite zu sehen sein – ganz so, wie es die Nutzer von den Teaser-Wiederholungen her gewöhnt sind. Leider funktioniert das bei den eingebetteten Links mindestens nicht immer, wie das spiegel.de-Beispiel zeigt (s. Abb. 78). Hier erlauben die Links keine wirklich genaue Prognose darüber, welcher Inhalt auf der jeweiligen Zielseite wartet.

Eingebettete Hyperlinks sind also Orientierungsmarke und Lesehürde zugleich: Orientierungsmarke, weil die Fettung und/oder Färbung den eingebetteten Link aus dem umgebenden Kontext heraushebt und so das scannende, selektive Lesen fördert. Lesehürde, weil zu viele eingebettete Links die Lesbarkeit eines Textes deutlich verschlechtern und die blauen Farbtupfer das Schriftbild beunruhigen. Lesepsychologisch scheint es deshalb generell sinnvoll, auf Links im Lauftext zu verzichten und sie stattdessen außerhalb des jeweiligen Lauftexts zu platzieren. Sollen trotzdem eingebettete Links genutzt werden, dann muss man sich über die besonderen Vor- und Nachteile dieses Link-Typs im Klaren sein. Je mehr eingebettete Links in einem Fließtext verwendet werden, desto häufiger wird der Lesevorgang irritiert und desto schwieriger ist es für den Leser, sich auf den Inhalt zu konzentrieren. Da es kein gesichertes Richtmaß für die maximale Anzahl eingebetteter Links je Textmenge gibt, ist der Einsatz dieser Hyperlinkvariante letztlich eine Frage der Sichtkontrolle. Erscheint die Anzahl der Links textverträglich, können sie natürlich in den Fließtext eingebaut werden – auch wenn sich das aus wahrnehmungspsychologischer Sicht nachteilig auf das Lesen auswirken kann.

Droht ein Text aber durch zu viele eingebettete Links überfrachtet zu werden, dann ist es besser, die Links außerhalb des Fließtextes zu platzieren und zu einer Gruppe zusammenzufassen. Vorteil für die Nutzer: Das Lesen des Fließtextes wird deutlich entlastet, weil man sich jeweils nicht mehr mitten im Text entscheiden muss, ob man lieber weiterklickt oder weiterliest. Logfile-Analysen zeigen zudem, dass Linkgruppen am Textende oder neben dem Text platziert echte Traffic-Motoren sind: Linkgruppen werden von den Webnutzern gern als temporäre Ausgangsplattformen für weitere Erkundungen genutzt, sodass Folgeklicks generiert werden können. Allerdings gib es auch einen Nachteil: Weil die Links nicht mehr innerhalb, sondern außerhalb des Textes stehen, fehlt ihnen jeweils der unmittelbare inhaltliche Bezugspunkt.

Auch ist nicht allgemeingültig zu beantworten, ob eine solche Gruppe weiterführender Links dann am besten zwischen Vorspann und Lauftext platziert wird, neben dem Lauftext in einer Marginalie oder am Textende. Im Sinne einer logischen Lesereihenfolge wäre es sicher vernünftig, die Linkgruppen immer ans Textende zu stellen. Metakommunikativ wird den Nutzern damit signalisiert: Lest erst in Ruhe den Text, dann könnt ihr euch immer noch um die weiterführenden Links kümmern. Allerdings ist in vielen Eyetracking-Studien registriert worden, dass die Leser einen aufgerufenen Text eher selten komplett durchlesen und meist bereits im Leseverlauf wieder aus dem Text aussteigen. So gesehen ist es sinnvoll, Linkgruppen nicht ans Textende zu stellen, sondern in den Text, vorzugsweise ans Ende des ersten oder zweiten Absatzes.

Foto: ddp

Düsseldorf

Kommentare (20)

Die neue Schulpolitik von Rot-Grün

VON FRANK VOLLMER - zuletzt aktualisiert: 08.07.2010 - 18:49

(RP) Längeres gemeinsames Lernen und die Gemeinschaftsschule: Das sind die beiden schulpolitischen Kernvorhaben, die der Koalitionsvertrag skizziert. Rot-Grün sucht den Konsens – auch, um dem Zorn der betroffenen Eltern zu entgehen. Dennoch drohen NRW unruhige Zeiten.

Nicht weniger als elf Seiten umfasst das Kapitel "Bildung" im rot-grünen Koalitionsvertrag für Nordrhein-Westfalen. Es steht am Kopf der Kapitelfolge mit den einzelnen Vorhaben, die Rot-Grün bis 2015 verwirklichen will. Die Bildungspolitik ist das Herz dieses Programms. Die Lektüre der elf Seiten legt nahe: Den NRW-Schulen stehen unruhige Jahre bevor.

MEHR ZUM THEMA

Koalitionsvertrag in NRW: Das steht bei Rot-Grün schon fest

Ziel sei "die Beste Bildung für alle", heißt es im Einleitungskapitel – Beste Bildung mit großem B, einmalig wie Schwarzwälder Kirschtorte und Französische Revolution. Kein anderes Kapitel des Koalitionsvertrags ist stärker werturteilsgeleitet – negativ gesagt: von Ideologie geprägt – als dieses.

WEITERE ARTIKEL

- **Das Ja und Nein der Linken**
  Die Linke-Spitze ist sich uneins zum Umgang mit Rot-Grün. **mehr**
- **Lötzsch: Wir unterstützen Rot-Grün in NRW**
- **Rot-Grün und die Kommunen**
- **Rot-Grün nimmt Großbetriebe ins Visier**
- **Rot-Grün hält an der Betuwe Kurs**
- **Unsicherer Kurs von Rot-Grün**
- **Mehr Lehrer, mehr Kita-Plätze - mehr Schulden**

Begriff eingeben SUCHEN

Man verstehe "die Schule der Zukunft nicht nur als vielseitigen Lern-, sondern auch als anregungsreichen Lebensort, den eine Kultur der Wertschätzung und Ermutigung prägt", heißt es entsprechend blumig. Zwei Projekte stehen für diesen Anspruch: das längere gemeinsame Lernen und die Gemeinschaftsschule.

"Längeres gemeinsames Lernen gerechter"

Kinder sollen mindestens sechs Jahre nicht in Leistungsgruppen aufgeteilt werden. "Längeres gemeinsames Lernen macht unser Bildungssystem gerechter und leistungsstärker", heißt es. Zweifellos eine schöne Vorstellung – praktisch oder theoretisch

Abb. 79: *Artikel-Layout auf rp-online.de: Die Fotos führen die Blicke zum Textanfang.*

Linksetzmuster entlasten die Nutzer

Soll auf keinen Fall auf eingebettete Links verzichtet werden, dann können die Nutzer auch durch ein innerredaktionell vorgegebenes Verlinkungsmuster entlastet werden. Festgelegt wird dazu, dass in allen Texten der gesamten Website immer nur bestimmte Wörter oder Namen verlinkt werden dürfen. So werden eingebettete Hyperlinks auf Wirtschafts-Websites häufig ausschließlich auf die in den Fließtexten enthaltenen Firmennamen gesetzt – sicher eines der einfachsten Linksetzmuster (siehe Abb. 80).

Das Lesen wird auf diese Weise weniger gravierend gestört, denn als Leser lernt man sehr schnell, dass alle eingebetteten Links nur einem Zweck dienen: Sie sollen, wenn gewünscht, direkten Zugang zur Website der genannten Firma bieten – sonst nichts. Hat man das Prinzip erst einmal verstanden, dann wird das Lesen deutlich entlastet, weil man nicht mehr bei jedem Link innehalten und überlegen muss, welche Information sich hinter der Verknüpfung verbergen könnte und ob man dem Link sofort folgt.

Ein solches Setzmuster für eingebettete Links lässt sich als Stilmittel natürlich auch auf andere Zielgruppen zuschneiden: Im Star- und People-Magazin stars-up.de (nicht mehr im Netz) wurden eingebettete Links beispielsweise immer dann eingesetzt, wenn ein Starname in einem aktuellen Artikel mit der entsprechenden Biografie vernetzt werden sollte. Tauchte also in einem Artikel etwa der Name Boris Becker auf, dann wurde der Name via Link mit der Boris-Becker-Biografie verknüpft. Wer sich abseits der Tagesaktualität detaillierter über Boris Becker informieren wollte, konnte dies also ohne Umweg tun: Einfach auf den Link klicken und direkt vom aktuellen Bericht in den zugehörigen archivierten Kontext einsteigen. Da auch in den Biografien wiederum ausschließlich die Starnamen für die Links genutzt wurden, konnten die Leser durch einfaches Sich-an-den-Links-Entlanghangeln das gesamte, persönliche Wer-was-wann-wo-mit-wem-Beziehungsgeflecht eines bestimmten Stars erkunden. Als Leser konnte man sein Idol auf diese Weise von einer ganz neuen Seite kennenlernen, wie einen Freund oder eine Freundin, von denen man ja auch ziemlich genau weiß, mit wem er oder sie sich so trifft. So tauchten in der Boris-Becker-Bio beispielsweise nicht nur Thommy Haas und Nicolas Kiefer auf, sondern natürlich auch Sabrina Setlur, die in der Trennungsaffäre zwischen Boris und seiner Ex-Frau Barbara eine Rolle spielte. Folgte man also im aktuellen Nachrichtentext dem Link zur Becker-Biografie, dann fand man dort im Fließtext weitere Namens-Links zu weiteren Stars, eben beispielsweise zur Sabrina-Setlur-Bio, und erfuhr dort, soweit nicht bereits bekannt, wer das ist, woher sie stammt, was sie macht, mit wem sie bis dato liiert war etc. In der Setlur-Biografie fand sich dann wiederum ein Link zur Xavier-Naidoo-Bio, der angeblich intensiv mit Barbara Becker befreundet gewesen sein soll, was wiederum dem Artikelarchiv entnommen werden konnte usw. Folgte man als interessierter Fan konsequent diesen Star-Links, dann erschloss sich mit jedem weiteren Text langsam, aber sicher das gesamte persönliche Umfeld des Stars. Der Link auf den jeweiligen Starnamen wurde so zum Dreh- und Angelpunkt zwischen aktueller und Hintergrund-Berichterstattung und damit zum Stil

ÖLBRANCHE

Wo sich nachbohren lohnt

[11:11, 07.07.10]

Von Willi Weber

Das Öldrama im Golf von Mexiko wird für die Branche Folgen haben. Doch wie bei jeder Katastrophe gibt es auch Profiteure.

Kein Zweifel, die Ölpest im Golf von Mexiko ist ein ökologisches Desaster - und ein finanzielles Debakel für den britischen Ölmulti **BP**. Doch was hat das größte und teuerste Bohrunglück aller Zeiten für die Ölindustrie zu bedeuten? Werden die technisch schwierigen und daher riskanten Tiefseebohrungen eingeschränkt oder ganz verboten? Die Regierung Obama hatte ja bereits ein Moratorium verfügt, wenngleich dieses von einem US-Gericht wieder aufgehoben wurde.

"Ein generelles Verbot von Tiefseebohrungen erachte ich für sehr unrealistisch", sagt Alexander Berger von der Tübinger Vermögensverwaltungsgesellschaft Thallos. Die Energiepolitik der USA sehe vor, vom Opec-Öl unabhängiger zu werden. Die Ölquellen vor der Küste seien daher für die US-Politik von elementarer Bedeutung. Das Gleiche gelte auch für Brasilien und Nigeria, die ebenfalls über riesige Tiefseeölvorkommen verfügen.

Ohne diese Quellen, so Berger, würde die Ölproduktion des Westens rapide sinken, und die Abhängigkeit von Nahostproduzenten steigen: "Bei einem globalen Verbot würde sich der Ölpreis innerhalb von Stunden verdoppeln." Dies sei den Regierungschefs bekannt und angesichts der fragilen Konjunktur nicht gewünscht.

Stattdessen geht Berger wie die große Mehrheit der Analysten davon aus, dass es zu einer Verschärfung der Sicherheitsstandards kommen wird und der Preis je Barrel von derzeit rund 73 Dollar steigt. **Goldman Sachs** zum Beispiel prognostiziert einen Preisanstieg für die Sorte WTI (West Texas Intermediate) auf 98 Dollar binnen zwölf Monaten. Die Ölkatastrophe vor Augen räumt auch Fatih Birol, Chefökonom der Internationalen Energieagentur (IEA), ein: "Die Ära des billigen Öls ist vorbei, vermutlich für immer." Von höheren Ölpreisen könnte der Sektor der erneuerbaren Energien profitieren. Aber auch Unternehmen, die reiche Öl- und Gasvorkommen an Land haben, wie zum Beispiel der US-Riese **Exxon** oder der russische Gazprom-Konzern.

Neuer Schwung wäre auch für die kanadische Ölsandbranche zu erwarten. Denn je teurer das Barrel, desto rentabler wird die Gewinnung von synthetischem Öl aus Ölsand. Gute Kurschancen bescheinigen Analysten insbesondere dem größten kanadischen Ölsandkonzern Suncor Energy. Der Nachrichtenagentur Reuters zufolge stufen 16 von 20 Experten die Aktie mit "Kaufen" oder "Outperform" ein.

Neal Dingmann vom US-Finanzdienstleister Wunderlich Securities sieht noch weitere potenzielle Gewinner: "Gute Perspektiven ergeben sich für Firmen, die Bohrtechnik für die Ölförderung an Land anbieten." Die Ölmultis, so Dingmann, würden infolge der finanziellen Risiken von Tiefseebohrungen wieder verstärkt ihr Bohrglück auf dem Land versuchen. Von einer steigenden Nachfrage nach entsprechender Technik könnten Unternehmen wie Basic Energy Services oder Lufkin Industries profitieren.

Alexander Berger ist da skeptischer. Große Kursaufschläge bei Bohrtechnikanbietern erwartet er nicht. Stattdessen verweist der Finanzexperte auf einen anderen Punkt: "Wie so oft, wenn Verschärfungen nicht global umgesetzt werden, haben Firmen, die sich zum Beispiel außerhalb des US-Einflusses bewegen, Vorteile." Ölkonzerne wie das brasilianische Schwergewicht Petrobras, so Berger, würden eine mögliche Regulierung vor den Küsten der Vereinigten Staaten überhaupt nicht interessieren.

Zwar hat der Petrobras-Konzern, der mehrheitlich dem Staat gehört, eine milliardenschwere Kapitalerhöhung zur Finanzierung von Tiefseebohrungen vor Brasiliens Küste vor wenigen Tagen um zwei Monate verschoben. An den ehrgeizigen Plänen der brasilianischen Regierung, die gewaltigen Tiefseefelder zu erschließen und auszubeuten, ändert das aber nichts. Dafür spielen die Öl-Dollar im politischen Kalkül des Präsidenten Luiz Inácio Lula da Silva eine zu wichtige Rolle, um die Armut im Land zu bekämpfen und das Bildungssystem zu verbessern.

Neben Petrobras zählt auch Gazprom zu Bergers Favoriten. Beide Titel seien infolge der "Deepwater Horizon"-Katastrophe übergebührlich abgestraft worden. Von der BP-Aktie rät der Finanzexperte dagegen trotz des derzeit scheinbar günstigen Einstiegspreises ab. Das ganze Ausmaß der Schadensersatzforderungen, so Berger, sei einfach nicht absehbar.

STECKBRIEF

Aktie	ISIN	Perf. in %		Börsenwert	KGV
		2010	1 Jahr	in Mrd. $	2010e*
Petrobras	US 716 54V101 7	–16,7	13,7	145,98	8,5
Gazprom	US 368 287207 8	–7,1	16,7	116,59	4,2
Suncor	CA 867 224107 9	–5,1	24,9	46,98	20,8
Lufkin Industries	US 549 764108 5	17,2	112,7	1,17	21,2

* e = erwartet; Stand: 6.7.2010; Quelle: Bloomberg

Kursinformationen + Charts

Unternehmen	ISIN	Aktuell	Veränderung	Details
PETROLEO BRASILEIRO S.A....	US71654V1017.F	24,00 EUR	-1,96 %	
SUNCOR ENERGY INC. (NEW)...	CA8672241079.F	23,50 EUR	-0,44 %	
LUFKIN INDUSTRIES INC....	US5497641085.F	29,91 EUR	-2,16 %	

Abb. 80: *Linksetzmuster bei Börse Online: Im Text wird ausschließlich auf die Firmennamen verlinkt. Auf Mausklick erscheinen die Aktienkurs-Charts auf dem Bildschirm.*

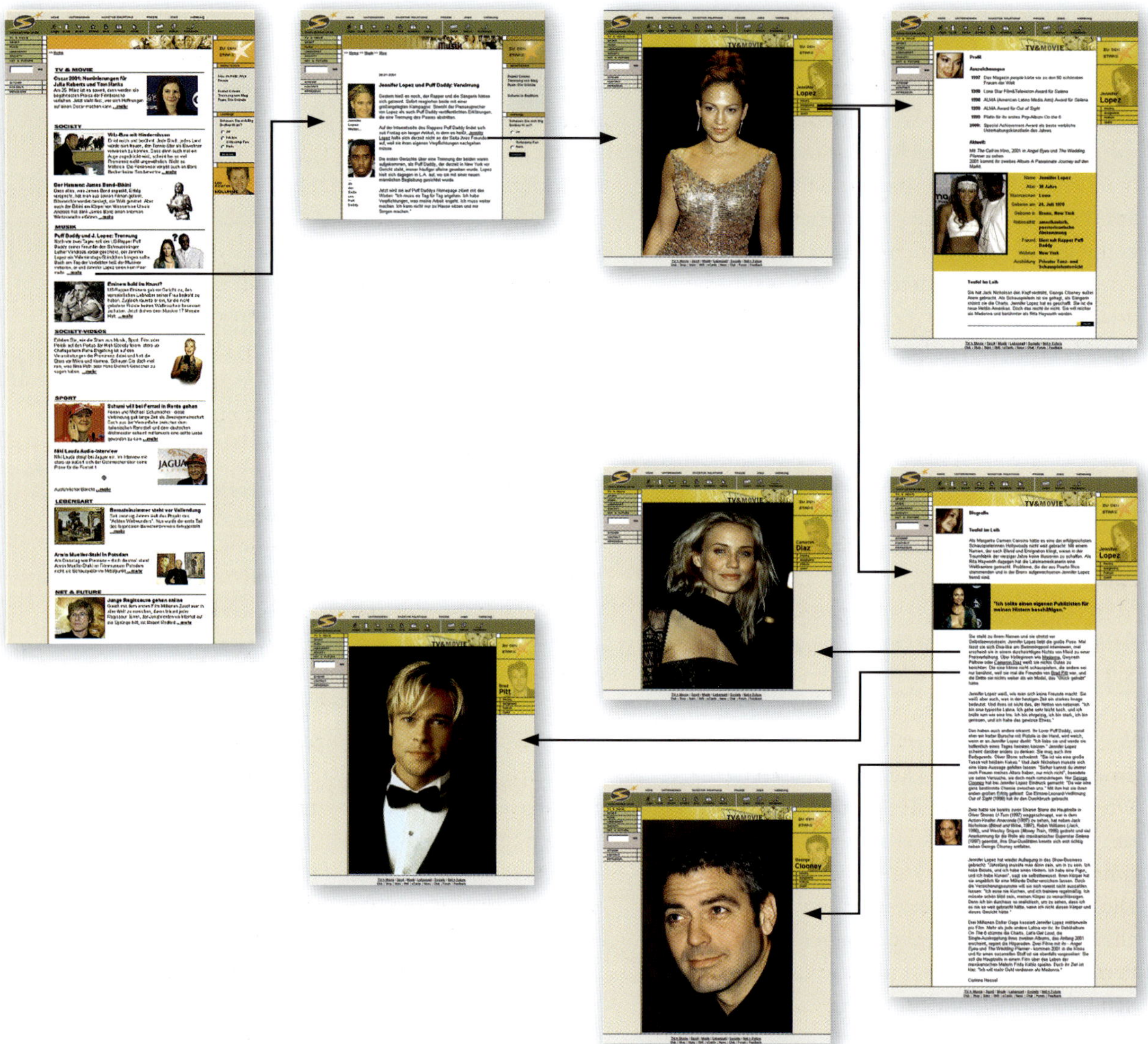

Abb. 81: *Linksetzmuster im Internet-People-Magazin stars-up.de (seit Mitte 2001 vom Netz): Als Regel für das Setzen der Links galt auf der gesamten Site: In Fließtexten werden ausschließlich die Starnamen als Verweise genutzt, mit Klick auf den jeweiligen Starnamen wird die zugehörige Star-Biografie auf den Bildschirm geladen. Vorteil für die Nutzer: Das Lesen wird durch diese Verlinkungsregel entlastet, denn im Moment des Blickkontakts mit dem Link ist ohne weiteres Überlegen klar: Hier geht's zur Star-Biografie. Wer die nicht will, kann sich das Klicken sparen.*

bildenden Merkmal, der Link funktionierte als Schlüssel zum Star. Die Stars wurden also nicht nur thematisch und illustrativ ins Zentrum gerückt (wie in einem Print-Medium), sie nahmen auch eine Schlüsselposition im Interface der Website ein – ganz so, wie es für ein People-Magazin im Web angemessen erscheint. Verlinkungsmuster sind in diesem Sinne ein völlig neues Instrument der Zielgruppenansprache, und die Möglichkeiten sind in dieser Hinsicht noch längst nicht ausgelotet. Auch auf spiegel.de ist in jüngerer Zeit ein solches Linksetzmuster für eingebettete Links etabliert worden: Die Namen prominenter Personen werden als Link-Text verwendet, und der jeweilige Link führt dann stets auf ein Themenpaket zu eben dieser Person, in dem alle zuletzt publizierten Artikel, aktuelle Meldungen, Fotostrecken und Lexikon-Stichwörter versammelt sind.

Mit Bildern binden

Das Template zeigt: Ein klares Layout ist Trumpf. Es fehlen jetzt nur noch die Fotos. Wie viele Fotos dürfen es sein? Was bringen sie? Und vor allem: An welchen Positionen sollen sie in den Text aufgenommen werden? Die Usability-Forschung sagt dazu leider nicht allzu viel, wasserdichte Befunde sind spärlich vorhanden. Eine der wenigen ernstzunehmenden Quellen ist eine Studie der beiden Usability-Berater Thorsten Wilhelm und Miriam Yom aus dem Jahr 2003: Danach steuern Fotos auf überwiegend textdominierten Webseiten primär den Blickverlauf. Generell empfiehlt sich deshalb, so Wilhelm und Yom, »ein ausgewogener Mix zwischen Bildern und Text. Die Bilder sollten durch ihre Reizstärke dazu beitragen, das Interesse an den Textpassagen zu steigern«. Dies gelinge vor allem in alternierender Anordnung von Bildern und Textpassagen, also mit einem Zickzack-Layout. Der Befund ist allerdings schon etwas betagt, und wo genau im Text-Bild-Mengenverhältnis die Grenze zwischen ausgewogen und nicht mehr ausgewogen verläuft, ist für Artikelseiten bislang nicht näher ausgeleuchtet.

Wirklich Gesichertes lässt sich über die optimale Bildplatzierung auf den Artikelseiten also eher nicht sagen. Das Zickzack-Layout immerhin hat eine gewisse Plausibilität: Im westlichen Kulturkreis wird nicht nur von links nach rechts gelesen, sondern im Zeilenlauf auch von oben nach unten. Daraus resultiert ein Phänomen, dass die Kognitionspsychologie »reading gravity« nennt: Der typische Blickverlauf beim Lesen ist ein natürlicher Zickzack-Verlauf in Abwärtsrichtung. Werden Fotos im gleichen Zickzack angeordnet, kann das tendenziell das Dranbleiben und Weiterlesen befördern. Zudem werden Bilder schon im Überfliegen vergleichsweise lange fixiert (meist bis etwa zwei Sekunden), sodass mehrere Bild-Elemente auf einer Seite die Verweildauer erhöhen können und die Stickyness der Seite verbessert wird. Wenn diese Bilder dann nicht streng untereinander angeordnet sind und sich im Zickzack im Layout verteilen, dann entstehen potenzielle Blickverlaufswege (Blickachsen), die über die zwischenliegenden Textabschnitte führen. Springen die Blicke nun in der Scan-Phase zunächst zwischen den Bildern hin und her, dann bekommen die überflogenen Textabschnitte eine gesteigerte Kontaktchance, sodass auch ein Lektüre-Einstieg wahrscheinlicher wird.

Zick-Zack-Layouts sind allerdings auch nicht ganz unproblematisch: Redaktionell verursachen sie Mehraufwand, weil der Bild-Inhalt jeweils auf den Text-Inhalt an der betreffenden Position abzustimmen ist. Und in Crossmedia-Konstellationen wird das Content-Management komplizierter, denn das, was für das Lesen auf Schreibtisch-Bildschirmen sinnvoll ist, muss noch lange nicht in gleicher Weise für das Lesen auf den Mini-Displays gängiger Smartphones funktionieren. Für mobile Sites sind Zick-Zack-Layouts wegen des geringen Platzangebots eher ungeeignet, sodass zusätzliche Templates angelegt und gepflegt werden müssten.

Auf vielen Mediensites sind die noch vor Jahren häufig anzutreffenden Zick-Zack-Layouts mittlerweile eher selten zu finden. Dafür macht sich seit einiger Zeit ein anderes Template-Muster breit, das sowohl für reguläre als auch für mobile Sites funktioniert: Ein breitformatiges Bild über dem Texteinstieg eröffnet die Seite. Kognitionspsychologisch ist das sinnvoll: Relativ größere Bilder haben einen vielfach nachgewiesenen Effekt als Blickfänger. Am Seitenkopf platziert können sie den Blick in die Nähe des Textanfangs führen und dort auch für kurze Zeit halten. Mindestens die Überschrift und der Teaser-Text erhalten damit relativ hochwahrscheinlich eine erste Blickkontakt-Chance. Manchmal steht zusätzlich gleich im ersten Absatz dann noch ein kleineres Bild. Dieses zweite Bild konstruiert dann eine Blickachse, die vom Aufmacher-Foto über den Teaser-Text gleich bis an den Beginn des Lauftextes führt. Rezeptionspsychologisch ist das für die erste Bildschirmportion eine durchaus clevere Anordnung.

Die Text-Bild-Anordnung auf Artikelseiten entwickelt sich in dieser Linie also eher zu einem zweigeteilten Layout: Am Seitenkopf steht ein großes Aufmacherbild, der

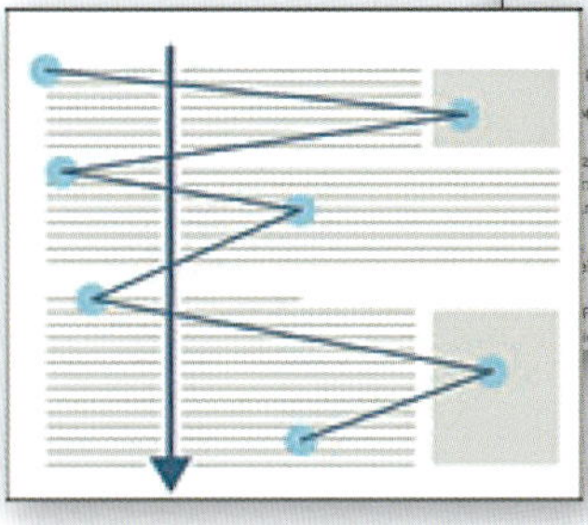

Abb. 82: *Die Kognitionspsychologie kennt das Phänomen der sogenannten Lese-Schwerkraft: Menschen im westlichen Kulturkreis bewegen sich lesend bevorzugt in Abwärtsrichtung und springen dabei im Blickverlauf tendenziell von links nach rechts, sodass das Lesen einem Zickzack-Muster folgt (kleines Bild). Zickzack-Anordnungen von Fotos scheinen aus diesem Grund günstig zu sein, wenn die Nutzer visuell zum Dranbleiben bewogen und das Weiterlesen angeregt werden soll.*

Abb. 83: *Auf der rechten Siete je ein Seitenlayout auf spiegel.de in den Jahren 2003 (links) und 2010 (rechts): Die Zickzack-Anordnung der Fotos im Lauftext ist verschwunden.*

SPIEGEL ONLINE REISE

Aktuell | Metropolen | Kurztrip | Fernweh — 05. August 2003

SEGELN DURCH DIE SEYCHELLEN

Im Abertausend-Sterne-Hotel

Von Stefan Hejjnk

Inseln, auf denen Postkarten nicht lügen müssen; Palmen, die schon für so manche Fototapete Modell standen; Strände, vor denen nur die Haiflosse noch fehlt: Die Seychellen sprechen alle Sinne an. Ein Multimedia-Special.

Das kleine Paradies der "Sea Pearl": Relaxen auf dem Sonnendeck

Skipper Lars lehnt sich aus der Backbordtür der Schiffsbrücke, schreit übers Deck: "Okay, auf geht's!" Adi, Rudolphe und Marcus reißen gleichzeitig an den Leinen und das Hauptsegel löst sich mit einem Ruck vom Rundholz über dem Sonnendeck. Keine zwei Minuten später steht das Tuch am Hauptmast. Das Schiff neigt sich gegen den Horizont, Gischt spritzt an den Bugspriet, und für einen Moment zeigt sich ein kleiner Regenbogen. Das Schiff ist erwacht. Die Segel-Kreuzfahrt beginnt.

Mit acht Crewmitgliedern und 16 Passagieren macht sich der Zwei-Mast-Schoner auf den Weg von Praslin nach La Digue. In den nächsten sieben Tagen wird uns die "Sea Pearl" quer durch die Inselwelt der Inneren Seychellen befördern, die zwischen Madagaskar und Indien im Indischen Ozean funkeln. Im Umkreis von 1100 Kilometern ist nichts als blaue, schaumgekrönte Weite, nur durchbrochen von den schönsten Buchten der Welt.

Unter vollen Segeln: Die "Sea Pearl" nimmt Sie mit auf einen Törn durch die Inselwelt der Inneren Seychellen

Die Insel La Digue, die erste Station, entpuppt sich als Ort, an dem Foto-Postkarten nicht lügen müssen: Das Wasser glitzert türkisblau im Sonnenschein; der Sand strahlt gleißend weiß; die von Mutter Natur an die Gestade gemurmelten Granitbrocken schimmern unwirklich in Hellbeige, Ockerrot oder Grauschwarz; die Palmen haben im Sonnenuntergang sicher schon für manche Fototapete Modell gestanden, und das Strandgesträuch ist so grün, wie selbst ein seychellischer Baumfrosch nicht grüner sein kann. Als der englische Offizier Charles Gordon 1881 den Gedanken fasste, die Seychellen seien der biblische Garten Eden, muss er wohl hier herumgelaufen sein.

Zauberei in der Kombüse: Co-Smutje Jimmy und Elva

Zurück auf dem Schiff empfängt uns die "Sea Pearl" mit duftendem Zitronenkuchen und frischem Kaffee. Die meisten Passagiere zieht es gleich aufs Sonnendeck, das kleine Paradies der "Sea Pearl": Das sonnengetränkte Teakholz wärmt mir den Rücken, der Wind brummt auf einigen Metallösen leise Wiegenlieder, die Sonne blinzelt ab und an durch die gesetzten Segel, und mit dem leichten Rollen auf sanft gekräuselter See massiert mir das Schiff behutsam den Nacken und die Schultern. Groß- und Kleinhirn schalten auf Dös-Sinn, und kurz vor dem Einschlummern kreisen mir so weltbewegende Dinge durch den Kopf wie "Die Wasserflasche muss bei der Neigung bestimmt bald umkippen".

Kreolische Köstlichkeiten aus ein winzigkleinen Kombüse

Inzwischen bereitet Joakeem das Abendessen vor. Joakeem ist Smutje der "Sea Pearl" und wohl einer der besten Köche des Landes. Immerhin hat er die Seychellen im letzten Jahr auf einer Promotiontour durch Deutschland vertreten. Was er und sein Co-Koch Jimmy in der klitzekleinen Kombüse auf die Teller zaubern, lässt im Salon allabendlich die Gästegaumen jauchzen – vom pfeffergewürzten Entrecote bis zum Geflügelcurry, vom marinierten Snapper bis zum gebratenen Papageifisch.

Während des Dinners hat sich die "Sea Pearl" bereits in ihr Nachtkleid gehüllt. Die Segel sind längst eingeholt, und wir liegen vor Praslin. Auf dem Achterdeck wird nach dem Essen bei Bier und Wein munter geklönt, geprostet und gelacht. Nach und nach locken dann aber doch die Kojen. In meiner Kabine will die Klimaanlage nicht so, wie sie eigentlich sollte. Es ist stickig. Noch dazu kämpft Lothar nebenan hörbar mit seiner Seekrankheit – also entscheide ich mich, es den Crewmitgliedern gleich zu tun und an Deck zu schlafen.

CURIEUSE: Türkisblaues Wasser, weißer Sandstrand, die "Sea Pearl" am Horizont, der Dschungel im Rücken: Wie es auf der Seychellen-Insel Curieuse wirklich aussieht – ein 360-Grad-Panorama... WEITER

Das weite Glitzerband der Milchstraße

Decksmann Marcus hat es sich dort im Bugsprietnetz gemütlich gemacht. Co-Smutje Jimmy pennt über der Brücke. Und ich lege mich auf das Dach des Salons. Als gegen Mitternacht die Deckbeleuchtung abgeschaltet wird, erstrahlt über den Masten das weite Glitzerband der Milchstraße mit ihren Abertausenden Funkelsternen. Das Kreuz des Südens flüstert: "Wir sind südlich des Äquators." Und hinter den Bergen Praslins macht sich der Mond langsam für seine nächtliche Wanderung bereit, schneidet die Insel als Schattenriss aus dem Horizont. Eine sanfte Brise streichelt über das schläfrig schaukelnde Schiff. Das alles ist zu schön, um jetzt einzuschlafen. Erst als es bereits dämmert, mache ich noch für zwei Stunden die Augen zu.

Steingewordenes Inselklischee: St. Pierre

Am nächsten Tag kommt ein erfrischender Ausflug ins blaue Nass genau zur rechten Zeit. Am frühen Mittag bringt uns die "Sea Pearl" unter fast vollen Segeln nach St. Pierre, das naturgewordene Inselklischee: Ein vielleicht 50 Meter breiter Felsbogen aus wellenumtosten Granitblöcken ragt aus dem Wasser, obendrauf ein paar Palmen, umgarnt von etwas Bodengrün. Eigentlich fehlt nur noch die Haiflosse, die das Inselchen umkreist. Den Hai bekommen wir zwar über Wasser nicht zu Gesicht, unter Wasser sind es dafür aber gleich vier Exemplare, Gattung "Weißspitzen-Riffhai". Wo viel Licht ist, ist aber nicht zwingend gute Sicht: Die beträgt unter Wasser nur zehn Meter. Und auch die im Reiseführer versprochenen Hammerhaie und Barrakudas treiben sich heute wohl woanders herum.

Hai live vor St. Pierre

Auf Curieuse, Cousin und vor Booby Island gibt's in den folgenden Tagen dafür Kontakt mit ganz anderen Tieren. Beim ...

Multimedia-Reisen
- 360°-Frankfurt: Panorama-Tour durch die Main-metropole
- Griechenland erleben: Die Menschen, ihre Inseln, ihre Bräuche
- DeutschlandReise: Roadmovie im Internet

SPIEGEL-Dossiers
- Kanada-Spezial: Von Blockhäusern und Savoir Vivre
- Europäische Kulturstädte: Neun auf einen Streich
- Himalaja: Heroen, Hybris, Höhenrausch

Global-Länderquiz
USA, CHRONIK: Welcher Staat trat als letzter den USA bei?

Wetter
- Berlin 32°C
- London 32°C
- Rom 33°C
- New York 28°C
- Tokio 30°C
- Kapstadt 14°C

Reiserecht
- Deutsche Gerichte entscheiden: Wenn der Urlaub seine Macken hat

Fernweh
- Segeln durch die Seychellen: Im Abertausend-Sterne-Hotel
- China sperrt Mauer: Betreten verboten
- Yukons Spezialität: Cocktail mit gepökelter Zehe
- Nordindien: Priesterleichen in den Gangesfluten

Aktuell
- Hotel-Roulette per Internet: Machen Sie Ihren Einsatz
- Reiserecht: Nächtlicher Kopfsprung auf eigene Gefahr
- Bahn und Preise: Fahrkarten werden zu teuer verkauft
- Ferien-Farce: Drei Millionen Italiener täuschen Urlaub vor

Metropolen
- Montreal: Mosaik der Kulturen
- Krakau: Gefüllte Fisch mit Klezmer
- Hannover-Boom: Danke, Gerd
- Museumsquartier Wien: Die Kunst der Entspannung

Kurztrip
- Kreuzfahrt nach Helsinki: Als ein Schiff noch ein Schiff war
- Elberadweg in Sachsen: Spielende Engel im Sande
- Mallorca: In Palma soll Touristenpolizei patrouillieren
- Urlaub in Deutschland: Fluchtpunkt Heimat

Service
- Benzinpreis-Vergleich: Die günstigste Tankstelle in Ihrer Nähe
- Überblick: Ferientermine

Montag, 5. Juli 2010

SPIEGEL ONLINE POLITIK

Nachrichten > Politik > Deutschland > Bundespräsidentenwahl 2010

THEMA **Bundespräsidentenwahl 2010**

Alle Artikel und Hintergründe

02.07.2010

Vereidigung

Wulff ist Deutschlands neue Nummer eins

Video abspielen

Foto: AP

Er leistete sich einen kleinen Versprecher – aber im zweiten Anlauf klappte es. Christian Wulff ist als zehntes Staatsoberhaupt der Bundesrepublik vereidigt worden. In seiner Antrittsrede gab er sich demütig und umriss die Ziele seiner Amtszeit. Auch Vorgänger Horst Köhler war anwesend.

Berlin – Es passte ganz gut zu seiner leicht holprigen Wahl: Als Christian Wulff am Freitagmittag seinen Amtseid ablegen sollte, leistete er sich gleich mal einen kleinen Versprecher. Doch im zweiten Anlauf klappte es – seit 13.24 Uhr ist der Niedersachse Deutschlands neuer Bundespräsident.

Das zehnte Staatsoberhaupt der Bundesrepublik war am Mittwoch als Kandidat von CDU, CSU und FDP von der Bundesversammlung gewählt worden. Wulff ist Nachfolger von Horst Köhler, der Ende Mai nach Kritik an Äußerungen zum Afghanistan-Einsatz der Bundeswehr überraschend zurückgetreten war. Bis Mittwoch war er niedersächsischer Ministerpräsident. Wulff ist mit 51 Jahren bisher jüngstes Staatsoberhaupt der Bundesrepublik.

In seiner rund 20-minütigen Rede gab sich Wulff demütig. Gleich zu Beginn seiner Antrittsrede dankte er seinen Konkurrenten im Rennen um das Schloss Bellevue, Joachim Gauck und Luc Jochimsen. Deutschland habe einen "fairen Wettstreit" erlebt, und beide hätten daran einen großen Anteil. "Ich bin dankbar dafür, nun in diesem Amt dienen zu dürfen."

Als Hauptziel seiner Amtszeit sieht Wulff das Brückenbauen, das Versöhnen. "Mir ist es wichtig, Verbindungen zu schaffen: zwischen Jung und Alt, zwischen Menschen aus Ost und West, Einheimischen und Zugewanderten, Arbeitgebern, Arbeitnehmern und Arbeitslosen, Menschen mit und ohne Behinderung", so Wulff. "Wann wird es bei uns endlich selbstverständlich sein, dass unabhängig von Herkunft und Wohlstand alle gleich gute Bildungschancen bekommen? Wann wird es selbstverständlich sein, dass alle Kinder, die hier groß werden, die deutsche Sprache beherrschen?"

FOTOSTRECKE

Amtseid von Christian Wulff: Sommerfest für den Neuen — 10 Bilder

Es müsse nicht nach dem Trennenden, sondern nach dem Verbindenden gefragt werden, forderte Wulff. "Dann wird Neues, Gutes entstehen – aus urdeutscher Disziplin und türkischem Dribbling zum Beispiel, aus preußischem Pflichtgefühl und angelsächsischer Nonchalance, aus schwäbischer Gründlichkeit und italienischer Lebensart."

Vehement verteidigte der Bundespräsident das Parteiensystem in Deutschland. Die Parteien seien "viel besser als ihr Ruf", sagte er. Er wolle die Menschen wieder dafür begeistern, sich stärker für die Politik einzusetzen und sich an der politischen Willensbildung zu beteiligen.

Auch die Parteien müssten aber mehr gegen Politikverdrossenheit tun: "Auch die Bürgerinnen und Bürger, die nicht in Parteien engagiert sind, müssen leicht die Erfahrung machen können, wie spannend die Mitarbeit an politischen Aufgaben sein kann." Ein Beispiel für die Suche nach politischen Lösungen sei die Reaktion auf die Finanz- und Wirtschaftskrise. Zu ihrer Bewältigung hätten Gewerkschaften und Unternehmer beigetragen. "Das zeigte, wie gut es ist, miteinander statt gegeneinander zu arbeiten."

Am Nachmittag wurden Wulff und seine Frau Bettina im Amtssitz des Bundespräsidenten, dem Schloss Bellevue, offiziell mit militärischen Ehren empfangen. Am Abend findet das traditionelle Sommerfest im Garten des Schlosses statt, zu dem bis zu 5000 Gäste aus Politik und Gesellschaft erwartet werden.

Lammert und Böhrnsen würdigen Köhler

Vor Wulffs Vereidigung würdigte Bundestagspräsident Norbert Lammert die Arbeit des zurückgetretenen Horst Köhler. In seiner Rede betonte Lammert: "Horst Köhler hat es sich nicht leichtgemacht und der sogenannten politischen Klasse manchmal auch nicht. Das hat viel mit der eigenen Beharrlichkeit zu tun." Köhler habe bei seinem überraschenden Rücktritt aber letztlich keine Chance mehr gesehen, das Amt des Bundespräsidenten so auszufüllen, wie er es sich vorgestellt habe.

Lammert sagte weiter, Köhler habe sich "den Menschen unverstellt zugewandt". Er sei "immer offen für Anregungen" gewesen. "Er hat die Menschen, ihre Sorgen und Nöte ernst genommen, und sie danken es ihm mit anhaltender Zuneigung." Köhler habe das Bild Afrikas in Deutschland verändert, und er habe sehr viel eher als andere kommen sehen, welche Krise sich an den Weltfinanzmärkten zusammenbraute, sagte ...

"MIT HÄNGEN UND WÜRGEN"

Geschafft! Erst nach rund neun Stunden war der neue Bundespräsident gewählt – so reagierte das politische Berlin.

Zitate starten: Klicken Sie auf den Pfeil

FOTOSTRECKE

Christian Wulff: Der sanfte Strippenzieher

HINTERGRÜNDE, ARTIKEL, FAKTEN

finden Sie auf den Themenseiten zu...
- Christian Wulff
- Merkels schwarz-gelbe Regierung
- Angela Merkel
- CDU
- Norbert Lammert

ALLE THEMENSEITEN

VIDEOSPEZIAL

Zitterpartie in der Bundesversammlung

Gut neun Stunden hat es gedauert, bis der zehnte Bundespräsident der Republik ins Amt gewählt war. Trotz des Sieges von Christian Wulff wird die Koalition noch lange an den Umständen seiner Wahl zu tragen haben. Sehen sie den Tag im Video-Überblick von SPIEGEL ONLINE. mehr...

PRÄSIDENTEN-QUIZ

Ein Bundespräsident war ein Schulschwänzer. Ein anderer trat dreimal zur Wahl an. Und nur einer hatte die beiden höchsten deutschen Staatsämter inne. Wie steht's um Ihr Wissen über die Herren von Bellevue? Probieren Sie's aus im SPIEGEL-ONLINE-Test!

WÜNSCHE AN DEN NEUEN

Was der künftige Präsident leisten muss: Prominente sprechen über ihre Erwartungen

FOTOSTRECKE

Bundespräsidentenwahl: Kampf um Bellevue

FOTOSTRECKE

Von 1949 bis 2010: Die zehn Bundespräsidenten

Abb. 84: *Panorama-Format am Artikelseiten-Kopf auf zeit.de, oz-online.de und rp-online.de*

Abb. 85: *Panoramaformat am Artikelseitenkopf in der Eurosport-App, auf Spiegel mobil und in der stern.de-App.*

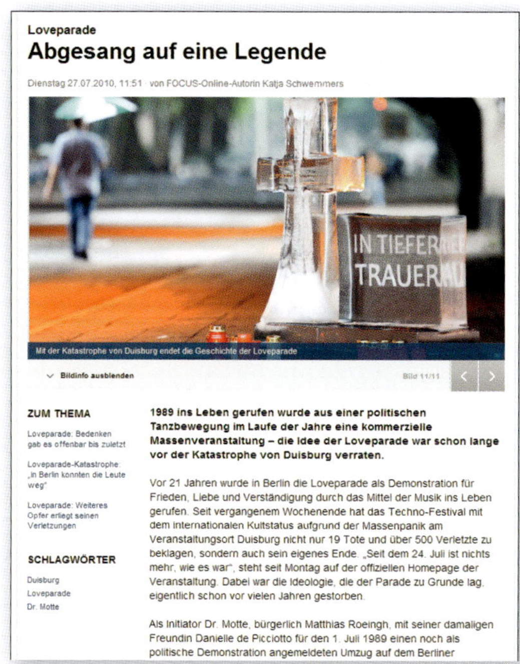

Loveparade

Abgesang auf eine Legende

Dienstag 27.07.2010, 11:51 · von FOCUS-Online-Autorin Katja Schwemmers

Mit der Katastrophe von Duisburg endet die Geschichte der Loveparade

Bildinfo ausblenden · Bild 11/11

ZUM THEMA

Loveparade: Bedenken gab es offenbar bis zuletzt

Loveparade-Katastrophe: „In Berlin konnten die Leute weg"

Loveparade: Weiteres Opfer erliegt seinen Verletzungen

SCHLAGWÖRTER

Duisburg
Loveparade
Dr. Motte

1989 ins Leben gerufen wurde aus einer politischen Tanzbewegung im Laufe der Jahre eine kommerzielle Massenveranstaltung – die Idee der Loveparade war schon lange vor der Katastrophe von Duisburg verraten.

Vor 21 Jahren wurde in Berlin die Loveparade als Demonstration für Frieden, Liebe und Verständigung durch das Mittel der Musik ins Leben gerufen. Seit vergangenem Wochenende hat das Techno-Festival mit dem internationalen Kultstatus aufgrund der Massenpanik am Veranstaltungsort Duisburg nicht nur 19 Tote und über 500 Verletzte zu beklagen, sondern auch sein eigenes Ende. „Seit dem 24. Juli ist nichts mehr, wie es war", steht seit Montag auf der offiziellen Homepage der Veranstaltung. Dabei war die Ideologie, die der Parade zu Grunde lag, eigentlich schon vor vielen Jahren gestorben.

Als Initiator Dr. Motte, bürgerlich Matthias Roeingh, mit seiner damaligen Freundin Danielle de Picciotto für den 1. Juli 1989 einen noch als politische Demonstration angemeldeten Umzug auf dem Berliner

Abb. 86: *Panoramaformat am Artikelseitenkopf als Foto-Klickstrecke*

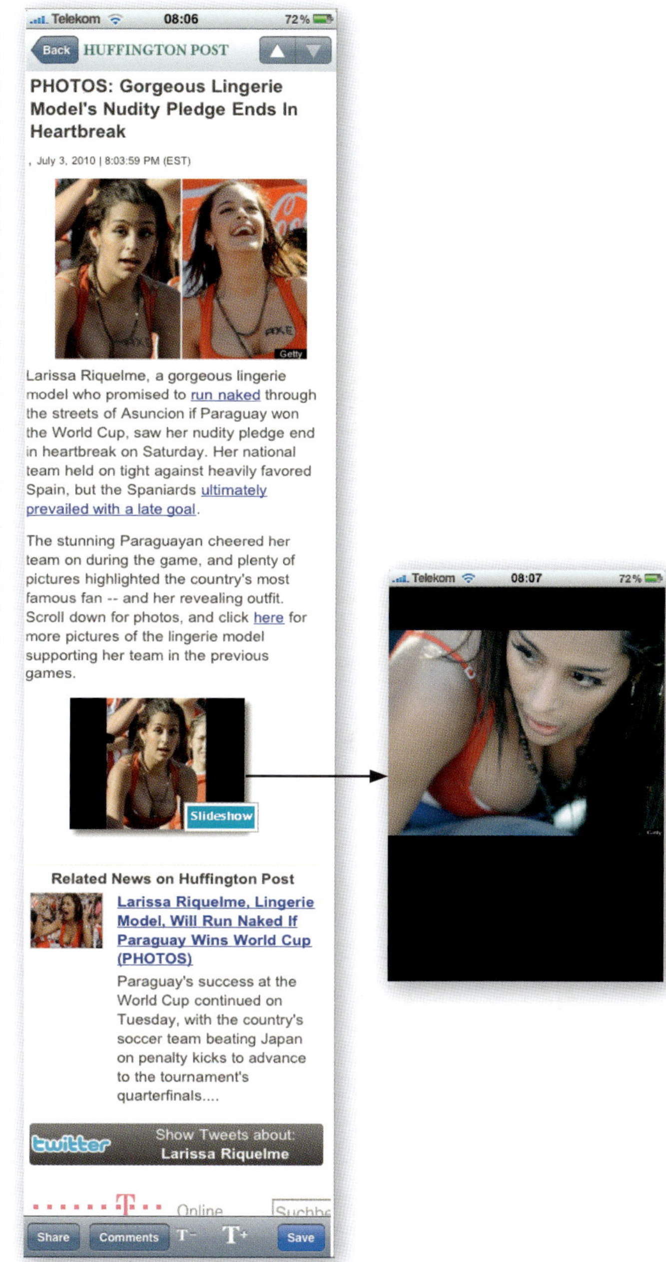

Telekom 08:06 72 %

Back HUFFINGTON POST

PHOTOS: Gorgeous Lingerie Model's Nudity Pledge Ends In Heartbreak

, July 3, 2010 | 8:03:59 PM (EST)

Larissa Riquelme, a gorgeous lingerie model who promised to run naked through the streets of Asuncion if Paraguay won the World Cup, saw her nudity pledge end in heartbreak on Saturday. Her national team held on tight against heavily favored Spain, but the Spaniards ultimately prevailed with a late goal.

The stunning Paraguayan cheered her team on during the game, and plenty of pictures highlighted the country's most famous fan -- and her revealing outfit. Scroll down for photos, and click here for more pictures of the lingerie model supporting her team in the previous games.

Slideshow

Related News on Huffington Post

Larissa Riquelme, Lingerie Model, Will Run Naked If Paraguay Wins World Cup (PHOTOS)

Paraguay's success at the World Cup continued on Tuesday, with the country's soccer team beating Japan on penalty kicks to advance to the tournament's quarterfinals....

twitter Show Tweets about: Larissa Riquelme

Share Comments T- T+ Save

Telekom 08:07 72 %

Abb. 87: *Die Huffington Post bringt Foto-Slideshows sogar auf ihre Seiten fürs mobile Web.*

nachfolgende Text enthält dann nur noch wenige weitere Fotos, manchmal auch gar keines. Wolfgang Blau, Chefredakteur von *Zeit Online*, sieht darin eine kognitive Entlastung für die Nutzer: »Artikelseiten sollten ohne viel visuellen Lärm den Einstieg in einen Artikel liefern – das gilt vor allem auch für Leser, die über eine Suchmaschine kommen.« Das entsprechende Template kann in dieser Konstellation dann unproblematisch multikanalig genutzt werden. Noch einen Schritt weiter geht das Artikelseiten-Layout der 2010 renovierten Focus.de-Website: Hier wird am Seitenkopf nicht nur ein Foto eingebunden, sondern, wann immer es möglich und sinnvoll erscheint, eine anklickbare Slideshow. Ein derart starker Blick-Attraktor generiert zusätzliche

PageImpressions noch vor dem eigentlichen Scan-Beginn beziehungsweise noch vor dem Einstieg in das Artikel-Lesen.

Artikel-Layout für Smartphones

Im mobilen Web lässt sich für die Artikelseiten in den Mobilversionen der regulären Websites sowie für Apps bereits jetzt erkennen, dass sie auf absehbare Zeit ähnlich strukturiert sein werden, wie es die Nutzer standardmäßig von den regulären Sites gewohnt sind: Leerzeilen für die Absatztrennung, fett gesetzte Zwischenüberschriften, aufliegende Fotovergrößerungen, eingebettete Links, Linkgruppen und Web-2.0-Verknüpfungen am Seitenfuß, ja sogar Slideshows sind auch auf den Mobilwebseiten bereits Standard – wenn dies auch noch nicht überall in gleicher Weise klappt.

Zu bedenken ist auch: Abhängig davon, wie ein Smartphone-Gerät gerade in der Hand gehalten wird, beeinflussen die Schwenkbewegungen, ob eine Seite schmal- oder breitlaufend umbrochen wird. Das kann in Schräglagen gelegentlich zu unkontrolliertem Hin- und Herwechseln im Umbruch führen, der Text springt beispielsweise zu früh von der Vertikalen in die Horizontale und unterbricht damit das Lesen. Manche mobilen Website-Versionen, vor allem die App-Versionen, erlauben es den Nutzern deshalb, den Seitenumbruch per Schaltfläche zu fixieren.

Veredeln statt schaufeln: Print-Material fürs Web adaptieren

Zwischen Webseiten und Papierseiten gibt es viele Unterschiede. Einer davon ist grundsätzlicher Natur: Während die Seiten in Zeitungen oder Zeitschriften alle gleich groß sind, beispielsweise DIN-A4-Format haben oder Berliner Format oder halbes Rheinisches Format, können sich HTML-Seiten in Länge und Breite auf einer Website deutlich voneinander unterscheiden. Welche Abmessungen eine Seite im WWW haben darf oder soll, ist also anders als in der Papierwelt nicht normiert. Hilfsweise lassen sich im digitalen Publizieren zwei Seitenmuster unterscheiden: die Bildschirmportion und die Rollbalkenseite.

Eine Rollbalkenseite entsteht immer dann, wenn eine HTML-Seite vertikal oder horizontal über die Bildschirmfläche hinausläuft, so dass am Rand des Browser-Fensters ein Rollbalken eingeblendet wird. Von einer Bildschirmportion spricht man dagegen, wenn der Inhalt auf eine Bildschirmfläche passt und nicht über die Bildschirmränder hinausläuft. Entsprechend wird hier auch kein Rollbalken eingeblendet.

Welche der beiden Seitenvarianten auf einer Website standardmäßig eingesetzt werden sollte, ist letztlich von vielen Faktoren abhängig. Ganz wesentlich sind hier zwangsläufig auch die Textmengen, die regelmäßig fürs Web aufbereitet werden sollen. Für Websites mit häufig längeren Texten bieten sich natürlich die Rollbalkenseiten an, weil sonst schnell zu viele Seiten entstehen und den Nutzern lästige Klickerei aufgezwungen wird. Bei Websites mit häufig kürzeren Texten sind dagegen die Bildschirmportionen von Vorteil, weil sich das Material mit ihrer Hilfe prima strecken lässt und die Site zumindest optisch an Volumen gewinnt.

Üblicherweise sind auf den Websites journalistischer Angebote heute fast ausschließlich Rollbalkenseiten zu finden, weil die Sites meist

REUTERS DEUTSCHLAND

AKTUELLE NACHRICHTEN

Kürzel SUCHE

Sie sind hier: Home > Nachrichten > Ausland > Artikel

Mittwoch, 7. Juli 2010, 14:11 Uhr

HOME
NACHRICHTEN
Top-Nachrichten
Inland
Ausland
Unternehmen
Konjunktur
Märkte
Wechselkurse
World Cup 2010
RESEARCH
BÖRSENKURSE

Produkte und Dienstleistungen
› Kundenzone
Partner Services
› Careers Centre
Über Thomson Reuters

US-Militär erhebt Anklage gegen Soldaten wegen WikiLeaks

Mittwoch, 7. Juli 2010, 07:53 Uhr

Diesen Artikel drucken [-] Text [+]

Bagdad (Reuters) - Das US-Militär hat Anklage gegen einen Soldaten im Zusammenhang mit einem im Internet veröffentlichten Video eines tödlichen Hubschrauberangriffs im Irak erhoben.

Dem 22-Jährigem werde unter anderem vorgeworfen, vertrauliche Informationen zugänglich gemacht zu haben, teilte die amerikanische Armee am Dienstag mit. Die Anklage wurde unter Militärrecht erhoben und könnte damit zu einem Verfahren vor dem Kriegsgericht führen. Der Soldat war in Bagdad stationiert. Zuletzt hatte das amerikanische Militär erklärt, er sei in Kuwait in Untersuchungshaft.

Das Video aus dem Jahr 2007 stammt von der Zielerfassungskamera eines Kampfhubschraubers und war im April auf der Internet-Site WikiLeaks veröffentlicht worden. Es zeigt wie eine Gruppe von Personen auf einem Platz in Bagdad angegriffen und zwölf getötet werden. Unter den Toten war ein Reuters-Journalist und sein Fahrer. Das US-Militär hat erklärt, die Besatzung habe eine Kamera für einen Granatenwerfer gehalten.

© Thomson Reuters 2010 Alle Rechte vorbehalten

NÄCHSTER ARTIKEL: Britische Regierung kündigt Untersuchung zu Folter an ››

AUCH IN DIESER RUBRIK
› Kampf gegen Ölpest kommt voran - BP-Aktie steigt neun Prozent
› Obama und Netanjahu demonstrieren Geschlossenheit
› Britische Regierung kündigt Untersuchung zu Folter an
› Parlament gibt EU-Staaten eine Chance bei Finanzaufsicht
› Mehr...

Abb. 88: *Bildschirmportion: Ist der Text kurz, braucht es keine Rollbalkenseite.*

eh schon viele tausend HTML-Seiten stark sind und durch Bildschirmportionen nur künstlich aufgebläht würden. Bildschirmportionen kommen dagegen eher auf Sites vor, die kurz und knackig auf wenigen Seiten über ein bestimmtes Thema informieren wollen, beispielsweise über das Dienstleistungsangebot einer spezialisierten Arztpraxis, eines kleinen Unternehmens oder eines Journalistenbüros.

Den richtigen Seitentyp wählen

Ob Rollbalkenseiten oder Bildschirmportionen für eine Website die richtige Wahl sind, ergibt sich meist ganz pragmatisch: Wo wenig Text ist, da gibt es meistens Bildschirmportionen. Und wo viel Text ist, da gibt es meistens Rollbalkenseiten. Welcher Seitentyp beim Web-Adaptieren eines Print-Textes konkret zu wählen ist, hängt also zunächst ganz wesentlich von der Länge des Ausgangstextes ab. Passt ein Artikel komplett auf eine Bildschirmfläche, dann kann er – wie in einer Zeitung – von den Lesern mit einem Blick erfasst werden und deshalb bleiben, wie er ist. Manchmal entstehen dabei dann auch Bildschirmportionen, wegen der vielfältigen Funktionalitäten rund um die Texte sind es aber heute selbst bei kurzen Meldungen meist Rollbalkenseiten.

Überschreitet die Textlänge die Höhe der Bildschirmfläche, dann ist der Artikel für den Nutzer nicht mehr als Ganzes zu sehen, und es muss entschieden werden, ob er noch auf einer Rollbalkenseite Platz finden oder auf mehrere

Rollbalkenseiten verteilt werden muss. Im Normalfall passt zwar alles auf eine Seite, denn das Gros der aktuellen Texte hat zumindest auf vielen Websites nicht mehr als 4.000 Zeichen. Werden die Texte aber deutlich länger, dann muss man sich das schon etwas genauer anschauen. Welche der beiden Alternativen die nutzerfreundlichere ist, kann allgemeingültig kaum gesagt werden. Etliche Studienbefunde und Nutzerbefragungen weisen jedoch darauf hin, dass die Anwendergemeinde in zwei Lager geteilt ist: Die einen bevorzugen die Alles-auf-einer-Seite-Lösung, die anderen wünschen sich dagegen fragmentierten Lesestoff auf nicht allzu vielen Teilseiten. Für Website-Macher ist das ein kaum zu lösendes Dilemma: Entweder sie stellen den Lauftext komplett auf eine einzelne HTML-Seite und hoffen darauf, dass auch die Klickleser den Rollbalken benutzen. Oder sie portionieren den Text, verteilen ihn auf mehrere HTML-Seiten und nötigen die Rollbalken-Freunde so zum Klicken.

Beide Seiten-Typen haben ihre je eigenen Schwachpunkte: Längere Rollbalkenseiten können die Nutzer schon sehr früh in der Scan-Phase abschrecken, weil sie inakzeptable Lesedauer signalisieren. Zudem sind sie ungünstig für die Klick-Quote: Ob eine HTML-Seite fünf Zeichen, fünf Zeilen oder die Texte von fünfzig Zeitungen enthält, macht quotentechnisch keinen Unterschied: Pro Content tragender HTML-Seite gibt es eine Page Impression – egal, wie viel Text darauf steht. Gerade für Websites, die ihre Zugriffsquoten von der IVW (Informationsstelle zur Feststellung der Verbreitung von Werbeträgern) erfassen lassen (wollen), ist es deshalb wichtig, eine angemessene Webseiten-Länge zu definieren. Zu lange Seiten können ein Wettbewerbsnachteil sein, zu kurze Seiten auch. Ähnliches gilt für die Textportionen: Sehr viele Textportionen können ebenfalls vom Lesen abhalten, weil der Lektüreaufwand mit jeder Textportion größer wird. Irgendwann nervt es einfach, noch mal zu klicken und dann nochmal und dann nochmal. Auch hier gilt deshalb, das rechte Maß zu finden.

Sowohl für die Länge einer einzelnen Rollbalkenseite als auch für die Anzahl der Textportionen sind dabei Zumutbarkeitsgrenzen anzunehmen. Genaue Untersuchungen gibt es dazu zwar nicht, aber durchaus belastbare Indizien.

Wie lang darf die Rollbalkenseite sein?

Für die Länge von HTML-Seiten zeigt schon eine kleine Stichprobe auf den meistbesuchten printmediengebundenen Websites, dass die Lesestoffe dort meist eine Kompromisslänge zeigen: Sie sind nicht zu lang, sie sind nicht zu kurz und strecken sich meist als Einspalter über zwei bis drei Bildschirmportionen. Die Zeichenzahl je Seite variiert relativ stark, liegt im Mittel bei etwa 4.000 Zeichen und bei maximalen Werten von etwa 5.000 bis knapp 8.000 Zeichen. Auf spiegel.de beispielsweise ist zu erkennen, dass vielfach ab etwa 8.000 Zeichen portioniert wird, um die einzelne Seite nicht zu lang werden zu lassen – auch wenn es dazu im internen Redaktionsleitfaden keine verbindliche Regelung gibt. Auch anderen Redaktionen erscheinen diese Werte offenbar eher intuitiv sinnvoll.

Interessant ist daran: Diese auf den Websites auszählbaren Zeichenzahlen decken sich in etwa mit den Erwartungen der Nutzer, jedenfalls wenn man die Einschätzungen von Teilnehmerinnen und Teilnehmern in meinen Workshops als Indiz zulässt: Die meisten wünschen sich Webseiten mit einer Länge von zwei bis drei Bildschirmportionen – und dort ist dann im Normalfall Platz für maximal etwa 5.000 bis 8.000 Zeichen. Noch größere

Textmengen sind auf einzelnen Rollbalkenseiten nur selten zu finden.

Das früher zu beobachtende Denken in Papierformaten ist heute übrigens passé: Die wenigsten Nutzer rechnen noch in DIN-A4-Seiten um, wenn sie nach der maximal verträglichen Seitenlänge für eine Webseite befragt werden. Stattdessen werden Bildschirmportionen als Maßeinheit benutzt. Sehr wohl spielt aber noch eine Rolle, wie stark sich ein Nutzer für den jeweiligen Inhalt interessiert. Die meisten sagen: Zwei bis drei Bildschirmportionen reichen für den Normalfall. Je interessanter oder relevanter der Inhalt eines Textes, desto irrelevanter ist für viele Webleser die Art und Weise der Textpräsentation.

Für die redaktionelle Arbeit sind diese Daten natürlich recht grobmaschig. So oder so rufen sie aber doch sehr deutlich zum bewussten Umgang mit Scroll-Seiten auf, denn es gibt offenbar ein gefühltes, schwer definierbares »Zu lang« für Webseiten, die noch am Bildschirm gelesen werden wollen. Wenn dieses »Zu lang« erreicht ist, werden längere Texte mit hoher Wahrscheinlichkeit nicht mehr am Bildschirm gelesen, sondern bestenfalls in ausgedruckter Form oder eben gar nicht. Und selbst das Ausdrucken kann natürlich schon gleichbedeutend sein mit dem Ausstieg aus dem Website-Besuch.

Als Faustregel für die Praxis sollte deshalb gelten: Die Alles-auf-eine-Seite-Lösung ist für einen Text dann angemessen, wenn die Webseite nicht länger wird als zwei oder drei Bildschirmportionen beziehungsweise der Umfang bei maximal 8.000 Zeichen liegt. Kann oder soll eine zusätzliche Druckversion des kompletten Textes nicht angeboten werden, dann bleibt die Publikation auf einer einzigen HTML-Seite auch oberhalb dieser Grenze sinnvoll. Schließlich sollte es den Nutzern gerade bei längeren Texten auch ohne spezielle Druckversion möglich sein, den Text in einem Rutsch auszudrucken.

Wie viele Textportionen sollten es sein?

Im redaktionellen Tagesgeschäft sind Artikel mit mehr als 8.000 Zeichen schon eher die Ausnahme. Für die meisten Fälle wird es also erst gar nicht erforderlich sein zu portionieren, weil die Texte auf eine HTML-Seite gestellt werden können. Gerade aber bei Texten, die ursprünglich für Zeitschriften, für Unternehmenspublikationen, für Produktratgeber, für Bücher, generell für tiefergehende Informationszwecke geschrieben wurden, wird die Grenze von 8.000 Zeichen schnell überschritten – und dort muss dann portioniert werden. In diesen Fällen stellen sich dann automatisch weitere Fragen: In wie viele Teilseiten sollten diese längeren Texte zerlegt werden?

Für Texte, die nicht wesentlich länger sind als 8.000 Zeichen, ist das rein rechnerisch noch recht einfach zu beantworten: Hat ein Text gut 8.000 Zeichen, entstehen durch das Aufteilen mindestens zwei Teilseiten mit jeweils etwa 4.000 Zeichen. Diese 4.000 Zeichen unterschreiten selbst die niedrigere Zeichenzahl (5.000 Zeichen), die als noch verträglich für eine Rollbalkenseite angenommen werden kann. Nimmt man nun die maximal verträgliche Zeichenzahl je Rollbalkenseite (8.000 Zeichen) und legt zwei Seiten für einen Text an, dann könnte selbst ein Printtext mit etwa 16.000 Zeichen noch einigermaßen monitorgerecht angeboten werden. Damit lassen sich vermutlich neunzig Prozent der zu publizierenden Texte auf informierenden Websites in eine webgerechte Form bringen.

Ist das Ausgangsmaterial allerdings noch deutlich länger als diese 16.000 Zeichen und reichen zwei Portionen nicht mehr aus, dann stellt sich die Frage, in wie viele Webseiten ein

Text denn maximal aufgespalten werden darf. Allgemeingültiges lässt sich dazu kaum sagen, schließlich hängt gerade in der Rezeption ausführlicherer Texte sehr viel von den jeweiligen persönlichen Präferenzen ab: Oberflächlich interessierte Nutzer werden durch zahlreiche Textportionen eher abgeschreckt, stark interessierte Leser dagegen von vielen Textportionen vermutlich in den Bann gezogen. Entsprechend stark variiert auch die Anzahl der angebotenen Teilseiten je Text.

Befragt man dazu allerdings wieder die Webnutzer selbst, dann sind es meist maximal drei Seiten, die noch als angenehm empfunden werden. Längere Textstrecken mit mehr Teilseiten gelten als unattraktiv. Bei maximal 8.000 Zeichen je Rollbalkenseite und maximal drei Teilseiten je Text käme man also auf 24.000 Zeichen als verfügbaren Textraum. Meine fünf Cent dazu sind: Wenn die durchschnittlich auf einer informierenden Website je Besuch verbrachte Zeit etwa vier bis fünf Minuten beträgt (nach Nielsen), dann ist dies wirklich schon die absolute Obergrenze für das, was noch am Bildschirm gelesen wird. Noch längere Texte werden tendenziell ausgedruckt oder ignoriert.

Wenn also spätestens nach etwa 8.000 Zeichen eine Zäsur gesetzt wird, dann ergibt sich eine einfache Pi-mal-Daumen-Regel fürs Web-Adaptieren längerer Texte. Sie lautet: Lauftext-Zeichenzahl dividiert durch 4.000 Zeichen (je Textportion) ergibt die Anzahl der Portionen. Bei 8.000 Zeichen sind es also zwei Textportionen, bei einem Text mit 12.000 Zeichen sind es drei Textportionen. Sind die Ausgangstexte länger als 12.000 Zeichen, dann entstehen entweder weitere Portionen oder es werden mehr Zeichen auf jede der drei Teilseiten gestellt. Mehr als die maximal verträglichen 8.000 Zeichen je Rollbalkenseite sollten es aber nicht werden. Mit diesen Leitlinien lassen sich alle Texte mit bis zu 24.000 Zeichen Umfang fürs Web adaptieren. Was mit Texten zu tun ist, die noch länger sind, ist natürlich letztlich Ihnen überlassen. Zu empfehlen ist allerdings, diese dann von vornherein für das Offline-Lesen anzubieten, etwa als herunterladbare PDFs.

Noch eine Kleinigkeit zum Schluss: Es wird häufig so sein, dass die Portionierungsrechnung nicht so glatt aufgeht. Was ist zum Beispiel zu tun, wenn ein Text 9.000 Zeichen hat? Ist es dann besser, zwei Portionen zu je 4.500 Zeichen anzubieten? Oder drei Portionen mit jeweils 3.000 Zeichen? In der Praxis hat sich in dieser Frage erkennbar als nützlich herauskristallisiert, dass für die Webseiten eher eine Maximallänge vorgegeben und diese dann auch jeweils voll ausgeschöpft wird. Hat ein Text also 9.000 Zeichen Umfang und wird die auszuschöpfende Länge einer HTML-Seite auf maximal 5.000 Zeichen festgelegt, dann stehen die ersten 5.000 Zeichen des zu adaptierenden Textes auf der ersten Webseite und die verbleibenden 4.000 Zeichen auf der zweiten Seite der betreffenden Textstrecke. Wird die maximal erlaubte Zeichenzahl für eine HTML-Seite dagegen auf 4.000 Zeichen festgelegt, dann stehen 4.000 Zeichen auf der ersten Teilseite, 4.000 Zeichen auf der zweiten Teilseite und 1.000 Zeichen auf der dritten Teilseite. Und wird die maximal erlaubte Zeichenzahl auf 7.000 Zeichen festgelegt, dann stehen 7.000 Zeichen auf der ersten Teilseite und die restlichen 2.000 Zeichen auf der zweiten Teilseite. In jedem Fall wird durch das Festlegen der maximal erlaubten Zeichenzahl je Seite quer durch die gesamte Website sichergestellt, dass alle Teilseiten in gesplitteten Texten immer die gleiche Länge haben. Die Ausnahme sind nur die jeweils letzten Seiten solcher Textstrecken, und die Website gewinnt damit insgesamt an Format und Kontur.

Portionieren mit Rücksicht auf den Inhalt

Die Antwort auf die Frage, ob ein Text auf der Site als Einseiter oder in portionierter Form veröffentlicht werden soll, entscheidet auch darüber, wie der Text zu redigieren ist. Lässt die Textlänge eine Ein-Seiten-Publikation zu, dann ist das Redigieren relativ schnell erledigt: Der Text muss nur noch ins Layout gestellt und eventuell mit Fotos flankiert, es müssen Leerzeilen eingefügt und Zwischenüberschriften formuliert werden. Fertig.

Ist der Text jedoch für eine Rollbalkenseite zu lang und werden deshalb mehrere HTML-Seiten angelegt, dann wird die Sache etwas kniffliger, denn es entsteht damit ein lokaler Textraum, der den Nutzern auch navigatorisch zu erschließen und in die Website einzuweben ist. Einen solchen lokalen Textraum innerhalb einer Website kann man sich bildlich vorstellen als eine kleinere Kapsel innerhalb einer sehr viel größeren Kapsel: Die kleinere Kapsel enthält den in mehrere Seiten aufgeteilten Text und ist ihrerseits wiederum Teil der größeren Kapsel – der Website.

Für das Verbinden der Teilseiten innerhalb des lokalen Textraums und für das Verbinden von lokalen Texträumen mit der Website insgesamt sind zwei Fälle zu unterscheiden. Wie mit dem Ausgangstext umzugehen ist, hängt davon ab, ob er nur als Ganzes verstanden werden kann oder ob er mehrere inhaltlich jeweils abgeschlossene Sinneinheiten anbietet, die jeweils auf einer eigenen Teilseite stehen könnten.

Kann der Ausgangstext inhaltlich nur als Ganzes verstanden werden, dann läuft er als Textstrecke linear über mehrere HTML-Seiten – ganz ähnlich wie etwa in einem Roman. In diesem Fall entscheidet allein die festgelegte Zeichenzahl je HTML-Seite darüber, wann die jeweils nächste Seite redaktionell angelegt werden muss. Hat ein Text also beispielsweise 13.000 Zeichen, und die maximale Zeichenzahl je Teilseite ist auf 4.000 Zeichen festgelegt, dann entstehen vier Seiten: drei zu je 4.000 Zeichen und eine mit 1.000 Zeichen. Genau wie in einem Roman ist es für die Leser einer solchen linear zu lesenden Textstrecke nicht sinnvoll, auf der zweiten, dritten oder vierten Teilseite in den Text einzusteigen. Entsprechend macht es auch keinen Sinn, Hyperlinks von außen auf jede einzelne Teilseite dieser lokalen Textstrecke zu setzen. Stattdessen wird der Zugang nur auf die erste Seite ermöglicht und von dort dann jeweils auf die nächste und jede weitere Seite, bis die letzte Seite der Textstrecke erreicht ist. Wichtig ist in einer solchen linearen Textstrecke dann auch, dass auf jeder Teilseite eine relative Seitenangabe zu sehen ist, also die Kennung »1 von 4« auf der ersten Seite, »2 von 4« auf der zweiten Seite, »3 von 4« auf der dritten Seite und »4 von 4« auf der vierten Seite. Nur diese relative Paginierung teilt den Lesern schon auf der ersten Seite glasklar mit, auf welche Wegstrecke sie sich da gerade einlassen. Fehlt die relative Paginierung, dann wird es für die Leser unmöglich, schnell und vor allem noch vor dem Einstieg zu prognostizieren, mit wie viel Lesezeitaufwand im konkreten Fall zu rechnen ist. Zu ergänzen ist dann auch ein »weiter«-Link auf der ersten Seite, eine »weiter | zurück«-Navigation auf den weiteren Seiten und ein »zurück«-Link auf der letzten Seite der Textstrecke.

Im Web wird nun aber von den Nutzern bevorzugt nonlinear gelesen und schnell von Seite zu Seite gesprungen, deshalb erscheint auch der zweite Fall als grundsätzlich webgerecht: Kann der Ausgangstext inhaltlich portioniert, also in abgeschlossene Sinnabschnitte zerlegt werden, dann entsteht ein nonlinearer Text: Jede der Teilseiten liefert den Nutzern einen jeweils eigenen, vollständigen Inhalt.

Abb. 89: *Auf Zeit.de bestimmt jeder Nutzer selbst, ob er einen Artikel portioniert oder auf einer Seite lesen will. Der rote Pfeil zeigt, wo die entsprechende Funktion angeklickt werden kann.*

Und weil das so ist, spielt die Reihenfolge, in der die einzelnen Teile gelesen werden, keine oder nur noch eine nachgeordnete Rolle.
Um den Lesern ein freies Springen von einer Seite zur nächsten zu ermöglichen, wird in solchen nonlinearen Texträumen dann jede der Teilseiten mit jeder anderen Teilseite verknüpft. Zwingend erforderlich ist dann eine Linkgruppe am jeweiligen Seitenende, die alle Überschriften der zugehörigen Teilseiten als Hyperlinks auflistet.

Diese lokale Linkgruppe bindet also alle Teilseiten in einen gemeinsamen, thematischen Textraum ein. Natürlich kann diese lokale Linkgruppe dann auch auf anderen Ebenen eingebunden werden, zum Beispiel auf der Startseite, sodass jede Teilseite des ursprünglichen Textes auch von außerhalb des lokalen Textraumes zugänglich ist. Nonlineare Texträume erfordern also eine andere Navigationslogik als lineare Textstrecken.

Natürlich können dann im nonlinearen Portionieren auch HTML-Seiten entstehen, die mehr Zeichen haben, als maximal für eine Rollbalkenseite erlaubt ist. In diesem Fall wird das nonlineare Portionieren mit dem linearen Portionieren verbunden – und der betreffende Teiltext seinerseits auf eine angemessene Zahl von Einzelseiten gestellt.

Um möglichst viele Leser der ersten Seite jeweils auch auf die Folgeseite(n) zu führen, gehört auch hier der Cliffhanger unbedingt in den Werkzeugkasten. Gerade wenn die Rollbalkenseiten einer Textstrecke sehr lang werden, kann ein Cliffhanger am jeweiligen Seitenende zusätzlichen Klickanreiz erzeugen. Im US-Webzine Salon beispielsweise wurde dieses Modell schon sehr früh entwickelt und eingesetzt.
Um Spannung aufzubauen und die Leser zum Weiterklicken zu animieren, greifen die Redakteure in immer neuen Varianten zu direkten und indirekten Cliffhangern. Am Ende der ersten HTML-Seite eines Artikels über das Studienfach »Computerspiele« am DigiPen Institute for Technology in Redmond heißt es beispielsweise: »Next Page: Where hard-core gamers get what they want«, zu Deutsch: »Nächste Seite: Wo Hardcore-Spieler bekommen, was sie wollen«. Welcher Spiele-Freak würde hier nicht weiterlesen?

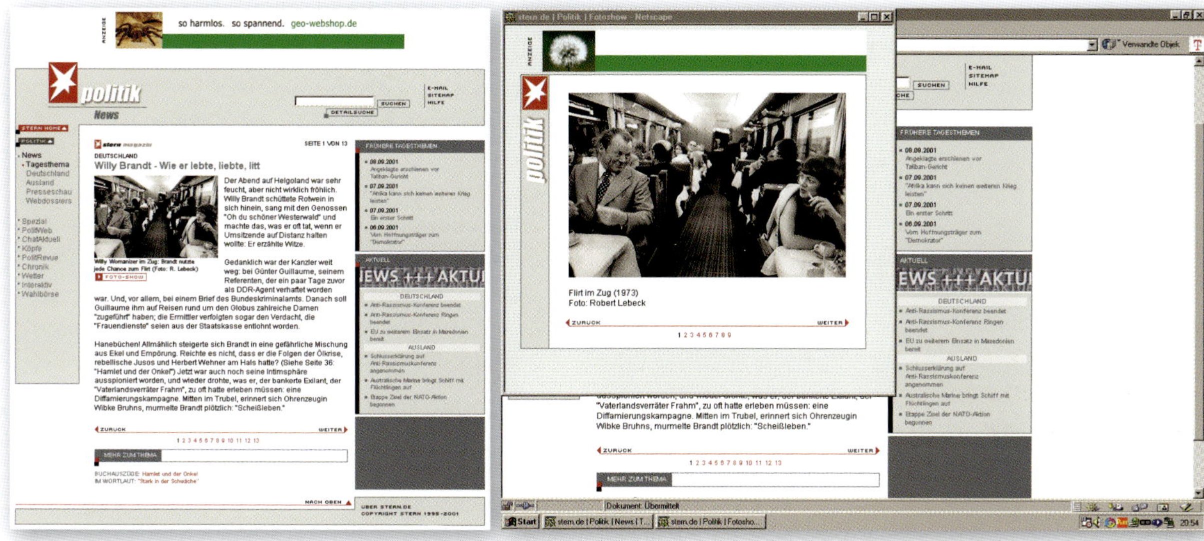

Abb. 90: *Kurzfristig gut für die Quote, auf Dauer aber wenig nutzerfreundlich: Dieser ursprünglich im Print-Stern abgedruckte Text wurde fürs Web in insgesamt 22 Portionen aufgeteilt – 13 Textportionen und 9 Fotoportionen. Heute sehen webadaptierte Print-Texte auf stern.de deutlich nutzerfreundlicher aus.*

Natürlich sind die hier genannten Zeichenzahlgrenzen eher unscharf, sie sollen aber auch nicht mehr liefern als eine pragmatische Orientierung für das redaktionelle Schaffen. Wo genau die von Nutzern und Autoren gemeinsam empfundenen Zeichenzahlgrenzen im Einzelfall verlaufen, darüber darf natürlich auch weiter gern gestritten werden. Einige Websites, wie etwa zeit.de oder handelsblatt.de, haben sich dazu auch mit einem entschiedenen Sowohl-als-auch positioniert und überlassen es den Nutzern, ob sie den Text vorzugsweise auf einer Seite sehen wollen oder portioniert auf mehreren Webseiten.

Dass ein Portionieren längerer Texte grundsätzlich sinnvoll ist, wird allerdings nicht ernsthaft bezweifelt. Sinnig ist das Portionieren natürlich gerade für werbefinanzierte Websites allein schon deshalb, weil durch zusätzliche Seiten auch zusätzliche Seitenaufrufe generiert werden können. Schon die standardmäßige Aufteilung von Texten in zwei HTML-Seiten kann die Zugriffszahlen theoretisch beispielsweise bereits verdoppeln, eine Aufteilung in drei HTML-Seiten verdreifachen und so fort. Vor übertriebenem Portionieren sei allerdings explizit gewarnt, denn die Nutzer goutieren es überhaupt nicht, wenn sie zur Zwangsklickerei genötigt werden.

Faktisch ist es ohnehin so, dass zusätzliche Textportionen zwar auch tatsächlich zusätzliche Page Impressions generieren helfen, die Anzahl der Nutzer mit jeder zusätzlichen Textportion typischerweise aber kontinuierlich sinkt. So ist es durchaus nicht ungewöhnlich, wenn die zweite Seite eines aufgeteilten Textes nur noch von 50 Prozent der Leser der ersten Seite aufgerufen wird, die dritte Seite gar nur noch von zehn Prozent der Leser – aber immerhin. Lange Texte in mehrere Portionen aufzuteilen ist also nicht nur ein Gebot für mehr Lesefreundlichkeit am Bildschirm, sondern für werbetragende Sites auch ein Gebot der Wirtschaftlichkeit.

Nicht zu vergessen: die Druckversion

Portionierte Texte sollten schon aus Gründen der Nutzerfreundlichkeit in jedem Fall durch eine Version für den Komplettausdruck flankiert werden. Quotentechnisch ist diese Option zwar insofern problematisch, als die Nutzer gleich auf der ersten Teilseite zum Ausdruck schreiten könnten, sodass der Klickweg durch die Textportionen erst gar nicht mehr angetreten und jeweils nur eine Page Impression für den Text erzeugt wird. Als Trostpflaster gibt es beim Aufruf der Druckversion aber ja zumindest noch eine zweite Page Impression.

Die Alternative wäre, den direkten Klick zur Druckversion erst auf der letzten Teilseite anzubieten und auf den vorhergehenden Teilseiten nur indirekt auf diesen Direkt-Ausdrucken-Button zu verlinken. Ob das von den Nutzern akzeptiert wird, ist aber mehr als fraglich. Je mehr Portionen ein Text enthält, desto eher wird eine solche Lösung abgelehnt.

Ideal erscheint deshalb eine Konstellation aus zwei Teilseiten plus flankierender Druckversion: Unabhängig davon, ob beide Teile am Bildschirm gelesen werden oder ob der komplette Text bereits auf der ersten Seite ausgedruckt wird – es werden immer zwei Page Impressions erzeugt. Für die Mehrzahl aller Inhalte auf Lauftextebene wird diese Doppelpacklösung die optimale sein, denn selten sind Lauftexte länger als 16.000 Zeichen.

Checkliste Web-Adaption: Welcher Seitentyp für welchen Zweck?

- ✔ Bildschirmportion: generell eher geeignet für Websites mit geringem Content-Volumen
- ✔ Rollbalkenseite: für Texte mit nicht mehr als 4.000 Zeichen Umfang; der gesamte Fließtext muss dann binnenportioniert werden, d.h. die einzelnen Abschnitte sollten durch Leerzeilen voneinander getrennt werden, und jeder Abschnitt sollte möglichst nicht länger sein, als der Bildschirm hoch ist.
- ✔ Rollbalken-Textraum: Gemeint sind mehrere Rollbalkenseiten, die untereinander über einen Hyperlink miteinander verbunden sind und so einen lokalen Textraum bilden; zwei Rollbalkenseiten als Doppelback bieten beispielsweise bereits Platz für Texte mit etwa 8.000 Zeichen Umfang; auch hier muss jede der beiden HTML-Seiten binnenportioniert werden, damit keine Textwüsten entstehen
- ✔ Download-Formate für Texte, deren Umfang etwa 21.000 Zeichen übersteigt.

Schreiben für Unternehmenswebsites

Überspitzt gesagt, wird im Internet-Zeitalter jedes Unternehmen zum Medien-Unternehmen. Werner Bogula, deutscher Online-Pionier der ersten Stunde, hat es einmal so formuliert: »Jedes Unternehmen, das sein Themenfeld nicht gezielt besetzt, überlässt es der Konkurrenz.« Journalistisches Know-how wird deshalb auch für Unternehmen zur Schlüsselkompetenz im hochgradig differenzierten Wettbewerb.

Wie das Verfassen attraktiver Überschriften, Teaser und Artikel fürs Web im Grundsatz und ganz generell für informierende Sites funktioniert, ist in den vorangegangen Abschnitten ausführlich beschrieben worden. Für Unternehmenswebsites (Corporate Sites)

Lesen auf Papier und im Web – die Unterschiede

Zeitungen haben den Vorzug, dass den Lesern gleich auf den ersten Blick eine Vielzahl von Informationen geliefert werden, die in der Entscheidung für oder gegen das Weiterlesen äußerst wichtig sind: Schon beim ersten Blickkontakt sieht der Leser die Texte in der Gesamtschau und kann von Textvolumen und Schlagzeilengröße auf die Wichtigkeit des Artikels schließen. Dann liest man die Schlagzeile und kennt in etwa das Thema. Man liest den Vorspann und weiß schon ziemlich genau, was im Text zu erwarten ist. Und man sieht den Lauftext in seiner gesamten Länge – und kann einschätzen, wie viel Lesezeit man für den Text voraussichtlich wird aufwenden müssen. Zudem erkennt man im oberflächlichen Sichtkontakt (im so genannten peripheren Sehen) unbewusst auch gleich ein paar Schlagwörter, die weitere Anhaltspunkte darüber liefern, ob sich die Lektüre lohnt oder nicht. Auch das Weiterlesen selbst geht ohne Anstrengung vonstatten: Man lässt den Blick einfach in die nächste Zeile wandern.

Das Lesen von Hypertexten unterliegt dagegen wesentlich schwierigeren Bedingungen: Zwar umreißen auch hier Schlagzeile und Vorspann das Thema, eine Gesamtschau mehrerer vollständiger Texte auf den ersten Blick ist jedoch nicht möglich. Selbst das Gesamtensemble eines einzelnen Artikels, komponiert aus Schlagzeile, Vorspann und Lauftext, ist nur ausnahmsweise in Gänze zu betrachten, denn der jeweilige Lauftext wird üblicherweise erst nach dem Mausklick auf den Hyperlink am Ende eines Anreißtextes auf den Bildschirm geladen. Erst dann weiß der Leser, wie lang der komplette Text tatsächlich ist, und erst dann kann er entscheiden, ob sich die Lektüre für ihn lohnt oder eben nicht. Zudem erfordert das Anklicken eines Hyperlinks vergleichsweise höheren physischen Aufwand: Während Print-Leser einfach nur den Blick in die nächste Zeile wandern lassen, müssen Webleser erst eine Hand- und dann zusätzlich eine Fingerbewegung investieren, ohne genau zu wissen, was sie daraufhin auf den Bildschirm geladen bekommen.

Natürlich muss auch beim Zeitunglesen, dem Klicken vergleichbar, geblättert werden. Im Unterschied zum Web bekommt man nach dem Umblättern aber gleich wieder eine ganze Reihe komplett sichtbarer Texte vor die Augen – im Web dagegen üblicherweise eben nur ein Textfragment: das vergrößerte Foto zum Anreißtext, den Lauftext, eine Audio-Ergänzung zum geschriebenen Zitat im Text o. Ä. Die papierene Zeitung ist also, bezogen auf ein begrenztes Textvolumen, ein vergleichsweise effizienteres Lesemedium.

Abb. 91: *Kürzest-Teaser, reduziert auf wenige Keywords bei otto.de*

im Speziellen gibt es allerdings noch einige Besonderheiten, denn anders als auf journalistischen Websites geht es hier in erster Linie nicht um Nachrichten, sondern letztlich um den Verkauf von Produkten und Dienstleistungen oder um die Pflege von Images. Entsprechend gibt es meist schon auf den ersten Blick deutliche Unterschiede zu rein informierenden Websites: Nutzer besuchen Corporate Sites vor allem, um schnell zu erfahren, ob das Unternehmen ein gewünschtes Produkt anbietet und zu welchem Preis es angeboten wird. Auf den Startseiten von Corporate Sites dominieren deshalb die Keywords: Sie lenken die ankommenden Website-Besucher möglichst rasch in die richtigen Richtungen.

Anders als auf journalistischen Startseiten bestehen Anreißer auf Corporate Sites sehr oft nur aus einer Schlagzeile plus Link, eventuell plus Bild. Insbesondere, wenn die Menge der unterschiedlichen Produkte oder Services sehr groß ist, bleibt für die Startseite schon aus Platzgründen auch gar keine andere Wahl. Das Brot- und Buttergeschäft des Schreibens für Unternehmensseiten ist deshalb vielfach das Überschriften-Verfassen. Die schon beschriebenen Leitlinien für gute Überschriften gelten unterschiedslos auch für Unternehmenswebsites.

Vollständige Anreißtexte spielen dagegen auf vielen Corporate Sites interessanterweise eine eher nachgeordnete Rolle – und es gibt begründete Zweifel, ob das so angemessen ist. Thorsten Wilhelm beispielsweise, Geschäftsführer der Usability-Agentur e-result, hat dazu einmal festgehalten: »Schaut man sich mehrere Online-Shops von Versandhändlern mit einem breiten Sortiment im Vergleich an, dann kommt schnell der Eindruck auf, dass sich die Betreiber wenig oder gar keine Mühe bei der Gestaltung von Produktbeschreibungen geben.« Viele Online-Shops böten absolut identische Produktbeschreibungen an, sodass eine Wettbewerbsdifferenzierung über »gute« Produktbeschreibungen gar nicht stattfinde. Zudem seien die meisten Produktbeschreibungen auch sehr kurz gehalten.

Verwunderlich ist das zwar nicht, denn die Inhalte laufen in solchen Fällen meist aus Produktdatenbanken automatisiert direkt auf die Seiten. Viel Raum für redaktionelles Fein-Tuning bleibt da nicht. Auf der anderen

Seite: Wer auf ausführlichere Teaser verzichtet, verschenkt Vertriebspotenzial, denn nur sie eröffnen individuelle Möglichkeiten, attraktive Produkte und Dienstleistungen detaillierter zu unterbreiten. Zudem ist es praktizierte SEO. Ausführliche Teaser sind also durchaus zu empfehlen und müssen auch nicht zwingend viel Platz rauben: Im Vergleich zu Medienwebsites sind sie auf Corporate Sites in der Regel durchaus knapper bemessen. Eine echte Konvention für die Teaser-Länge auf Corporate Sites gibt es zwar nicht, aber mehr als 200 Zeichen sind bereits eher unüblich.

Primäres Ziel auf Corporate Sites ist es in jedem Fall, die Nutzer mit Keywords und/oder Teasern zu einer gewünschten Aktion zu animieren (Call to Action), etwa zum Anklicken eines Linkverweises, zum Eingeben einer E-Mail-Adresse, zum Ausfüllen eines Formulars, zum Abonnieren eines Newsletters, zum Weiterleiten eines Produkthinweises oder natürlich zum Bestellen eines Produkts.

Werden dazu Teaser mit Fließtext eingesetzt, dann haben sie inhaltlich sehr konzentriert auf einen konkret fassbaren Nutzen zu zielen. Wie gesagt: Der Platz ist meist recht knapp. Um hier überhaupt einen klaren Nutzen kommunizieren und aufmerksamkeitsstarke Inhalte schreiben zu können, brauchen Texter für Corporate Sites zuerst zugkräftige Informationen, frisches Wissen über die Produkte beziehungsweise Dienstleistungen ihres Unternehmens. Und die bekommen sie bei den Produktentwicklern beziehungsweise Produktmanagern. Löchern Sie deshalb die Verantwortlichen vor dem Schreiben von Produktseiten und -Teasern peinlichst genau zu den jeweiligen Vorteilen der anzupreisenden Produkte. Der folgende kleine Fragenkatalog kann da sicherlich unterstützen, denn in den Antworten liegt häufig Ihr Schlüssel zum Verkaufserfolg:

Abb. 92: *Knapp formulierte Teaser auf feel-beauty.de*

Abb. 93: *Ausführlicher Teaser auf manufactum.de*

- Was kann das Produkt? Was leistet es? Wozu dient es?
- Welche Vorteile bietet es? Wodurch erleichtert es die Arbeit oder das Leben des Kunden?
- Wie steht's mit dem Preis? Gibt es Einführungs- oder Mengenrabatte?
- Gibt es eine Vorgängerversion? Was sind die Neuerungen?
- Worin ist es besser als die Konkurrenzprodukte?
- Ist das Produkt Teil eines Produktsystems? Gibt es Komplementärprodukte?
- Welche Follow-up-Services werden angeboten?
- Gibt es Testimonials (Prominenten-Statements, positive Warentest-Urteile etc.)
- Wurde auf Kundenwünsche eingegangen?

Ein Beispiel: Sie fragen in der Produktentwicklung nach, welche Vorteile die neue Wohnzimmermöbel-Linie bietet. Als Antwort bekommen Sie die Information, dass die Linie nach dem Baukastenprinzip aufgebaut ist und aus unterschiedlichen, miteinander kombinierbaren Modulen besteht. Wenn Sie diese Information dann unbearbeitet weiterreichen und in der Überschrift beispielsweise schreiben:

Wohnzimmer-Möbel im Baukastenprinzip,

dann ist das formal zwar in Ordnung und sachlich korrekt, aber es ginge noch deutlich kundenorientierter. Der Grund: So formuliert, muss der Leser jetzt selbst überlegen, welchen Vorteil das Baukastenprinzip für ihn ganz konkret bringt. Im Idealfall kommt er vielleicht sogar darauf und sagt sich: Aha, dann kann ich mir die Sachen ja endlich so zusammenstellen, dass alles optimal in mein Wohnzimmer passt. Es könnte aber auch sein, dass dieser Idealfall nicht eintritt, weil der Kunde eben nicht darauf kommt. Wollen Sie mit 100-prozentiger Sicherheit zum Kunden vordringen, dann nehmen Sie ihm diese Übersetzungsarbeit ab und stellen den konkreten Produktvorteil mitten in seine Lebenswelt. Zum Beispiel so:

Ihr Wohnzimmer hat Dachschrägen oder Wandvorsprünge?
Mit der neuen Modulmöbel-Linie nutzen Sie Ihren Raum spielend optimal aus.

Wenn Sie sich ans Texten einer Schlagzeile oder eines Anreißvorspanns machen, dann setzen Sie also am besten immer gleich die Kundenbrille auf.

So treffen Sie beim Kunden ins Schwarze

Sind die Informationen gesammelt, kann das Schreiben beginnen. Von Zielgruppen war ja schon mehrfach die Rede. In der konkreten Kommunikation sprechen Ihre Texte aber nie eine Gruppe von Leuten an, sondern immer eine einzelne Ziel*person*. Fürs Schreiben einer zugkräftigen Überschrift ist es ganz nützlich, sich diese Zielperson bildlich vorzustellen: Am anderen Ende der Leitung sitzt ein Mensch vor seinem Bildschirm, der bereits ein gewisses Interesse für Ihre Site hegt, also bestimmte Motivationen mitbringt. Genau hier liegt Ihre Chance, ins Gespräch zu kommen: Nehmen Sie diese Motivationen schon in der Überschrift unbedingt ernst, holen Sie den potenziellen Kunden bei seinen Wünschen ab und zeigen Sie ihm, was Sie und/oder Ihr Produkt für ihn tun können.

Sicheren Zugang zur Aufmerksamkeit eines Lesers bekommen Sie also über die jeweils zu unterstellenden Motivationen – über das, was einen Site-Besucher mutmaßlich auf die Site gebracht haben wird. In der Kommunikationswissenschaft spricht man hier von »Uses and Gratifications«: Medien werden genutzt, weil sich jeder Rezipient von einem Medium, auch von einer Website, einen bestimmten Nutzen verspricht. Für die Praxis heißt das ganz konkret: Erkennen Sie die Nutzen-Erwartung Ihres Besuchers und sprechen Sie diese Erwartung gezielt an. Am besten in kurzer und knapper Form:

Sie wollen Reparaturkosten sparen?
Wir haben da was für Sie

Im Urlaub so richtig entspannen
Wir zeigen Ihnen die besten Plätze
zum Relaxen rund ums Mittelmeer

Hier shoppen Sie ganz bequem
Einfach per Rechnung, Nachnahme
oder Kreditkarte bezahlen

Aktuelle Updates jetzt downloaden
Die neue Version der Software XYZ steht
hier ab sofort für Sie zum Download bereit

Ob die angesprochenen Kunden auf Ihre Überschriften wie gewünscht reagieren, hängt also letztlich davon ab, ob ein klarer Nutzen kommuniziert ist. Gekauft wird nur, wenn Sie einen oder gleich mehrere ganz konkrete Vorteil(e) bieten. Grundsätzlich können eine Reihe unterschiedlicher Standardwünsche angesprochen werden, zum Beispiel nach

mehr Wissen:

Erfahren Sie die Tricks der Profi-Texter

Die Erfolgsgeheimnisse der
deutschen Top-Manager

Ein Insider verrät, wie Sie sicher
zum Erfolg kommen

mehr Komfort:

Kaufen Sie XYZ, und Ihre Sorgen sind Sie los

Endlich Schluss mit dem lästigen ...

Erfüllen Sie sich Ihren Wunsch – wir
kümmern uns um die Details

mehr Geld:

Legen Sie jetzt den Grundstein für Ihre
finanzielle Unabhängigkeit ...

Hier können Sie heute richtig Kasse
machen ...

Sie wollen Ihre Kosten senken? Wir
haben die passenden Tricks ...

mehr Schutz:

Beugen Sie dem Insolvenzrisiko rechtzeitig vor

Sind Ihre Kinder wirklich gut abgesichert?

Setzen Sie Ihre finanzielle Sicherheit
nicht aufs Spiel ...

mehr Erfolg:

So geht's auf der Karriereleiter
schneller nach oben ...

Sieben Tipps für Ihre erfolgreiche Bewerbung ...

Wir geben Ihnen Schwung für den
Karrieresprung ...

Ein wenig Sprach-Knigge

Wer sich die Mühe macht und gelegentlich über Unternehmenssites flaniert, staunt ebenso gelegentlich nicht schlecht, was es dort so zu lesen gibt. Ein unausrottbares Grundübel scheint es zu sein, dass einfach die falsche Perspektive gewählt wird: Websites werden für die Nutzer angeboten, also die Kunden. Und das muss sich sprachlich auch zeigen, die Perspektive muss stimmen. Komplett verboten sind deshalb alle aufgeplusterten Marketing-Floskeln. Ob Sie Ihr Unternehmen für das beste der Welt halten, interessiert die Endkunden nicht die Bohne. Zum Sprach-Knigge des webgerechten Schreibens gehört es deshalb unbedingt, auf öffentliche Nabelschau zu verzichten. Selbstbeweihräucherung oder durchschaubares »Wir sind toll!«-Gefasel, darauf weisen etliche Studien hin, werden von den Nutzern rundweg abgelehnt.

Neu ist das übrigens nicht. Schon 1997 wurde in einer Untersuchung von John Morkes und Jakob Nielsen nachgewiesen, dass PR-Sprache den Nutzern ziemlich auf den Geist geht (Morkes/Nielsen 1997): Um den Einfluss des Sprachstils auf die Nutzerfreundlichkeit von Texten zu untersuchen, legten sie ihren 81 Probanden vier unterschiedliche Versionen eines Website-Textes vor, protokollierten die Lesedauer und ließen die Testteilnehmer anschließend den Inhalt erinnern. Ergebnis des Versuchs: Die gekürzte, im Layout ungegliederte und sprachlich einfache Variante erwies sich als die mit Abstand nutzerfreundlichste. Ein werblicher Sprachstil wurde von den Nutzern als störend empfunden, bevorzugt wurde eine sachliche Diktion. Die Studie mag zwar vielleicht schon etwas betagt sein, der Befund ist allerdings nach wie vor brandaktuell. Formulieren Sie deshalb nie etwas, das so klingt wie dies hier:

> **Wischiwaschi AG jetzt Weltmarktführer**
> *Mit unserer in Rekordzeit entwickelten Super-Turbo-Waschmaschine sind wir in nur zwei Monaten zum unumstrittenen Weltmarktführer im Wäschereinigungssegment aufgestiegen.*

Informationen dieser Art sind auf Investor-Relations-Seiten angebracht, nicht aber auf Endkunden-Seiten. Den Kunden ist völlig schnurz, ob Ihr Unternehmen Marktführer ist oder es werden will. Auch das definierte Unternehmensziel, das sogenannte Mission Statement, hat auf einer Startseite nichts zu suchen. Auf der Website der Deutschen Bank beispielsweise fand sich das Unternehmensziel lange Zeit an prominenter Stelle auf der Startseite. Wer es aufmerksam studierte, erfuhr darin ganz unverblümt, dass dem Vorstand die Aktionäre wichtiger waren als die Kunden (s. Abb. 94).

Das Mindeste im Sprachgebrauch ist es natürlich, die Kunden ernst zu nehmen und sich überhaupt verständlich machen zu wollen. Auch das ist nicht immer eine Selbstverständlichkeit: Auf der gleichen Website der Deutschen Bank beispielsweise konnte lange Zeit wohl nur ein erlauchter Kreis von Eingeweihten aus dem Stand kapieren, was Private Clients and Asset Management meint und was es genau vom Private Wealth Management und dies wiederum vom Deutschen Asset Management unterscheidet. Mal ganz abgesehen davon, dass Geschäftskunden dort unter Private Clients subsumiert wurden und Geschäfts- und Firmenkunden deshalb zwangsläufig klar zu unterscheidende Teilzielgruppen sein mussten, obwohl sie dem Worte nach eher als Synonyme verwendet werden. Sicher hätte ein schlauer Banker all das auf Anfrage erklären können. Der Punkt ist nur: Auf einer Website müssen sich diese Dinge rückfragefrei und ganz von selbst erklären. Die aktuelle Startseite der Deutschen-Bank-Website (Stand 2010) ist da schon deutlich verbessert.

Bei kleineren, spezialisierten Produktpaletten oder bei beratungsintensiven Produkten bieten vollständige Teaser, wie gezeigt, mehr Raum für die Nutzenkommunikation. Hier ist sprachlich auch mehr erlaubt als auf journalistischen Sites – ohne dass es gleich wieder ins PR-Sprache abgleiten muss. Nutzen Sie diesen Raum für eine positive Sprach-Farbe. Nehmen Sie dem Kunden möglichst alle Chancen, »nein« zu sagen. Und bringen Sie ihn dazu, möglichst oft innerlich zuzustimmen, »ja« zu sagen beziehungsweise »find ich gut«. In der Direktmarketing-Sprache gibt es dazu ein paar Wort-Helferchen, die ihren Texten etwas

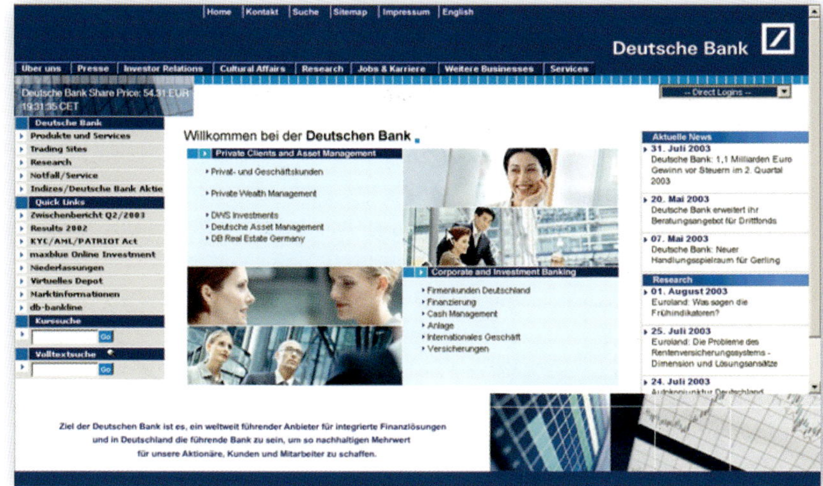

Abb. 94: *Firmen-Kauderwelsch ohne Ende, Mission Statement ohne Kundenrelevanz und verwirrende Zielgruppenkommunikation – hier gab's vor ein paar Jahren einiges zu verbessern.*

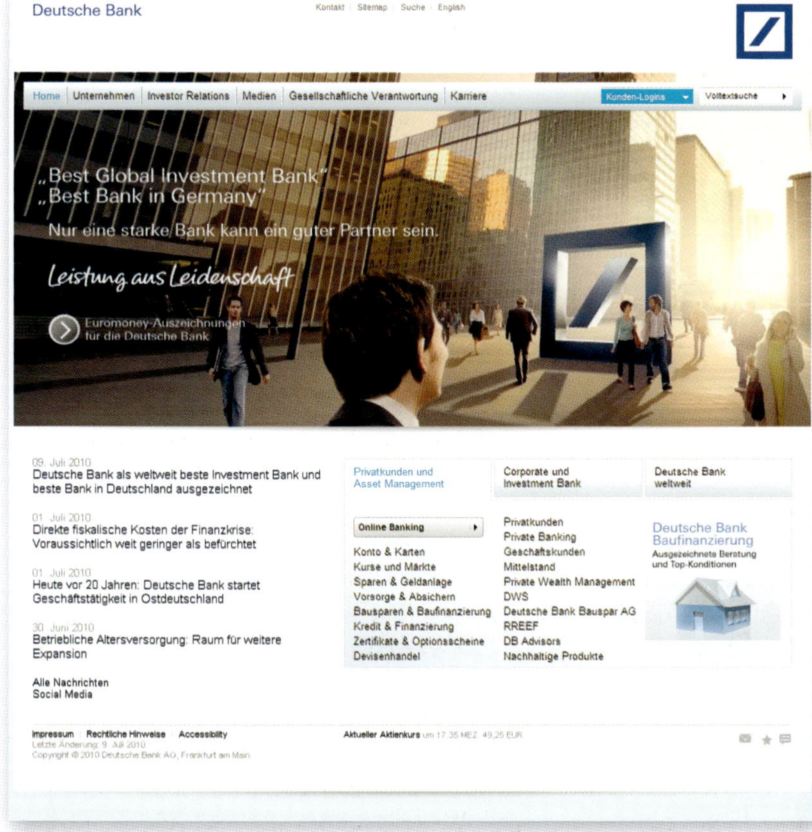

Abb. 95: *Heute sieht das schon besser aus.*

Leichtes verleihen können und im Handwerkskasten fürs Schreiben auf Corporate Sites nicht fehlen dürfen: *einfach, selbstverständlich, sofort, natürlich, sicher, ganz, gerne, jetzt*. Im Journalismus sind diese Adverbien meist überflüssig, in der Kundenansprache wirken sie dagegen unterschwellig attraktiv. Sie können diese Leichtmacher also gern für die Teaser auf Ihrer Site einsetzen. Sie werden sehen: Das wirkt sofort, ganz natürlich und wie von selbst. Ist doch selbstverständlich!

Die Sache mit der Willkommensfloskel

Statt gleich auf den Punkt zu kommen, sprich die Produkte zu präsentieren, werden gerade auf Unternehmensstartseiten gern ausführliche Willkommensgrüße gestellt. Die Höflichkeitsfloskel war und ist kaum totzukriegen, und das ist im Prinzip sicher auch gut so. Allerdings gibt es Fälle, die ausufern. An der Top-Position auf der Startseite von Mercedes-Benz hieß es beispielsweise lange Zeit:

> ***Willkommen bei Mercedes-Benz***
> *Schön, dass Sie hier sind. Dass Sie sich für Mercedes-Benz interessieren, freut uns sehr. Wir laden Sie ein, unser Unternehmen und unsere Produkte kennenzulernen.*
> *Viel Vergnügen.*

Als Kunde möchte man da entgegnen: Dann schwulstet hier bitte nicht herum, sondern zeigt sie mir doch einfach, eure Produkte. Freundlichkeit und gute Umgangsformen sind zwar nie fehl am Platze, doch gute Umgangsform bedeutet im Web in erster Linie, schnell auf den Punkt zu kommen.

Machen Sie sich immer bewusst: Wer seine User zur Einleitung mit langen Willkommensfloskeln umgarnt, missachtet die ziemlich strapaziösen Rahmenbedingungen des Lesens am Monitor. Gern sei deshalb noch mal wiederholt: Das Lesen von Webtexten ist in aller Regel nervig und anstrengend und steht unter hohem Zeitdruck. Alles, was das Rezipieren sinnlos in die Länge zieht, ist von Nachteil. Außerdem geht das Lesen der Willkommensfloskel auch zu Lasten der vom User investierten Scan-Zeit, sprich: Es bleibt weniger Zeit für das Unterbreiten der eigentlichen Inhalte. Auch hier gilt: Versetzen Sie sich immer in die Lage des Menschen am anderen Ende der Leitung, der vor seinem Bildschirm sitzt und vor allem schnell informiert werden will.

Ausladende Begrüßungsfloskeln sind da nicht gerade das, was diesen Menschen wirklich beglückt. Bitte nicht missverstehen: Ganz wie in einem Ladengeschäft dürfen und sollen Sie Ihre Kunden freilich auch begrüßen. Aber auch im Schaufenster eines Ladengeschäfts stellt man kein Monster-Schild mit ellenlangem Begrüßungstext auf, sondern die zu verkaufenden Produkte. Machen Sie es also kurz und dezent.

Verkaufsfreundliche Produktseiten texten

HTML-Seiten haben, wie gezeigt, prinzipiell keine physische Längen-Obergrenze. Produktinformationen können im Internet deshalb beispielsweise zwanzig Bildschirmportionen umfassen und trotzdem auf nur einer Seite stehen. Da das Lesen so langer Seiten am Monitor jedoch eher nervt, sind verständliche Sprache und eine aufgeräumte Textstruktur oberstes Gebot – auch wenn es ums Verkaufen geht.

Das Rezept für erfolgreiche Texte ist dabei kein großes Geheimnis: Sprechen Sie die Sprache Ihrer Nutzer, und Sie werden erfolgreich sein. Selbst Fachvokabular ist also auf keinen Fall Teufelszeug, sondern kann für das kompetente Ansprechen bestimmter Zielgruppen sogar absolut essenziell sein. Die Sprache der Kunden sprechen ist jedoch meist leicht dahingesagt. Die eigentliche Herausforderung beginnt deshalb ganz banal beim Schreiben der ersten Zeile. Die leere Seite vor Augen fragt sich wohl jeder: Wie zum Henker fange ich jetzt bloß an? Wenn Sie sich an die sieben W-Fragen aus dem Nachrichtenjournalismus erinnern, ist die Lösung naheliegend: Stellen Sie das Wichtigste an den Anfang und schieben Sie dann die relativ weniger wichtigen Aspekte nach. Ein Beispiel: Sie sollen einen Text über eine neue PC-TV-Karte verfassen und müssen aus den vielen Neuheiten des Produkts die zentrale Neuheit auswählen. Die Karte ist beispielsweise mit einer dreifach gehärteten Stahlmanschette ausgerüstet und hält Erdstöße bis zu einem Wert von 8,3 auf der Richterskala aus, ist also vollkommen erdbebensicher. Nur: Sieht man einmal von Käuferkreisen in Tokio oder San Francisco ab, dann wird diese Info aus Kundensicht vermutlich eher Nebensache sein. Wichtiger erscheint da schon, dass die Karte per Software auf persönliche Themen-Interessen eingerichtet werden kann. Man gibt beispielsweise als bevorzugtes Thema »Fußball« an und bekommt dann per SMS stets die aktuellsten Programmhinweise in seinen Outlook-Kalender aufs Handy. Stellt die Software Terminkollisionen fest, wird automatisch auf Festplatte oder DVD aufgezeichnet. Konzentrieren Sie sich also auf die Hauptsache. Im Fall der TV-Karte könnte ein Texteinstieg so aussehen:

> ***Für Fußball-Fans: Mit Fussi-TV kein Spiel mehr verpassen***
> *Fussi-TV-Deluxe ist der Traum für jeden Fußball-Fan. Die TV-Karte nimmt Ihnen das lästige Receiver-Programmieren ab, schneidet Ihnen auf Wunsch eine Zusammenfassung aller Tore und erinnert Sie telefonisch an die nächste Live-Übertragung Ihrer Lieblings-Elf. Der Clou ist die neue Ballafummel-Funktion: Schaffen Sie's beispielsweise nicht mehr rechtzeitig zum Anpfiff nach Hause, wirft die Software ganz von selbst und ohne vorheriges Programmieren den Rekorder an.*
>
> *Technisch ist das super einfach, und deshalb funktioniert es auch einwandfrei. Die kostenlos beigelegte Weltneuheit sorgt dafür, dass...*

Das Beispiel zeigt: Gute Texte sind vorausgedachte Dialoge. Fragen Sie sich immer, welche Fragen ein Nutzer stellen würde. Und beantworten Sie diese Fragen am besten in genau jener Reihenfolge, in der sie von den Nutzern mutmaßlich gestellt werden. Haben Sie keinen so zugkräftigen Aufhänger wie im fiktiven TV-Karten-Beispiel, dann zielen Sie einfach auf das gesunde Portemonnaie-Empfinden Ihrer Kunden und den gefühlten Preis. Wendungen wie

> *Preis-Hammer*
> *Mega-Preis-Hit*
> *Preis-Kracher*
> *Wohlfühl-Preis*
> *Alles-muss-raus-Preis*

wirken auch ohne speziellen Aufhänger als Anreiz. Weil Sie natürlich nicht wissen können, ob der Preis allein als Kaufimpuls ausreicht, bieten Sie dem Leser nicht nur einen Bestellknopf, sondern auch zusätzliche Information. Sagen Sie ihm, was er alles für diesen Superpreis erhält, und bauen Sie einen Doppelpunkt ein, denn Doppelpunkte signalisieren dem Leser unmissverständlich: Achtung, jetzt kommt's! Der Doppelpunkt im TV-Karten-Beispiel steht dort also nicht zufällig, sondern erzeugt einen bewussten dramaturgischen Anreiz fürs Weiterlesen. Er sagt: Achtung, jetzt kommt was. Nutzen Sie das.

Entscheidend ist dann natürlich auch noch, die richtigen Wörter zu wählen, optimal verständliche Sätze zu schreiben und die Textseiten scan- und lesefreundlich zu

Abb. 96: *Zweckdienliche Produktbeschreibung: Von der Produktabbildung über die Produktinformation bis hin zum Warenkorb – auf myby von promarkt.de ist das alles in der ersten Bildschirmportion versammelt. Für die Nutzer bedeutet das: kein langes Suchen, kein Scrollen.*

strukturieren – das gilt für journalistische wie Unternehmenswebsites in gleicher Weise. Texterisch ist also auch auf den Fließtextseiten sicherzustellen, dass sie den Kunden zu der von Ihnen gewünschten Aktion führen. Sagen Sie dem Kunden ganz direkt und ohne Umschweife, was er jetzt machen soll, um den nächsten Schritt zu tun. Schreiben Sie nicht verschämt »Reiseanmeldung«, wenn Sie in Wirklichkeit sagen wollen: »Hier kannst Du jetzt buchen. Mach es!« Und textdesignerisch ist zu beachten, dass der Abstand von der Produkt-Information zum Ort der gewünschten Aktion möglichst klein bleibt. Prototypisch gelöst ist das auf der promarkt.de-Site. Der Klickweg vom Startseiten-Teaser ist optimal kurz: Mit nur einem Klick ist man bei den Produktdetails. Und mit dem zweiten Klick hat man das Produkt bereits in den Warenkorb gelegt – der Bestellvorgang ist eingeleitet (Abb. 96).

Klickkontext: Länger binden, mehr rausholen

Jede Seite einer Website ist potenziell nicht nur Einstiegsseite, sondern auch Ausstiegsseite: Hat ein Nutzer beispielsweise eine Produktinformation zu Ende gelesen und sich dann gegen das Produkt entschieden, wird er oder sie sich im günstigen Fall neu orientieren, erneut in die Scan-Phase eintreten und Ausschau halten nach passenden Alternativen.

Beim Vernetzen der Seiten muss es deshalb das Ziel sein, dem Nutzer eben diese passenden Alternativen anzubieten – denn ansonsten schaut er sich schnell mal auf einer anderen Website um. Sollen die Nutzer nicht verloren gehen, dann müssen Volltexte und Kontexte intelligent aufeinander abgestimmt und über Kontextbrücken miteinander vernetzt werden. Hier gibt es ein Kontinuum an Optionen und Kontextualisierungsmethoden, die unterschiedlich stark an die Nutzerinteressen angebunden sein können und dafür sorgen, dass in der Navigationsarchitektur der jeweiligen Website keine Sackgassen entstehen.

Kontext schaffen ist also nicht das einfache und ungerichtete Setzen von Hyperlinks, sondern eine Methode, um einen aktuell für einen Nutzer interessanten Informationspunkt zu einer **Informationsfläche** zu erweitern, die ihrerseits weitere potenziell interessante Informationspunkte offeriert.

- **Hierarchisches Kontextualisieren** meint, Rangfolgen zu konstruieren, auf diese Weise Vergleichbarkeit herzustellen und so weiteren Nutzungsanreiz zu erzeugen. Auf Shoppingsites, etwa für Software-Downloads, findet man beispielsweise häufig Ranglisten der meistverkauften Produkte oder zumindest die jeweilige Zahl der Downloads bis zum aktuellen Zeitpunkt. Der auf diese Weise geschaffene Kontext liefert eine kaufrelevante Zusatzinformation: die Produktbeliebtheit. Zwar ist diese Information statistisch meist fragwürdig, trotzdem wird ein bislang vielleicht unbekanntes Produkt mit ähnlichem Beliebtheitsgrad wie ein bereits bekanntes Produkt eine gesteigerte Klickchance erhalten.

- **Chronologisches Kontextualisieren**: Hier geht es schlicht darum, zusätzliche Inhalte in einer zeitlichen Reihenfolge zu organisieren und damit weitere Klick-Offerten zu präsentieren. Auf Finanzdienstleister-Websites sind beispielsweise Nachrichtenüberblicke oder Aktienchart-Entwicklungen auf diese Weise strukturiert. Entscheidendes Kriterium ist in diesen Fällen allein der Veröffentlichungszeitpunkt.

- **Thematisches Kontextualisieren** meint, ergänzende Informationen anzubieten, die mit dem gerade betrachteten Inhalt in direkter oder indirekter inhaltlicher Beziehung stehen. Studien können mit den Rohdaten verknüpft werden, Produktinformationen mit Bedienungsanleitungen, Zubehörlisten oder Händler-Adressen etc.

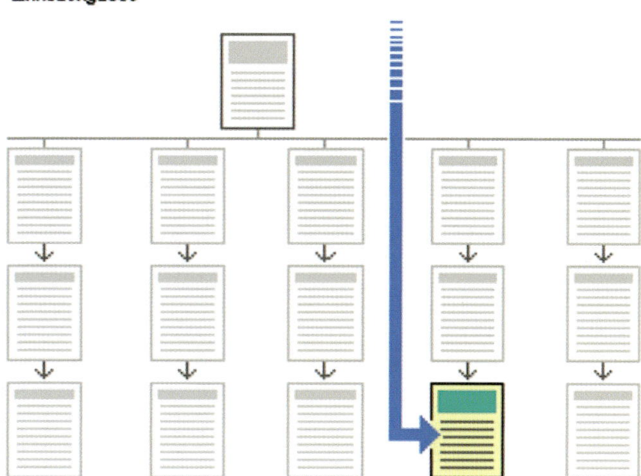

Abb. 97: *Sollbruchstellen im Trafficflow: Linksackgassen entstehen immer dann, wenn ein Inhalt nicht mit anderen Inhalten vernetzt wird. Der blaue Pfeil steht für einen User, der über einen Deeplink auf die betreffende Seite gelangt ist. Für diesen User gibt es nur zwei Optionen: Am Ende der Seite die Website verlassen oder sich in der Verknüpfungshierarchie aufwärts bewegen. Beim Vernetzen der Seiten geht es darum, derartige Sackgassen erst gar nicht entstehen zu lassen und kontextgeleitet Klickbrücken zu bauen.*

- **Nutzerbezogenes Kontextualisieren** setzt voraus, dass die Besucher mit Hilfe von Cookies getrackt werden können, so dass beispielsweise Daten über die von einem Besucher zuletzt besuchten Seiten gesammelt und Neuigkeiten und Updates zu bereits vom User gekauften Produkten offeriert werden können oder auch über Kaufangebote informiert werden kann, die von anderen Usern mit ähnlichen Interessen betrachtet wurden.

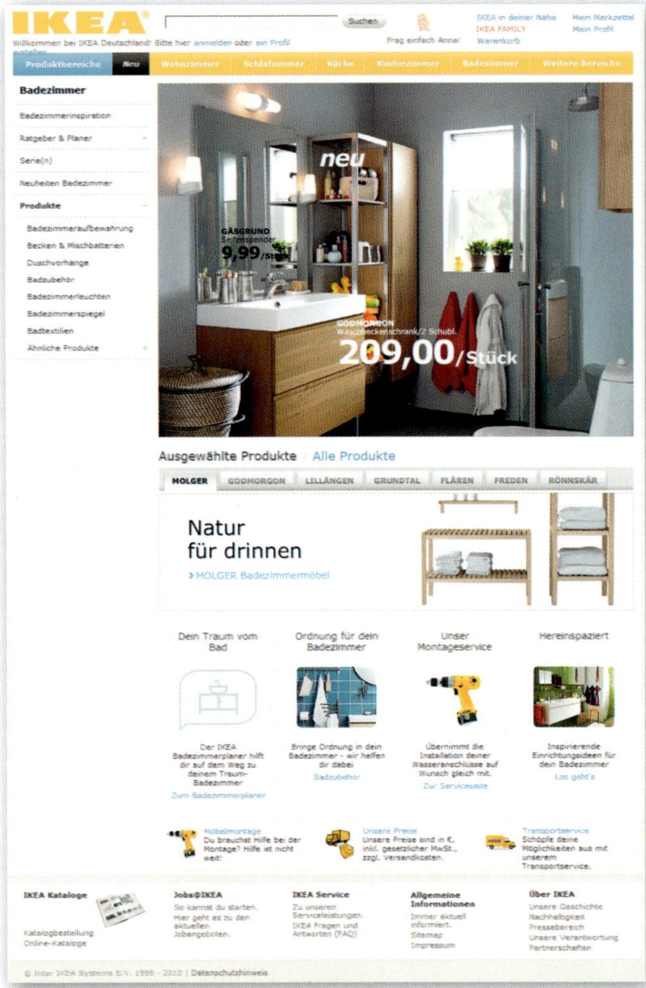

Abb. 98: *Die Website von ikea.de bietet ihren Besuchern echte Mehrwerte. Wer beispielsweise ein Badezimmer optimal einrichten will, bekommt im Badezimmerplaner hilfreiche Tipps.*

- **Trafficbezogenes Kontextualisieren** zielt darauf ab, verkaufsschwache Produkte quasi in den Windschatten verkaufsstarker Produkte zu stellen. Auch hier ein Beispiel: Die Verkaufsabteilung einer Consumer-Electronic-Website weiß, dass der Videobeamer SUPERLUX zum Preis von 599 Euro gerade der Renner ist. Entsprechend prominent ist er auch auf der Website-Startseite platziert. Gleichzeitig ist klar, dass die Restbestände des TFT-Bildschirms FLATTY aus dem Lager müssen, denn das Nachfolgemodell FLATTY Plus steht bereits kurz vor der Auslieferung. Weil das TFT-Display FLATTY für die Kunden nicht mehr wirklich attraktiv ist, wird es bislang irgendwo in den Tiefen der Website präsentiert. Um die Bestände zu räumen, ist es hier natürlich sinnvoll, verkaufsfördernd zu kontextualisieren: Für das TFT-Monitor-Auslaufmodell wird ein neuer Preis kalkuliert, ein entsprechendes Angebot formuliert und das Ganze ebenfalls auf die Startseite und neben den Beamer-Teaser gestellt, so dass der vom Videobeamer-Angebot generierte Traffic-Sog auch auf das TFT-Display-Angebot gelenkt wird.

OPM, MNR und SMR: Die Pressemitteilung im Web

Im Unterschied zu Print-Pressemitteilungen sind Online-Pressemitteilungen (OPM) multikanalfähige, multimediale Texte. Das heißt: Sie werden im Web (und darüber hinaus) in vielfältiger Weise weiterverwertet – die Textkomponenten als Meldungen oder Berichte auf Artikelseiten, die Überschriften in Schlagzeilenlisten für Themenpakete oder digitale Pressemappen, als Favoriten oder Empfehlungslinks im Web 2.0, die zugehörigen Bilder für Fotostrecken, Slideshows oder zur

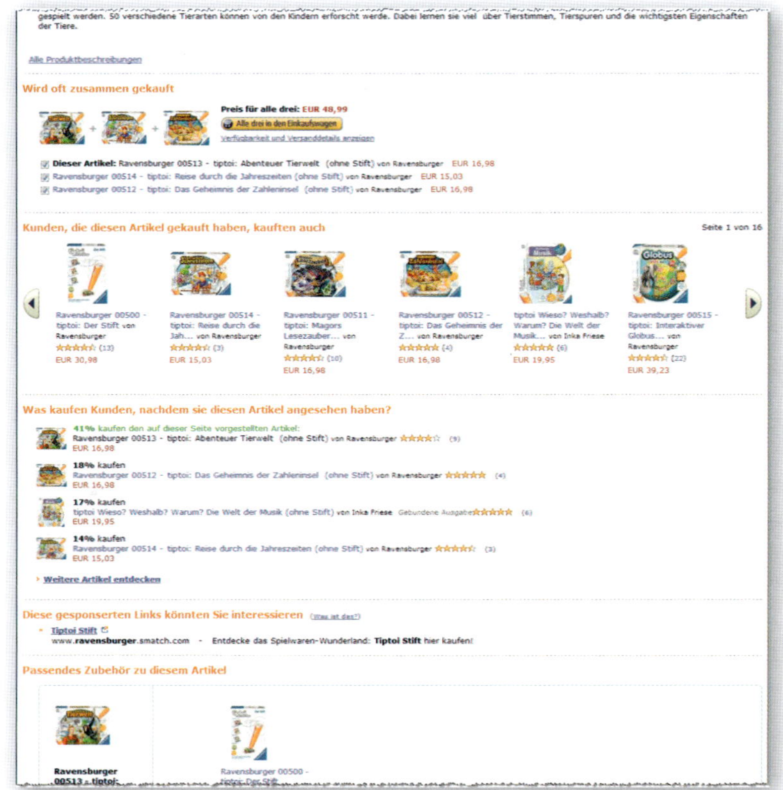

Abb. 99: *Lange Zeit war amazon.de der Vorreiter im webgebundenen Cross-Selling, also im verkaufsfördernden Kontextualisieren. Mit Hinweisen wie »Kunden, die diesen Artikel gekauft haben, kauften auch« werden den Kunden verwandte Produkte zum Kauf vorgeschlagen. Amazon hat dieses Prinzip in den vergangenen Jahren weiter differenziert – und viele Shoppingsites haben diese Funktionalitäten als Modell übernommen.*

Bebilderung auf Artikelseiten, die zugehörigen Audio-Schnipsel auf Radio-Websites oder als textflankierende O-Töne und das zugehörige Videomaterial für TV-Sender im Web oder auf Videoportalen.

Allein aufs Schreiben bezogen gibt es prinzipiell nur dezente Unterschiede zwischen Print- und Online-Pressemitteilung – ganz ähnlich wie es hier ja auch bereits für journalistische Artikel in Printmedien und im Web festgestellt worden ist. Wer eine OPM auf eine Webseite stellt, tut entsprechend gut daran, sie überhaupt auf eine HTML-Seite zu stellen und dann natürlich auch in eine webgerechte Form zu bringen: Ebenso wie journalistische Artikel im Web braucht es also auch hier scanfreundliche Überschriften und Teaser, begleitendes Bildmaterial mit klaren, ansprechenden Motiven und ein suchmaschinenfreundliches Formulieren. Dies scheint zwar heute selbstverständlich, in der Praxis ist es das aber gelegentlich nach wie vor nicht (s. Abb. 100).

Anders als in journalistischen Artikeln kommen noch die typischen Merkmale einer Pressemitteilung hinzu: der Unternehmensname und das Wort *Pressemitteilung* am Seitenkopf, ein knapper Textblock über das Unternehmen sowie die Kontaktdaten des zuständigen Ansprechpartners am Seitenfuß. Bei längeren Pressemitteilungen wird dem eigentlichen Artikel auch noch eine Liste der Zwischenüberschriften vorangestellt, damit die Leser schon beim ersten Scannen über die Kern-Informationen im Bilde sind. Ergänzende

Abb. 100: *Pressemitteilungen online nur als herunterladbares PDF anzubieten – wie hier auf www.thueringen-tourismus.de – ist eine echte Sünde. Auf diese Weise wird verhindert, dass die PM in den weltweiten Hypertext eingewoben werden kann.*

Abb. 101: *Immerhin: Die gleiche Mitteilung findet sich an anderer, unerwarteter Stelle der Website dann doch auf einer HTML-Seite, dort allerdings als kaum lesbare, weitgehend unstrukturierte Bleiwüste.*

Medienkomponenten wie Fotos, Audios oder Videos werden als herunterladbare Dateien mit Angabe der Datei-Größe und des Datei-Formats eingebunden; idealerweise werden diese multimedialen Komponenten als Linkgruppe gebündelt oder direkt an der Stelle zum Herunterladen verlinkt, an der sie in den Text eingebunden sind. Hinzu kommt dann zum Schluss noch eine komfortable Druckversion, die die Quellenangabe mit Firmenlogo, die URL des Webdokuments und die URLs auf weiterführende Dokumente sowie einen Datumsstempel enthält.

Das redaktionelle Aufbereiten eines Ausgangstextes für die OPM folgt dabei einem typischen Prozess in sieben Schritten:

1. Zuerst werden die Detail-Informationen des Ausgangstextes gruppiert und zu vorläufigen Absätzen oder Abschnitten aus mehreren Absätzen angeordnet; die entstehenden Absätze werden im Layout jeweils durch Leerzeilen voneinander getrennt.
2. Für jeden Abschnitt beziehungsweise Absatz wird jeweils eine Zwischenüberschrift formuliert.
3. Die Abschnitte werden hierarchisiert, also nach absteigender Wichtigkeit geordnet.
4. Der Text wird redigiert, die Wortwahl überprüft, Satzbauten gerichtet, Überflüssiges gestrichen.

5. Es wird ein Lead-Teaser formuliert. Unterstreichen Sie dazu die Antworten auf die W-Fragen und bauen Sie daraus zwei bis drei Sätze, die den nachrichtlichen Kern des Berichteten enthalten. Cliffhanger sind in OPM in der Regel übrigens fehl am Platz, denn ein OPM-Teaser hat schnell über das Wesentliche zu informieren – und nicht das Wesentliche vorzuenthalten. Alternativ werden bei längeren Texten die Zwischenüberschriften wie in einem Inhaltsverzeichnis versammelt und vor den Textanfang gestellt.
6. Schreiben Sie eine Hauptschlagzeile, ggf. eine Dach- oder Unterzeile.
7. Geben Sie der OPM jetzt noch etwas Feinschliff: Überprüfen Sie an der Endversion der OPM, ob und inwiefern definierte Imageziele Ihres Unternehmens durch eine zielgerichtete Wortwahl noch besser unterstützt werden können. Und wenn es ums Verkaufen geht, laden Sie den Text mit positiven Begriffen auf.

Das nun folgende Beispiel (ab Seite 170) zeigt, wie die einzelnen Schritte in einem ganz konkreten Fall zu durchlaufen sind. Das Textbeispiel stammt von der Continental AG; der Rohtext lautet:

‹ CONTINENTAL GLOBAL SITE | CHANGE WEBSITE | CHANGE COUNTRY | LANGUAGE

Continental PRESSEPORTAL KONZERN DEUTSCHLAND

Home › Pressemitteilungen › Automotive Group › powertrain › Powertrain › E-Motor

SEARCH Search

› Home
THEMEN
Pressemitteilungen
› Basisinformationen
› Bilder und Videos
› Initiativen
› Events
› Presse-Kontakt
› RSS Info / Newsletter
› Presseseiten Divisionen
IM FOKUS
› Sicherheit
› Information
› Umwelt
› Erschwingliche Autos
› Continental-Konzern
› Automotive Group
› Rubber Group

Bei Elektromobilität ist Continental startklar

30.04.2010

- Erste Baumuster für serienreife Elektromotoren ab 3. Mai 2010
- Continental startet erste Großserienfertigung in Europa 2011 in Gifhorn
- Automobilzulieferer fertigt alle Schlüsselkomponenten für die Elektromobilität
- Entwicklung für Elektro- und Hybridtechnologie in Berlin

Berlin/Gifhorn/Regensburg, den 30. April 2010. Startklar für die elektromobile Zukunft: Wenn in Berlin der Startschuss für eine neue nationale Elektroautoinitiative fällt, ist das für den internationalen Automobilzulieferer Continental praktisch ein Heimspiel. Das Unternehmen verfügt in Berlin Moabit über ein wesentliches Standbein seiner weltweiten Entwicklung für Elektroantriebs- und Hybridtechnologie. Rund 280 hoch qualifizierte Fachleute schaffen dort die Grundlagen für den angekündigten Paradigmenwechsel in der individuellen Mobilität. Denn wenn es nach dem Willen der Bundesregierung und deren „Nationaler Entwicklungsplan Elektromobilität" geht, sollen in Deutschland 2020 eine Million Elektrofahrzeuge auf den Straßen fahren. Am Standort Gifhorn in Niedersachsen werden ab dem 3. Mai 2010 die Baumuster für die in Kürze beginnende Großserienfertigung von Elektromotoren hergestellt.

› Klicken Sie hier um das Bild herunterzuladen

E-Motor – Vierfach-Nadelwickler

„Die aktuellen Entwicklungen rund um das Elektroauto zeigen, dass der Wettlauf um den Antrieb der Zukunft in vollem Gange ist. Die dafür jetzt notwendigen Investitionen sind jedoch enorm. Deshalb ist das Zusammenspiel aller Kräfte, also Wirtschaft, Politik und Wissenschaft notwendig. Mein Appell an die Politik lautet daher: Die dafür notwendigen Rahmenbedingungen müssen auf Jahrzehnte hinaus verlässlich sein. Nur so werden wir als Industrie genug Kräfte mobilisieren und Fahrt aufnehmen können, insbesondere in Deutschland", sagt der Continental-Vorstandsvorsitzende Dr. Elmar Degenhart.

Bei Continental ist die Industrialisierung der neuen Antriebstechnik schon Realität. Den Schritt hinaus aus den Entwicklungslabors und Versuchsanwendungen hin zur Serienproduktion auf industriellem Maßstab hat Continental bereits erfolgreich absolviert. „Continental hat die Entwicklung der Kernkomponenten für Elektromobilität bereits seit den 90er Jahren vorangetrieben. Wir haben damit wiederholt Serienaufträge gewonnen und sind gerne bereit, unser Wissen und unsere Erfahrung auch in die jetzt ins Leben gerufene „Nationale Plattform für Elektromobilität" einzubringen", erklärt Degenhart.

Montage Plastikendkappen

› Klicken Sie hier um das Bild herunterzuladen

So war Continental seit 2008 der erste Zulieferer weltweit, der Lithium-Ionen-Batterien für ein Serienfahrzeug herstellt – den Mercedes S 400 HYBRID. Diese besonders leistungsfähigen Batterien bilden den Energiespeicher für den Elektromotor, der in der Mild-Hybridversion der S-Klasse den Verbrennungsmotor beim Spritsparen unterstützt und das Auto damit zu einer sehr effizienten Luxuslimousine macht.

Auch bei der Leistungselektronik für elektrische Antriebe und deren Batterie ist Continental schon lange aus der Laborphase heraus: Die aktuelle, dritte Generation ist um rund 30 % kleiner als ihre Vorläufer. Mit dieser kompakten Leistungselektronik fertigt der Zulieferer auch jenen wichtigen Teil eines Elektrofahrzeugs oder Hybrids, der den Gleichstrom aus der Batterie in Wechselstrom für den Elektromotor wandelt und umgekehrt die beim Bremsen gewonnene elektrische Energie in der Batterie speichert.

› Weitere Pressebilder finden Sie in unserer Bilddatenbank.

Nächster Meilenstein: Elektromotoren in Großserie am Standort Gifhorn

Ab 2011 wird Continental den ersten kompletten elektrischen Antriebsstrang für das Serienfahrzeug eines europäischen Automobilherstellers produzieren. „Dafür haben wir 12 Millionen Euro in unseren niedersächsischen Standort Gifhorn investiert. Die jährliche Produktionskapazität ist für zunächst bis zu 60.000 Elektromotoren ausgelegt. Mit diesem Schritt bringt Continental, neben der Batterie und Leistungselektronik, auch die dritte Schlüsselkomponente Motor für die Elektromobilität in Serie", sagt José Avila, Leiter der Continental-Division Powertrain und Mitglied des Vorstands der Continental AG. Unter Leitung des Berliner Entwicklungszentrums beginnt derzeit auf der neu entwickelten Fertigungslinie in Gifhorn die Produktion von C-Mustern – in der Fachsprache der Automobilbranche ist das ein technischer Stand kurz vor der Freigabe für die Serie.

„Elektromobilität ist eine viel versprechende Zukunftstechnologie. Deshalb investieren wir jetzt und heute in den Schritt der Industrialisierung. Denn wir wollen, dass die Technologie des Elektrofahrzeugs möglichst bald auf die Straße kommt", ergänzt Avila.

Elektromotoren einer ganz eigenen Größenordnung

Mit 60 kW bzw. 75 kW Spitzenleistung ermöglichen unsere Motoren aus Gifhorn je nach Ausführung ein beeindruckendes Drehmoment.

Der Elektromotor tritt aus dem Stand an wie kein gleichschwerer Verbrennungsmotor. Der Continental-Synchronmotor, wie er in Gifhorn derzeit als Muster vom Band läuft, wiegt auf Grund der immensen Fortschritte beim Kompakt- und Leichtbau nur noch ca. 65 Kilogramm. Zum Vergleich: Ein herkömmlicher Verbrennungsmotor wiegt je nach Hersteller und Bauart zwischen 80 (1,2 l) und 150 kg (2,0 l) – ohne Getriebe.

Kontakt:
Simone Geldhäuser
Externe Kommunikation
Continental
Division Powertrain
Siemensstr. 12
93055 Regensburg
Telefon: +49 941 790-61302
Fax: +49 941 790-99 61302
E-Mail: simone.geldhaeuser@continental-corporation.com

Hannes Boekhoff
Leiter Medien
Continental AG
Vahrenwalder Straße 9
30165 Hannover
Telefon: 0511 938-1278
Fax: 0511 938-1055
E-Mail: prkonzern@conti.de

Download Pressemitteilung (Word, 72 KB)

VERWANDTE MELDUNGEN
02.07.10 › Expo 2010
16.06.10 › Globalisierung bei Getriebesteuerungen
16.06.10 › System-Know-how für die Elektromobilität

Kontakt | Sitemap | Impressum | Legal | Drucken | PDF erstellen | RSS
© Continental AG 2010

Abb. 102: *OPM der Continental AG – hier gibt es kaum etwas zu meckern.*

Berlin/Gifhorn/Regensburg, den 30. April 2010. Startklar für die elektro-mobile Zukunft: Wenn in Berlin der Startschuss für eine neue nationale Elektroautoinitiative fällt, ist das für den internationalen Automobilzulieferer Continental praktisch ein Heimspiel: Das Unternehmen verfügt in Berlin-Moabit über ein wesentliches Standbein seiner weltweiten Entwicklung für Elektroantriebs- und Hybridtechnologie. Rund 280 hoch qualifizierte Fachleute schaffen dort die Grundlagen für den angekündigten Paradigmenwechsel in der individuellen Mobilität. Denn wenn es nach dem Willen der Bundesregierung und deren »Nationaler Entwicklungsplan Elektromobilität« geht, sollen in Deutschland 2020 eine Million Elektrofahrzeuge auf den Straßen fahren. Am Standort Gifhorn in Niedersachsen werden ab dem 3. Mai 2010 die Baumuster für die in Kürze beginnende Großserienfertigung von Elektromotoren hergestellt. »Die aktuellen Entwicklungen rund um das Elektroauto zeigen, dass der Wettlauf um den Antrieb der Zukunft in vollem Gange ist. Die dafür jetzt notwendigen Investitionen sind jedoch enorm. Deshalb ist das Zusammenspiel aller Kräfte, also Wirtschaft, Politik und Wissenschaft notwendig. Mein Appell an die Politik lautet daher: Die dafür notwendigen Rahmenbedingungen müssen auf Jahrzehnte hinaus verlässlich sein. Nur so werden wir als Industrie genug Kräfte mobilisieren und Fahrt aufnehmen können, insbesondere in Deutschland«, sagt der Continental-Vorstandsvorsitzende Dr. Elmar Degenhart. Bei Continental ist die Industrialisierung der neuen Antriebstechnik schon Realität. Den Schritt hinaus aus den Entwicklungslabors und Versuchsanwendungen hin zur Serienproduktion auf industriellem Maßstab hat Continental bereits erfolgreich absolviert. »Continental hat die Entwicklung der Kernkomponenten für Elektromobilität bereits seit den 90er Jahren vorangetrieben. Wir haben damit wiederholt Serienaufträge gewonnen und sind gerne bereit, unser Wissen und unsere Erfahrung auch in die jetzt ins Leben gerufene ›Nationale Plattform für Elektromobilität‹ einzubringen«, erklärt Degenhart. So war Continental seit 2008 der erste Zulieferer weltweit, der Lithium-Ionen-Batterien für ein Serienfahrzeug herstellt – den Mercedes S 400 HYBRID. Diese besonders leistungsfähigen Batterien bilden den Energiespeicher für den Elektromotor, der in der Mild-Hybridversion der S-Klasse den Verbrennungsmotor beim Spritsparen unterstützt und das Auto damit zu einer sehr effizienten Luxuslimousine macht. Auch bei der Leistungselektronik für elektrische Antriebe und deren Batterie ist Continental schon lange aus der Laborphase heraus: Die aktuelle, dritte Generation ist um rund 30 % kleiner als ihre Vorläufer. Mit dieser kompakten Leistungselektronik fertigt der Zulieferer auch jenen wichtigen Teil eines Elektrofahrzeugs oder Hybrids, der den Gleichstrom aus der Batterie in Wechselstrom für den Elektromotor wandelt und umgekehrt die beim Bremsen gewonnene elektrische Energie in der Batterie speichert. Ab 2011 wird Continental den ersten kompletten elektrischen Antriebsstrang für das Serienfahrzeug eines europäischen Automobilherstellers produzieren. »Dafür haben wir 12 Millionen Euro in unseren niedersächsischen Standort Gifhorn investiert. Die jährliche Produktionskapazität ist für zunächst bis zu 60.000 Elektromotoren ausgelegt. Mit diesem Schritt bringt Continental, neben der Batterie und Leistungselektronik, auch die dritte Schlüsselkomponente Motor für

▼

die Elektromobilität in Serie«, sagt José Avila, Leiter der Continental-Division Powertrain und Mitglied des Vorstands der Continental AG. Unter Leitung des Berliner Entwicklungszentrums beginnt derzeit auf der neu entwickelten Fertigungslinie in Gifhorn die Produktion von C-Mustern – in der Fachsprache der Automobilbranche ist das ein technischer Stand kurz vor der Freigabe für die Serie. »Elektromobilität ist eine viel versprechende Zukunftstechnologie. Deshalb investieren wir jetzt und heute in den Schritt der Industrialisierung. Denn wir wollen, dass die Technologie des Elektrofahrzeugs möglichst bald auf die Straße kommt«, ergänzt Avila. Mit 60 kW bzw. 75 kW Spitzenleistung ermöglichen unsere Motoren aus Gifhorn je nach Ausführung ein beeindruckendes Drehmoment. Der Elektromotor tritt aus dem Stand an wie kein gleichschwerer Verbrennungsmotor. Der Continental-Synchronmotor, wie er in Gifhorn derzeit als Muster vom Band läuft, wiegt auf Grund der immensen Fortschritte beim Kompakt- und Leichtbau nur noch ca. 65 Kilogramm. Zum Vergleich: Ein herkömmlicher Verbrennungsmotor wiegt je nach Hersteller und Bauart zwischen 80 (1,2 l) und 150 kg (2,0 l) – ohne Getriebe. ■

Im ersten Schritt werden jetzt die Absätze angelegt. Dazu werden inhaltlich zusammengehörige, sinnverbundene Textblöcke jeweils durch Leerzeilen voneinander getrennt.

Berlin/Gifhorn/Regensburg, den 30. April 2010. Startklar für die elektro-mobile Zukunft: Wenn in Berlin der Startschuss für eine neue nationale Elektroautoinitiative fällt, ist das für den internationalen Automobilzulieferer Continental praktisch ein Heimspiel. Der Grund: In Berlin-Moabit verfügt das Unternehmen über ein wesentliches Standbein seiner weltweiten Entwicklung für Elektroantriebs- und Hybridtechnologie. Rund 280 hoch qualifizierte Fachleute schaffen dort die Grundlagen für den angekündigten Paradigmenwechsel in der individuellen Mobilität. Denn wenn es nach dem Willen der Bundesregierung und deren »Nationaler Entwicklungsplan Elektromobilität« geht, sollen in Deutschland 2020 eine Million Elektrofahrzeuge auf den Straßen fahren.

Meilenstein 2010: Die ersten Baumuster für serienreife Elektromotoren
Am Standort Gifhorn in Niedersachsen werden ab dem 3. Mai 2010 die Baumuster für die in Kürze beginnende Großserienfertigung von Elektromotoren hergestellt. »Die aktuellen Entwicklungen rund um das Elektroauto zeigen, dass der Wettlauf um den Antrieb der Zukunft in vollem Gange ist. Die dafür jetzt notwendigen Investitionen sind jedoch enorm. Deshalb ist das Zusammenspiel aller Kräfte, also Wirtschaft, Politik

und Wissenschaft notwendig. Mein Appell an die Politik lautet daher: Die dafür notwendigen Rahmenbedingungen müssen auf Jahrzehnte hinaus verlässlich sein. Nur so werden wir als Industrie genug Kräfte mobilisieren und Fahrt aufnehmen können, insbesondere in Deutschland«, sagt der Continental-Vorstandsvorsitzende Dr. Elmar Degenhart.

Bei Continental ist die Industrialisierung der neuen Antriebstechnik schon Realität. Den Schritt hinaus aus den Entwicklungslabors und Versuchsanwendungen hin zur Serienproduktion auf industriellem Maßstab hat Continental bereits erfolgreich absolviert. »Continental hat die Entwicklung der Kernkomponenten für Elektromobilität bereits seit den 90er Jahren vorangetrieben. Wir haben damit wiederholt Serienaufträge gewonnen und sind gerne bereit, unser Wissen und unsere Erfahrung auch in die jetzt ins Leben gerufene ›Nationale Plattform für Elektromobilität‹ einzubringen«, erklärt Degenhart. So war Continental seit 2008 der erste Zulieferer weltweit, der Lithium-Ionen-Batterien für ein Serienfahrzeug herstellt – den Mercedes S 400 HYBRID. Diese besonders leistungsfähigen Batterien bilden den Energiespeicher für den Elektromotor, der in der Mild-Hybridversion der S-Klasse den Verbrennungsmotor beim Spritsparen unterstützt und das Auto damit zu einer sehr effizienten Luxuslimousine macht. (…)

Meilenstein 2011: Die erste Großserien-Produktion in Europa

Ab 2011 wird Continental den ersten kompletten elektrischen Antriebsstrang für das Serienfahrzeug eines europäischen Automobilherstellers produzieren. »Dafür haben wir 12 Millionen Euro in unseren niedersächsischen Standort Gifhorn investiert. Die jährliche Produktionskapazität ist für zunächst bis zu 60.000 Elektromotoren ausgelegt. Mit diesem Schritt bringt Continental, neben der Batterie und Leistungselektronik, auch die dritte Schlüsselkomponente Motor für die Elektromobilität in Serie«, sagt José Avila, Leiter der Continental-Division Powertrain und Mitglied des Vorstands der Continental AG. Unter Leitung des Berliner Entwicklungszentrums beginnt derzeit auf der neu entwickelten Fertigungslinie in Gifhorn die Produktion von C-Mustern – in der Fachsprache der Automobilbranche ist das ein technischer Stand kurz vor der Freigabe für die Serie. »Elektromobilität ist eine viel versprechende Zukunftstechnologie. Deshalb investieren wir jetzt und heute in den Schritt der Industrialisierung. Denn wir wollen, dass die Technologie des Elektrofahrzeugs möglichst bald auf die Straße kommt«, ergänzt Avila. Mit 60 kW bzw. 75 kW Spitzenleistung ermöglichen unsere Motoren aus Gifhorn je nach Ausführung ein beeindruckendes Drehmoment. Der Elektromotor tritt aus dem Stand an wie kein gleichschwerer Verbrennungsmotor. Der Continental-Synchronmotor, wie er in Gifhorn derzeit als Muster vom Band läuft, wiegt auf Grund der immensen Fortschritte beim Kompakt- und Leichtbau nur noch ca. 65 Kilogramm. Zum Vergleich: Ein herkömmlicher Verbrennungsmotor wiegt je nach Hersteller und Bauart zwischen 80 (1,2 l) und 150 kg (2,0 l) – ohne Getriebe. ■

Der Text zeigt bereits in der Urfassung eine klare Gliederung, die einzelnen Abschnitte müssen deshalb nicht umgestellt, das Schriftbild nur durch sinnvolle Leerzeilen aufgelockert werden. Da der Text in der Ausgangsversion schon weit über 4.500 Zeichen hat, wird dem Text hier eine Liste der Kernaussagen vorangestellt, die weitgehend auf den Zwischenüberschriften ruht. Außerdem wird eine Hauptschlagzeile formuliert und der Standard-Abbinder mit den Kontaktdaten ergänzt:

CONTINENTAL AG, Pressemitteilung
Elektro-Motoren: Continental startklar für automobile Zukunft
Meilenstein 2010: Ab 3. Mai gibt es die ersten Baumuster für serienreife Elektromotoren
Meilenstein 2011: Europas erste Großserien-Produktion startet am Standort Gifhorn
Die neuen Elektromotoren sind antrittsstark und trotzdem leicht
Continental fertigt alle Schlüsselkomponenten für Elektro-Mobilität

Als Alternative zur Kernaussagen-Liste kann natürlich auch ein Lead-Teaser formuliert werden. In diesem Fall sähe der Texteinstieg wie auf der nächsten Doppelseite gezeigt aus.

Sie sehen: Um aus diesem Text nun eine echte OPM zu formen, sind jetzt noch – sofern vorhanden – zusätzliche Medienkomponenten wie Bilder, Audio-Dateien, animierte Infografiken und/oder Video-Material sowie Links auf weiterführende Dokumente einzubinden. Und das war's.

Elektro-Motoren: Continental startklar für automobile Zukunft

Der Wettlauf um den Antrieb für die automobile Zukunft ist in vollem Gang, und die Continental AG ist bestens positioniert: Ab 3.Mai werden in Gifhorn (Niedersachsen) die ersten Baumuster für serienreife Elektro-Antriebe angefertigt. In 2011 startet dort Europas erste Großserien-Produktion für automobile Elektromotoren. Bis zu 60.000 Stück können jährlich vom Band laufen.

Berlin/Gifhorn/Regensburg, den 30. April 2010. Startklar für die elektro-mobile Zukunft: Wenn in Berlin der Startschuss für eine neue nationale Elektroautoinitiative fällt, ist das für den internationalen Automobilzulieferer Continental praktisch ein Heimspiel. Der Grund: In Berlin Moabit verfügt das Unternehmen über ein wesentliches Standbein seiner weltweiten Entwicklung für Elektroantriebs- und Hybridtechnologie. Rund 280 hoch qualifizierte Fachleute schaffen dort die Grundlagen für den angekündigten Paradigmenwechsel in der individuellen Mobilität. Denn wenn es nach dem Willen der Bundesregierung und deren »Nationaler Entwicklungsplan Elektromobilität« geht, sollen in Deutschland 2020 eine Million Elektrofahrzeuge auf den Straßen fahren.

Meilenstein 2010: Die ersten Baumuster für serienreife Elektromotoren
Am Standort Gifhorn in Niedersachsen werden ab dem 3. Mai 2010 die Baumuster für die in Kürze beginnende Großserienfertigung von Elektromotoren hergestellt. »Die aktuellen Entwicklungen rund um das Elektroauto zeigen, dass der Wettlauf um den Antrieb der Zukunft in vollem Gange ist. Die dafür jetzt notwendigen Investitionen sind jedoch enorm. Deshalb ist das Zusammenspiel aller Kräfte, also Wirtschaft, Politik und Wissenschaft notwendig. Mein Appell an die Politik lautet daher: Die dafür notwendigen Rahmenbedingungen müssen auf Jahrzehnte hinaus verlässlich sein. Nur so werden wir als Industrie genug Kräfte mobilisieren und Fahrt aufnehmen können, insbesondere in Deutschland«, sagt der Continental-Vorstandsvorsitzende Dr. Elmar Degenhart.

Bei Continental ist die Industrialisierung der neuen Antriebstechnik schon Realität. Den Schritt hinaus aus den Entwicklungslabors und Versuchsanwendungen hin zur Serienproduktion auf industriellem Maßstab hat Continental bereits erfolgreich absolviert. »Continental hat die Entwicklung der Kernkomponenten für Elektromobilität bereits seit den 90er Jahren vorangetrieben. Wir haben damit wiederholt Serienaufträge gewonnen und sind gerne bereit, unser Wissen und unsere Erfahrung auch in die jetzt ins Leben gerufene »Nationale Plattform für Elektromobilität« einzubringen«, erklärt Degenhart. So war Continental seit 2008 der erste Zulieferer weltweit, der Lithium-Ionen-Batterien für ein Serienfahrzeug herstellt – den Mercedes S 400 HYBRID. Diese besonders leistungsfähigen Batterien bilden den Energiespeicher für den Elektromotor, der in der Mild-Hybridversion der S-Klasse den Verbrennungsmotor beim Spritsparen unterstützt und das Auto damit zu einer sehr effizienten Luxuslimousine macht. (…)

▼

Meilenstein 2011: Europas erste Großserien-Produktion für Elektro-Antriebe
Ab 2011 wird Continental den ersten kompletten elektrischen Antriebsstrang für das Serienfahrzeug eines europäischen Automobilherstellers produzieren. »Dafür haben wir 12 Millionen Euro in unseren niedersächsischen Standort Gifhorn investiert. Die jährliche Produktionskapazität ist für zunächst bis zu 60.000 Elektromotoren ausgelegt. Mit diesem Schritt bringt Continental, neben der Batterie und Leistungselektronik, auch die dritte Schlüsselkomponente Motor für die Elektromobilität in Serie«, sagt José Avila, Leiter der Continental-Division Powertrain und Mitglied des Vorstands der Continental AG. Unter Leitung des Berliner Entwicklungszentrums beginnt derzeit auf der neu entwickelten Fertigungslinie in Gifhorn die Produktion von C-Mustern – in der Fachsprache der Automobilbranche ist das ein technischer Stand kurz vor der Freigabe für die Serie. »Elektromobilität ist eine viel versprechende Zukunftstechnologie. (…).

Die neuen Elektromotoren sind antrittsstark und trotzdem leicht
Mit 60 kW bzw. 75 kW Spitzenleistung ermöglichen unsere Motoren aus Gifhorn je nach Ausführung ein beeindruckendes Drehmoment. Der Elektromotor tritt aus dem Stand an wie kein gleichschwerer Verbrennungsmotor. Der Continental-Synchronmotor, wie er in Gifhorn derzeit als Muster vom Band läuft, wiegt auf Grund der immensen Fortschritte beim Kompakt- und Leichtbau nur noch ca. 65 Kilogramm. Zum Vergleich: Ein herkömmlicher Verbrennungsmotor wiegt je nach Hersteller und Bauart zwischen 80 (1,2 l) und 150 kg (2,0 l) – ohne Getriebe.

Continental gehört mit einem Umsatz von ca. 20 Mrd. Euro im Jahr 2009 weltweit zu den führenden Automobilzulieferern. Als Anbieter von Bremssystemen, Systemen und Komponenten für Antriebe und Fahrwerk, Instrumentierung, Infotainment-Lösungen, Fahrzeugelektronik, Reifen und technischen Elastomerprodukten trägt Continental zu mehr Fahrsicherheit und zum globalen Klimaschutz bei. Continental ist darüber hinaus ein kompetenter Partner in der vernetzten, automobilen Kommunikation. Continental beschäftigt derzeit rund 134.500 Mitarbeiter in 46 Ländern. ( )

Für Rückfragen und weitere Informationen:
Vorname Nachname
Externe Kommunikation
Continental
Division Powertrain
Straßenstr. 12
12345 Beispielstadt
Telefon: +49 123 4567-8910
Fax: +49 123 4567-8911
E-Mail: vorname.nachname@continental-corporation.com (…)

Mediendatenbank im Internet: www.mediacenter.continental-corporation.com

Der nächste Schritt: Pressemitteilung 2.0

Das Internet hat die Verhältnisse in der professionellen Kommunikation grundlegend verändert. Als Berufsgruppe sind davon ganz wesentlich die Journalisten betroffen: Ihre herausgehobene Position als Gate-Keeper wird zusehends eingeebnet, denn im Internet können Unternehmen ihre Zielgruppen direkt und unmittelbar in Eigenregie ansprechen – ganz ohne den früher nahezu unumgänglichen Informationsfilter der klassischen Medien.

Noch dazu sind gerade mit dem Aufkommen des Sozialen Webs völlig neue webpublizierende Bezugsgruppen neben die Journalisten getreten, die im öffentlichen Raum eine ebenso durchschlagende Meinungswirkung entfalten können, wie es ursprünglich nur den Journalisten vorbehalten war. So ist die Blogosphäre für Unternehmen und Organisationen längst zu einer relevanten ernstzunehmenden Instanz in öffentlichen Kommunikationsprozessen avanciert.

Zwangsläufig ändern sich mit diesem Wandel in den Kommunikationsverhältnissen auch die Instrumente der PR. Die klassische Print-Pressemitteilung, die sich formal primär an journalistischen Erfordernissen orientiert, steckt heute in einem evolutionären Veränderungsprozess, denn Unternehmensinformation ist in Zeiten des Web 2.0 eben nicht mehr nur an Journalisten zu adressieren, sondern prinzipiell an jeden, der aktiv im Web publiziert.

Als ein Zeichen dieses Wandels hat sich in den vergangenen Jahren die Social Media Release (SMR) beziehungsweise die Multimedia News Release (MNR) deutlicher konturiert. Konzeptionell gibt es zwischen diesen Pressemitteilungsformen kaum Unterschiede: Beide zielen darauf, Unternehmensinformation in übersichtlicher Form von vornherein so aufzubereiten, dass sie nicht nur mehr für redaktionelle Medien passgenau konfektioniert ist, sondern auch für die vielfältigen Kanäle im Web 2.0. Ausgehend von Gedankenspielen in der Blogosphäre hat der PR-Berater Todd Defren, CEO von Shift Communications, bereits im Jahr 2006 ein Template für den SMR entworfen und damit die Diskussion über Alternativen zur klassischen Pressemitteilung befeuert (s. Abb. 103). Seine Vorlage enthielt neben den klassischen Elementen einer Pressemitteilung auch standardisierte Fenster für Multimedia-Elemente (Fotos, Grafiken, Filme, O-Töne), für dynamische Kontext-Elemente und Optionen für das Sharing beziehungsweise Bookmarking.

Manche halten die SMR oder MNR für überflüssig und sehen den Web-2.0-konformen Nachfolger der Pressemitteilung eher im Corporate Blog. Und in der Tat ist der Social Media Release vielen Bloggern und noch mehr Journalisten im deutschsprachigen Raum bislang kaum ein Begriff: In einer Umfrage aus dem Jahr 2009 unter 800 Kommunikatoren in Deutschland, Österreich und der Schweiz wussten mit dem Begriff »Social Media Release« 31 Prozent der Blogger und 51 Prozent der Journalisten nichts anzufangen (http://www.schwartzpr.de/data/pm_091207.pdf). Rund 42 Prozent aller befragten Journalisten und Blogger wollten danach auch künftig lieber eine Pressemitteilung als einfache Text-E-Mail erhalten – gern mit Anhang als Word- oder PDF-Dokument. Multimedia-Elemente wie Audios und Videos hielten drei Viertel der Blogger sowie die deutliche Mehrheit der Journalisten schlicht für überflüssig und bevorzugten stattdessen weiterführende Links sowie eingebettete Fotos und Grafiken. Ob diese Momentaufnahme jedoch Bestand haben

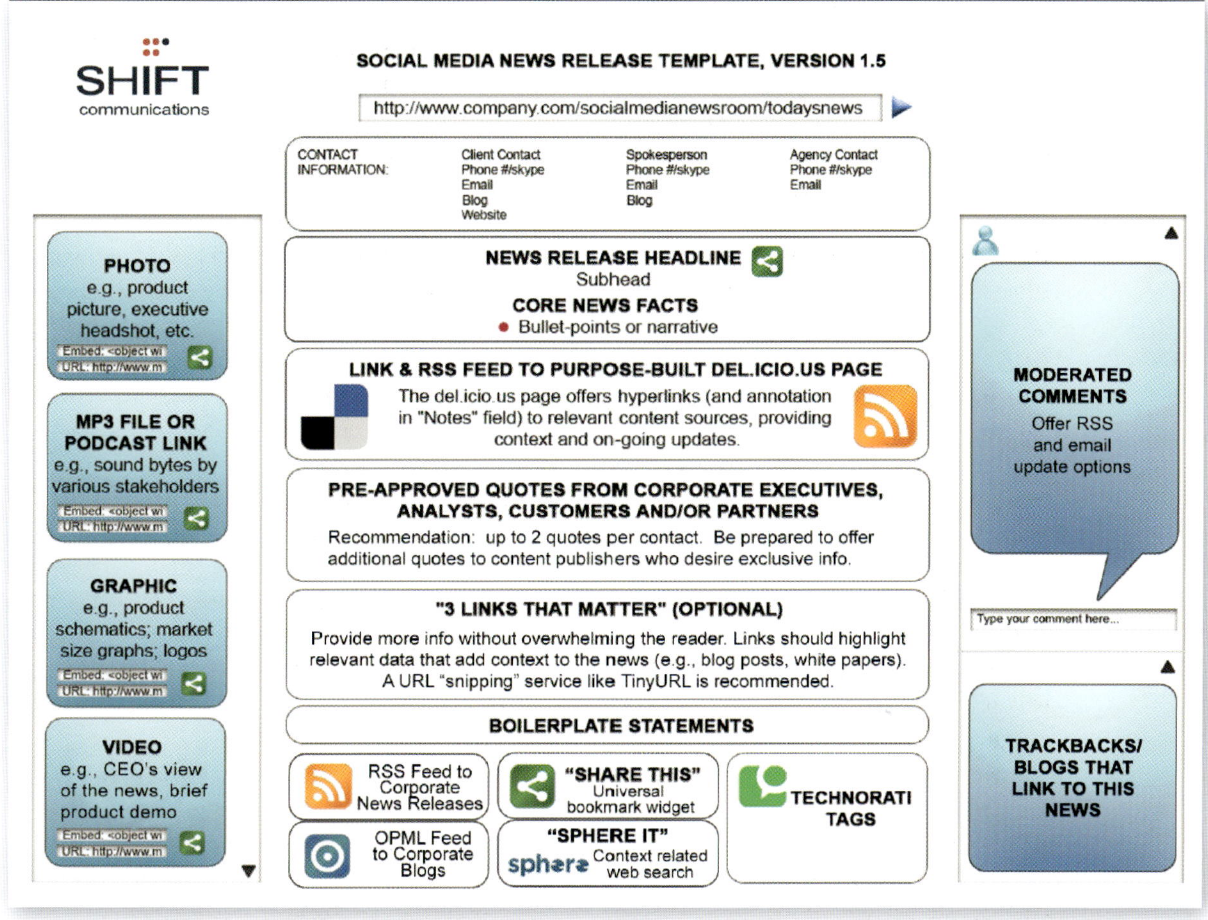

Abb. 103: *SMR-Template von Todd Defren in der Version 1.5 aus dem Jahr 2008*

wird, muss sich noch erweisen. Aktuell ist die online distribuierte Pressemitteilung (OPM) in Textform, flankiert mit Grafiken, Fotos und weiterführenden Links, sicher noch das präferierte Muster. In einem stärker multimedial geprägten und von Empfehlungen befeuerten Kommunikationskontext im Internet könnten sich SMR/MNR jedoch als logische Nachfolger der klassischen Pressemitteilung etablieren. Welches Pressemitteilungsmuster am Ende dieses evolutionären Wandels steht, ist also durchaus offen.

ANEW REVERSALIST

Press Contacts:

Elizabeth Page Bergman
AVON Products, Inc
212.282.8197
Elizabeth.Bergman@avon.com

Susan Goldberg
Tractenberg & Co
212.929.7979
Susan@tractenberg.com

ANEW REINVENTS WRINKLE REPAIR

Introducing ANEW Reversalist from AVON

New York, NY, October 1, 2009 /PRNewswire/ — The Avon ANEW line has pioneered an anti-aging first in wrinkle repair. After five years of research, development, and testing, Avon Products, Inc. introduces a landmark discovery and a breakthrough new formula that reactivates the skin's repair process to help women reverse the look of wrinkles: **ANEW Reversalist**.

A team of Avon scientists studied how the skin heals itself in order to develop an anti-aging breakthrough. When you get a cut, it triggers the production of a key repair molecule, Activin. Since wrinkles are actually a result of micro-injuries to the skin, Avon scientists spent several years of ground breaking research in the study of Activin and its role in wrinkle repair. Avon scientists discovered how to activate this key repair molecule with a breakthrough new technology Activinol. ANEW's Activinol technology in **ANEW Reversalist** is designed to boost Activin, to reactivate skin's repair process and help recreate fresh new skin and dramatically reverse the look of wrinkles.

Avon scientists presented this groundbreaking ANEW discovery in the biology of skin aging at two prominent international scientific conferences for both researchers and dermatologists in early 2009. Linking the stimulation of Activin to boosting skin's vital repair functions has revolutionized the approach to treating the visible signs of aging.

"The more we understand the mechanisms behind the signs of aging, the more effectively we can treat them," explains Dr. Glen Anderson, Director, Skincare Product Development, Avon Global Research & Development.

Dr. Uma Santhanam, Senior Manager, Cell Biology and In Vitro Toxicology at Avon Global Research & Development added, "The breakthrough research behind ANEW Reversalist truly represents a revolution in the way we approach wrinkles, and is sure to drastically change the landscape of anti-aging treatments."

Avon's patent-pending **Activinol Technology** is shown to increase the production of Activin to help boost skin's ability to repair itself and recreate fresh, new skin. Avon is the first to use this patent-pending complex of two biologically derived phytochemicals. Amorphophallus stimulates Activin production to help trigger skin's repair process, while Sesbania boosts skin's support structure to help deliver less wrinkled skin.

Available in an ultra concentrated serum and a night cream, the **ANEW Reversalist** formulas reactivate the skin's repair process, help reverse wrinkles and recreate fresh, new skin.

ANEW Reversalist Night Cream has a velvety, creamy texture for a smooth, soft, powdery finish.

- In 3 days, 73% of women said their skin looked and felt reborn
- In 2 weeks, fine wrinkles improved up to 25%**
- In 4 weeks, the appearance of fine wrinkles and discolorations was dramatically reduced, leaving skin feeling dramatically tighter*

ANEW Reversalist Renewal Serum has 5X more Activinol Technology than the night cream, and is designed to boost the night cream to recreate fresh, new skin 20% faster. It has a lightweight silky feel with a satiny finish.

- Overnight, 75% of women felt like they had new skin*
- In 2 weeks, the formula dramatically reduced the look of wrinkles*, improved discolorations by up to 100%** and left skin looking and feeling dramatically tighter*
- Over time, 88% of women agreed skin looked dramatically younger***

HOW TO USE: The new ANEW Reversalist products are meant to be used as part of an everyday regimen to reach maximum benefits for the skin.

- **SERUM:** Every morning and evening, gently smooth over cleansed face and neck, in an upward and outward motion. Some individuals may experience a brief tingling sensation following application. Follow with ANEW moisturizer with SPF in the morning.
- **CREAM:** After Serum application, use once daily every evening, gently smooth over cleansed face and neck, in an upward and outward motion avoiding eyelids. Some individuals may experience a brief tingling sensation following application.

AVAILABILITY: ***ANEW Reversalist Renewal Serum*** ($44) and ***ANEW Reversalist Night Cream*** ($32) will be available beginning **October 2009**.

WHERE TO BUY: Available exclusively through Avon Representatives. To locate an Avon Representative, call 1-800-FOR-AVON, or visit www.avon.com.

About Avon Products, Inc.

Avon, the company for women, is a leading global beauty company, with over $10 billion in annual revenue. As the world's largest direct seller, Avon markets to women in more than 100 countries through 5.8 million independent Avon Sales Representatives. Avon's product line includes beauty products, as well as fashion and home products, and features such well-recognized brand names as Avon Color, Anew, Skin-So-Soft, Advance Techniques, Avon Naturals, and mark. Learn more about Avon and its products at www.avoncompany.com.

Video

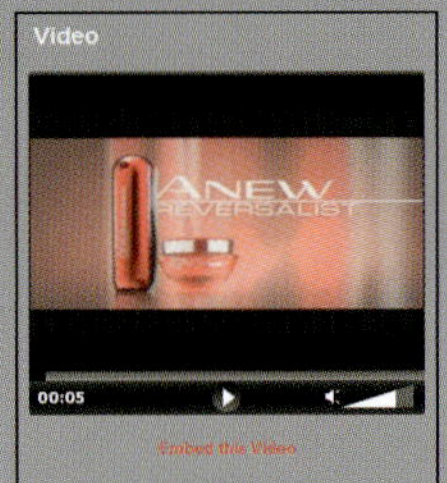

Embed this Video

Downloadable Photos

Click thumbnail to enlarge Photo
Right-click the enlarged Photo for SAVE options

Related Links

www.avon.com/reversalist
www.avoncompany.com
www.avon.com

Related Documents

Dr. Uma Santhanam Bio
Dr. Glen Anderson Bio

Social Media

Link to this MNR
http://multivu.prnewswire.com/mnr/avon/37728/

Mobile Video

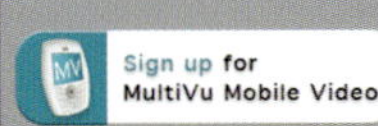

MultiVu

Nationaler Förderer Allianz SE und Bewerbungsgesellschaft München 2018 starten "Living Bid Book"

- **Gemeinsame Informationskampagne "Living Bid Book" besteht aus Video-Dokumentationen zu Leitthemen der Bewerbung, die von Allianz SE unterstützt werden**
- **Erstes „Living Bid Book" zum Thema Paralympics jetzt live**
- **Bernhard Schwank, Verena Bentele, Martin Braxenthaler und Allianz-Markenchef Christian Deuringer diskutieren über Barrierefreiheit der Sportstätten und „Barrierefreiheit im Kopf"**

München, 6. Dezember 2010 /PRNewswire/OTS — Der Nationale Förderer Allianz SE und die Bewerbungsgesellschaft München 2018 starten ihre gemeinsame Informationskampagne "Living Bid Book" mit der ersten Video-Dokumentation zum Thema Paralympics.

„Das „Living Bid Book" macht das rund 400 Seiten dicke offizielle Bewerbungsdokument („Bid Book") auf anschauliche Weise verständlich", so Christian Deuringer von der Allianz SE. Die erste Ausgabe zum Thema „Paralympics" beschäftigt sich mit dem Thema Barrierefreiheit.

„Die Paralympischen Winterspiele können nicht nur dem Behindertensport in Deutschland zu einem völlig neuen Stellenwert verhelfen. Eine verbesserte Barrierefreiheit wird allen Menschen mit Behinderung, aber auch älteren Personen, Müttern mit Kinderwagen und vielen anderen Bürgern langfristig zugutekommen", erklärt Bernhard Schwank, Geschäftsführer der Bewerbungsgesellschaft München 2018, die Pläne der Bewerbung. Er betont: „Diese Chance der Paralympischen Winterspiele 2018 nehmen wir seit Beginn der Planungen sehr ernst.

München will mit der Ausrichtung der Winterspiele ein einmaliges Erlebnis für alle Athleten schaffen, aber zugleich nachhaltig Werte wie Freundschaft, Respekt und Leistungsfähigkeit fördern. Paralympische Winterspiele in München würden das Verständnis für das Leben mit einer Behinderung und zugleich die Infrastruktur verbessern und damit auch die Lebensbedingungen."

„Als langjähriger Partner der Paralympischen Bewegung und Namensgeber der Allianz Arena, kennt die Allianz die infrastrukturellen Anforderungen einer Großveranstaltung gut," so Christian Deuringer weiter. „Aber natürlich ist die Infrastruktur nur eine Rahmenbedingung, mindestens genauso wichtig ist es, dass Menschen mit Behinderungen sozial integriert sind und die Barrieren im Kopf abgebaut werden."

Das erste „Living Bid Book" zum Thema „Paralympics" zeigt wie bereits jetzt in München und Garmisch-Partenkirchen daran gearbeitet wird, barrierefreie Olympische und Paralympische Winterspiele zu veranstalten. Martin Braxenthaler, 10-facher Paralympischer Goldmedaillen-Gewinner im Monoski, hat für die Bewerbungsgesellschaft einige der vorhandenen infrastrukturellen Voraussetzungen in München und Garmisch-Partenkirchen getestet. „Wie man in dem Film sehen kann, ist die Bewerbungsgesellschaft mit dem Konzept für München 2018 auf dem richtigen Weg – in München und Garmisch-Partenkirchen wird schon viel getan, aber es muss noch mehr erreicht werden," so Braxenthaler, der in der Video-Dokumentation auch auftritt.

Verena Bentele, die 12-fache Paralympische Goldmedaillen-Gewinnerin im Biathlon und Skilanglauf, hat mit ihren Leistungen dazu beigetragen, dass der Biathlonsport in Deutschland auch während der Paralympischen Winterspiele viel Beachtung gefunden hat. Ob sie 2018 wieder antritt, macht sie unter anderem auch davon abhängig, wo diese stattfinden. „Ich brauche die richtigen Rahmenbedingungen, um für weitere Paralympische Spiele zu trainieren, und auch vor Ort muss alles passen. Von dem Konzept der Bewerbungsgesellschaft für München 2018 bin ich absolut überzeugt. Mit dem „Living Bid Book" können wir dieses Konzept bekannt machen und fördern damit eine breite Unterstützung in der Öffentlichkeit."

Im Rahmen der "München 2018 Allianz Arena Talk"-Serie wurde der erste Teil des "Living Bid Book" von der Bewerbungsgesellschaft und ihrem Nationalen Förderer Allianz SE vorgestellt. Zu Gast in der von Roman Röll (BR, Bayern 3) moderierten Gesprächsrunde waren Bernhard Schwank (Vorsitzender der Geschäftsführung der Bewerbungsgesellschaft München 2018), Christian Deuringer (Leiter Global Brand Communication, Allianz SE), Martin Braxenthaler (10-facher Paralympischer Goldmedaillen-Gewinner im Monoski) und Verena Bentele (12-fache Paralympische Goldmedaillen-Gewinnerin im Biathlon und Skilanglauf).

Pressekontakt Bewerbungsgesellschaft:

Anna Lena Mühlhäuser
Bewerbungsgesellschaft München 2018 GmbH
Agnes-Pockels-Bogen 1
80992 München
Telefon: +49 (089) 540428-320
presse@muenchen2018.org

Allianz SE
Katerina Piro
Group Communications
Koeniginstrasse 28
80802 München
Telefon: +49 (089) 3800-16048
katerina.piro@allianz.com

Video

Das Video kann rechtefrei ausschließlich in Deutschland bzw. in deutschen und deutschsprachigen Medien oder Portalen bis zum 6. Juli 2011 genutzt werden.

Dieses Video einbetten

Video herunterladen

Klicken Sie für Speicheroptionen mit der rechten Maustaste auf das Download-Symbol

Video herunterladen

Das Video kann rechtefrei ausschließlich in Deutschland bzw. in deutschen und deutschsprachigen Medien oder Portalen bis zum 6. Juli 2011 genutzt werden.

weiterführende Links

www.allianz.de
www.sponsoring.allianz.com
www.muenchen2018.org
www.die-freundlichen-spiele.de

weiterführende Dokumente

Nationaler Förderer Allianz SE und Bewerbungsgesellschaft München 2018 starten „Living Bid Book"

Soziale Medien

Schreiben für Newsletter

Newsletter sind aus dem digitalen Medienmix heute kaum noch wegzudenken, als personalisierbarer Push-Kanal sind sie ein wichtiges Instrument, um Kunden zu gewinnen und Kunden zu binden. Was genau eine E-Mail zum Newsletter macht, ist allerdings bislang kaum verbindlich definiert, die Grenze zu rein werblichen E-Mailings verläuft in der Praxis eher fließend (siehe Abb. 105 – Abb. 108). Formal haben sich in den vergangenen Jahren einige Konventionen mehr oder minder als Quasi-Standards herausgeschält: Newsletter erscheinen rhythmisch, sie haben eine Betreffzeile, einen Titel, eine Datumsangabe, einen Link zur Website-Version (für die verlässlich korrekte Darstellung), eine fortlaufende Ausgabe-Nummer, eine Anrede- und Begrüßungsformel, eine kurze Einleitung (Editorial), ein Inhaltsverzeichnis, dann natürlich (Teaser-)Texte, Abbildungen und Links auf spezielle Landing Pages, schließlich noch das Impressum, die Kontaktdaten des Newsletter-Versenders und einen Abbestell-Link. Fünf Komponenten aus dieser Liste berühren das Schreiben: die Betreffzeile, das Editorial, das Inhaltsverzeichnis, natürlich die Texte und bedingt auch die Landing Pages. Um diese Komponenten optimal zu gestalten, sind eine ganze Reihe an Feinheiten im Schreiben zu beachten.

Abb. 104: *Zwei Beispiele für die Multimedia News Release (MNR), eine von PR Newswire fürden Kosmetikproduzenten Avon (links), die andere von news aktuell für den Versicherungskonzern Allianz (rechts): Sowohl im Layout als auch im Komponenten-Mix sind kaum Unterschiede festzustellen. Vor allem eines fällt ins Auge: Der Presse-Text ist nach wie vor die dominante Komponente.*

Die Betreffzeile

Inhaltlich reicht das Spektrum im Newsletter-Publishing vom rein werblichen Produkt-Newsletter bis hin zum rein redaktionellen Newsletter – und zwischendrin gibt es natürlich vielfältigste Mischformen. Das generelle kommunikationsstrukturelle Ziel ist es dabei, zumindest meistens, die Newsletter-Abonnenten in einen Kommunikationskreislauf einzubinden, neudeutsch: eine Communication Loop aufzubauen, die Leser also zunächst über die Website zum Newsletter zu führen und von dort dann wieder zurück zur Website.

Im Newsletter selbst geht es dann um handfeste Unternehmensziele: um unmittelbare Abverkäufe, um unmittelbar generierten Traffic und/oder um regelmäßig aktualisierte Leser- und Kundenbindung für mittelbar mehr Abverkäufe und Traffic. Jedes dieser drei unternehmerischen Ziele wirkt sich zwangsläufig auch auf das Schreiben aus: Zielt ein Newsletter auf schnellen Umsatz, werden die Textbausteine eher in werblichem Stil verfasst. Und zielt ein Newsletter darauf, Leser zum unmittelbaren Besuch auf der Unternehmenswebsite zu animieren oder durch exklusive Information dauerhaft als Kunden zu binden, dann werden für die Texte eher redaktionelle Muster genutzt.

Die erste Textkomponente auf dem Weg, diese unternehmerischen Ziele mit einem Newsletter auch tatsächlich zu erreichen, ist die Betreffzeile. Sie hat vorentscheidende Bedeutung: Gute Betreffzeilen lösen einen Klick-Reiz aus, sodass der Newsletter geöffnet wird und der Inhalt mindestens eine Blickkontaktchance bekommt, nicht so gute Betreffzeilen schaffen das nicht. Die Konkurrenzsituation, in der die Betreffzeile ihre Kraft in die gewünschte Richtung entfalten muss, ist brutal: Anders als auf Website-Startseiten oder auf Suchergebnislisten bringen die Leser beim Scannen der Betreffzeilen im digitalen Postfach kein aktuelles Ausgangsinteresse mit. Stattdessen haben sie meist nur das Ziel, die eingegangenen E-Mails schnell zu sichten und gegebenenfalls zu beantworten, ihren E-Mail-Kram zu erledigen. Das Öffnen, Scannen und Lesen eines Newsletters ist in diesen wenigen Momenten absolut nachrangig, die Kontaktchance für den Newsletter schon aus Zeitgründen verschwindend gering. Worauf also kommt es beim Verfassen der Betreffzeile an?

- **Kurz ist gut**: Lange Betreffzeilen sind unbedingt zu vermeiden. Das hat nicht zuletzt technische Gründe: Fast alle Mail-Programme schneiden lange Betreffzeilen einfach ab. Bei einigen E-Mail-Providern stehen sogar nur 15 oder 20 Zeichen zur Verfügung. Mehr als 50 Zeichen sollten es nie sein. Auch die zugkräftigste Betreffzeile wird sonst einfach gerupft: *Beitragserhöhung in der Krankenversicherung: So können Sie sparen!* ist schon zu lang, Krankenversicherung: So können Sie sparen! ist kürzer und inhaltlich keinen Deut schwächer.

- **Nutzen liefern**: Betreffs wie »HFI Newsletter – June 2010«, »DJV News 152« oder auch »Newsletter Juli« sind verschenkte Chancen. Wenn Sie möchten, dass Ihr Newsletter geöffnet wird, dann liefern Sie den Empfängern einen guten Grund. Machen Sie in wenigen Worten klar, dass der Newsletter einen ganz konkreten Nutzen hat: ein exklusives Angebot, eine wichtige Vorab-Information, ein nützlicher Ratgeber-Tipp, ein kostenloser Download.

- **Neugier wecken**: Wenn es Ihnen gelingt, Neugier zu wecken, dann ist das Öffnen des Newsletters schon so gut wie sicher. Je mehr sich die Betreffzeile aus dem täglichen Einerlei heraushebt, desto besser: »Will an iPad Be Part of Your Recipe for Success?«, »Faul sein lohnt sich wieder!« oder »20 Sonnenschutzmittel für Kinder im Test« sind Beispiele für Neugier weckende Betreffs. Seien Sie aber nicht zu kryptisch. Wenn der Vorteil für den Leser zu sehr verrätselt wird oder die Wortwahl gedanklich in die falsche Richtung weist, dann hat nicht Houston ein Problem, sondern Sie. Beispiel: »Suchen Sie auch nach dem Glück Ihres Lebens?« Woran denken Sie bei dieser Betreffzeile? Vermutlich nicht an Produkte Ihrer Sparkasse.

- **Spam-Indikatoren vermeiden:** Filterprogramme reagieren empfindlich auf allzu werbliche Betreffzeilen. Verstehen können diese Programme zwar nichts, sie reagieren aber auf bestimmte Zeichen und Zeichenfolgen sehr sensibel. Wiederholte Satzzeichen (wie: !!!) sind deshalb ebenso tabu wie durchgehender Versalsatz (wie: WICHTIGE INFORMATION) oder bestimmte Reizwörter (wie: gratis oder Gewinnspiel).

- **Mit Wörtern führen**: Betreffzeile, Autovorschau-Fenster und Inhalt des Newsletters sind immer aufeinander abzustimmen. Die zentralen Begriffe der Betreffzeile sollten möglichst auch im Vorschau-Fenster zu sehen sein und an prominenter Stelle auch im Newsletter stehen. Leser schnüffeln diesen Wortspuren hinterher, bis sie ans Ziel gelangen – machen Sie sie sich das zunutze, führen Sie mit Wortwiederholungen aus dem Postfach in den Newsletter.

Abb. 105: *Der OTTO-Versand-Newsletter ist ein rein werblicher Produkt-Newsletter, der – ganz ähnlich wie der Katalog – das zeigt, was es zu kaufen gibt. Streng genommen kann hier nicht von Newsletter gesprochen werden, denn inhaltlich ist dies nicht mehr als eine Postwurfsendung.*

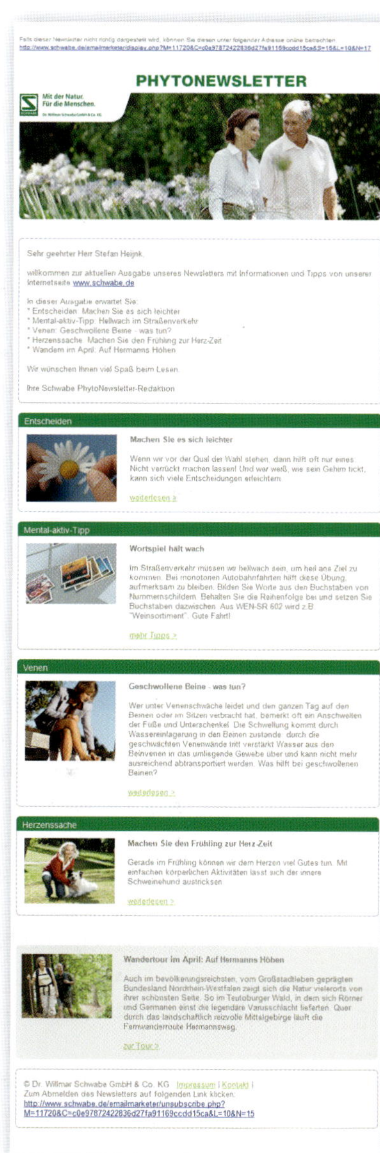

Abb. 106: *Der Newsletter des Pharma-Herstellers Dr. Schwabe ist ein redaktioneller Ratgeber: Hier werden Gesundheitstipps gegeben für unterschiedliche Altersgruppen, ein Produktbezug wird ganz bewusst nur mittelbar hergestellt.*

- **Konzentrieren Sie sich auf *eine* Botschaft**: Jeder gut gemachte Newsletter bietet seinen Lesern meist nicht nur einen Vorteil, sondern natürlich gleich mehrere, die alle für den Leser wahnsinnig interessant sind. Am liebsten würde man sie deshalb natürlich auch allesamt in den Betreff packen. Trotzdem: Picken Sie sich für die Betreffzeile immer nur den wichtigsten Nutzen heraus und kommunizieren Sie nur diesen einen. Verzetteln Sie sich nicht und konzentrieren sie die wenigen Zeichen, die Ihnen im Betreff zur Verfügung stehen, auf einen Vorteil – mehr geht aus Platzgründen einfach nicht.

- **Versprechen halten**: Ihre Betreffzeile kann durchaus ein Versprechen abgeben, solange Sie es auch halten. Wenn zum Beispiel die Betreffzeile: »Jetzt [Produkt] zum Nulltarif!« nur für den allerersten Besteller gilt, alle anderen aber leer ausgehen, dann wird der Schuss nach hinten losgehen. Für dieses eine Mal erzielen Sie sicher noch eine hohe Öffnungsrate – vermutlich auf längere Sicht aber auch zum letzten Mal.

- **Rechtsfest formulieren**: Nach den Bestimmungen des Telemediengesetzes (TMG, § 6, Abs. 2) darf der kommerzielle Charakter eines Newsletter-Inhalts nicht verheimlicht oder verschleiert werden. Im TMG heißt es wörtlich: »Ein Verschleiern oder Verheimlichen liegt dann vor, wenn die Kopf- und Betreffzeile absichtlich so gestaltet sind, dass der Empfänger vor Einsichtnahme in den Inhalt der Kommunikation keine oder irreführende Informationen über die tatsächliche Identität des Absenders oder den kommerziellen Charakter der Nachricht erhält.« Es ist deshalb unbedingt darauf zu achten, dass Sie in der Betreffzeile keine falschen Erwartungen aufbauen.

Diese acht Tipps helfen, bessere Betreffzeilen zu formulieren. Doch was in Ihrer speziellen Zielgruppe wirklich funktioniert, finden Sie am schnellsten dann heraus, wenn Sie unterschiedliche Betreffzeilen in einem sogenannten Listsplit gegeneinander antreten lassen. Das funktioniert ganz simpel: Sie formulieren zwei Betreffzeilen und schicken je eine Betreffzeile an jeweils fünf Prozent Ihrer Adressen – und überprüfen dann über die Öffnungsrate, welche der beiden das bessere Ergebnis erzielt hat. Die bessere Betreffzeile verwenden Sie dann für die verbleibenden neunzig Prozent der Adressen. Sie werden sehen: Das wirkt.

Das Editorial schreiben. Oder: Mach mal den Wetterfrosch?!

Nirgendwo wird im Newsletter-Publishing so gern, so viel und so ungezielt geschwafelt wie in den Editorials, den Newsletter-Einleitungen. Warum das so ist, kann nur vermutet werden: Meist scheint der Grund zu sein, dass es eine Unsicherheit darin gibt, wozu ein Editorial gut ist und welche Aufgabe es erfüllt. Dabei ist das Ganze kein großes Geheimnis: Das Newsletter-Editorial ist der Ort, an dem erklärt werden kann (und soll), warum die aktuelle Ausgabe gerade diese Inhalte anbietet und keine anderen. Hier hat die Redaktion die Chance, eine persönliche Note ins Spiel zu bringen und den Newsletter wie einen Brief wirken zu lassen, der an einen guten Bekannten oder Freund gerichtet ist oder zumindest an jemanden, dessen Interessen und Bedürfnisse ernst genommen werden. Auch wenn Editorials längst nicht in allen Fällen ein unbedingtes Muss sind: Dort, wo ein Newsletter eine persönliche Bindung aufbauen soll, sind sie unverzichtbar.

Newsletter | 29/10/10

Halloween: Leben wie im (Horror)Film

Die Realität beunruhigt manchmal weitaus mehr als der beste Horrorfilm. So zum Beispiel kürzlich in Paris, als hunderte von Jugendlichen den Gore-Esprit des Zombie Walk mit der reellen Demo gegen die französische Rentenform verknüpften. Unterdessen bedienen sich europäische Filmemacher des Genres Horrorfilm, um die sozialen Probleme ihres Landes aufzuzeigen. Aber es geht auch anders: Vampir werden, um aus der eigenen Realität zu flüchten, ist das Motto der unzähligen Fans von Twilight und seinen TV-Ablegern. Vampire, Werwölfe und ordentlich Blut: Ihr habt's erraten - es ist Halloween!

Unser Dossier

Halloween und Vampirmania: Liebe, aber bloß kein Sex von Federico Iarlori

Zombie Walk: Sie erstehen von den Toten auf... sie wollen... eine Rente! von anna schwarz

Halloween: Ich geb' mir den Kürbisstoß! von Jesús Ramírez Morales

Halloween von Elisa Marengo

Islam und Europa: eine Geschichte in 5 Akten

Eine weit verbreitete Idee muss nicht immer die Wahrheit wiederspiegeln: Seit dem Mittelalter hält sich der Glaube, dass das Zusammentreffen von Islam und Europa ein neues Phänomen sei. Dabei werden viele Kapitel einer langen gemeinsamen Geschichte gerne vergessen. Cafebabel.com liefert in 5 Abschnitten die Zusammenfassung eines ereignisreichen Flirts. Artikel lesen

Absurdes aus Lukaschenko-Land: Blogger Medwedew contra Spammer Lukaschenko

Es ist eine Diktatur und es ist unsere Diktatur, in Europa, unmittelbar vor der Haustür der EU. Am 19. Dezember 2010 ist es wieder so weit, die belarussische Bevölkerung wird aufgerufen sein, ihren Präsidenten zu wählen. Bis zu diesem Stichtag präsentiert eine in Berlin ansässige Französin auf cafebabel.com die Kolumne "Absurdes aus der Diktatur". Claudine Delacroix' zweiter Streich handelt 'Von der etwas anderen Kommunikation zwischen Staatsoberhäuptern'. Artikel lesen

Brunch mit...

Sänger und Beau Benjamin Paulin: "Ich bin eher Realist als Pessimist"

Auf seiner Internetseite wird er als „wahrer Franzose" beworben. Sein erstes Album, das am 16. Oktober erschien, trägt den Titel L'Homme Moderne ('Der Moderne Mann'). Ist Benjamin Paulin also der Prototyp des neuen Franzosen? Gespräch mit dem Sänger über Widersprüche, Stereotype und warum Benjamin sich „menschlich" fühlt. Artikel lesen

Kulturagenda

Hitler-Ausstellung in Berlin: Rundgang mit 3 Europäern

20.000 Menschen haben sich im Deutschen Historischen Museum in Berlin binnen einer Woche bereits durch die Ausstellung "Hitler und die Deutschen" geschoben, um mehr über diesen Mann zu erfahren - Adolf Hitler. Wie war Hitler überhaupt möglich? Auf diese Frage wolle die Ausstellung unter anderem antworten, so der Pressesprecher des Events. Mögliche Antworten von 3 jungen Europäern, die zwischen Faszination und Horror, Interesse und Enttäuschung den Rundgang für cafebabel.com gemacht haben. Artikel lesen

Turm zu Babel

Schweizer Balairatt-Kampagne: Nach den Minaretten,

Abb. 107: *Cafebabel ist ein junges, europäisches Politik-Magazin. Der Newsletter ist nichts anderes als die per E-Mail verschickte Startseite.*

Wenn Sie dieses Mail nicht korrekt lesen können, klicken Sie bitte hier.

Grüezi

"We try harder" - ein starker Slogan. Was aber, wenn von dem Slogan in der Realität als Mietwagen-Kunde so rein gar nichts zu spüren ist?

Sollte ich nochmals ein "we try harder" Auto buchen, nehme ich lieber ein Glücks-Schwein mit an Bord. Vielleicht wird dann alles besser. Nach der Air Berlin Story vor zwei Jahren ist es wieder einmal an der Zeit, das Versprechen eines bekannten Unternehmens an dem zu messen, was man als Kunde so erlebt. Nicht ohne Verbesserungsvorschläge - denn die Kritik ist konstruktiv gemeint. Auf geht's!

Weekly Empowerment

"We try harder" - oder: Stresstest garantiert

Soeben schliesse ich eine Flugbuchung über die Homepage der Swiss ab. Die Buchung wird mir bestätigt und auf dem Bildschirm erscheinen - Cross-Selling sei Dank - Mietwagen-Angebote. Ich entscheide mich für Avis. Warum weiss ich nicht genau - ich miete mal hier, mal da. Einige Wochen später weiss ich immerhin, warum ich es nicht hätte tun sollen.

Denn die Buchung des Avis-Angebots lässt sich per Internet nicht abschliessen. Weil mir das Angebot genau zusagt, bleibe ich online und versuche es eine Stunde später wieder. Geht nicht. Am Abend nochmals. Nichts zu machen. Am anderen Tag das gleiche. Ich rufe ins Call Center an und frage höflich "Kann es sein, dass Sie wirklich seit gestern Mittag technische Probleme haben?"

Die Antwort, die mir der Mitarbeiter gibt, hätte mich stutzig machen sollen: "Seit gestern Mittag? Ich arbeite nun knapp drei Jahre bei Avis und ich würde sagen, wir haben seit 3 Jahren technische Probleme."

Immerhin - er bietet mir an, die Buchung telefonisch für mich abzuschliessen. Gesagt - getan. Die Bestätigungsmail geht ein. Eine E-Mail, die ich besser genau angesehen hätte. Denn wie sich einen Monat später, fünf Tage vor meiner Abreise, heraus stellte, hat mir der Mitarbeiter den falschen Monat bestätigt. Die Reservierung ist längst Geschichte!

Natürlich wende ich mich wieder an Avis, um das Missgeschick zu melden. Was dann geschieht, fasse ich nur ganz, ganz kurz zusammen :

- Meine ersten Hilfegesuche starte ich am Abend. Mehrere Telefonnummern, die im Internet publiziert sind, werden allerdings umgeleitet. Die Mitarbeiter wissen jeweils nicht einmal, wie ich überhaupt an sie gelangen konnte.
- Nach dem Schildern meines Falls sagen sie: "Ich würde Ihnen ja helfen, aber ich kann nicht. Ich bin nur für die Probleme im Internet zuständig." Soso. Ich dachte, genau das trifft auf mich zu.
- Der nächste: "Wir in Berlin sind nur der Nachtdienst. Buchungen kann ich nicht bearbeiten. Rufen Sie morgen Barcelona an."
- Auch am Tag wird es nicht viel besser: Mit vier Personen spreche ich, bevor mir Hilfe zugesagt wird.

Abb. 108: *Unternehmensberater Jörg Neumann von Neumann Zanetti und Partner aus Meggen (Schweiz) verschickt seine Weekly-Empowerment-Kolumne als Newsletter an einen stetig wachsenden Abonnentenkreis, der annähernd 15.000 Leser zählt (Stand: Ende 2010). In seiner Kolumne greift er vor allem persönliche Alltagserlebnisse als Kunde auf und zeigt, was daraus fürs professionelle Verkaufen zu lernen ist.*

Handwerklich fällt in vielen Newslettern auf, dass Editorials gern mit jahreszeitlichen Anknüpfungen eröffnet werden. Grundsätzlich ist dagegen nichts einzuwenden, nur muss das Editorial trotzdem schnell auf den Punkt kommen und seine Aufgabe erfüllen. Bleiben Sie also immer fokussiert darauf, einen Nutzen zu stiften. Wer zu sehr ausschweift und seinen Fokus verliert, kann sich schnell vergaloppieren. Zwei Kostproben aus einem in dieser Form publizierten Newsletter eines Softwarehauses (der Autorenname wurde geändert):

> *Herzlich willkommen sehr geehrte Leserin, sehr geehrter Leser, bei der neuen Tour de Software,*
> *spannend und heiß – fast wie bei der Tour de France – geht es auch in dieser Ausgabe zu. Aktuell, informativ und ein wenig unterhaltsam möchte ich Sie über Trends und neue Produkte informieren. Und die kühlen Preisgewitter bei einzelnen Produkten wirken hoffentlich erfrischend kräfteschonend. Auf das Ergebnis eines wichtigen Zwischenfinish möchte ich Sie an dieser Stelle nur zu gerne hinweisen: Den neuen Software-Katalog, der soeben in der 29. Ausgabe die Ziellinie überfahren hat. Er enthält auch eine innovative, interessante Heft-CD mit Demos, Gratis-Software und vielen Produktinformationen zu innovativer Software. Ordern Sie ihn kostenlos über unsere Internet-Seite http://software.de/mail/url?775f0*
> *Viel Spaß mit der aktuellen Ausgabe der News und ihren knackigen Preisen*
> *Ihr*
> *Theo Texter*
> *Software Newsredaktion*

Da kann man nur sagen: Wehe, wenn unter den Abonnenten des Newsletters auch überzeugte Tour-de-France-Ignoranten sein sollten. Der Einstiegstext versucht einen Bezug herzustellen zwischen der aktuell stattfindenden Tour de France und der Softwarewelt. Wie das auf Sie wirkt, ist natürlich Ihnen überlassen. Auf mich wirkt der Aufhänger »Tour de France« für das Thema Software allerdings schon ziemlich bemüht. Und vor allem: Er verengt den potenziell erreichbaren Kundenkreis auf jene, die mit dem Thema Radsport etwas anfangen können. Von ursprünglich vielleicht 1.000 erreichbaren Kunden bleiben dann möglicherweise nur noch 10 oder 20 übrig, alle anderen werden sich nicht angesprochen fühlen. In Sachen Katalog-Offerte bekommt der Autor zwar noch einigermaßen die Kurve, bombardiert die Leser aber mit leeren Worthülsen. Das ist nicht wirklich gelungen.

In einer anderen Ausgabe des gleichen Newsletters geht die Redaktion noch zwei Schritte weiter in Richtung »so nicht veröffentlichungsreif«. Hier wird ein atemraubend waghalsiger Themenbogen gespannt, der von Promi-Sportlern über Politisches bis schließlich zu Wellness-Wortspielen reicht, um letztlich Computerprogramme zu offerieren:

> *Sehr geehrte Leserin, sehr geehrter Leser, Träume gehen manchmal in Erfüllung. Das ist im Sport so – verwiesen sei auf Michael Schumacher, die beiden erfolgreichen DFB-Auswahlen oder den Tennisstar Rainer Schüttler – wie auch im Alltag. Besonders dann, wenn sich damit Wohlergehen verbindet. Die Deutsche Presse Agentur meldete kürzlich, dass immer weniger Bundesbürger von Ihrem Arbeitslohn leben. Lassen Sie mich bitte mal spekulieren: Bestimmt lässt Ihnen das Daily Business so viel Zeit übrig, dass sie den kollektiven Freizeitpark unseres Altkanzlers Kohl genießen. Bestimmt entdeckten die Kollegen*

Bundesbürger andere Lebensquellen und lassen ihren Arbeitstag dank produktiven Softwareeinsatz schneller enden. Ein paar solcher Geheimtipp-Wohlfühl-Waren aus den Bereichen Grafik, Internet, eCommerce und Sicherheit präsentiere ich Ihnen heute
Viel Spaß beim Lesen
Ihr
Theo Texter
Software Newsredaktion

Hier kann man nur ein Warnschild aufstellen: Vorsicht vor unnötigem Geplapper und prallgefüllten Plaudertaschen. Bleiben Sie lieber eng am Thema und – vor allem – richten Sie Ihre Inhalte konsequent auf die Interessen und Bedürfnisse der Nutzer aus. Reden Sie nicht übers Wetter, sondern sprechen Sie Lösungen an, die den Lesern etwas bringen – wie im folgenden Beispiel aus einem Newsletter des Hardware-Anbieters AVM:

Sehr geehrter Herr Heijnk,
die nächste Ausgabe des AVM-Newsletters erhalten Sie schon eine Woche vor CeBIT-Beginn. Dann werden wir Sie zur weltweit größten IT-Messe einladen und bei der Gelegenheit 1.000 Eintrittskarten verlosen. In der aktuellen Ausgabe stimmt Sie der erste Artikel schon einmal auf die neue FRITZ!Box ein, die auf der CeBIT Premiere feiern wird. Diese Ausgabe greift außerdem ein Thema auf, das kürzlich durch die Medien ging: die angeblich mangelnde Abhörsicherheit bei Schnurlostelefonen. Lesen Sie im zweiten Artikel, warum Sie mit AVM-DECT-Telefonen stets auf der sicheren Seite sind.
Es grüßt Sie
Ihr AVM-Newsletter-Team

Dieses Editorial schafft gleich eine doppelte Weiterlese-Motivation: Mit der Eintrittskarten-Verlosung gibt es zum Einstieg ein exklusives Bonbon. Und mit dem Hinweis auf den Artikel zur Abhörsicherheit von Schnurlostelefonen wird ein aktuell brennendes Thema angepiekst.

Auch zwischen den Zeilen funktioniert das AVM-Editorial in gelungener Weise. Es kommuniziert: »Wir würden gern mit Ihnen ins Gespräch kommen« (auf der CeBIT) und »Wir sind aufmerksam und kümmern uns um Lösungen für Ihre aktuellen Fragen oder Probleme«. In dieser Form ist das handwerklich richtig. Wie gesagt: Nicht jeder Newsletter braucht zwingend ein Editorial. Wenn Ihr Newsletter ausschließlich Nachrichten mitteilt oder als digitaler Prospekt intendiert ist, dann belassen Sie's im Zweifel einfach bei einem Inhaltsverzeichnis und verzichten aufs Editorial. Wenn Sie aber eine persönliche Sprachfarbe in Ihren Newsletter pinseln wollen, dann achten Sie einfach darauf, dass das Editorial nicht verschwafelt wird.

Das Inhaltsverzeichnis

Längere Newsletter mit vielen unterschiedlichen Themenangeboten benötigen ein Inhaltsverzeichnis für den schnelleren Zugriff auf ein individuell besonders relevantes Thema. Für die einzelnen Zeilen des Inhaltsverzeichnisses werden die Überschriften der Teaser und/oder Volltexte genutzt: Sie werden vom Teaser ins Inhaltsverzeichnis kopiert, dort in ihrer Reihenfolge von oben nach unten gelistet und am jeweiligen Zeilenbeginn mit einem Aufzählungszeichen versehen, damit die einzelnen Überschriften distinkt sind und gut voneinander unterschieden werden können. Mehrzeilige Überschriften sollten vermieden werden, weil sie das schnelle Scannen behindern.

Außerdem ist jede Überschrift im Inhaltsverzeichnis per Anker-Link mit dem zugehörigen Teaser zu verknüpfen, damit ein schnelles

Abb. 109: *Weniger ist manchmal mehr: Zu viele Spiegelstriche im Inhaltsverzeichnis wirken unübersichtlich.*

Springen zum gewünschten Inhalt möglich ist. Und natürlich braucht jeder Teaser dann auch einen entsprechenden Anker-Link für den Rücksprung zum Inhaltsverzeichnis. Denken Sie immer daran: Aus Nutzerperspektive wird hier gerade eine E-Mail gesichtet, während vielleicht zwanzig weitere E-Mails im Postfach im gleichen Moment noch darauf warten, ebenfalls geöffnet und gesichtet zu werden – da ist jede Sekunde kostbar.

Die Gesamtzahl der Zeilen im Newsletter-Inhaltsverzeichnis hängt natürlich von der Anzahl der unterbreiteten Themen ab. Zu viele sollten es aber nicht sein. Kognitionspsychologen empfehlen meist sieben Zeilen, kleinere Abweichungen nach oben oder nach unten dürften dabei eher unproblematisch sein. Zu platzieren ist das Inhaltsverzeichnis entweder direkt unter das Editorial oder aber linksbündig neben das Editorial. Letzteres hat den Vorteil, dass die themenidentifizierenden Schlüsselbegriffe für die aktuelle Ausgabe bei geöffnetem Vorschaufenster sofort im Blick des Empfängers sind.

Die Texte: Teaser oder mehr?

Nach dem Einstieg in den Newsletter geht es ans Eingemachte: Die Produkte und/oder Nachrichtenstoffe müssen den Nutzern schmackhaft gemacht werden. Ob Sie Ihren Newsletter dazu ausschließlich mit Teasern oder ausschließlich mit Volltexten bestücken, ist letztlich Ihre Entscheidung. Beide Textsorten bringen jeweils spezifische Vor- und Nachteile mit, es kommt also im Einzelfall auf die strategischen Ziele an.

Teaser sind als Textsorte immer dann zu empfehlen, wenn die Leser auf die zugehörige Website geführt werden sollen. In diesem Fall funktioniert der Newsletter als Zubringer: Die Leser sollen aufmerksam gemacht, aber (noch) nicht detailliert informiert werden. Bevorzugter Teaser-Typ sind dann natürlich die Cliffhanger, weil sie relativ stärkeren Klickanreiz auslösen als die Leads. Vorteile hat diese Newsletter-Strategie sowohl für den Anbieter als auch für die Adressaten: Newsletter, die zum Besuch der Website anregen sollen, können kurz gehalten werden – das schont das Datenübertragungsvolumen für den Anbieter, und für die Empfänger hält es die zu investierende Scan- und Lesezeit im verträglichen Rahmen. Zu bedenken ist allerdings auch: Cliffhanger-dominierte Newsletter sind gerade für Endkunden-Zielgruppen nicht immer optimal geeignet. Nutzergruppen, die mehrheitlich mit relativ langsamen Verbindungen im Internet unterwegs sind (und die gibt es immer noch), werden tendenziell genervt sein: Jeder zusätzliche Klick auf einen Link im Newsletter verursacht zusätzliche Wartezeit.

Bei Volltexten verhält es sich im Prinzip genau anders herum: Sie liefern den Abonnenten vollständige und erschöpfende Information, ohne dass ein weiterer Kontakt mit dem Internet erforderlich wird. In diesem Fall wird

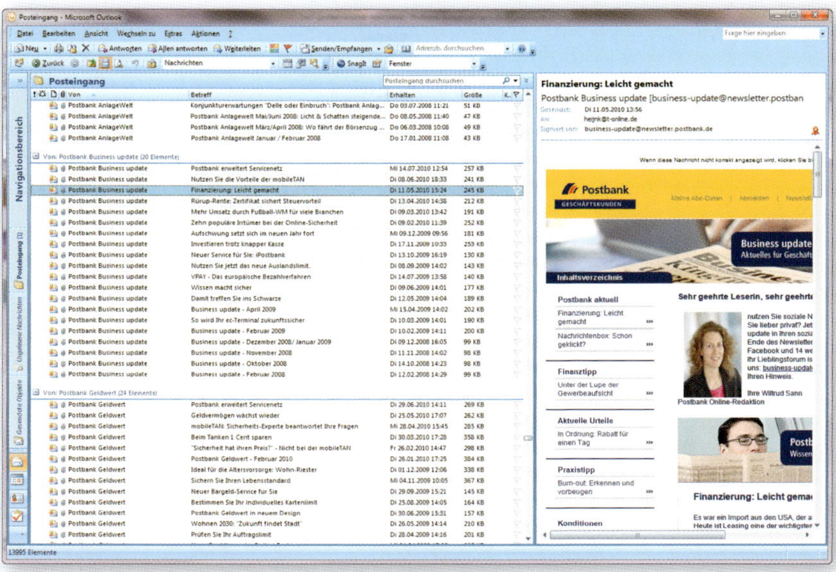

Abb. 110: *Das Newsletter-Layout sollte so strukturiert sein, dass zentrale Themen einer Ausgabe bei aktiviertem Vorschau-Fenster sofort zu sehen sind – so wie hier bei der Postbank.*

der Newsletter zum Point-of-Information und liefert exzellenten Service: Die inhaltlich abgeschlossenen Texte werden direkt ins Postfach geliefert, weiterer Klickaufwand entsteht für die Empfänger nicht. Auf der anderen Seite werden Newsletter, die ausnahmslos ausführliche Artikel enthalten, aber auch gern und schnell sehr lang und sehr unübersichtlich. Auf Dauer akzeptieren die Newsletter-Empfänger ein solches Konzept nur dann, wenn die Informationsqualität es wirklich rechtfertigt. Aus Anbietersicht haben Volltexte auch eklatante Nachteile: Ein Communication Loop kann mit ihnen eher nicht aufgebaut werden, für das Generieren spürbaren Traffic-Wachstums auf der Website sind sie ungeeignet, im User-Tracking ist die Nutzungsintensität schlecht zu kontrollieren, und sie verursachen relativ höhere Datenübertragungsvolumina. Wer also seinen Newsletter-Lesern über die Schulter schauen und die Nutzungsquoten für das Webangebot steigern will, hat mit Volltexten schlechte Karten. Volltext-Newsletter sind in der Praxis deshalb zwar durchaus zu finden, mehrheitlich sind es aber die Teaser-dominierten Newsletter. Rein handwerklich unterscheidet sich das Teasing für Newsletter dabei nicht vom Teasing für Website-Startseiten (siehe weiter oben). Zentral ist natürlich, dass gerade die Überschriften absolute Startseitenqualität haben, damit die Inhalte schnell gescannt werden können und sich in längeren Newslettern ein überzeugendes Inhaltsverzeichnis zusammenstellen lässt.

Von Wellen und Tälern: Dramaturgie im Newsletter

Wichtig für die Klickchancen ist natürlich auch, welches Thema jeweils an welcher Position der vertikalen Achse platziert ist. Generell gilt auch im Newsletter, dass eine relativ höhere Position auf der Vertikalen die Klickchancen steigert, eine relativ niedrigere Position die Klickchancen verringert. Was im Newsletter oben steht, wird also bevorzugt

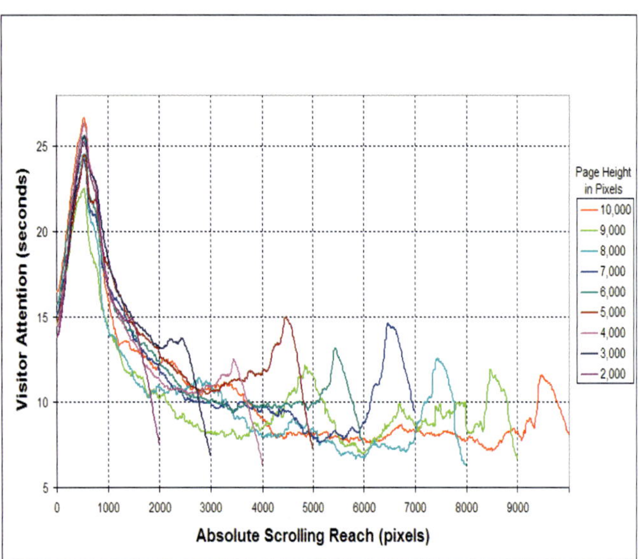

Abb. 111: *Logfile-Analysen zeigen, dass die Aufmerksamkeit der Nutzer und damit auch die Klickchancen kurz vor dem Seitenende wieder ansteigen – unabhängig von der Seitenlänge. Quelle: www.clicktale.com*

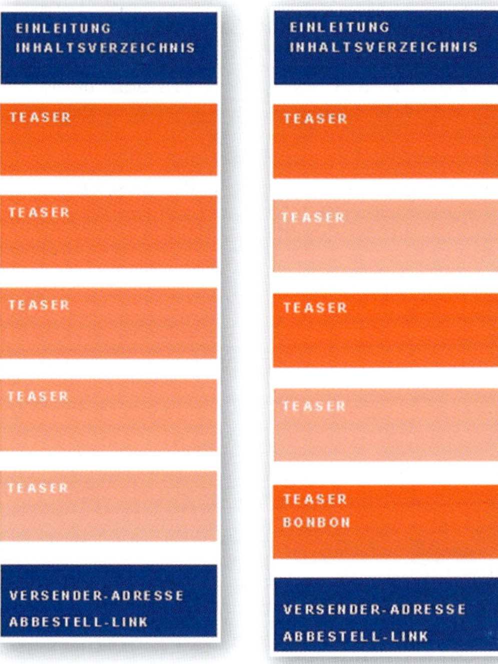

Abb. 112: *Teaser-Dramaturgie: Links nimmt die Relevanz der angebotenen Teaser-Themen nach unten hin linear ab. Je schwächer also der Rot-Ton, desto geringer die redaktionell zugewiesene Relevanz. Rechts wird eine Relevanz-Amplitude konstruiert – relativ wichtigere und relativ weniger wichtige Inhalte wechseln sich ab. Ein besonders klickträchtiger Inhalt wird ans Ende gestellt, um vom Abbestell-Link abzulenken.*

wahrgenommen. Entsprechend sollte in diesem Standard-Layout der wichtigste Inhalt immer am Kopf des Newsletters stehen, in der Folge werden die Texte dann in abnehmender Wichtigkeit platziert. Der Vorteil dieser Struktur ist die für den Leser eindeutige redaktionelle Relevanzbewertung: Es gibt genau einen Text (Teaser oder Volltext), der den Platz an der Sonne einnimmt; alle anderen sind weniger wichtig.

Problematisch an dieser streng hierarchischen Ordnung ist allerdings, dass die Angebote mit der relativ geringsten Relevanz genau dort auftauchen, wo auch der Abbestell-Link zu finden ist: am Newsletter-Schluss. Interessant sind in dieser Hinsicht Logfile-Analysen für Startseiten, nach denen die Klickchancen für am Seitenende platzierte Inhalte wieder steigen.

Meist wird dies auf Seiten beobachtet, die nicht viel länger sind als etwa zwei

Bildschirmportionen. Entsprechendes dürfte auch für Newsletter gelten, sodass besonders attraktive Offerten (Bonbons) in den Sichtkontext des Abbestell-Links zu stellen sind, um das Abbestellrisiko zu minimieren. Die Spannungskurve hat in diesem Fall in der Mitte des Newsletter ein Minimum und zu Beginn und am Schluss ihre Maxima. Enthält ein Newsletter sehr viele Teaser, lohnt sich zumindest der Test eines solchen Wellenmodells: Relativ stärkere und relativ weniger starke Themen wechseln sich jeweils ab, sodass eine Amplituden-Dramaturgie entsteht – ganz wie sie auch in Zeitschriften für die innere Struktur einzelner Ressorts üblich ist. Der Spannungsbogen im Newsletter-Body wird für die Leser damit abwechslungsreicher, und es wird vermittelt, dass wichtige Inhalte im Newsletter nicht nur oben, sondern auch noch weiter unten platziert sein können.

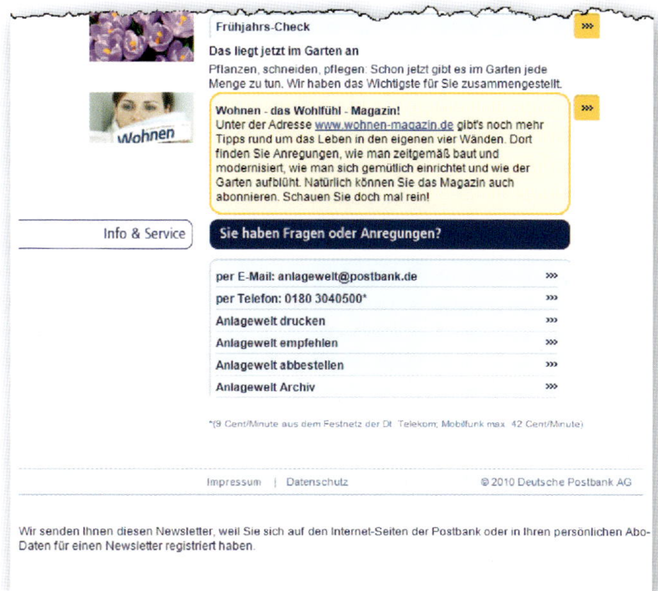

Abb. 113: *Postbank-Newsletter: Hauptinhalt sind Tipps rund ums Geld-Anlegen, und zum Ausklang gibt es einen thematisch eher weichen Teaser über Frühling und Wohnen.*

Die Landing Pages

In Communication-Loop-Konstellationen führen die Links im Newsletter zurück auf die versendende Website – und dort dann meist auf speziell eingerichtete Webseiten, die sogenannten Landing Pages, zu Deutsch: Lande-Seiten. Auf einer Landing Page steht immer ein bestimmtes Angebot und/oder eine bestimmte Funktion im Zentrum, die möglichst ablenkungsfrei betrachtet beziehungsweise benutzt werden soll. Ein wesentliches Element ist die Integration von Response-Elementen, wie Anfrageformularen, Call-Back- oder Bestell-Buttons, mit denen nutzerseitige Aktionen rasch erledigt werden können. Klickt ein Newsletter-Leser beispielsweise nach dem Lesen eines Fahrrad-Produkt-Teasers im Newsletter auf den zugehörigen »Jetzt kaufen«-Link, dann muss das Fahrrad auf der Website-Zielseite mit dem identischen Foto zu sehen sein wie im Newsletter, begleitet von einem möglichst plakativen, mit der Maus gut zu treffenden »Jetzt kaufen«-Button.

Landeseiten müssen also den aktuell erzeugten Erwartungen des jeweiligen Nutzers grafisch und textlich voll entsprechen. Alles, was ablenkt und stört, hat auf einer Landeseite nichts zu suchen. Zumindest in der ersten Bildschirmportion dürfen nur die allernötigsten Informationen zu sehen sein, damit eine einmal angestoßene Aktion auf der Website auch rasch abgeschlossen werden kann. Vertrauen spielt hier eine große Rolle. Um im Beispiel zu bleiben: Klickt ein Nutzer im Newsletter auf den »Jetzt kaufen«-Link, dann erwartet er natürlich ganz zu Recht, dass er das gewünschte Fahrrad auf der Website nun erneut sehen und dort auch schnell bezahlen

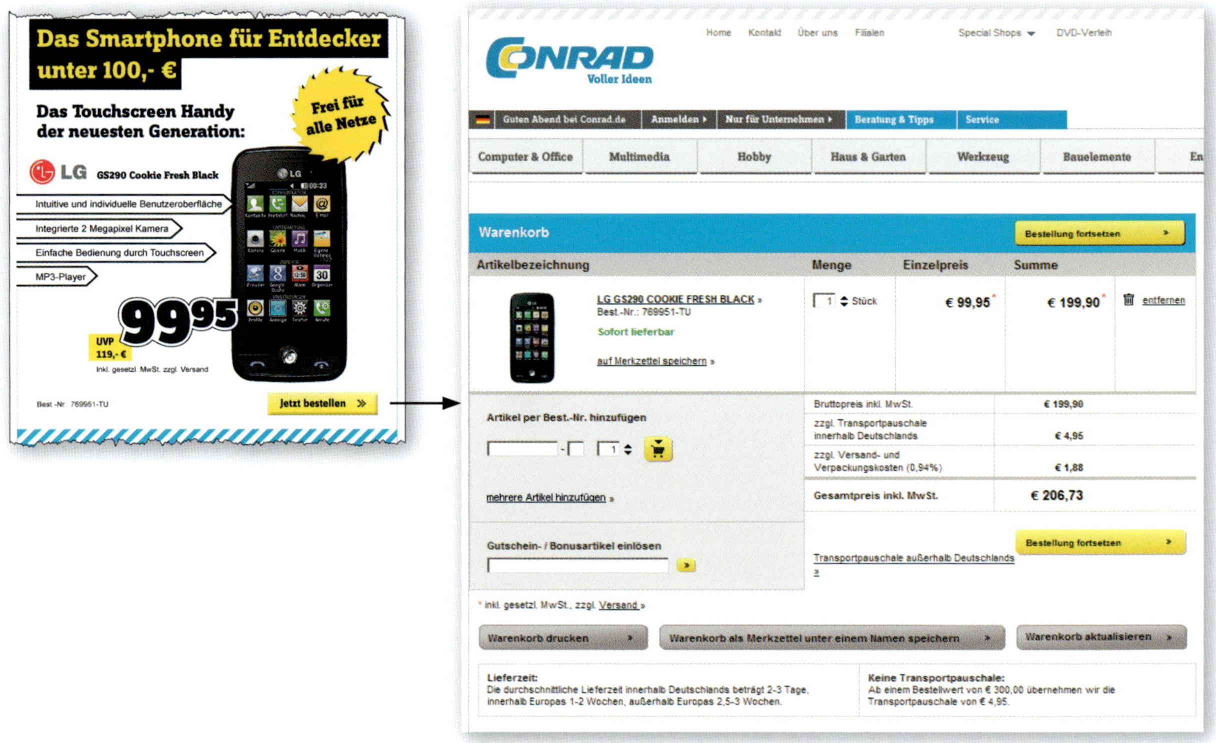

Abb. 114: *Handwerklich sauber: Die Landing Pages auf Conrad.de nehmen den Call-to-Action-Button des Newsletter-Teasers auf und setzen die Aktion nahtlos fort. Auf der Zielseite heißt es dann: »Bestellung fortsetzen«.*

kann. Landet er auf der Website aber nun auf einer Fahrzeuge-Übersichtsseite, dann geht der Faden verloren, und die Landeseite wird zur Bruchlandeseite. Sprich: Der Kauf wird im Zweifel abgebrochen. Landeseiten müssen also so gestaltet sein, dass sie Vertrauen zum Anbieter schaffen – und das geht nur über professionell strukturierte, erwartungskonforme Kommunikation.

Abb. 115: *Typischer Fehler: Die Landing Pages dieses Musikhaus-Newsletters führen auf Übersichtsseiten, nicht auf eine Ein-Produkt-Seite.*

Sie können keine Bilder sehen? Hier finden Sie unsere Sensationsangebote.
musikhaus KIRSTEIN.de
Bestell-Hotline 08861 / 90 94 94-0
NEWS JULI 2010
Git/Bass
Drums
Keys
Live & Studio
Blasinstrumente
Akkordeons
Noten
SCHNELL SEIN LOHNT SICH:
111 x Paar PRONOMIC ONE-CONTROL GESCHENKT!
79,90
HIER KLICKEN
NEU: EIN TRAUM IN WEISS!
Classic Cantabile
Digitalpiano DP-60
88 Tasten mit Hammermechanik
20 Sounds, 20 Styles, 60 Demo-Songs
Dual Mode/Split Mode, Metronom, Effekte
Aufnahmefunktion: Record/Playback
3 Pedale: Soft, Sostenuto und Sustain
Integrierter SD-Card Slot, Tastaturabdeckung
BRAND-NEU!
609,-
35%
Classic Cantabile
E-GITARRENSET
E-Gitarre in ST-Design
inkl. 15 W Verstärker
inkl. Gigbag-Tasche
jede Menge Zubehör
Demo-Video online!
129,-
41%
Classic Cantabile
SESSION SEMI DRUMSET
Komplettset inkl. Becken & Drumhocker
Jetzt auch in Blau!
199,90
53%
PRONOMIC
DIVA 2 AKTIVANLAGE
Kompakte und ultraleichte Slim-Array Aktiv-Anlage!
2 x 12" Aktiv-Subwoofer mit 300 W (RMS)
2 x Topteile mit 150 W (RMS)
1489,-
40%
SHOWLITE
96 x 3W LED
AUDIENCE BLINDER
extrem hell!
entspricht ca. 2800 Watt Halogenlicht
Geschwindigkeit der Farbwechsel, Strobe-Effekt und Fade Time programmierbar
extrem lange Lebensdauer
499,-
50%
Master/Slave Funktion
RGB-Farbmischung
DMX512-Steuerung möglich
Antonio Calida CG1-C
KLASSIKGITARRE
229,-
20%
BRAND-NEU!
edle Konzertgitarre
Decke: Zeder massiv
Boden & Zargen: Palisander
Hals: Mahagoni, Finish: matt
Antonio Calida CGS-C "Lady"
KLASSIKGITARRE
Ideal für Jugendliche oder für die klassische Gitarristin.
BRAND-NEU!
279,-
28%
7/8 Konzertgitarre
Decke: Zeder massiv
Boden & Zargen: Mahagoni
Hals: Mahagoni, Hochglanz-Finish
Classic Cantabile Student
VIOLINEN-SET
Komplettset inkl. Koffer, Bogen, Schulterstütze und Kolofon
99,-
31%
Decke: Fichte massiv
ideal für Einsteiger
auch in 3/4 Größe erhältlich
Classic Cantabile
NOTENPULTLEUCHTE
einflammig, 15 W
robuste Vollmetall-Ausführung
1,6 m Kabel
inklusive Leuchtmittel
13,90
40%
PREISBRECHER Angebote
SCHNÄPPCHEN B-Ware, gebraucht, Demo
RÄUMUNGSVERKAUF Wir räumen unser Lager!

musikhaus KIRSTEIN.de
Classic Cantabile Rock Pack Set für E-Gitarre, 11-teilig
360° GALERIE

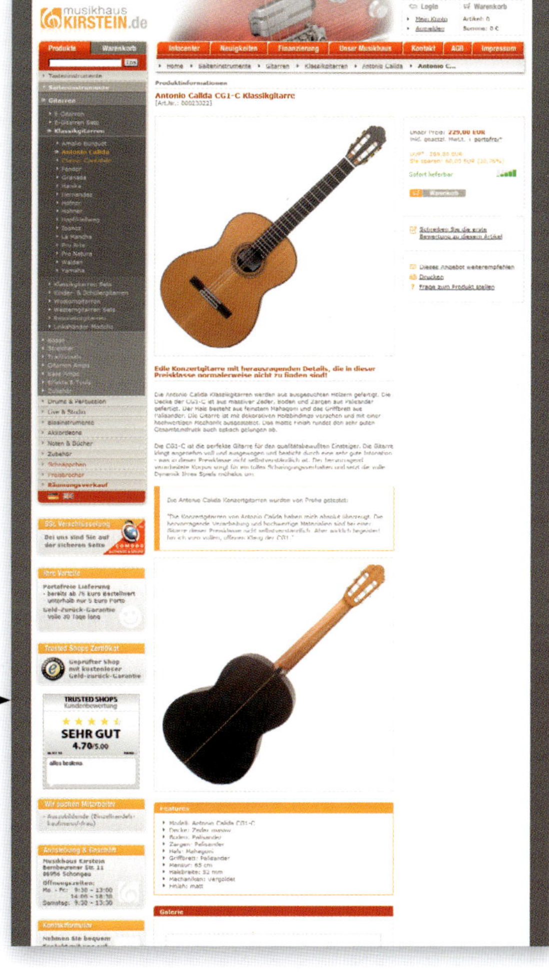

musikhaus KIRSTEIN.de
Antonio Calida CG1-C Klassikgitarre
TRUSTED SHOPS
SEHR GUT
4.70/5.00

Schreiben für Blogs

Kein Leitfaden zum Texten fürs Web ist vollständig, solange darin ein Kapitel übers Bloggen fehlt. Auf der anderen Seite: Sprachempfehlungen fürs Bloggen scheinen schon ganz grundsätzlich nur begrenzt Sinn zu stiften, denn erfolgreiche Blogs sind gerade jene, die nicht daherkommen wie sprachformatierter Feld-, Wald- und Wiesen-Journalismus. Blogs leben vom Individuellen, vom Persönlichen, von der Ich-mach-hier-mein-Ding-Attitüde. Und das lässt sich eher nicht lehren oder erlernen – sagen zumindest manche, die selbst regelmäßig bloggen.

Spreepool-Pussies

In Berlin gibt's ein Badeschiff, ein Pool im Fluß, wörtlich, für Yuppies und Hipster, die sich zu fein sind um in einem fucking Fluß zu baden und ein Bild davon hat's kürzlich in eine Sammlung bei The Big Picture geschafft. Woraufhin das grandiose Big Picture-Spoof-Blog Big Caption obigen Kommentar postete. Und dieser Kommentar ergibt noch viel mehr Sinn, wenn man sich den Rant des großen George Carlin über Keime dazudenkt und alles darin ist wahr.

Früher hies es immer, der Rhein sei einer der dreckigsten Flüsse in Deutschland... ich habe als Kind jahrelang jeden Sommer mehrfach da drin gebadet und guess what: Ich werde so gut wie nie krank. Eine kurze Erkältung im Herbst und das war's. Carlin hatte den Hudson Rivver, ich hatte den Rhein oder wie er das formuliert: „WE SWAM IN RAW SEWAGE!“

Abb. 116: *Blogpost auf Nerdcore, das zu den Top-10-Blogs in Deutschland gehört. Nerdcore-Blogger René Walter kümmert sich darin um VERY COOL STUFF. UND SO. Und das in höchst persönlichem Ton.*

Was für die Haltung richtig ist, muss allerdings nicht zwingend auch für die Schriftsprache gelten. Gute Blogs entfalten Sprachkraft – und Schreiben kann man üben. Der übliche Flickenteppich von Sprachrezepten, so der Journalist und Blogger Klaus Jarchow, helfe da aber nur in sehr engen Grenzen: »Kurze Sätze, wenige Adjektive, keine Füllwörter, keine wertenden Synonyme – nahezu jede dieser Regeln ließ sich schon immer durch journalistische Ikonen widerlegen: Friedrich Sieburg als Bauherr wunderbarer und zugleich verständlicher Schachtelsätze, Alfred Polgar oder Joseph Roth als Meister des wohlplatzierten Adjektivs, Kurt Tucholsky als Großscharfrichter mittels peinlich genau gesetzter Füllwörter, Egon Erwin Kisch als erfolgreicher Agitator dank wertender Synonyme.« Kurzum: Schreibrezepte à la Wolf Schneider seien allenfalls etwas für Anfänger im Metier.

Jarchow sieht im Blog-Handwerk eher Parallelen zum narrativen Journalismus, wie ihn die Star-Autoren Truman Capote, Hunter S. Thompson, Gay Talese oder Tom Wolfe in den sechziger Jahren des 20. Jahrhunderts in den USA zur zwischenzeitlichen Blüte brachten – was dann doch etwas weit hergeholt ist, denn die genannten Herren waren Meister der Recherche und vor allem der langen Form. Blog-Einträge dagegen sind im Normalfall eher knappe Texte – mit mehr als 250 Wörtern je Beitrag lassen sich Blog-Leser nur ungern bedampfen.

Und dennoch gibt es durchaus Analogien zwischen Bloggern und New Journalists: Wolfe und Co. versuchten damals, bewusst aus den Zwängen journalistischer Sprachstandards auszubrechen. Sie machten Themen zu Themen, die für Printmedien bis dato keine Themen waren, trieben sich mit den Hells Angels herum (Thompson), tauchten in die Hippie-Szene ein (Wolfe) oder in die Psyche von Gelegenheitsmördern (Capote in *Cold Blood*) und bauten Promi-Porträts, indem sie nicht die Promis porträtierten, sondern die Menschen aus dem Umfeld der Prominenten (Gay Talese über Frank Sinatra). Sprachlich schöpften sie dazu aus dem Erzählmittel-Reservoir der Literatur, gaben Dialoge im Wortlaut wieder, drangen mit inneren Monologen scheinbar in die Gedankenwelten ihrer Protagonisten ein und dekorierten das Ganze mit sprachlicher Akustik und Farbe, etwa durch adjektivische Rhythmen, Lautmalereien oder Neologismen.

Selbst das
Text-Layout
wurde
als
Stilmittel
entdeckt,
um
zu
überraschen
und
ungewöhnliche
Effekte
zu
erzeugen.

Viele Blogger gehen heute ähnlich unorthodox zu Werke, schreiben in individueller Tonlage, und vermutlich wirken die erfolgreicheren Blogs gerade deshalb so erfrischend auf ihre teilweise beachtlichen Leserschaften, weil sich ihre Autorinnen und Autoren herzlich wenig um die Sprachkonventionen des Medien-Mainstreams scheren.

Das Kochrezept fürs Bloggen

Trotzdem: So widersprüchlich es in dieser Perspektive auf den ersten Blick auch erscheinen mag – auch unter Bloggern gibt es so etwas wie ein gemeinsames Grundverständnis darüber, wie das Schreiben für Weblogs auszusehen hat. Das gängige Kochrezept fürs Bloggen listet die folgenden Zutaten:

- **Fokussiere Dich auf ein Thema**
  Gute Blogs sind solche, die ein klar umrissenes Themenfeld beackern. Ziehen Sie also einen Zaun um Ihr Themenfeld und sagen Sie den Lesern, was sie hier erwartet. Halten Sie sich an ihr Konzept. Gelegentliche Ausflüge ins Off-Topic-Land sind natürlich trotzdem drin.

- **Habe einen Standpunkt**
  Blog-Posts sind am ehesten vergleichbar mit den Kolumnen des bezahlten Print-Journalismus: Sie sind persönlich, ihr Fundament ist die eigene Meinung. Für die Leser ist es spannend zu erfahren, wie der Blogger tickt und was er denkt – ganz wie im richtigen Leben. Sagen Sie also klar und deutlich, wofür Sie stehen. Schreiben Sie, wenn es angebracht erscheint, auch in der ersten Person Singular. Und korrigieren Sie sich in den Kommentarspalten, wenn Sie in der Sache einmal danebengelegen haben sollten.

- **Verlinke wie ein Verrückter**
  Verlinken Sie auf andere Artikel und Blogs, die Ihren Beitrag gut ergänzen oder zusätzliche Facetten beleuchten. Geben Sie Ihre Quellen an. Und pflegen Sie die Blogroll, also die Liste Ihrer Lieblingsblogs. Über kurz oder lang werden Sie auch externe Links auf Ihr Blog ernten.

- **Schreibe kreativ**
  Die Leser sollen merken, dass Ihnen das Thema wichtig ist. Und wenn Sie meinen, Sie könnten es besser als Tom Wolfe: Kein Problem, dann machen Sie's.

- **Pflege Deine Tonart**
  Lesenswerte und gern besuchte Blogs sind solche, in denen der Blogger eine bestimmte, unverwechselbare Schreib-Tonart pflegt. Deshalb: Schreiben Sie, wie Ihnen der Schnabel gewachsen ist. Pflegen Sie aber auch Ihren Schnabel.

- **Achte auf die Keywords im Blogpost**
  Ihr Blog soll über Suchmaschinen gefunden werden. Die relevanten Schlüsselbegriffe gehören deshalb auch im Blog in die Texte und in die Überschriften. Denken Sie daran, dass die Keywords nicht gekünstelt wirken. Also bitte kein Keyword-Spam.

- **Heul nicht mit den Lemmingen**
  O.K., das Bild ist schief. Es trifft aber trotzdem: Gute Themen sind solche, die nicht von tausend anderen Bloggern beackert werden. Heulen Sie also nicht mit den Wölfen und halten Sie die Klappe, wenn es nichts zu sagen gibt. Und machen Sie's auch nicht wie der Lemming an der Klippe: Rennen Sie nicht jedem Mega-Thema hinterher, und stürzen Sie sich nicht ins Meer des Gängigen. Stricken Sie lieber ein kleines, ganz eigenes Thema aus einer Beobachtung am Rande, aus einem beiläufigen Gedanken oder aus einem Alltagserlebnis.

- **Misch Dich ein, bleib aber sachlich**
  Im Netz wird gemotzt und verhöhnt, vermaledeit und gepöbelt. Seriös ist das allein dann, wenn die Qualität Ihrer Kritik überzeugt – und die Leser Ihnen folgen können. Das gelingt natürlich nicht immer, und dann gibt's halt etwas auf die Mütze. Bis zum nächsten Blogpost.

- **Erst redigieren, dann publizieren**
  Bevor ein Blogpost veröffentlicht wird, gilt es die Qualität zu sichern: Unbedingt nochmal querlesen, Überflüssiges streichen, Rechtschreibung korrigieren. Sonst sieht Ihr Blog schnell aus wie eine schlecht gemachte Schülerzeitung, und dann gibt es vermutlich per Fax seitenlang Gemecker von Wolf Schneider.

Das Social-Media-Policy-Konzentrat

Wer für Corporate Blogs verantwortlich ist, wird mit diesem Kochrezept vielleicht so seine Probleme haben, vielleicht erscheint das alles als etwas sehr frei, sehr ungezwungen und sehr gewagt. Und in der Tat sind gerade für Unternehmensblogs (und auch für alle anderen Social-Media-Kanäle) inhaltliche und stilistische Rahmensetzungen festzulegen, schließlich müssen die individuellen Tonarten in den Mitarbeiter-Blogs mit den Kommunikationszielen des Unternehmens in Einklang stehen und entsprechend konzertiert sein. Hier hat die individuelle Blogger-Freiheit also Grenzen. Viele Unternehmen, aber auch Verbände, Behörden und Organisationen haben deshalb für das Bloggen ihrer Mitarbeiter inzwischen eigene Richtlinien entwickelt, sogenannte Social Media Policies. Sollten Sie für die Unternehmenskommunikation zuständig sein, und eine solche Social Media Policy exisitert bei Ihnen noch nicht, dann ist diese Lücke dringend zu schließen.

Warum das wichtig ist, zeigt ein fiktives Allerweltsbeispiel: Eine Frau mit dem Twitter-Namen Dimalda arbeitet als Qualitätsprüferin

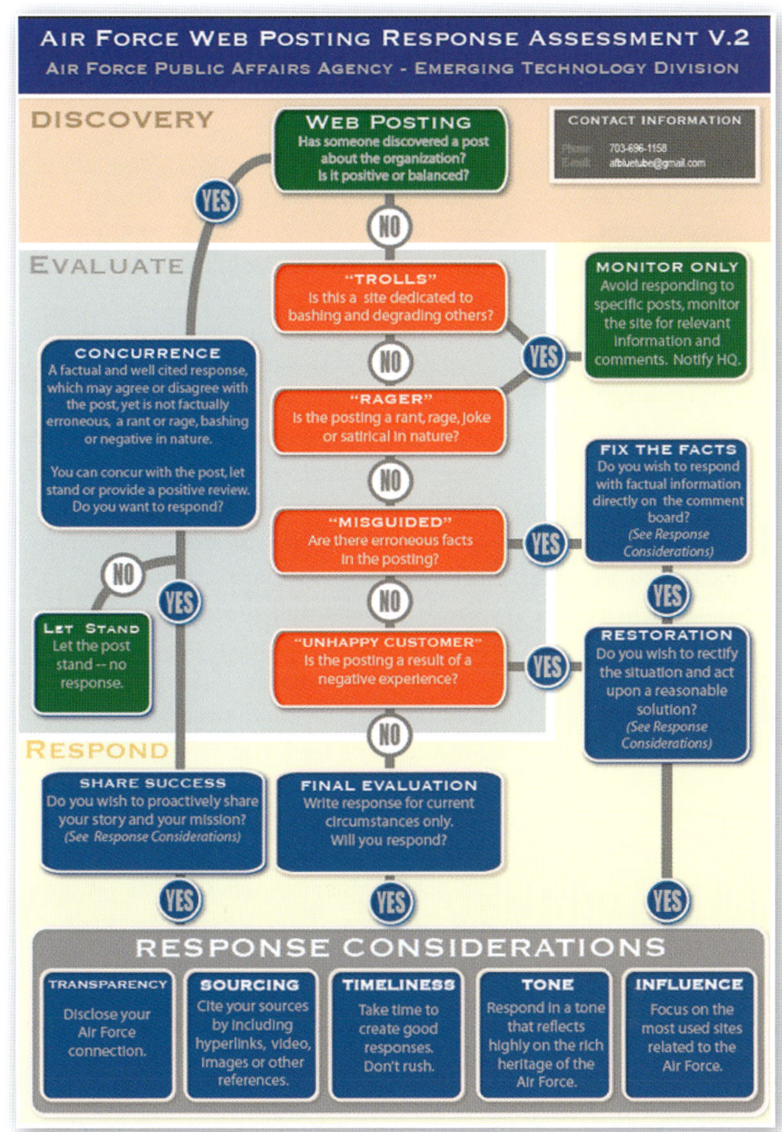

Abb. 117: *Social Media Policy als Wenn-dann-Schaubild für die Mitarbeiter der US Air Force*

für einen Fahrradhersteller und bewegt sich fast täglich auf der Online-Kurznachrichten-Plattform. Sie schreibt, dass sie Flohmärkte mag, einen unaufgeräumten Schreibtisch hat, dass sie genervt ist, wenn ihre Bürokollegen sich die kettenölverschmierten Hände nicht waschen – und hat auf Twitter immerhin 115 Followers, denen sie all das mitteilt. Das Problem ist: Hier vermischen sich Privates und Berufliches, und zwar in schriftlich dokumentierter Form. Das Lästern, Tratschen und Vom-Leder-Ziehen über Kollegen, über Chefs und Unternehmensziele findet per Web nicht mehr nach Feierabend im kleinen Kreis in der

Kneipe oder im Sportverein statt, sondern für alle Welt ganz öffentlich und schwarz auf weiß.

PR-Experten sehen deshalb unbedingten Handlungsbedarf, denn die Mitarbeiter würden auf sozialen Netzwerken auch in ihrer Freizeit als Angehörige eines Unternehmens wahrgenommen. Ob das pauschal so stimmt oder nicht, sei einmal dahingestellt. Allerdings stellen sich zwangsläufig in jedem Fall einige Grundsatzfragen: Dürfen sich Angestellte im Internet frei und ungezwungen über ihr Unternehmen äußern? Dürfen sie überhaupt Berufliches posten? Wo verläuft die Grenze zwischen Erlaubtem und Verbotenem? Was, wenn die Mitarbeiter unwissentlich den Ruf der Firma beschädigen? Immerhin fast die Hälfte der deutschen Unternehmen hatte in 2010 ihren Mitarbeitern verboten, am Arbeitsplatz Social Media zu benutzen, so eine Cisco-Studie.

Verbote erscheinen allerdings auf mittlere Sicht wenig tragfähig, denn auf der anderen Seite gibt es auch Vorteile, sogar geldwerte: »Wenn ein Kollege auf Xing postet: ›Wir suchen einen Mitarbeiter in der Marketingabteilung‹ – und sich über sein Netzwerk ein geeigneter Kandidat findet, dann spart sich die Firma die Kosten für eine Anzeigenschaltung«, so sagt beispielsweise der Kommunikationsberater Klaus Eck. Außerdem seien durch Social-Media-Kanäle auch jüngere Zielgruppen zu erreichen, die mit klassischer Kommunikation zunehmend schwerer angesprochen werden können.

Welche Spielregeln letztlich in eine Social Media Policy aufgenommen werden sollten, hängt natürlich jeweils vom Unternehmen ab. Es gibt allerdings einige Basis-Leitlinien, wie sie prototypisch beispielsweise vom Chip-Hersteller Intel schon 2008 für die eigenen Mitarbeiter aufgestellt wurden. Das Konzentrat sieht so aus:

- Die Mitarbeiter sollen transparent und für jeden nachvollziehbar agieren. Unaufrichtigkeit würde in sozialen Netzwerken schnell auffliegen.
- Die Mitarbeiter sollten »nur schreiben, was sie wissen«. Falls sich die Mitarbeiter zu Themen äußern, die nicht zu ihrem Fachgebiet gehören, sollten sie das deutlich machen.
- Den Mitarbeitern sollte klar sein, dass es sich bei aller Virtualität um echte Unterhaltungen handelt. Sie sollten ihre Leser ansprechen, als würden sie mit ihnen in einer realen Berufssituation sprechen. Eine aufgesetzte, künstliche Sprache wäre fehl am Platz. Seine Leser zu Kommentaren zu ermuntern, ist ebenfalls erwünscht.
- Die Mitarbeiter sollen zugeben, wenn sie einen Fehler gemacht haben.
- Niemand soll impulsiv posten. Es ist auch nicht nötig, auf jede spitze Bemerkung zu antworten.

Dass Betriebsgeheimnisse nicht veröffentlicht werden, ist in einer Social Media Policy meist nicht explizit geregelt, denn dies gehört in jeden Arbeitsvertrag. »Verschwiegenheitsklauseln sind keine Empfehlungen – sie sind bindend«, sagt Eck. »Wer sich daran nicht hält, kann im Extremfall den Job verlieren.«

Kapitel 3

Multimediales Erzählen: Slideshows, HMPs, Mashups & Co.

Durch Flatrates und schnelle Internet-Verbindungen sind Audios und Videos im Web längst Standard. Integrierte multimediale Erzählformen könnten künftig sogar das Alleinstellungsmerkmal des Webs gegenüber den traditionellen Medien Print, Radio und Fernsehen sein. Dieses Kapitel zeigt, was im Web und in den Tablet-Apps multimedial möglich ist und worauf es in der Praxis mulitmedialen Erzählens ankommt.

Erzählen auf neue Weise

Das Internet bietet einen Publikationsraum, der sich von den klassischen Mediengattungen gravierend unterscheidet und neue, multimediale Formen des Erzählens erlaubt. Im Vergleich ist der Hörfunk als monomediales Medium in seinen Darstellungsmöglichkeiten sicher am stärksten limitiert, denn Informationen können hier ausschließlich über akustische Signale vermittelt werden. Printmedien sind immerhin schon dreikanalige Medien, denn sie vermitteln Informationen via Text, Foto und Grafik und bieten zusätzlich ein haptisches Erleben. Und das Fernsehen wiederum nutzt das gesamte Spektrum der Darstellungsmodi, wobei das programmiert laufende, vertonte Bewegtbild dominiert.

Im Web können all diese Darstellungsmodi miteinander kombiniert und verschmolzen werden, die Grenzen zwischen den Mediengattungen schwinden. Oder wie es Berndt Schramka als stellvertretender Leiter der Henri-Nannen-Schule einmal treffend formuliert hat: »Eine Zeitung und ein Radiosender sehen im Internet gleich aus.« Das Web bietet dabei jedoch nicht nur Hypermedialität in drei Dimensionen, sondern auch Echtzeit-Aktualität, Interaktivität, Nonlinearität, Hypertext-Vernetzung, Individualisierbarkeit sowie einen entgrenzten Publikationsraum, über den die jeweilige Klientel permanent und ohne Sendetermin angesprochen wird und zeitgleich oder zeitversetzt untereinander kommunizieren kann. Multimediales Erzählen meint in diesem speziellen Publikationsraum die Komposition von Inhalten fürs Internet,

- die in traditionellen Mediengattungen nicht veröffentlicht werden können,
- in denen neben Text, Foto und Grafik auch Videosequenzen, Animationen und Töne zum Einsatz kommen und
- in denen die besonderen Freiheitsgrade des Internet genutzt werden, wie Interaktivität, Nonlinearität, Hypertextualität, Crossmedialität, Dreidimensionalität, Multidirektionalität, Geo-Codierung oder zeitsouverän steuerbare Rezeptionsgeschwindigkeiten.

Wenn es auf dem Bildschirm kracht oder sirrt, rappelt oder blitzt, dann ist also mehr im Spiel als blanker Text. Texten fürs Web geht deshalb über das Schreiben weit hinaus. Das multimediale Erzählen erweitert das Schreiben fürs Web um zusätzliche Dimensionen, schafft dramaturgische Spielräume und wandelt es in ein multimedial erweitertes Texten fürs Web.

Die technischen Rahmenbedingungen für multimediales Texten lassen inzwischen kaum noch Wünsche offen. Die verfügbaren Bandbreiten, Endgeräte und Abrufprogramme erlauben heute verbreitet konvergente Formen, die vor 10 oder 15 Jahren noch als verwegene Experiment gegolten hätten. Wer eine Geschichte im Web multimedial erzählen will, kann deshalb mittlerweile nahezu aus dem Vollen schöpfen und die vorhandenen Medienmodi Schrift, Foto, Audio, Video und Animation jeweils in genau jenem Mix einsetzen, der für das zu bearbeitende Thema erzählerisch am besten funktioniert.

Handwerklich kommt es im ersten Schritt darauf an, die spezifischen Vor- und Nachteile der einzelnen Medienmodi voll im Blick zu haben und dann professionell zu entscheiden, welche Modi für das jeweilige Thema am besten geeignet sind. Letztlich hängt die Moduswahl primär vom Thema ab: Wenn beispielsweise ein 11-jähriges Mädchen im kalifornischen Orange County in klar artikulierter Sprache aufs Aufnahmegerät erzählt, wie es ist, plötzlich mit der ganzen Familie in einer Ein-Zimmer-Wohnung am Stadtrand leben zu müssen, weil der Papa in der Wirtschaftskrise seinen Arbeitsplatz verloren hat, dann liefert eine audiobasierte Form wie die Audio-Slideshow eine atmosphärisch so intensive Geschichte, dass selbst der bestgeschriebene Artikel sie nicht besser hätte vermitteln können. Und wenn es darum geht, rückblickend zu zeigen, dass sämtliche Expertenprognosen zum jährlichen Wirtschaftswachstum im vergangenen Jahrzehnt danebenlagen, dann sind Foto, Video oder auch Schrift als Vermittlungsmodi gegenüber einer interaktiven Grafik nur zweite Wahl. Zuweilen kann allerdings auch der Verlauf der Recherche die Moduswahl mitbestimmen: Wenn sich in einer Vor-Ort-Recherche beispielsweise herausstellt, dass die interviewten Personen – anders als zugesagt – nicht gefilmt oder fotografiert werden wollen und selbst ihre Namen plötzlich ungenannt bleiben müssen, dann bleibt immer noch, das Gesagte aufzuschreiben.

Aus Sicht der Nutzer spielt es dabei wiederum keine Rolle, ob die Recherche für eine multimedial erzählte Geschichte dann vielleicht doch zu komplex war, ob die Technik streikte, ob die Quellen zugänglich waren oder ob Fragen trotz gründlicher Recherche offengeblieben sind. Entscheidend ist: Die Geschichte muss erzählerisch überzeugen, ganz wie in den konkurrierenden Mediengattungen auch. Zur multimedialen Vermittlungskompetenz gehört deshalb zwingend, die Stärken und Schwächen der verfügbaren Medienmodi zu kennen und zu wissen, was mit ihnen im Web heute prinzipiell alles möglich ist. Genau dies steht im Zentrum dieses Kapitels.

Was geht? Die Matrix der multimedialen Möglichkeiten

Professionelles, handwerklich sattelfestes Multimedia-Komponieren setzt voraus, dass den Planern und Produzierenden die erzählerischen Freiheitsgrade des Webs bekannt sind: Sie müssen wissen, was geht, wenn multimedial erzählt werden soll. Systematische Betrachtungen wurden dazu bislang allerdings kaum unternommen. Um eine solche Systematik der multimedialen Erzählmöglichkeiten für die redaktionelle Praxis anbieten zu können, wird hier deshalb in einer Matrix zunächst durchmustert, welche Darstellungsmodi im Web möglich sind und welche typischen Freiheitsgrade das Web je Medienmodus eröffnet.

Die Spalte »Modus« listet die grundsätzlichen Optionen der Informationspräsentation, also Schrift, Foto, Audio, Video und Animation. Die Zeile »Dimension« listet die webtypischen Freiheitgrade, in denen die einzelnen Modi genutzt werden können. Schrift beispielswiese ist prinzipiell für echtzeitaktuellen Inhalt einsetzbar, Video für dreidimensionale Erzählformen etc. Werden die gegebenen Web-Darstellungsmodi mit den Dimensionen des Webs per Tabelle in Relation gesetzt, ergibt sich eine Matrix der multimedialen Erzählmöglichkeiten. Sie bietet eine schnelle Übersicht über das, was im Web möglich ist. Dienlich sein kann sie als grundlegende Orientierung, aber auch als Instrument für konkrete redaktionelle Konzeptionen. So kann über die Matrix beispielsweise der Ist-Zustand

Die Multimedia-Matrix

Dimension / Modus	Echtzeit-Aktualität	Inter-aktivität	Cross-medialität	Entgrenzung	3D	Multi-direktionalität	Geo-Codierung
Schrift							
Foto							
Audio							
Video							
Animation							

Tab. 2: *Die Matrix der multimedialen Möglichkeiten. Nutzen lässt sie sich zum Beispiel für die Potenzial-Analyse einer Website: Man kreuzt dazu einfach an, welche Modi in welchen Dimensionen bereits genutzt werden. Alle nicht angekreuzten Zellen verweisen dann auf noch nicht genutzte, multimediale Darstellungsmöglichkeiten.*

eines Medienprodukts analysiert und dann diskutiert werden, in welche Richtung(en) es weiterentwickelt werden kann und soll. Für jeden Modus lässt sich dabei Punkt für Punkt abklären, was im Web geht, ohne dabei Gefahr zu laufen, Wesentliches zu übersehen.

Ein Anwendungsbeispiel: Viele redaktionelle iPad-Apps, die in 2010 auf den Markt gebracht wurden, boten den Nutzern nicht mehr als Zweitverwertungen bereits gedruckt veröffentlichter Artikel. Gruner+Jahr beispielsweise ging im Oktober 2010 mit einer iPad-App des monatlich erscheinenden Printmagazins GEO an den Start, die zum Preis von 2,39 Euro drei ausgewählte Reportagen (auf 44 Seiten) aus dem jeweils aktuellen Heft enthielt und auf multimediale Ergänzungen komplett verzichtete. Zum Vergleich: Das komplette GEO-Heft in gedruckter Form mit allen Geschichten kostete zum gleichen Zeitpunkt am Kiosk 6,30 Euro für annähernd 200 Seiten. Ein komplettes Spiegel-Heft als iPad-Ausgabe kostete inklusive multimedialer Zusatzkomponenten 3,99 Euro. Die Nutzer-Reaktionen auf die GEO-App-Premiere waren entsprechend: Den Nutzern erschien die App zwar handwerklich gelungen umgesetzt, eine Auswahl von nur drei Texten und ohne multimediale Ergänzung erschien den meisten zu diesem Preis aber als zu dünn. Auch in der Fachpresse fiel die deutsche GEO-App deshalb nicht gerade als sonderlich mediengerecht auf; vor allem fehlte ihr ein klares Alleinstellungsmerkmal (Unique Selling Proposition, USP). Um hier Ansatzpunkte zu finden, hätte in der App-Konzeptionsphase schon ein rascher Blick auf die Matrix genügt: Für eine Medienmarke wie GEO, die ganz wesentlich für journalistisch hochprofessionelle Reportage-Fotografie steht, eröffnet sich im Modus Foto gleich eine ganze Palette an USP-Optionen: Qualitativ hochwertige 360-Grad-Panoramen beispielsweise (in der Matrix: Modus Foto in der Dimension 3D) sind fotografisch relativ einfach zu produzieren und können als typisches Online-Format eine iPad-App bei zu vernachlässigenden Kosten bereits deutlich aufwerten. Wird ein solches Panorama dann auch noch mit Atmo-Audio (Modus Foto plus Modus

Audio) unterlegt, was technisch kein Problem ist, dann stiftet die App gegenüber dem Heft bereits erheblichen Mehrwert. Eine Reportage wie jene über die GEO-Foto-Expedition in das Riesending, Deutschlands größte Höhle, hätte die App-Nutzer über Panoramafotos mit Atmo virtuell an den Ort des Geschehens bringen können. Ebenso hätte ein USP auch allein im Modus Audio geschöpft werden können: Die GEO-Redaktion unterstützte nach eigenen Angaben die Installation eines Notrufsystem in der Riesenhöhle. Es wäre vermutlich zu vertretbaren Kosten technisch durchaus möglich gewesen, dort unten zumindest für eine begrenzte Zeit ein Mikrofon aufzustellen und diese Atmo-Quelle dann per Funk und Internet auf Fingertipp live in die iPad-App zu schalten. Die App-Nutzer hätten also mit dem iPad exklusiv in die Tiefen Deutschlands tiefster Höhle hineinhören können.

Damit Sie selbständig eigene Ideen für multimedial erzählte Projekte entwickeln können, liefern die folgenden Abschnitte jede Menge Anschauungsmaterial. Für fast alle Schnittfelder der Multimedia-Matrix gibt es im Web heute bereits hervorragende Beispiele, von denen sich lernen lässt: Wie sieht beispielsweise eine Animation aus, wenn sie echtzeitaktuelle Informationen visualisiert? Was bedeutet es ganz anschaulich, wenn Audio entgrenzt wird? Oder wie sieht das aus, wenn Video für multidirektionale Kommunikationsformen eingesetzt wird?

Zwar können die Beispiele keinen Anspruch auf Vollständigkeit erheben, denn dazu entwickelt sich das Content-Angebot im Web einfach zu dynamisch. Doch das heute technisch Mögliche wird in diesem Kapitel soweit wie möglich mit aussagekräftigen Beispielen abgebildet. Dabei hat sich die Matrix übrigens auch bei der Suche nach Beispielen als sehr nützlich erwiesen. Probieren Sie es bei Gelegenheit einfach einmal selbst aus und kombinieren dazu einen Modusnamen mit einer Dimensionsbezeichnung als Stichwortpaar für die Websuche. Wer etwa Beispiele für interaktive Video-Formen finden will, gibt einfach »video« zusammen mit »interactive« ein (im englischen Sprachraum findet sich mehr!) – und los geht's. Auf die Suchbegriffe »interactive video« wären Sie sicher auch noch ohne die Matrix gekommen. Weitere Suchbegriffe, die nicht ganz so naheliegen, finden Sie deshalb in den Unterkapiteln über die einzelnen Medienmodi Schrift, Foto, Audio, Video und Animation.

Noch eine Schlussbemerkung zur Matrix: Sollte Ihnen die eine oder andere Dimension darin fehlen, dann haben Sie recht. Auf die Dimensionen Nonlinearität, Zeitsouveränität und Hypertextualität wurde bewusst verzichtet, weil sie im Web mehr oder weniger in jedem Modus schon fast selbstverständlich genutzt werden. Ähnlich ist es mit der Reihe der Medien-Modi: Auf Grafik als eigener Modus wird bewusst verzichtet, weil sie als illustrative Grafiken (zum Beispiel Zeichnungen aus dem Gerichtssaal) letztlich die gleiche Funktion erfüllen wie die Fotografie. Und weil sie als erklärende Infografiken im Web meist in interaktiven Formen realisiert sind und deshalb im weitesten Sinne bereits zu den Animationen zählen. Infografiken sind in diesem Sinne nichts anderes als Animationen im Standbild. Ähnliches gilt auch für die sich im Web schnell etablierenden animierten Karten, Datenvisualisierungen und Daten-Mashups: Auch sie operieren weitestgehend im Modus grafikdominierter Bewegtbilder und werden als Darstellungsformen deshalb dem Animationsmodus zugeordnet.

Schrift: schlank, schnell und prägnant

Websites sind in den meisten Fällen nach wie schriftdominierte Medien. Selbst Fernsehsender setzen im Web auf das geschriebene Wort als zentralen Informationstransporteur, denn Schrift ist prägnant, bietet hohe Informationsdichte, sie ist schnell und kann vor dem Einstieg in die Rezeption gescannt werden. Sprichwörtlich sagt ein Bild zwar mehr als 1000 Worte, aber in der Praxis kommt es doch schon sehr auf das konkrete Bild an. Halten Sie beim Blättern in einer Zeitschrift oder Zeitung spaßeshalber einfach mal ihre Hand über die Bild-Unterzeilen, dann offenbart sich schnell, wie wichtig das geschriebene Wort für das Einordnen der abgedruckten Bilder ist. Nicht anders verhält es sich im Vergleich zum Bewegtbild: Wenn über Katastrophen berichtet wird, dann schalten die TV-Nachrichtenredaktionen gern Live-Reporter zu, die vor Ort beispielsweise knöcheltief im geruhsam dahin dümpelnden Hochwasser stehen oder sich vor Gebäudetrümmern in Erdbebengebieten aufbauen. Die klassischen Wer-was-wann-wo-Fragen der nachrichtlichen Berichterstattung lassen diese Szenerien allerdings stets unbeantwortet, erst das gesprochene oder geschriebene Wort klärt die Dinge: »Hier im Erdbebengebiet rund um Port-au-Prince auf Haiti werden in den nächsten Stunden heftige Nachbeben erwartet.« Ein weiterer Vorteil von Schrift als Vermittlungsmodus ist die vom Nutzer frei bestimmbare Rezeptionsgeschwindigkeit: Wer einen Satz oder ein Wort nicht verstanden hat, springt mit dem Blick einfach zurück und setzt noch einmal neu an. Sitzt man dagegen vor dem Fernseher oder hört Radio und hat eine wichtige gesprochene Passage nicht mitbekommen, weil gerade ein Hubschrauber über dem Haus kreist oder irgendwer dazwischenplappert, dann hat man schlicht Pech gehabt.

Allerdings hat der Informationsmodus Schrift gewiss auch Nachteile: Es fehlen optische Blickanreize oder akustische Informationen und das Dynamische eines Geschehnisses ist nicht oder nur umständlich zu vermitteln. Text allein wirkt zudem visuell spröde: Wird auf einer Seite zu wenig Weißraum gelassen, dann gerät ein Text schnell zur lesefeindlichen Bleiwüste. Gerade im Web brauchen Texte deshalb ein ebenso ansprechendes wie nutzerfreundliches Layout.

Wie wichtig Wörter im Web sind, kann überdies jeder tagtäglich beim Websurfen selbst beobachten. Wer im Web nach Informationen sucht, gibt in die Eingabemaske seiner Suchmaschine möglichst passende Begriffe ein, arbeitet also an zentraler Schaltstelle mit Wörtern. Und wer auf einer Zielseite angelangt ist, schaut dort in der Scanphase im Wesentlichen auf die Textkomponenten – auch hier geht es also nicht ohne das geschriebene Wort.

Schrift ist deshalb der Generalmodus des Suchens, Findens, Sich-Orientierens und des Sich-Informierens im Web. Und wird es auf absehbare Zeit auch bleiben, denn im Prinzip sind sämtliche webtypischen Dimensionen mit Schrift kombinierbar: Schrift ist echtzeitaktuell, Schrift kann interaktiv eingesetzt werden und per Hyperlinks beliebige Dokumente vernetzen, Schrift kann dreidimensional dargestellt werden, Schrift kann per Smartphone in reale Orte eingeblendet werden, zeitsouverän zu nutzen ist sie ohnehin, und natürlich können Schriftdokumente auch geocodiert oder mit Stichwort-Tags markiert werden. Schrift ist in diesem Licht besehen deshalb nicht ohne Grund der Basismodus im Web, und nicht ganz zufällig kann die Bilder-Anzeige in den

Browsern abgeschaltet werden, die Anzeige der Wörter dagegen nicht. Auf den folgenden Seiten wird in Beispielen gezeigt, wie der Modus Schrift in den webtypischen Dimensionen Echtzeit-Aktualität, Interaktivität, Crossmedialität, Dreidimensionalität, Multidirektionalität und Geo-Codierung stattfindet.

Schrift – echtzeitaktuell

Spätestens seit Twitter ist Live-Schrift im Web ein Massenphänomen. Neu ist echtzeitaktuelle Schrift als Modus jedoch nicht: Schon ganz zu Beginn des offen zugänglichen Webs waren die unzähligen Chat-Foren in proprietären Online-Diensten wie AOL oder Compuserve des Webnutzers Liebling. So manches Liebespaar hat in diesem Modus zueinander gefunden. Auch im Web2.0 gehören Chats und Foren nach wie vor zum unverzichtbaren Repertoire im Community-Aufbau. Als Live-Schrift-Standardform haben sich die Live-Ticker im Web etabliert, mit denen beispielsweise über das aktuelle Tagesgeschehen, über große Sportereignisse oder über Firmen-Pressekonferenzen berichtet wird.

Neuere Spielarten live gesendeter Schrift sind die vielerorts eingebundenen Twitter- oder Facebook-Message-Fenster, mit denen zur Realität geworden ist, was vor ein paar Jahren für Online-Macher noch Zukunftsmusik war: Jeder Nutzer eines Web-Angebots kann heute, sofern angeboten, in einer Mini-Twitter-Wall gleich neben dem Artikel oder Video lesen, was anderen Nutzern durch den Kopf geht, die zur gleichen Zeit auf die gleiche Seite schauen. Ähnlich funktionieren auch die Twitter-Walls, die auf vielen Messen und Kongressen an zentralen Orten aufgestellt werden, den Messebesuchern das 140-Zeichen-Text-Gezwitscher anderer Messebesucher in Live-Schrift auf riesigen Leinwänden präsentieren und so das

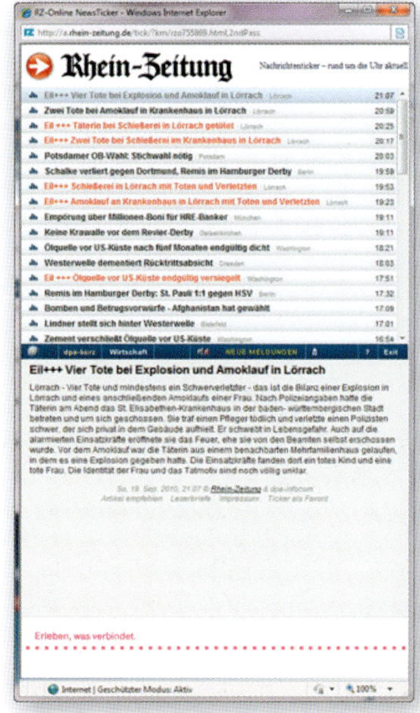

Abb. 118: *Schneller ist auch der Hörfunk nicht: Nachrichtenticker bieten in geschriebener Form knappen Überblick über das aktuelle Geschehen.*

kommunikative Hintergrundrauschen an den Messeständen in live Lesbares verwandeln.

Schrift – interaktiv

Schrift ist die Schnittstelle jeder Leser-Text-Interaktion: Wenn gelesen wird, treten das Wissen eines Autors und das Vor-Wissen eines Lesers per grafischer Zeichen in einen Austausch. Bedeutung wird dabei im Kopf des jeweiligen Lesers konstruiert, das Interaktive des Lese-Prozesses findet also im Verborgenen statt, in der Black Box unseres Gehirns.

Interaktion im Modus Schrift kann im Web aber durchaus auch oberflächlich sichtbar stattfinden – und dies in vielen Facetten: Das Deutsche Forschungszentrum für Künstliche Intelligenz (DFKI) zum Beispiel stellte 2010 eine Text2.0 genannte Technik vor, die es

The Big Bang is a cosmological model of the initial conditions and subsequent development of the universe. It is supported by the most comprehensive and accurate explanations from current scientific evidence and observation.[1][2] As used by cosmologists, the term *Big Bang* generally refers to the idea that the universe has expanded from a primordial hot and dense initial condition at some finite time in the past, and continues to expand to this day.

Georges Lemaître proposed what became known as the Big Bang theory of the origin of the Universe, although he called it his "hypothesis of the primeval atom". The framework for the model relies on Albert Einstein's general relativity and on simplifying assumptions (such as homogeneity and isotropy of space). The governing equations had been formulated by Alexander Friedmann. After Edwin Hubble discovered in 1929 that the distances to far away galaxies were generally proportional to their redshifts, as suggested by Lemaître in 1927, this observation was taken to indicate that all very distant galaxies and clusters have an apparent velocity directly away from our vantage point: the farther away, the higher the apparent velocity.[3] If the distance between galaxy clusters is increasing today, everything must have been closer together in the past. This idea has been considered in detail back in time to extreme densities and temperatures,[4][5][6] and large particle accelerators have been built to experiment on and test such conditions, resulting in significant confirmation of the theory, but these accelerators have limited capabilities to probe into such high energy regimes. Without any evidence associated with the earliest instant of the expansion, the Big Bang theory *cannot* and *does not* provide any explanation for such an initial condition; rather, it *describes* and *explains* the general evolution of the universe since that instant. The observed abundances of the light elements throughout the cosmos closely match the calculated predictions for the formation of these elements from nuclear processes in the rapidly expanding and cooling first minutes of the universe, as logically and quantitatively detailed according to Big Bang nucleosynthesis.

Fred Hoyle is credited with coining the term *Big Bang* during a 1949 radio broadcast, as a derisive reference to a theory he did not accept.[7] Hoyle later helped considerably in the effort to figure out the nuclear pathway for building certain heavier elements from lighter ones. After the discovery of the cosmic microwave background radiation in 1964, and especially when its spectrum (i.e., the amount of radiation measured at each wavelength) sketched out a blackbody curve, most scientists were fairly convinced by the evidence that some Big Bang scenario must have occurred.

Abb. 119: *Text 2.0 erzeugt ein blickgesteuertes Schriftbild: Überfliegt ein Leser den Text, werden inhaltlich unwesentliche Wörter abgesoftet, um das scannende Lesen zu unterstützen. Text 2.0 setzt voraus, dass am Rechner-Monitor ein Eyetracker eingebaut ist.*

Abb. 120: *Kollaboratives Nachrichtenprojekt: Für Shortnews schreiben Tausende Hobbyjournalisten.*

ermöglicht, Schrift auf Leserblicke reagieren zu lassen: Durch einen am Monitor eingebauten Eyetracker wird per Infrarotlicht-Reflexion automatisch festgestellt, ob der Nutzer den betrachteten Artikel bereits liest oder noch überfliegt. Überfliegt er ihn, dann werden nur jene Wörter in normaler Schriftauszeichnung dargestellt, die für das Erfassen des Artikelinhalts tatsächlich relevant sind. Alle anderen Wörter werden in blasserer Schrift angezeigt, sodass die Scan-Phase beschleunigt wird (Abb. 119). Die Text-2.0-Technik basiert im Grundsatz auf der Idee, dass eine Textstelle »weiß«, ob sie gerade gelesen wird: Kontextbezogen spielt das System dann beispielsweise atmosphärisch und thematisch passende Multimedia-Effekte zur gerade gelesenen Textpassage ein, etwa Bilder, Geräusche oder Musik. Und: Übersetzungen fremdsprachiger Textstellen werden genau dann eingeblendet, wenn diese gelesen werden. Intelligente Fußnoten erläutern komplexe Sachverhalte, Begriffe oder Ereignisse. Und sollte beim Lesen einmal der Anschluss verlorengegangen sein, markiert ein roter Pfeil die zuletzt betrachtete Stelle.

Schrift meint in der interaktiven Dimension des Webs aber nicht nur die Möglichkeit, das Schriftbild technisch interaktiv aufzuladen, sondern den Schreibakt selbst interaktiv zu gestalten. Das ZDF beispielsweise war in dieser Richtung schon in der Web-Frühzeit unterwegs, als noch kaum jemand von nutzergeneriertem Inhalt oder vom Mitmach-Web 2.0 sprach. Bereits im November 1999 startete ZDF online das eScript-Projekt, das später mit dem Grimme Online Award ausgezeichnet wurde, und ließ darin die Nutzer an Krimi-Drehbüchern der Wilsberg-Reihe mitschreiben. Ähnlich funktionierte ein paar Jahre später auch das Novel-in-Progress-Projekt, in dem der Schriftsteller Matthias Politicky öffentlich einen Roman verfasste und die Nutzer parallel dazu in Foren eigene Erzählstränge zum Roman entwickeln konnten. Kollaborative Schreibprojekte gibt es im Web auch abseits der Belletristik. Für Nachrichtenstoffe etwa bieten beispielsweise Wikinews oder Shortnews offene Plattformen an, und jeder kann daran mitwirken (Abb. 120).

Schrift – crossmedial

Wird Schrift mit anderen Vermittlungsmodi kombiniert, entstehen Darstellungsformen, die in anderen Mediengattungen so nicht angeboten werden können. Viele dieser Muster sind längst Standard, manche sind längst vergessene Experimente, und manche sind schlicht noch nicht bekannt. Der Multimedia-Journalist Matthias Eberl beispielsweise verfasste 2006 für jetzt.de eine lesens-, sehens- und hörenswerte Reportage über Menschen in München, die das Endspiel der Fußball-WM in Deutschland aus Termingründen nicht sehen konnten oder einfach auch nicht sehen wollten. Der Titel: *Warum sah Henriette den Elfmeter nicht? Eine Multimedia-Reportage über ein großes Finale und über die, die es nicht gesehen haben.* Das Besondere in dieser Reportage liegt in der von Eberl entwickelten Form: Die Reportage ist in ihrem linearen Lauf mit O-Tönen und Atmo begleitet, die in der Scrollbewegung genau dann abgespielt werden, wenn der zugehörige Textabschnitt gerade gelesen wird. Im Screenshot (Abb. 121) beispielsweise zeigt der Rahmen den Bereich an, der gerade betrachtet wird; rechts daneben steht ein Kasten, der die zugehörige Audio-Datei »Atmo ruhig« anzeigt.

Ein ähnliches Muster hatte die New York Times bereits 1998 in einer Webgeschichte über das Musical Ragtime angewendet (Abb. 122). Die Geschichte bestand aus einer HTML-Seite, auf der streng vertikal untereinandergereihte Fotos zu sehen waren. Mit Klick auf

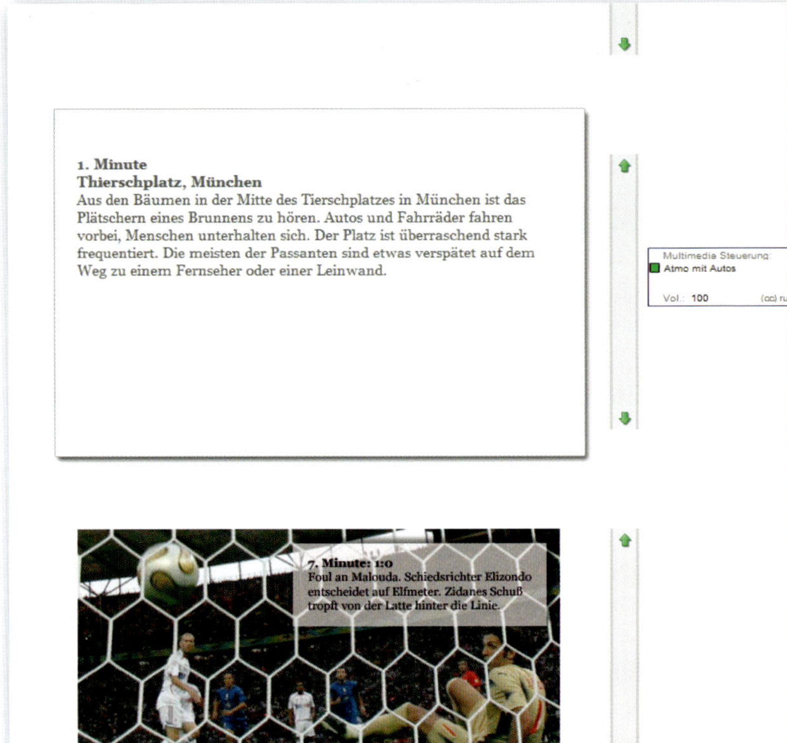

Abb. 121: *Spannende Idee: In der von Multimedia-Journalist Matthias Eberl entwickelten Webreportage-Form sind die Dimensionen Linearität, Multimedialität und Zeitsouveränität in schlüssiger Weise miteinander verknüpft.*

Abb. 122: *Frühes Webspecial aus der New York Times. Per Klick auf Start rollte die Seite automatisch nach unten und lieferte eine Art Diaschau.*

einen Start-Button liefen diese Fotos dann, ähnlich wie im Abspann eines Kinofilms, von oben nach unten über den Monitor – und dazu passend wurde automatisch ein Audiostream abgespielt. Anders als in Eberls Webreportage war die Audio-Komponente in dieser Geschichte also nur bedingt interaktiv.

Schrift – dreidimensional

Grundsätzlich kann auch der Vermittlungsmodus Schrift im Web synästhetisch gewandelt werden, etwa wenn das Substantiv »Kurve« in einem Video zur Kurve gebogen wird, das Verb »explodieren« in einem Video mit lautem Knall explodiert oder das Wort »Wiederholung« in einem videobegleitenden Audio-Off-Text wiederholt gestottert wird. Fachleute versammeln diese Formen unter dem Begriff kinetische Typografie (Abb. 123). Zu finden sind sie im Web beispielsweise auf Websites über experimentelle Kunst oder über Informationsästhetik.

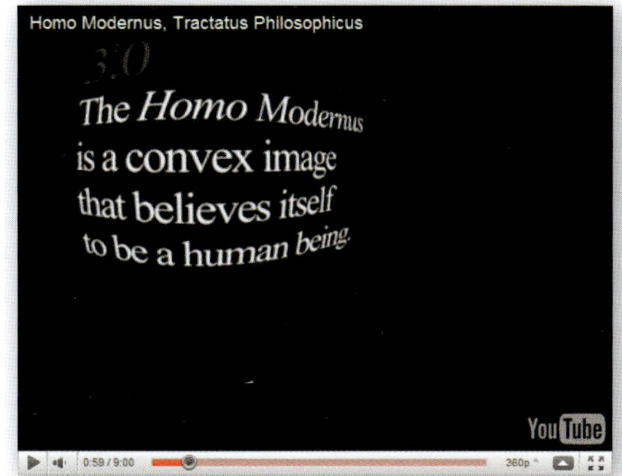

Abb. 123: *Kinetische Typografie übersetzt schriftgebundene Bedeutung in Form, Töne und Bewegung.*

Schrift – multidirektional

Eigentlich ist jedes redaktionelle Angebot multidirektional: Informationsquellen aus der Umwelt einer Redaktion gelangen in die Redaktion, werden dort ausgewertet, nach bestimmten Selektionsregeln verdichtet und diese verdichteten Informationen werden dann wieder der Umwelt zur Verfügung gestellt. Rein zahlenmäßig betrachtet wenden sich also zuerst Viele an Wenige und dann Wenige an Viele.

Multidirektionale Kommunikation bedeutet allerdings, dass zusätzlich beispielsweise auch Kanäle der 1-zu-1-Kommunikation zwischen den Vielen existieren oder dass 1-zu-Wenige-Kommunikation stattfinden kann. Diesem Ideal möglichst durchlässiger Kommunikationskanäle am nächsten kommen heute vermutlich die schwarmintelligenten Nachrichten-Websites. Situationsbezogen schlüpfen Passanten darin als Augen- und Ohrenzeugen für Momente oder für kurze Zeitphasen am Ort eines öffentlich relevanten Geschehens in die Rolle von Informationslieferanten, zuweilen auch in die Rolle journalistischer Berichterstatter. Ein prominentes Beispiel dafür ist *Now Public*. Die Website versteht sich als Angebot von Crowd Sourced Media, also als Plattform, die die Menschen »da draußen« gleichzeitig als Quelle und als Zielgruppe an sich bindet. Zufällige Beobachter der weltweit beachteten Notlandung eines US-Airways-Flugzeugs im New Yorker Hudson River berichteten dort beispielsweise in Wort und Bild sehr schnell, sehr facettenreich und sehr ausführlich vom Ort des Geschehens (Abb. 124). Manche der Kurzzeit-Reporter schilderten nicht nur ihre eigenen Beobachtungen, sondern trugen in Kurz-Interviews auch die Beobachtungen anderer Augenzeugen zusammen – zum Teil in handwerklich ansprechender Weise. Verschriftlichte Beobachtungen, Fotos

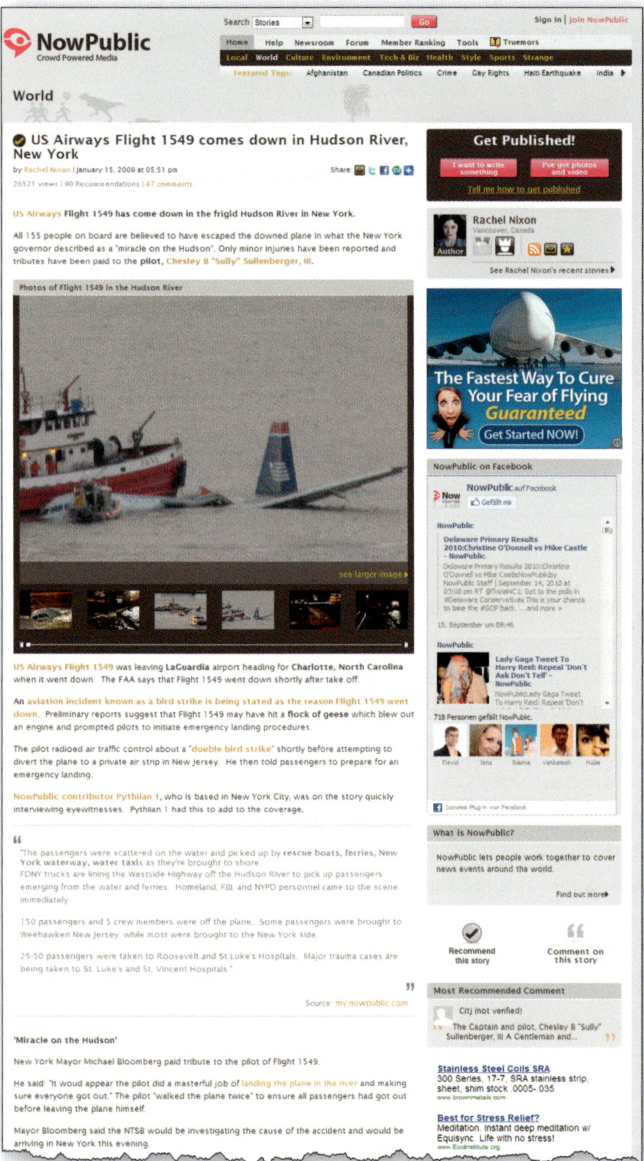
NowPublic
Crowd Powered Media

World

US Airways Flight 1549 comes down in Hudson River, New York

by Rachel Nixon | January 15, 2009 at 05:51 pm

26521 views | 90 Recommendations | 47 comments

US Airways Flight 1549 has come down in the frigid Hudson River in New York.

All 155 people on board are believed to have escaped the downed plane in what the New York governor described as a "miracle on the Hudson". Only minor injuries have been reported and tributes have been paid to the pilot, Chesley B "Sully" Sullenberger, III.

Photos of Flight 1549 in the Hudson River

US Airways Flight 1549 was leaving LaGuardia airport heading for Charlotte, North Carolina when it went down. The FAA says that Flight 1549 went down shortly after take off.

An aviation incident known as a bird strike is being stated as the reason Flight 1549 went down. Preliminary reports suggest that Flight 1549 may have hit a flock of geese which blew out an engine and prompted pilots to initiate emergency landing procedures.

The pilot radioed air traffic control about a "double bird strike" shortly before attempting to divert the plane to a private air strip in New Jersey. He then told passengers to prepare for an emergency landing.

NowPublic contributor Pythilan 1, who is based in New York City, was on the story quickly interviewing eyewitnesses. Pythilan 1 had this to add to the coverage,

"The passengers were scattered on the water and picked up by rescue boats, ferries, New York waterway, water taxis as they're brought to shore.
FDNY trucks are lining the Westside Highway off the Hudson River to pick up passengers emerging from the water and ferries. Homeland, FBI, and NYPD personnel came to the scene immediately.

150 passengers and 5 crew members were off the plane. Some passengers were brought to Weehawken New Jersey, while most were brought to the New York side.

25-50 passengers were taken to Roosevelt and St.Luke's Hospitals. Major trauma cases are being taken to St. Luke's and St. Vincent Hospitals."

Source: my.nowpublic.com

'Miracle on the Hudson'

New York Mayor Michael Bloomberg paid tribute to the pilot of Flight 1549.

He said: "It woud appear the pilot did a masterful job of landing the plane in the river and making sure everyone got out." The pilot "walked the plane twice" to ensure all passengers had got out before leaving the plane himself.

Mayor Bloomberg said the NTSB would be investigating the cause of the accident and would be arriving in New York this evening.

Abb. 124: *So viel Professionalität findet auch bei hauptberuflichen Kollegen Anerkennung: Die Redaktionen des Time Magazine und des Londoner Guardian kürten Now Public im Jahr 2010 zur besten Website für nutzergenerierte Nachrichten.*

und Videos von Augenzeugen sowie Twitter-Tweets und -Retweets verdichteten sich rasch zu einer umfassenden Dokumentation.

Schrift – geocodiert

Wenn Texte mit GPS-Daten verknüpft werden, dann können zum Beispiel Meldungen oder Berichte in Landkarten oder Stadtkarten eingebunden werden. Wer dann auf eine solche Karte schaut, erhält über Hotspot-Links nicht nur Zugriff auf den jeweiligen Artikel, sondern kann mit einem Blick auch gleich erkennen, in welcher Region oder in welchem Stadtteil gerade besonders viel los ist. Die österreichische Nachrichtenagentur APA etwa bietet ihren Kundenredaktionen per Geocodierung einen visuellen Nachrichtenüberblick: In der APA-Nachrichtenlandkarte poppt ein neuer Ballon auf, sobald die APA eine frische Meldung anbietet über ein aktuelles Geschehen in der betrachteten Region. Im Erklärtext der APA heißt es dazu: »Sie sind Redakteurin oder Redakteur eines regionalen Mediums und wollen wissen, was in Ihrer Umgebung gerade geschieht? Sie arbeiten bei einer großen österreichischen Tageszeitung und möchten erfahren, wo sich der jüngste Lawinenabgang ereignete? Nutzen Sie die Landkarte als ergänzenden Zugang zu den Informationen, stellen Sie geographische Bezüge her, an die vielleicht sonst niemand gedacht hätte, und schätzen Sie Entfernungen und Distanzen richtig ein. (…) So sehen Sie auf einen Blick, welche Nachrichten für Ihre Gemeinde, Stadt, Region oder Ihr Bundesland Relevanz besitzen oder wo in Österreich und auf der Welt im Moment die ›Hot Spots‹ des Nachrichtengeschehens liegen.«

Auch im Endkundengeschäft sind geocodierte Nachrichten inzwischen weit verbreitet. Die Saarbrücker Zeitung beispielsweise bietet ihren Website-Nutzern eine Nachrichtenlandkarte, auf der aktuelle Meldungen dem Ort des Geschehens zugeordnet sind. Für die Betrachter eröffnet sich so ebenfalls ein Blick darauf, wo in der Region gerade etwas geschieht.

Abb. 125: *Nachrichten-Landkarte der Saarbrücker Zeitung*

Foto: Bindemittel für Nutzerblicke

Spätestens seit Mario Garcia und Pegie Stark vom Poynter Institute in St. Petersburg (Florida) 1991 durch empirische Untersuchungen für Printmedien belegen konnten, dass Illustrationen und Farbe auf die Blicke der Leser wie Magneten wirken, haben Fotos und Infografiken im Zeitungslayout ihren festen Platz als Instrument zur Steuerung des Blickverhaltens. Was für Texte in Printmedien gilt, kann für Texte im Web nicht falsch sein – könnte man deshalb meinen. Und in der Tat: Bilder sind auch im Web ein dominanter Faktor, ihre stark blickverlaufslenkende Wirkung ist inzwischen auch für das Web nachgewiesen.

In der Daumennagelformat-Zeit sah das noch etwas anders aus: Anfang 2000 stützte eine in Fachkreisen weithin rezipierte Studie von Poynter Institute und Stanford University zum Leseverhalten auf Nachrichten-Websites die Annahme, dass den Web-Usern Texte deutlich wichtiger seien als Fotos oder Illustrationen. Nicht die Bilder, so das überraschende Ergebnis, verführten die Nutzer zum Lesen, sondern die Buchstaben. Zumindest auf Nachrichten-Sites wäre das Leseverhalten damit im Vergleich zur typischen Print-Lektüre ins genaue Gegenteil verkehrt gewesen.

Schon damals gab es allerdings auch abweichende Indizien. Interne Blickaufzeichnungsstudien renommierter Medienhäuser beispielsweise kamen zur gleichen Zeit zu deutlich relativierenden Befunden. ProSieben Digital Media etwa hatte zur Vorbereitung seines Relaunchs im Frühjahr 2000 ebenfalls eine Blickverlaufsstudie durchgeführt und festgestellt, dass der Nutzerblick – genau wie in Printmedien – nach wie vor über Fotos und Grafiken gesteuert werden kann.

Einige Jahre später wurde die Foto-Wirkung im Web vom Poynter Institute in der Folgestudie Eyetrack III (2004) noch einmal neu beleuchtet, und es zeigte sich, dass Fotos ab einer bestimmten Formatgröße blicklenkend wirken, also auch im Web eine nachweislich entscheidende Rolle spielen. Danach werden Fotos ab einem Format von 210 mal 230 Pixeln

Abb. 126: *Ein wichtiger Befund aus der Eyetrack-III-Studie des Poynter-Instituts: Daumennagelformate greifen kaum in den Blickverlauf ein, erst durch die größeren Formate wird das Blickverhalten auf Nachrichtenseiten im Web messbar beeinflusst.*

durchschnittlich fast doppelt so häufig und mehr als doppelt so lang betrachtet wie kleinere Formate mit 80 mal 80 Pixeln – und zwar vor allem dann, wenn auf den Fotos Gesichter zu sehen sind beziehungsweise eine Handlung visuell eingefroren ist.

Fotos sind also auch im Web nicht von den Seiten wegzudenken. Ganz im Gegenteil: Sie dienen als Blickfänger, lockern textlastige Seiten auf und können emotional ansprechen, etwa wenn sie menschliche Regungen wie Tränen, Jubel, stille Freude oder Anspannung in Nahaufnahme zeigen. Zudem wird Fotos immer noch eine relativ höhere Glaubwürdigkeit zugesprochen als Texten. Den meisten Betrachtern gelten sie nach wie vor als visuelle Dokumente, denn was die eigenen Augen gesehen haben, wird auch als tatsachengetreu geglaubt – auch wenn man damit im Zeitalter der digitalen Bildbearbeitung besser vorsichtig sein sollte. Für das onlineredaktionelle praktische Tagesgeschäft ist natürlich auch nicht ganz unwichtig, dass sie mit relativ wenig Aufwand zu klickfreundlichen Fotostrecken arrangiert werden können.

Mit den schnellen Internetverbindungen und den günstigen Flatrate-Tarifen sind Fotos im Web zwischenzeitlich zu vielfältig eingesetzten Inhalte-Komponenten avanciert. Das Spektrum reicht vom einfachen Nachrichtenfoto über Bilderstrecken und Webspecials bis hin zu umfassenden, interaktiven nutzergenerierten Fotolandschaften. Was alles möglich ist, zeigt sich, wenn die medialen Freiheitsgrade des Internets auch für den Medienmodus Foto durchdekliniert werden.

Foto – echtzeitaktuell

Die Internet-Nutzer wissen, dass sie im Web echtzeitaktuellen Inhalt erwarten können und dass dieser Inhalt im Prinzip von jedem Ort der Welt in Echtzeit zu ihnen gelangen kann. Nur durch das regelmäßige Einlösen dieser Echtzeitaktualität kann die Dauerpublikation Website kontinuierlichen Besuchsanreiz erzeugen. Das gilt natürlich auch für den Medienmodus Foto. Wenn es beispielsweise um aktuelle Nachrichten geht, hatte die geschriebene Eilmeldung lange Zeit die Nase vorn. Wenn heute allerdings Menschen mit kamerabestückten Mobiltelefonen gerade zufällig am Ort eines Nachrichtenereignisses sind und dort dann ein schnelles Foto geschossen wird, kann auch das nachrichtliche Foto gelegentlich schneller sein als die schriftliche Meldung. Und wenn es eine Meldung visuell bezeugt, ist ein solches Foto ein redaktionelles Muss, sofern natürlich der Bildinhalt authentisch ist und nicht die (Bild-)Rechte Dritter verletzt werden. Schneller kann keine Nachrichtenagentur und keine Redaktion der Welt an vergleichbares Bildmaterial gelangen. Mainstream-Medien haben deshalb Upload-Services geschaffen, mit denen nachrichtenrelevante Amateurschnappschüsse in wenigen Sekunden für professionelle Berichterstattungen zur Verfügung gestellt werden können. Das bekannteste Angebot dieser Art ist der Leserreporter der Bild-Zeitung. In den USA wird Ähnliches etwa von CNN als iReport betrieben.

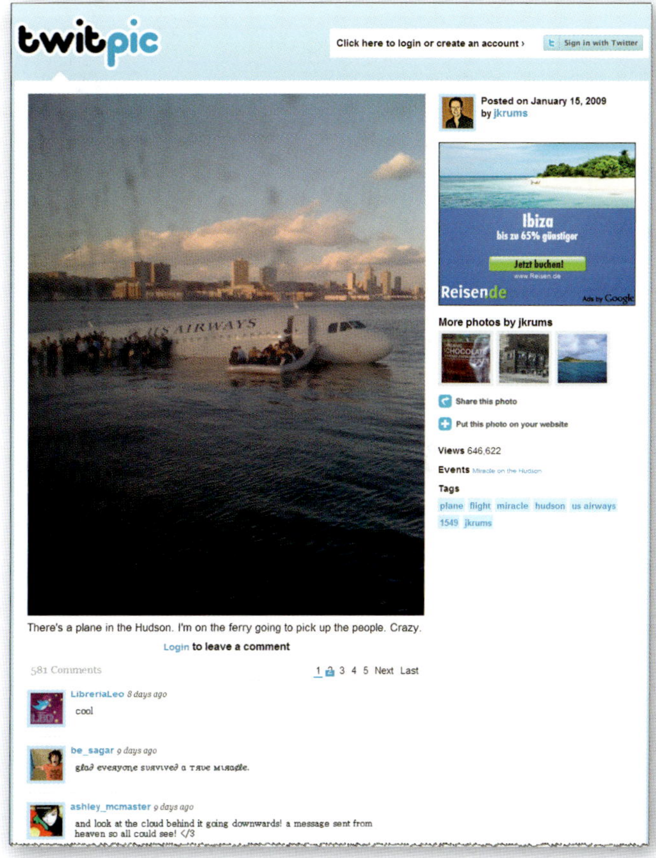

Abb. 127: *Dieses Foto ging um die Welt: Janis Krums fuhr gerade auf einer Fähre über den Hudson, als dort am 15. Januar 2009 eine Passagiermaschine notlandete. Per Handykamera und Twitpic lieferte er das erste Foto. Sein Twitter-Tweet im Wortlaut: »Da ist ein Flugzeug im Hudson. Ich bin auf der Fähre, die gerade die Passagiere aufnimmt. Verrückt.«*

Abb. 128: *Foto mit Überlänge I: Simon Hoegsberg verdichtete seine fotografischen Beobachtungen auf einer Berliner Brücke zu einer 100-Meter-Fotografie. Die Laufleiste unterhalb des Ausschnittbilds zeigt, welche Stelle des Panoramas der Betrachter gerade anschaut.*

Abb. 130: *Foto mit Tiefgang I: Dieses Gigapan zeigt ein Stadtpanorama von Dubai. Das Besondere daran: Die Fotografie ist in der Tiefe so detailreich, dass selbst Gegenstände auf Tischen in Gärten von Häusern am Horizont per Zoom auf den Bildschirm gerufen werden können.*

Foto – entgrenzt

Die Nutzer wissen, dass das Web unbegrenzt Platz bietet. Sie erwarten deshalb auch prinzipiell, dass selbst anspruchsvollste Informationsverlangen erschöpfend befriedigt werden. Websites brauchen also inhaltliche Tiefe. Fotografisch kann diese Tiefe im Web auf unterschiedlichste Art erreicht werden. Die einfachste Option ist es, das vorhandene Platzangebot für zusätzliche artikelbegleitende Fotos zu nutzen, etwa für ausführliche Bilderstrecken. Eine komplexere Option ist es, vollständige Foto-Communities aufzubauen und eine bestehende Site mit zusätzlichem Foto-Volumen zu flankieren.

Auch für einzelne Bilder kann das unbegrenzte Platzangebot genutzt werden. Der dänische Fotograf Simon Hoegsberg beispielsweise hat genau das getan und Dutzende Einzelaufnahmen zu einem horizontal laufenden 100-Meter-Panorama-Foto verbunden, das 178 Menschen zeigt (Abb. 128). Ähnlich funktioniert eine fotografische Dokumentation der Erdbebenschäden auf Haiti von der Website der New York Times (Abb. 129). Hier geht es allerdings weniger um die künstlerische Form als um die journalistische Aussage.

Noch einen Schritt weiter gehen die sogenannten Gigapans (Abb. 130), das sind Foto-Panoramen von Städten oder Sehenswürdigkeiten in extremer Detailtiefe und mit gigantischen Abmessungen. Mitte 2010 war ein Foto der ungarischen Hauptstadt Budapest mit 70 Gigapixeln der aktuelle Rekordhalter im Web – in ausgedruckter Form wäre es 156 Meter breit und 31 Meter hoch. Das Besondere an diesen Fotos ist ihre Detailtiefe: Ähnlich wie in Google Earth können sich die Betrachter in die Fotos hineinzoomen und interessant erscheinende Details genauer betrachten. Die zum Aufnahmezeitpunkt enthaltene

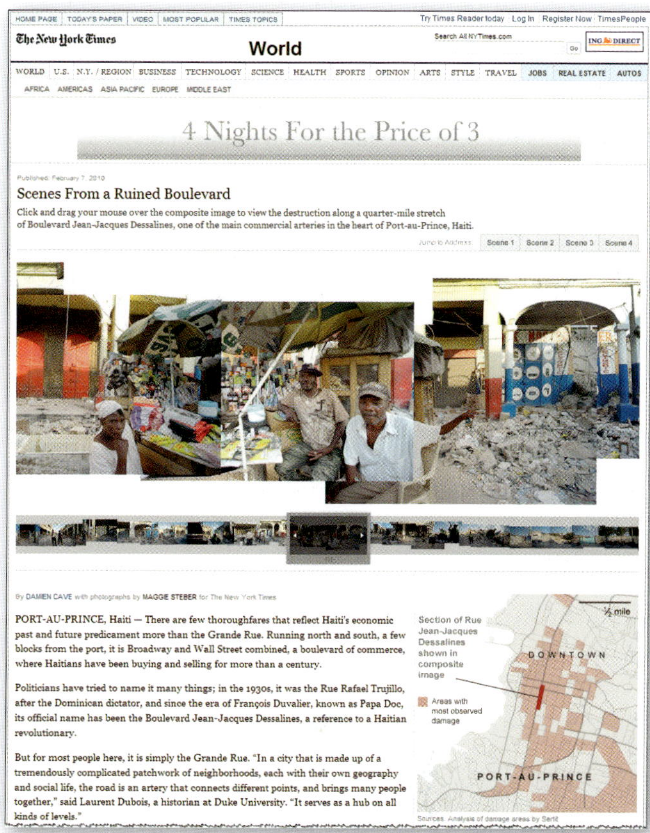

HOME PAGE | TODAY'S PAPER | VIDEO | MOST POPULAR | TIMES TOPICS | Try Times Reader today | Log In | Register Now | TimesPeople

The New York Times — World

Search All NYTimes.com | Go | ING DIRECT

WORLD | U.S. | N.Y. / REGION | BUSINESS | TECHNOLOGY | SCIENCE | HEALTH | SPORTS | OPINION | ARTS | STYLE | TRAVEL | JOBS | REAL ESTATE | AUTOS

AFRICA | AMERICAS | ASIA PACIFIC | EUROPE | MIDDLE EAST

4 Nights For the Price of 3

Published: February 7, 2010

Scenes From a Ruined Boulevard

Click and drag your mouse over the composite image to view the destruction along a quarter-mile stretch of Boulevard Jean-Jacques Dessalines, one of the main commercial arteries in the heart of Port-au-Prince, Haiti.

Jump to Address: Scene 1 | Scene 2 | Scene 3 | Scene 4

By DAMIEN CAVE with photographs by MAGGIE STEBER for The New York Times

PORT-AU-PRINCE, Haiti — There are few thoroughfares that reflect Haiti's economic past and future predicament more than the Grande Rue. Running north and south, a few blocks from the port, it is Broadway and Wall Street combined, a boulevard of commerce, where Haitians have been buying and selling for more than a century.

Politicians have tried to name it many things; in the 1930s, it was the Rue Rafael Trujillo, after the Dominican dictator, and since the era of François Duvalier, known as Papa Doc, its official name has been the Boulevard Jean-Jacques Dessalines, a reference to a Haitian revolutionary.

But for most people here, it is simply the Grande Rue. "In a city that is made up of a tremendously complicated patchwork of neighborhoods, each with their own geography and social life, the road is an artery that connects different points, and brings many people together," said Laurent Dubois, a historian at Duke University. "It serves as a hub on all kinds of levels."

Abb. 129: *Foto mit Überlänge II: Die Straßen der haitianischen Hauptstadt Port-au-Prince boten nach dem verheerenden Erdbeben vom 12. Januar 2010 ein Bild der totalen Zerstörung. Die langgezogenen Fotografien einiger Straßenzüge vermitteln eindrücklicher als ein normalformatiges Bild, dass die Stadt in wenigen Augenblicken mehr oder weniger dem Erdboden gleichgemacht wurde.*

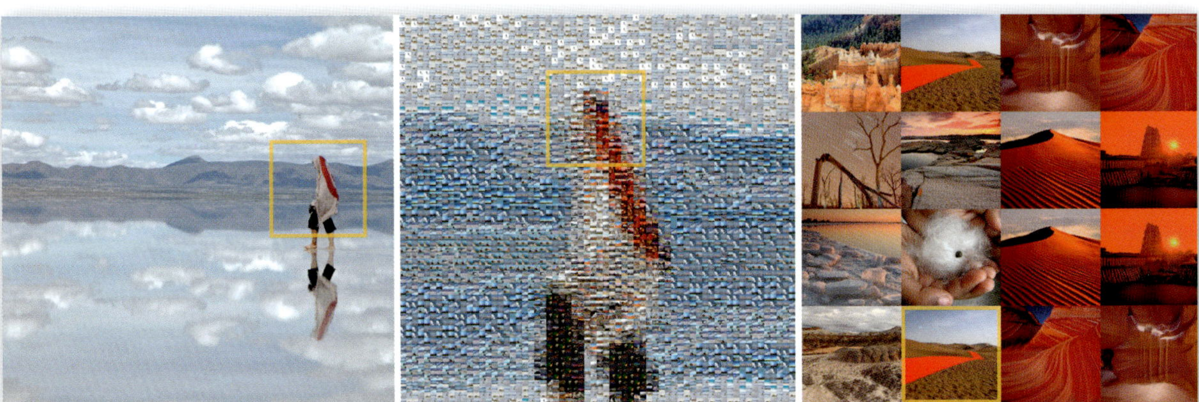

Abb. 131: *Foto mit Tiefgang II: Dieses Infinity-Foto ist in all seinen Motiven aus anderen Fotos zusammengesetzt. Wer hinein- beziehungsweise herauszoomt, entdeckt immer neue Motive.*

Abb. 132: *Ein Standort, viele Zeitpunkte, verdichtet in einem Bild. Das Fundstück stammt von der Website Homata.com, der Fotograf nennt sich Ho-Yeol Ryu.*

Abb. 133: *Auf der Website historypin.com können Webnutzer zeitgestempelte Fotos von Straßen, Plätzen und Gebäuden auf einer Landkarte ablegen. Im Ergebnis entstehen zeitraffende Bilderstrecken bekannter und weniger bekannter Orte.*

Informationsmenge geht deutlich über das hinaus, was ein Mensch zu einem bestimmten Zeitpunkt ohne technische Hilfsmittel je erfassen könnte.

Selbst buchstäblich unendliche Fotos lassen sich im Web realisieren, indem Motive aus Fotos modelliert werden, sodass der Betrachter beim Hineinzoomen immer neue Fotos entdeckt – ad infinitum. Das populärwissenschaftliche Magazin National Geographic hat diese Fotoform auf seiner Website schon vielfach eingesetzt, etwa um die Vielfalt der US-Nationalparks zu illustrieren (Abb. 131).

Nicht nur der Raum kann im Foto verdichtet werden, Gleiches gilt auch für die Zeit. So lässt sich die verstreichende Zeit in einem Foto komprimieren, wenn das immer gleiche Motiv, zu unterschiedlichen Zeitpunkten fotografiert, wie bei einer Mehrfachbelichtung in eine Aufnahme gepresst wird (Abb. 132). Nach dem gleichen Prinzip funktioniert auch die Foto-Community historypin.com: Hier können Fotografien auf einer Landkarte an ihren Aufnahmestandort gelegt werden, sodass ein bestimmter Ort sozusagen in nutzergenerierten Zeitscheiben betrachtet werden kann. Natürlich können vergleichbare Effekte auch erzielt werden, indem die Darstellung nicht überlappend angelegt und stattdessen ein Nebeneinander aufgebaut wird, sodass ein direkt kontrastierendes Foto-Arrangement entsteht (Abb. 133).

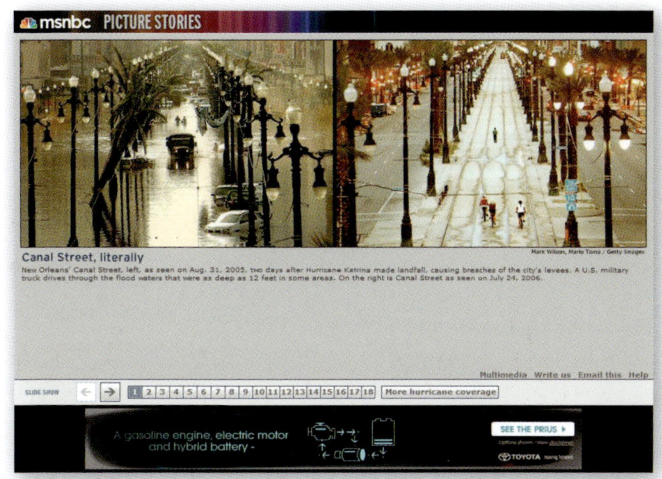

Abb. 134: *Zeitraffer-Fotografie I: Die beiden Bilder aus einem Foto-Special auf msnbc.com zeigen in einem kontrastierenden Arrangement die Canal Street in New Orleans, einmal direkt nach der Flutkatastrophe im August 2005 (links) und einmal ein knappes Jahr später.*

Abb. 135: *Zeitraffer II: In einem Projekt der University of Central Lancashire mit dem Foto-Künstler Chris Meigh-Andrews nimmt eine Kamera an der Spitze des The Monument in London per Fisheye-Objektiv alle zehn Sekunden ein 360-Grad-Panorama auf.*

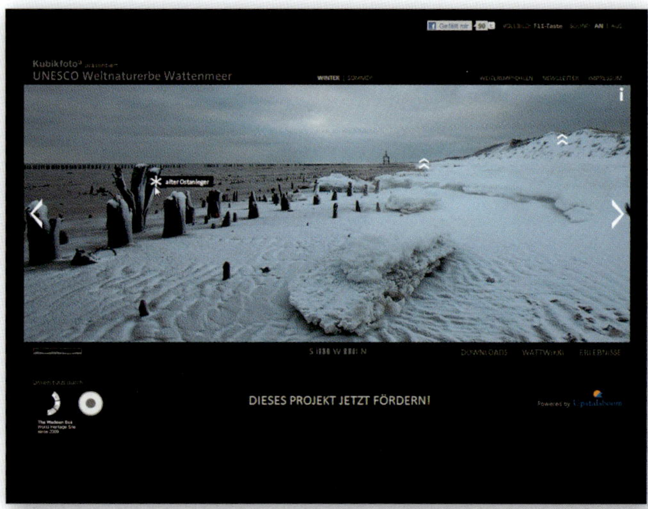

Abb. 136: *Sehenswert: Das Bremer Unternehmen Kubikfoto hat eine Software entwickelt, mit der sich Fotos und Videos übergangslos arrangieren lassen. Per Mausbewegung kann jeder Nutzer den fotografisch und videografisch gezeigten Ort virtuell interaktiv erkunden.*

Foto – interaktiv

Die Nutzer wissen, dass sie im Internet interaktive und personalisierbare Inhalte erwarten können. Sie wollen deshalb mitwirken und über Zeitpunkt, Ablauf und Geschwindigkeit der Interaktionen selbst bestimmen oder sie zumindest beeinflussen. Auch dies ist mit fotografischen Mitteln möglich (Abb. 136). Eine Option ist es, Bilder über Hotspot-Links in andere Bilder einzuweben, sodass es den Nutzern möglich wird, in ein Foto quasi hinein- und aus diesem Bild in ein anderes Bild per Mausklick hinüberzugehen. Eine deutlich komplexere Option ist es, interaktive Bildwelten zu schaffen, etwa indem nutzergenerierte Fotos akquiriert und diese 2D-Fotos dann zu begehbaren 3D-Fotostrecken gerendert werden. Genau dies hat CNN zur Amtseinführung von US-Präsident Barack Obama in einem viel beachteten Special umgesetzt (Abb. 137).

Abb. 137: *Interaktives Foto im Web2.0: Zur Amtseinführung von Barack Obama bat CNN.com die Nutzergemeinde um persönliche Fotos von der Zeremonie am Washingtoner Capitol und importierte sie in Microsofts Foto-Community Photosynth. Digitale Fotos werden darin über ihre überlappenden Bereiche zu begehbaren dreidimensionalen Fotowegen verbunden.*

Foto – crossmedial

Gerade Fotos als flächige Präsentationsform lassen sich multimedial vertiefen und erweitern. Die einfachste Option ist es, Fotostrecken mit Atmo oder Musik zu unterlegen und so multimedial aufzuwerten. Deutlich komplexer sind vertonte Fotostrecken, die sogenannten Audio-Slideshows. Sie sind fürs lineare Rezipieren im Web konzipiert und werden dazu nicht nur mit Atmo und/oder Musik, sondern auch mit O-Tönen und/oder Sprechertext unterlegt. Multimedial angereicherte Erzählformen, in denen das Foto als zentraler Medienmodus dient, können natürlich auch für das nonlineare Rezipieren angelegt werden. Dazu werden in die Fotofläche zusätzliche Informationen eingebettet, die von den Nutzern dann per Hotspot-Link aufgerufen werden können (Abb. 138).

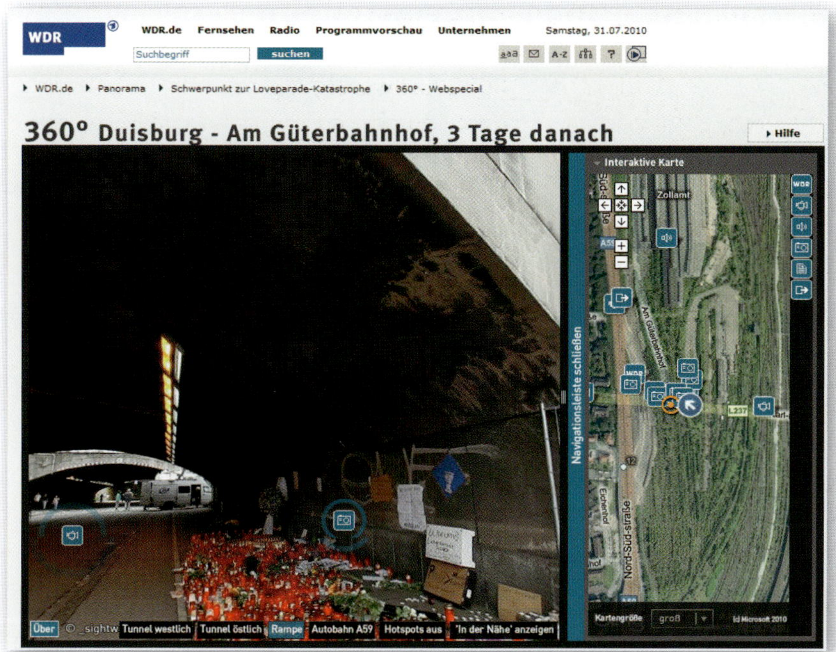

Abb. 138: *Hotspots im Foto: Der WDR hat diese Option in der Nachberichterstattung zur Loveparade-Tragödie in Duisburg im Sommer 2010 genutzt. Dazu wurden Foto-Panoramen am und im Duisburger Unglückstunnel aufgenommen und mit Texten, Fotos, Audios und Videos erweitert.*

Foto – dreidimensional

Die Nutzer wissen, dass sich im Web auch die räumliche Dimension als Publikationsoption eröffnet – und die wird ganz wesentlich durch dreidimensionale Fotos zugänglich. Fotografische 360-Grad- und Kugel-Panoramen ermöglichen dem Betrachter ein virtuelles Vor-Ort-Sein, vom Kreml in Moskau über die Klagemauer der Michael-Jackson-Fans in Los Angeles bis hin zum Kölner Dom. Werden diese Panoramen nun untereinander über Hotspots (anklickbare Grafik-Links)verbunden, dann kann ein Betrachter sich nicht nur an einer Stelle umschauen, sondern gewissermaßen virtuell spazierengehen (Abb. 139 – Abb. 143).

Abb. 139: *In dieser Form ist 3D auch printfähig: Der räumliche Eindruck entsteht, wenn das Bild mit einer speziellen 3D-Brille betrachtet wird.*

Abb. 140: *Ausschnitt eines Rundum-Panoramas, aufgenommen an einer Kondolenzwand für Michael Jackson am New Yorker Apollo-Theater.*

Abb. 141: *In diese Kugelfotos auf Google Earth können die Nutzer virtuell hineinschlüpfen und sich darin buchstäblich umsehen, sich also um die eigene Achse drehen und auch nach oben oder nach unten schauen.*

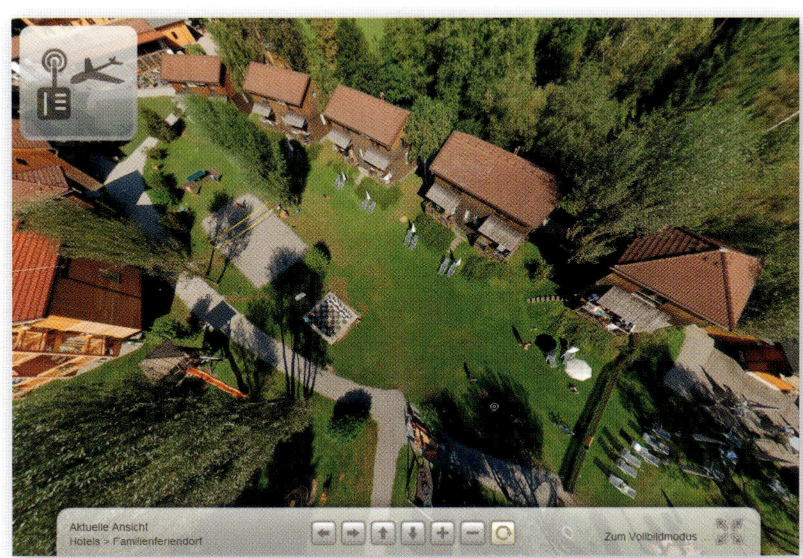

Abb. 142: *Völlig losgelöst: Foto-Panoramen können heute auch von fliegenden Kamera-Drohnen aufgenommen werden. Den Drohnen sind Aufnahmeperspektiven möglich, die per Hubschrauber oder per Heißluftballon unzugänglich sind. Das Beispiel wurde in 15 Meter Höhe über einem Familienferiendorf aufgenommen.*

Abb. 143: *Fremde Orte werden durch 3D-Fotografien virtuell begehbar. Der Screenshot stammt aus dem sehenswerten Web-Documentary Out My Window des National Film Board of Canada.*

Handwerk: Zwanzig Profi-Tipps fürs Fotografieren

Zu den weltbesten Foto-Journalisten zählen jene, die für die ganz großen Magazine und Foto-Agenturen in die entlegensten Gegenden des Planeten reisen, um die Welt im Bild festzuhalten. Dazu gehören sicher die Fotografen des US-Magazins National Geographic, die Fotografen der weltberühmten *Magnum*-Agentur oder auch die für Stern und Geo tätigen Fotografen. Einige von ihnen, wie beispielsweise Robert Caputo oder Chris Johns, geben in manchmal ziemlich versteckt angebotenen Blogs praktische Tipps und Tricks zum Besten – und es lohnt sich, ihnen über die Schulter zu schauen:

Bildaufbau

1. Das zentrale Prinzip für den Bildaufbau ist der goldene Schnitt: Teilen Sie das Bild per gedachter Linien in Drittelflächen ein, also zwei Linien quer und zwei Linien hochkant, jeweils in gleichem Abstand voneinander. Manche Digitalkameras zeigen entsprechende Linien auf Knopfdruck im Suchermonitor an. Das Motiv sollte immer auf einer dieser Drittellinien stehen. Ins Bildzentrum gehört das Hauptmotiv nur im Ausnahmefall, beispielsweise wenn es auch thematisch ums Im-Mittelpunkt-Stehen geht.
2. Wenn Sie für eine Audio-Slideshow fotografieren, sollten die Aufnahmen sämtlich im Querformat aufgenommen werden. Fotografieren Sie Dinge möglichst immer mit Personen, damit Ihre Geschichte lebendig erzählt werden kann. Nehmen Sie die Motive immer in möglichst unterschiedlichen Einstellungen auf, also beispielsweise in Totalen, in Halbnahen und in Details. Und achten Sie darauf, dass die Motive auch das Charakteristische des aufgesuchten Ortes einfangen. Wenn Sie also eine Geschichte über einen Bäcker erzählen, sollten auch Teile der Backstube oder des Ladengeschäfts zu sehen sein.
3. Geben Sie Ihrem Foto räumliche Tiefe. Dazu können Sie beispielsweise rahmengebende Objekte nutzen, etwa einen Torbogen im Vordergrund oder eine Gruppe von Menschen im Hintergrund, die alle auf das Hauptmotiv im Vordergrund schauen – oder sich davon abwenden.
4. Achten Sie auch auf auffällige Linien im Bildmotiv: Wenn beispielsweise zwei Fischschwärme sich wie ein X kreuzen, könnte die Bildaussage zum Thema »Tauchen verboten« passen. Oder wenn eine Kuhherde in einem Pferch darauf wartet, in einen Transporter verladen zu werden, und alle Kühe zum Transporter schauen – bis auf eine, die in die entgegengesetzte Richtung guckt, dann wäre das ein passendes Motiv zum Thema »Querdenker«.
5. Wenn das Motiv insgesamt viele senkrechte Linien enthält, drehen Sie die Kamera am besten ins Hochformat, um die Wirkung dieser Linien voll einzufangen und voll zu nutzen.

Bauwerke

6. Wenn Sie eine Sehenswürdigkeit fotografieren wollen, schauen Sie sich zuerst Postkarten und Bücher des Bauwerks an – nicht um die Motive zu kopieren, sondern um Anregungen für eigene, neue Perspektiven zu bekommen. Sie können beispielsweise aus Bodenhöhe nach oben fotografieren, von einem Nachbarhaus über die Dächer oder das Bauwerk durch ein Weinglas.

7. Schauen Sie auch hier genau hin, ob das betrachtete Bauwerk grafische Muster enthält. Linien und geometrische Ordnungen können einem Motiv künstlerischen Charakter verleihen.
8. Wenn Sie moderne Gebäude mit großen Glasfronten fotografieren, benutzen Sie einen Polarisationsfilter. Der Effekt ähnelt dem einer Sonnenbrille: Der Filter minimiert unerwünschte Reflexe und grelle Lichter und gibt dem Motiv insgesamt mehr Zeichnung.
9. Wenn Sie eine Stadt durchstreifen und nach unverbrauchten Motiven suchen, dann kann es sein, dass ein neu entdecktes Motiv zwar viel verspricht, das aktuelle Licht aber ungünstig ist. Notieren Sie sich dann den Motivstandort auf einem Stadtplan oder schreiben Sie sich die Adresse auf. Mit einem Kamera-Smartphone wie dem iPhone und einer App wie Trip Journal können Sie die Motive auch digital per GPS protokollieren, die Bilder automatisch geokodieren und sich bei Bedarf die Standorte auf einer Karte anzeigen lassen.

Landschaften

10. Früher Morgen oder später Nachmittag sind als Tageszeiten fürs Fotografieren meist günstiger, wenn die Motive ein wärmeres Licht bekommen sollen. Die Sonne steht dann noch tief und gibt dem Bild deutlichere Konturen.
11. Wenn Sie überlegen, wie Sie eine Landschaft am besten fotografieren können, schauen Sie durch den Sucher Ihrer Kamera und setzen unterschiedliche Objektive auf. Sie werden dann schnell registrieren, welche Brennweite sich am besten eignet. Wenn Sie beispielsweise ein Teleobjektiv nehmen und die Kamera schwenken, löst der enge Blickwinkel bestimmte Aspekte eines Motivs aus der Gesamtszenerie heraus.
12. Beobachten Sie das Licht: Schon eine halbe Stunde früher oder später kann die Szenerie sich dramatisch verändern.
13. Fotografieren Sie immer auch Details. Einzelheiten wie eine verdorrte Blume, ein ramponierter Bus oder ein Aufkleber am Laternenpfahl können symbolisch wirken und viel mehr Aussage vermitteln als ein Totalmotiv.
14. Bewegen Sie sich! Wenn Sie Ihren Standort ändern, dann ändern Sie Ihre Perspektive und gelangen zu neuen, vielleicht ganz ungewöhnlichen Motiven.
15. Wenn Sie ein Panoramafoto aus Einzelfotos zusammensetzen wollen, dann achten Sie auf die Bewegungsrichtung der Protagonisten. Drehen Sie die Kamera auf dem Stativ möglichst entgegen dieser Richtung, denn sonst haben sie im Ergebnis-Panorama einige Personen, Tiere oder Autos mehrfach im Bild.

Menschen

16. Seien Sie freundlich und offen! Die Leute reagieren auf Sie und auf Ihr Verhalten. Ihre Fotografien lassen das erkennen.
17. Seien Sie stets auf eine unerwartete Änderung im Motiv vorbereitet. Es kann beispielsweise sein, dass sich jemand unvermittelt hinzugesellt und das Bild eine völlig neue Bedeutung erhält, etwa wenn eine alte Frau zunächst allein auf einem Stuhl vor ihrem Häuschen sitzt und plötzlich ihre Enkelin aus dem Haus gelaufen kommt. Sehen Sie sich auch hier immer nach grafischen Elementen oder Linien um, die die Bildwirkung intensivieren könnten.

18. Wenn Sie auf der Straße fotografieren, und dort geschieht etwas von besonderem Interesse, dann gehen Sie um das Geschehen herum und suchen nach Blickwinkeln, aus denen sich die Geschichte später am besten visuell erzählen lässt.
19. Überlegen Sie immer, wie sich Totalmotive aus der Distanz und Nah- beziehungsweise Großaufnahmen zu einem Gesamtbild zusammenfügen. Gehen Sie dabei selbst natürlich und entspannt ans Werk, verstohlenes Fotografieren erzeugt Misstrauen.
20. Halten Sie bei Feiern Ausschau nach Momenten, die für den Anlass typisch sind und die Beziehungen zwischen den handelnden Personen veranschaulichen.

Audio: authentisch und emotional

Lasst uns trotzdem tanzen!

VON Volker Schmidt 14. JULI 2010 UM 11:04 UHR

Eine neue Anthologie jiddischer Musik im Nachkriegsdeutschland wühlt tief in der Geschichte, tief im deutschen Gewissen. Dabei sind viele dieser Lieder große Fetenhits.

Der in Berlin lebende Daniel Kahn und seine Band Painted Bird nennen ihre Musik Verfremdungsklezmer (© Oriente)

"Tsen Brider sejnen wir gewesen / hobn mir gehandelt mit lajn (Leinen)/ ejner is fun uns gestorbn / senen mir geblieben najn." Einer Bruder nach dem anderen stirbt bei immer neuen Handelsbemühungen, bis der Ich-Erzähler singt: "Ejn bruder bin ich mir gewesen / hob ich mir gehandelt mit licht / schterbn tu ich jeden tog / wajl zu esn hob ich nicht."

Tsen Brider
Zupfgeigenhansel (1980)
Von dem Sampler: Sol Sajn
00:00 01:01

Ein Klagelied ökonomisch marginalisierter jüdischer Kleinhändler, ganz klar. Auch, weil der Refrain mit dem Wehschrei "Oj!" beginnt. Aber was ist das? So geht es weiter: "Schmerel mit dem Fidele / Tewje mit'n bas / schpiltssche mir a Lidele / oifn mit'n Gass". Das "Oj" wird zum rhythmischen "Ojojojojoj". Die Welt ist schlecht, wir sind am Verhungern – lomir ale danzn! Lasst uns alle tanzen!

Wie dieses Abe Ellstein zugeschriebene Lied birgt die jiddische Musik der osteuropäischen Juden die Diskriminierung in sich. Den fahrenden Musikanten, den Klezmorim, war in der Ukraine lange das Spielen lauter Instrumente verboten. Die berühmte Klezmer-Klarinette bekam ihren Stammplatz in den Kapellen erst, als dieses Verbot aufgehoben wurde. Auch

Abb. 144: *Audiobegleitete Rezension auf zeit.de: Ohne ein Hörbeispiel wäre ein solcher Text im Web unvollständig.*

Audiosequenzen werden von den Nutzern im Web naturgemäß immer dann erwartet, wenn es um Themen geht, für die das Hören eine besondere Rolle spielt. Ein Artikel, der über Walgesänge berichtet, wird im Web ohne entsprechendes Audio-Dokument als medial unvollständig wahrgenommen. Eine Musikrezension ohne Audio-Schnipsel zum Reinhören geht gar nicht.

Fürs multimediale Erzählen bietet Audio aus redaktioneller Sicht gleich eine ganze Reihe von Vorzügen. Einer der wesentlichsten ist die Authentizität: Originalton ist kaum zu manipulieren und deshalb hochgradig glaubwürdig, insbesondere wenn er live über den Sender geht. Gesprochene Sprache ist informationsreicher, emotionaler und deshalb aussagekräftiger als aufgeschriebene Sprache. Wird ein Interview beispielsweise als verschriftlichtes, redigiertes Transkript wiedergegeben, dann gehen darin etliche Informationen verloren: Sprechgeschwindigkeit, Lautstärke und Stimmlage von Interviewer und Interviewtem sind nicht mehr wahrnehmbar, die emotionale Seite der Gesprächssituation wird ausgeblendet und das Gespräch – je nach Einzelfall – möglicherweise unangemessen versachlicht. Hat die Stimme des Interviewgastes gezittert? Hat er eine kräftige Stimme oder ist er eher ein Leisetreter? Kam alles wie aus der Pistole geschossen, oder redete er in heiklen Punkten um den heißen Brei herum? – Alles Fragen, die ohne akustische Information unmöglich zu beantworten sind.

Gerade wenn in der Berichterstattung die emotionale Farbe des gesprochenen Wortes von Belang ist, schaffen O-Töne also ein wirklichkeitsnäheres Bild als der geschriebene Text. Wenn sich also Lady-Gaga-Fans auf ein Popkonzert freuen, einem Politiker bei seiner Rücktrittserklärung die Stimme zittert oder die Überlebenden eines Grubenunglücks erschöpft ins Mikro hüsteln und räuspern, ist Audio als Darstellungsmodus immer in der engeren Wahl.

Nutzen lässt sich Audio natürlich auch, um mit Klängen und Geräuschen textbegleitend akustisch Atmosphäre zu vermitteln. Wird mit einem Webspecial über eine Forschungsexpedition in den Regenwald berichtet, kann das Intro zur Einstimmung mit einer entsprechenden Geräuschkulisse unterlegt werden. Der Effekt ist nicht zu unterschätzen, denn die Nutzer werden auf diese Weise akustisch quasi mitten ins Geschehen versetzt: Sie hören ein Gurren aus den Baumwipfeln, das Knacken im Gebüsch oder das Sirren eines Insekts, also dieselben unbekannten Laute und Geräusche, wie sie die Forscher vor Ort wahrgenommen haben – und sind damit von Beginn an emotional ganz anders in den Inhalt involviert und aktiviert als durch eine Berichterstattung allein in Schriftsprache. Ähnliche Effekte können auch mit Musikuntermalungen erzielt werden.

Audiosequenzen sprechen natürlich immer nur einen Sinn an. Sie liefern keine visuellen Rezeptionsanreize, im Vergleich zur Berichterstattung im Bild bleiben bestimmte Informationen einfach außen vor: Man weiß beispielsweise nicht, wie die in einem Stream zu hörende Person aussieht. Man kann die Quelle eines Geräuschs nicht sehen. Und man kann nicht beurteilen, ob Mimik und Gestik zum gesprochenen Wort passen etc. Sind andere Medienmodi für ein Thema erzählerisch angemessener, oder ist Audio bei genauerer Betrachtung ein eher störender oder auch technisch unzuverlässiger Modus, dann sind die Alternativen natürlich vorzuziehen.

Spielen emotionale Aspekte oder auch die akustische Persönlichkeit eines Menschen für die Berichterstattung keine oder nur eine nachrangige Rolle, oder sollen sie bewusst ausgeblendet werden, dann ist Schriftsprache sicher der bessere, weil sachlichere Darstellungsmodus. Auch weil Schrift im Zweifel deutlich prägnanter ist: Ein nuschelnder Gesprächspartner tötet jeden O-Ton, nur die geschriebene Form kann dann, wenn überhaupt, noch etwas retten. Auf der anderen Seite teilt geschriebene Sprache nichts über die korrekte Aussprache eines Wortes oder Namens mit. Und das kann natürlich gelegentlich auch von Bedeutung sein.

Abb. 145: *Im Frühjahr 2010 hielt ein isländischer Vulkan mit unaussprechlichem Namen viele europäische Fluggesellschaften in Atem(-Not). In den Radio- und TV-Nachrichten hieß der Rauchspucker mal so und mal so. BBC News nahm das zum Anlass, eine isländische Mitarbeiterin die korrekte Aussprache per Web mitteilen zu lassen.*

Abb. 146: *Audio-Dateien benötigen begleitenden Text, damit der Inhalt vor Abspielbeginn überflogen werden kann. thisamericanlife.org macht das handwerklich prima, bei dw-world.de dagegen könnte es besser umgesetzt werden. Erstens ist der Link zur Audio-Datei der Sendung kaum zu entdecken. Und zweitens lässt der Text nicht erkennen, wann und in welcher Dauer in der Sendung auf das Thema Megacity Kairo eingegangen wird.*

Ähnlich wie Videos haben Audios den zusätzlichen Nachteil, dass sich der Inhalt vor dem Einstieg in die Rezeption nicht überfliegen lässt. Und das ist kritisch: Wer sich im Web entscheidet, eine Audio-Datei abzurufen, schaltet aus der nonlinearen Rezeption zwangsweise in die lineare Rezeption um und lässt sich damit inhaltlich mehr oder weniger auf eine Wundertüte ein. Vor dem Abspielen einer Audio-Datei ist ohne eine zusätzliche, schriftliche Ergänzung nur grob vorauszusehen, was jetzt inhaltlich im Einzelnen geliefert wird – und das bedeutet, dass Audio eine relativ höhere Nutzungshürde aufbaut. Im Vergleich zum Video müssen Audiosequenzen in der Wahrnehmungskonkurrenz zudem ohne ein klickanimierendes Startbild bestehen, das die Nutzerblicke auf sich ziehen könnte. Auch hier sind sie im Hintertreffen. Entsprechend sind Audio-Komponenten als ergänzender Bestandteil von Artikeln im Web eher selten zu finden, überwiegend werden sie dort angeboten, wo sie ohnehin der zentrale Darstellungsmodus sind, vor allem also auf den Websites von Radiosendern.

Zudem soll nicht unterschlagen werden, dass Hör-Erlebnisse nicht unbedingt an Akustik gebunden sind. Auch Texte können ein gewisses akustisches Erleben ermöglichen, etwa wenn in Reportagen die Satzmelodie an den inhaltlichen Kontext angepasst wird, kurze Sätze beispielsweise einen Stakkato-Effekt erzeugen oder steigende Satzlängen ein Crescendo anklingen lassen. Ebenso können einzelne Wörter an das akustische Gedächtnis anknüpfen, ein Klangbild aufrufen und das innere Hören anregen. Ein Wort wie »Freibad« beispielsweise ist mit einem charakteristischen Klangmix assoziiert, komponiert aus Kinderlachen, Geräuschen von Sprungbrettern, Lautsprecherdurchsagen, der Trillerpfeife des Bademeisters und platschendem Wasser. Zwar ersetzt eine solche verbal angeregte Vorstellung nicht das akustische Dokument, aber im Grenzfall kann Schriftsprache – gerade, wenn Atmosphäre vermittelt werden soll – durchaus der angemessenere Darstellungsmodus sein.

Audio liefert also – ebenso wie es bei allen anderen Medienmodi auch der Fall ist – immer eine reduzierte Information in eigener Qualität. Das kann eine Schwäche, es kann aber auch eine Stärke sein. Entscheidend fürs multimediale Erzählen ist es zu erkennen, wann das Akustische für eine Geschichte höchsten Rang hat und alternative Darstellungsmodi wie Schrift, Foto und/oder Video eher stören würden.

Ähnlich wie der Medienmodus Video (siehe dort) hat auch der Medienmodus Audio von schnelleren Internetverbindungen und günstigen Flatrate-Tarifen überproportional profitiert und ist heute im Web weit verbreitet. Das Spektrum reicht vom live gestreamten Programm auf den Websites von Radiosendern und Online-Radios über O-Töne in Artikeln und Webspecials bis hin zu abonnierbaren Podcasts. Ein Eindruck der vielfältigen Möglichkeiten ergibt sich auch hier, wenn die medialen Eigenschaften des Internets für den Modus Audio durchdekliniert werden:

Abb. 147: *Der Klassiker: Per Livestream wird die aktuelle On-Air-Sendung auch im Web gesendet, und die Website liefert multimodal Zusatzinformationen.*

Audio – echtzeitaktuell

Wenn es darum geht, schnell und live über ein Ereignis zu berichten, ist Audio der schnellste Medienmodus, online oder offline: Eine Telefonschaltung vom Ort des Geschehens direkt in eine Radio-Livesendung ist in punkto Geschwindigkeit und Authentizität kaum zu toppen. Anders als beispielsweise bei den terrestrisch sendenden Radiostationen wird der Livestream online dann nicht nur lokal, regional oder national verbreitet, sondern über den gesamten Planeten.

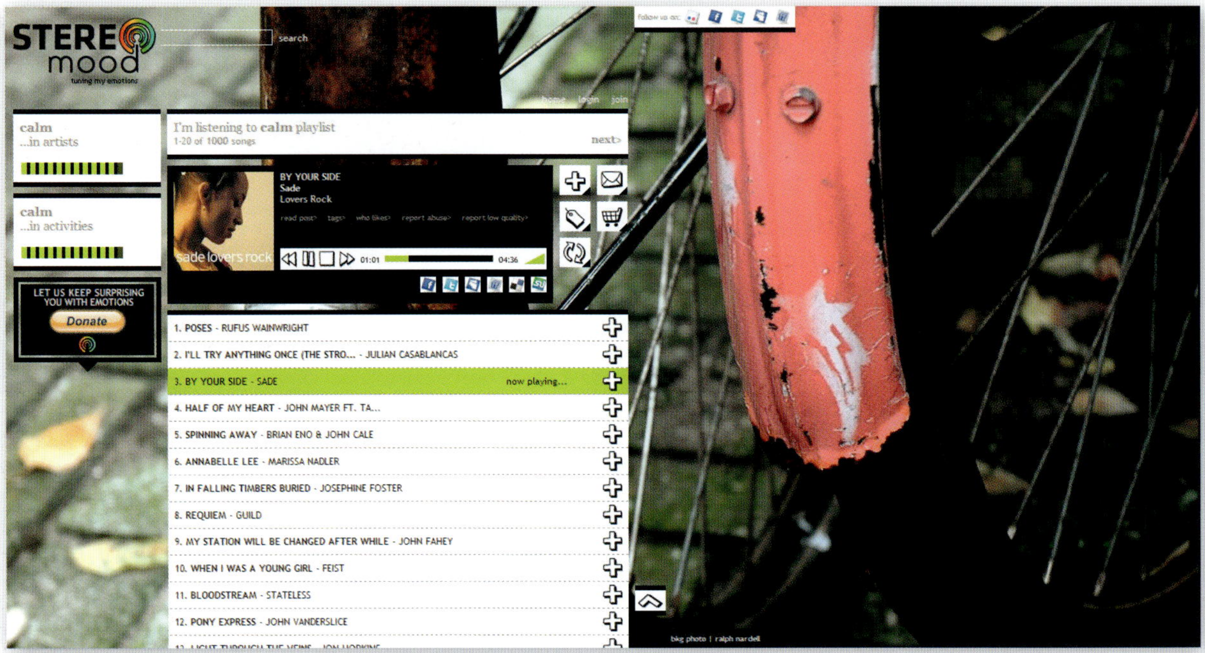

Abb. 148: *Interaktive Musik I: Auf Stereomood.com gibt der Nutzer seine aktuelle Stimmung an, und dann kommen die passenden Lieder heraus.*

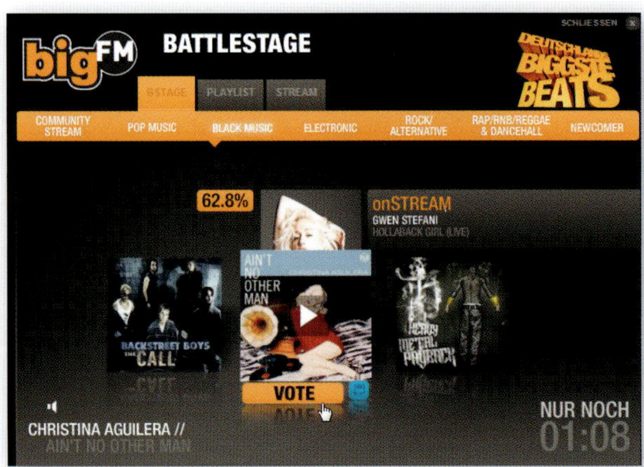

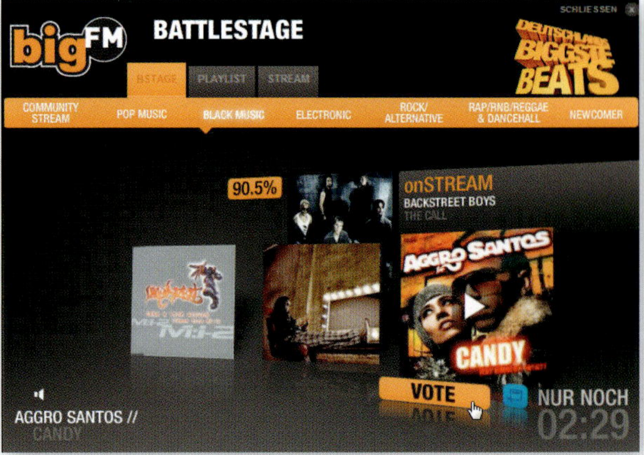

Abb. 149: *Interaktive Musik II: Auf bigFM können die Nutzer über den jeweils nächsten Musiktitel online abstimmen. Drei Titel werden zur Wahl gestellt, und das gerade laufende Musikstück liefert dazu den Countdown. Als Ergebnis wird der Titel auf den Stream geschickt, der die meisten Stimmen bekommen hat – und der erreichte Stimmenanteil wird in Prozent angezeigt.*

Audio – interaktiv

Interaktives Radio ist Radio, das von den Nutzern in Echtzeit beeinflusst und mitgestaltet werden kann. Anbieter wie zum Beispiel StereoMood.com liefern auf Mausklick stimmungskompatible Musikauswahlen, passend zum Sonntagmorgen-Gefühl oder zur Es-regnet-gerade-Stimmung (s. Abb. 148). Andere Sender gehen noch einen Schritt weiter und nutzen interaktives Audio für ihre Community-Strategie: Bei bigFM beispielsweise wird die Titelauswahl mit einer Voting-Funktionalität gekoppelt, sodass die Hörer im Web in die Rolle von Echtzeit-Programmdirektoren schlüpfen. Das Online-Abstimmungsergebnis entscheidet darüber, welcher Titel als nächster im Stream zu hören ist (s. Abb. 149).

Audio – entgrenzt

Das Web ist im Platzangebot entgrenzt, bietet theoretisch also unendlichen Raum und eignet sich damit als Speicher für digitale Inhalte aller Art. Natürlich auch für Audio-Dateien. Auf der Website der Deutschen Welle wird diese Option beispielsweise genutzt, um umfangreiche Audio-Geschichten auch über den On-Air-Sendetermin hinaus für die Hörer bereitzuhalten – zum Beispiel das Hörspiel »Eine rein botanische Liebe« in 14 Teilen über die Forschungsreise von Alexander von Humboldt und Aimé Bonpland durch Südamerika (s. Abb. 150).

Auch Podcasts als Radio zum Mitnehmen fürs zeitsouveräne Hören gehören in die Dimension »Entgrenzung«: Solange keine juristischen oder wirtschaftlichen Grenzsetzungen entgegenstehen, können sie prinzipiell unbegrenzt weiterwachsen. Viele Radiosender bieten heute standardmäßig ein breit gefächertes Audio-Podcast-Angebot an (s. Abb. 151).

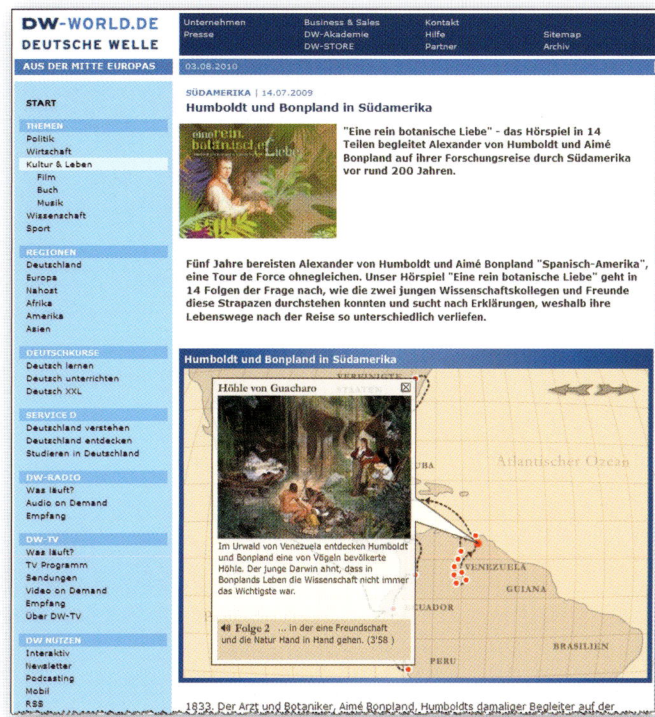

Abb. 150: *Dauerhaft publiziertes Hörspiel auf dw-world.de*

Nationale Rundfunkgesetze können allerdings das Angebotsvolumen und/oder den Zugang reglementieren.

Audio – crossmedial

Im Web sind alle Darstellungsmodi der traditionellen Mediengattungen einsetzbar. Texte, Fotos, Grafiken, Animationen, Videos und eben auch Audios können nahezu ohne Einschränkungen miteinander verbunden werden. Die einfachste Möglichkeit ist es, Audio-Dateien als ergänzende Elemente zu nutzen. Im Beispiel aus der New York Times über den Sputnik-Schock im Oktober 1957 ist als Tondokument der Original-Funk-Piepser des ersten

Abb. 151: *Sie gehören heute auf Radio-Websites längst zum Standard: Podcasts erlauben den Zugriff auf das Programm unabhängig von den On-Air-Sendezeiten.*

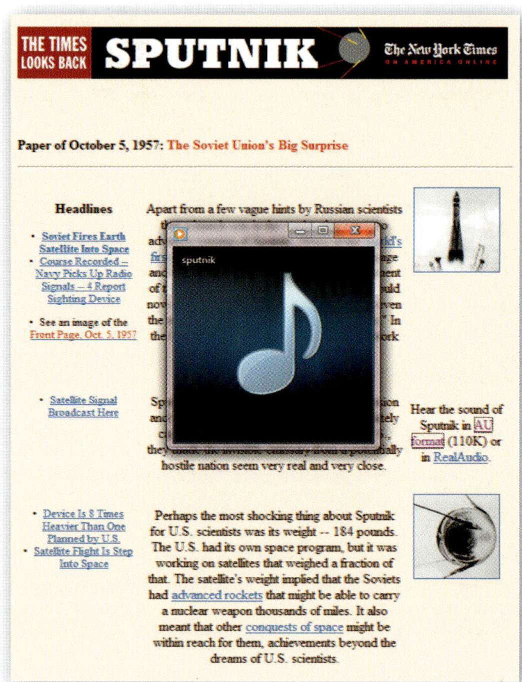

Abb. 152: *Ein sehr frühes Beispiel für Audio als Ergänzung eines journalistischen Artikels: 1997 blickte die New York Times in einem Bericht auf 40 Jahre Sputnik-Schock zurück. Das 1957 aus der Erdumlaufbahn gesendete Sputnik-Gepiepse durfte darin als Audio-Zeugnis nicht fehlen.*

sowjetischen Weltraumsatelliten zu hören, der gewissermaßen das Startsignal gab für den Wettlauf zwischen UdSSR und USA zum Mond (s. Abb. 152).

Mit HTML 5 sind die synästhetischen Darstellungsmöglichkeiten für Website-Anbieter deutlich erweitert. So können Audio-Signale jetzt auch im Web beliebig ins Visuelle übersetzt werden, ganz so, wie es schon seit langer Zeit in Desktop-Mediaplayern möglich ist. Wohin das führt, bleibt abzuwarten. Werden die Audio-Signale über APIs mit Datenbanken und speziellen Auswertungsalgorithmen vernetzt, ergeben sich ungeahnte Möglichkeiten. Nur als Gedankenspiel: Aus journalistischer

Abb. 154: *Ein crossmediales Angebot mit Audio-Komponente ist der Moodstream-Service von Getty Images. Audio dient hier allerdings nicht als Beiwerk, sondern steht strukturell ganz im Zentrum: Jeder Nutzer kann hier eine individuelle Musikfarbe wählen, zu der dann thematisch passende Fotografien eingeblendet beziehungsweise Video-Sequenzen abgespielt werden.*

Abb. 153: *Auch Fotos können durch Audio-Komponenten ergänzt werden. Die Aufnahme zeigt Papst Benedikt XVI. in seinem Papa-Mobil während eines Besuchs in Frankreich. Das Foto ist ein 360-Grad-Panorama. Um auch die akustische Stimmung einzufangen, ist eine automatisch abspielende Tonsequenz in die Fotografie eingebettet.*

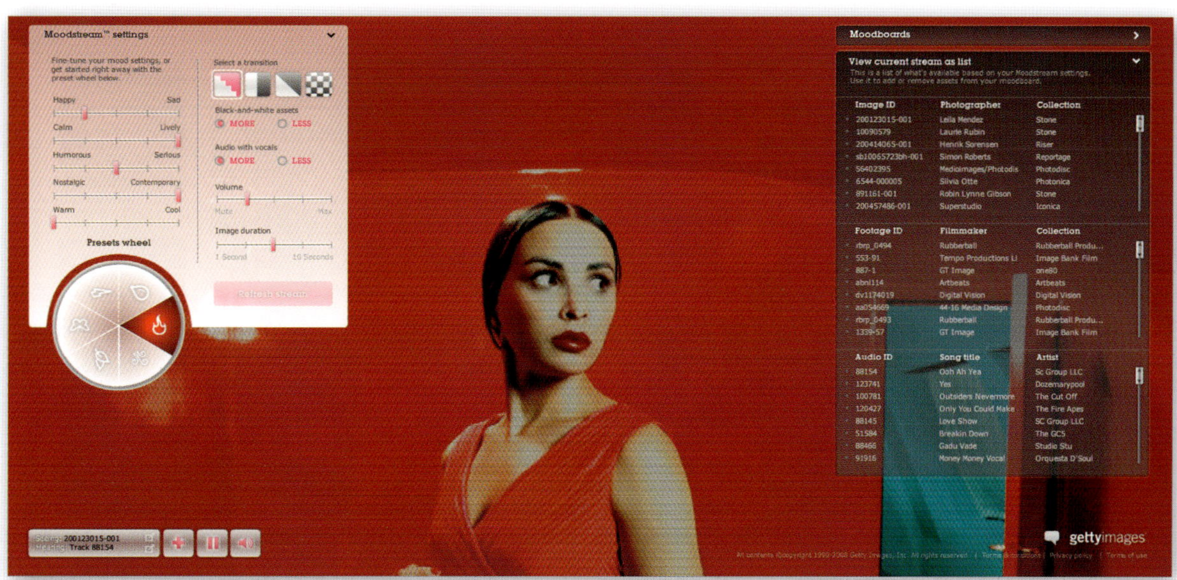

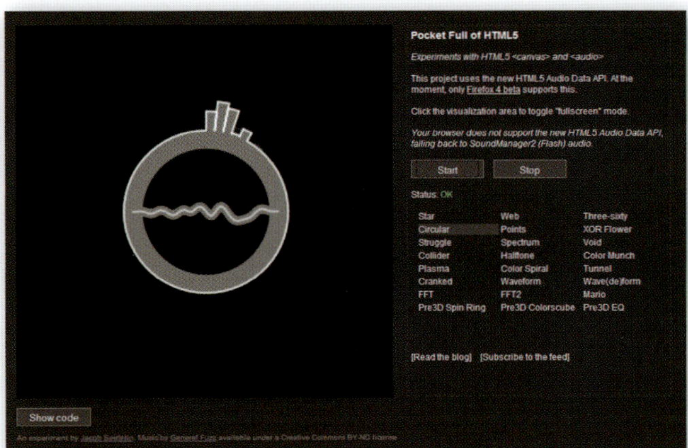

Abb. 155: *Visuell nicht ungewöhnlich, als integrierte Komponente in HTML-Seiten aber brandneu: crossmedial inszenierte Melodie.*

Perspektive könnten beispielsweise grafische Lügendetektoren interessant sein, in denen einfach eine typische Lügen-Stimmlage als Grafikschablone auf visualisierte O-Ton-Sequenzen gelegt wird. Findet sich das grafische Muster der Lügen-Schablone auch in der O-Ton-Sequenz eines Interviews, dann gibt es Anlass zur Nachfrage. Für Musikfans wiederum könnten Scrobble-Profile ebenfalls als Grafikschablonen visualisiert werden, sodass quasi ein Musikgeschmack-Fingerabdruck entsteht. Oder, oder, oder.

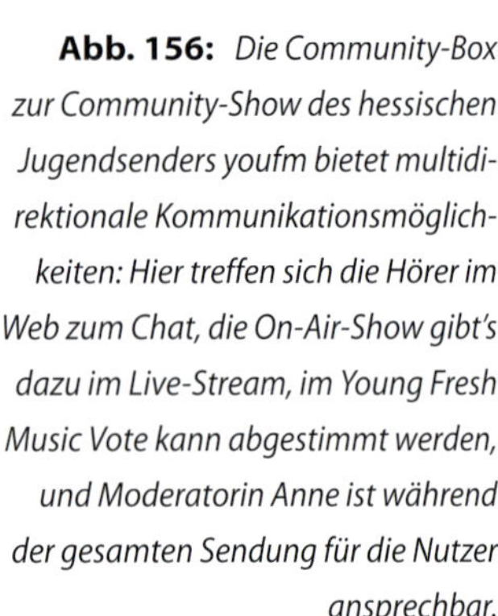

Abb. 156: *Die Community-Box zur Community-Show des hessischen Jugendsenders youfm bietet multidirektionale Kommunikationsmöglichkeiten: Hier treffen sich die Hörer im Web zum Chat, die On-Air-Show gibt's dazu im Live-Stream, im Young Fresh Music Vote kann abgestimmt werden, und Moderatorin Anne ist während der gesamten Sendung für die Nutzer ansprechbar.*

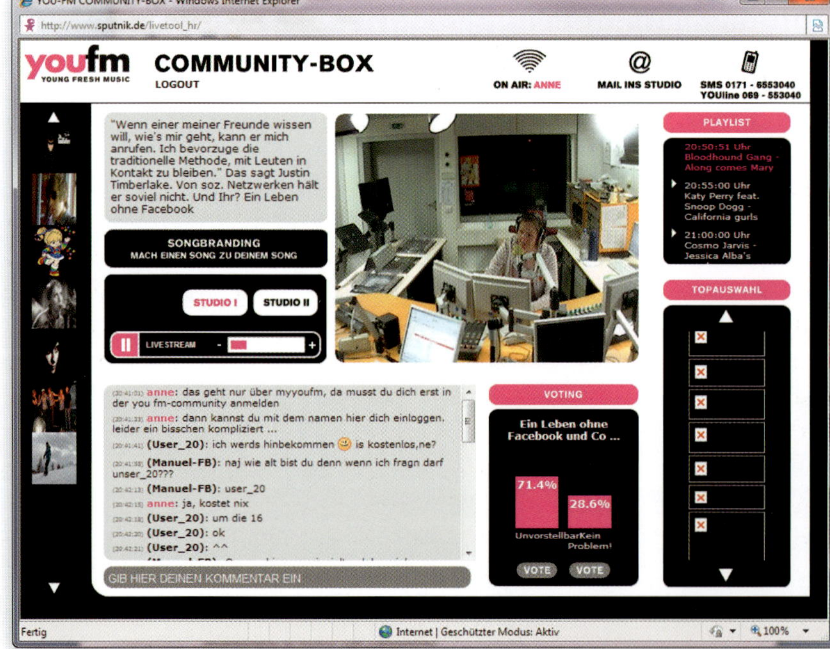

Audio – multidirektional

Das Web ist multidirektional und in der Zielgruppengröße skalierbar. Es ermöglicht also Formen der Eins-zu-eins-Kommunikation, der Eins-zu-Gruppe-Kommunikation und der Gruppe-zu-Gruppe-Kommunikation. Auch Audio kann als Anker für multidirektionale Kommunikation dienen. Bei youfm, dem Jugendsender des Hessischen Rundfunks, wird beispielsweise die abendliche Community-Show mit Hilfe einer sogenannten Community-Box zum Treff für Hörer und Moderatorin. Über die Box können die Hörer untereinander per Chat kommunizieren und per SMS, per Telefon oder im Chat auch mit der Moderatorin. Zusätzlich gibt es per Webcam den Blick ins Studio, Votings und natürlich den Live-Stream (s. Abb. 156).

Handwerk: So gelingen erstklassige Audio-Aufnahmen

Ein Audio-Interview ist eine gesteuerte und vom Interviewer zu steuernde Recherche-Situation. Wenn Sie ein Interview führen, liegt es also an Ihnen, den Interviewten so natürlich wie möglich reden zu lassen und gleichzeitig darauf zu achten, dass das gesprochene Wort gut zu verstehen ist. Um qualitativ einwandfreies Audio-Material zu bekommen, beachten Sie einfach die folgenden Tipps von Mediastorm-Chef und Audio-Slideshow-Experte Brian Storm:

Suchen Sie sich einen geeigneten, ruhigen Ort

Achten Sie unbedingt darauf, dass der Ort, an dem Sie das Interview aufnehmen, Geräusch schluckende, weiche oder streuende Oberflächen hat. Setzen Sie sich also lieber aufs Sofa und nicht an einen Küchentisch. Wenn es der Küchentisch sein muss, dann legen Sie eine Tischdecke darauf. Ziehen Sie, wenn möglich, Gardinen oder Vorhänge vor die Fenster und schalten Sie elektrische Geräte aus. Kühlschränke beispielsweise bullern unvermittelt und können eine Sequenz unbrauchbar werden lassen. Ein Auto mit geschlossenen Fenstern kann ein erstklassiger Ort für die Audio-Aufnahme sein. Vermeiden Sie Orte, die hallen, wie Flure oder Säle. Sollte keine Raumalternative vorhanden sein, gehört das Mikrofon möglichst nah vor den Mund. Eine gute Idee kann es auch sein, ein Tischmikro zu verwenden und den Mikro-Koffer als akustischen Schutzwall zu verwenden, das Mikro also damit abzuschirmen. Wenn kein Mikro-Koffer zur Verfügung steht, nehmen Sie Ihre Jacke oder einen Pulli zwischen das Mikro und den umgebenden Raum. Die Geräuschkulisse (Atmo) können Sie dann entweder vor oder nach dem Interview separat aufnehmen und im Audioschnitt auf die Interviewspur trimmen. Nehmen Sie von jedem Raum oder Ort, der für die Geschichte wichtig ist, mindestens 30 Sekunden natürliche Geräuschkulisse mit. Überprüfen Sie nach dem Zusammenschneiden, ob die Atmo das akustisch Charakteristische des besuchten Ortes vermittelt – schließen Sie dazu einfach die Augen und lassen nur den Ton auf sich wirken. Ein akustisch ruhiger Aufnahmeort ist für das Ergebnis extrem wichtig – ähnlich wie beim Fotografieren darauf zu achten ist, ob das Motiv vor einem klaren oder einem wuseligen Hintergrund steht.

Seien Sie zugewandt

Ein Interview zu führen ist immer eine echte Herausforderung: Sie müssen ständig auf Zack sein und schnell reagieren, das Interview in die richtige Bahn lenken, erkennen, wenn der Interviewte Ihnen etwas anbietet, ihn öffnen, wenn er sich verschließt, an die nächste Frage denken, ohne dabei gegenüber dem Interviewten unaufmerksam zu werden. Eines sollten Sie allerdings nie vergessen: Seien Sie zugewandt und schauen Sie den Interviewten an (gemeint ist nicht: anstarren oder anglotzen) – denn das hilft ihm, das Mikrofon und die arrangierte Situation zu vergessen. Im Ergebnis bekommen Sie authentischere O-Töne.

Arbeiten Sie mit offenen Fragen

Stellen Sie sich vor, Sie interviewen einen Zeitungsboten. Sie fragen: »Wie lange arbeiten Sie schon als Zeitungsbote?« Er sagt: »Zwei Jahre.« Auf dem Band haben Sie: »Zwei Jahre« – und die Information sagt wenig aus. Fragen Sie nach: »Was macht Ihnen dabei am meisten Spaß?« Er sagt: »Oh, ich liebe es, die Zeitungen in Garageneinfahrten zu werfen.« Jetzt haben Sie eine Information, die interessant ist – und zwar, weil Sie eine offene Frage gestellt haben. Ein guter Einstieg in ein Interview ist deshalb auch die Frage: »Erzählen Sie mir doch mal …«

Gut funktionieren auch Fragen, die die interviewten Menschen sich sensorisch erinnern lassen sollen. Etwa so: »Wie hörte sich das an, als…«, »Wie fühlte es sich an…«, »Wie schmeckte das…« Manchmal laufen die Antworten in eine Richtung, die Sie nicht erwartet hätten. Wenn die Zeit es zulässt: Lassen Sie es (zunächst) laufen. Nicht selten bekommen Sie gerade in diesen Situationen das beste Material. Wenn es die Zeit nicht zulässt: Sagen Sie höflich, dass das angesprochene Thema zwar interessant ist, aber zu weit führt. Oder Sie stellen einfach die Frage noch einmal neu.

Vermeiden Sie eigene Störgeräusche

Während Ihr Gegenüber antwortet, verhalten Sie sich still, denn zustimmende oder kommentierende Laute wie hmm, mmm, oder ah, aha verderben jeden O-Ton. Ein zustimmendes, tonloses Lächeln oder ein ermunterndes Kopfnicken sind natürlich O.K. Und wenn mitten in der Antwort ein Telefon klingelt, ein Hund bellt oder ein LKW vorbeirauscht, dann bitten Sie den Interviewten, die Antwort zu wiederholen. Kontrollieren Sie den aufgenommenen Ton über Kopfhörer. Und tragen Sie den Kopfhörer ganz selbstverständlich: Wenn Sie vermitteln, dass das Ding einfach zur Situation dazugehört, wird auch Ihr Gegenüber das so annehmen.

Öffnen Sie das Gespräch

Es wird immer mal wieder vorkommen, dass Ihr Gegenüber sich während des Interviews nicht öffnet. Wenn Sie diesen Eindruck haben, kann das auch an Ihnen liegen: Erzählen Sie auch etwas über sich, seien Sie aufrichtig. Manchmal kann es auch helfen, einfach zu schweigen – denn Schweigen können die wenigsten für längere Zeit aushalten. Der NBC-Reporter Bob Dotston hat dazu einmal gesagt: »Schweigen ist den meisten Menschen unangenehm. Und das lässt sich nutzen, um bessere Antworten zu bekommen.: Fast alle Leute beantworten Fragen in drei Stufen: Zuerst erzählen sie Dir knapp, was sie meinen, was Du gefragt hast. Dann versuchen sie das Gleiche noch einmal, nur etwas detaillierter.

Und wenn Du dann nicht gleich mit einer nächsten Frage einsteigst und stattdessen die Stille arbeiten lässt, dann kapieren sie, dass Du sie noch nicht verstehst – und dann nehmen sie einen Extra-Anlauf, um ihren Gedanken noch genauer zu erklären. Um richtig auf den Punkt zu kommen, steckt in diesem dritten Anlauf meist viel mehr Nachdruck und viel mehr Emotion.«

Das Interview beenden

Fragen Sie zum Schluss immer: »Gibt es irgendetwas, was ich hätte fragen sollen, aber nicht gefragt habe?« Manchmal denkt Ihr Gegenüber während des gesamten Interviews an nichts anderes als an den einen Punkt, die eine Sache, die er oder sie unbedingt loswerden will. Wenn Sie diese Schlussfrage stellen, wird dem Interviewten klar, dass sich jetzt die letzte Chance bietet, genau diesen Punkt anzusprechen, darüber etwas zu sagen. Außerdem erlaubt diese Frage es dem Interviewten, das Gespräch zu beenden. Das kann auch dazu führen, dass der Interviewte den formellen Teil als erledigt ansieht und sich erst jetzt richtig öffnet. Lassen Sie diese Chance dann nicht vorüberziehen. Sollte das Mikro bereits ausgeschaltet sein, dann schalten Sie es ganz offen wieder ein.

Das Aufnahmegerät sicher bedienen

Wer sich mit seiner Ausrüstung nicht richtig gut auskennt, fühlt sich unwohl und ist nicht auf das Wesentliche konzentriert. Der Interviewte wird das spüren und sich in seiner Haut auch nicht wohl fühlen, und das trübt die gesamte Interviewsituation. Deshalb: Sie sollten Ihr Equipment im Schlaf beherrschen und selbst in tiefster Dunkelheit sicher bedienen können. Schauen Sie während des Interviews nie auf das Mikro oder das Aufnahmegerät, denn jeder prüfende Blick erinnert den Interviewten daran, dass seine Aussagen gerade aufgenommen werden. Hören Sie einfach zu, schauen Sie Ihr Gegenüber an, und die Situation wird sich auflockern. Stellen Sie das Mikro auch nie zwischen sich und den Interviewten, sondern immer an die Seite.

Video: Anders als klassisches TV

Vertonte, in Echtzeit gesendete Bewegtbilder haben dem Hörfunk vor allem deshalb den Rang abgelaufen, weil sie die menschlichen Primärsinne Sehen und Hören bedienen, unserer Alltagswahrnehmung also am ehesten entsprechen. Ob live oder zeitversetzt, sie bieten dem Zuschauer ein Stellvertreter-Erleben: Am Fernsehschirm ist man Augen- und Ohrenzeuge, kann quasi virtuell vor Ort sein und mitten im Geschehen. Dies bleibt auch im Web ihr funktionaler Vorteil: Im Vergleich zu allen anderen Medienmodi bietet das Audiovisuelle deutlich mehr Information – eben all das, was im Radio, mit Fotos oder in Artikeln entweder gar nicht oder nur eingeschränkt zu vermitteln ist.

Spätestens seit Youtube 2005 seinen Dienst startete, hat Video im Web einen regelrechten Siegeszug hingelegt. Die Erwartungen vom Beginn des Jahrhunderts, dass Bewegtbilder im Web künftig eine größere Rolle spielen werden, haben sich zwischenzeitlich erfüllt.

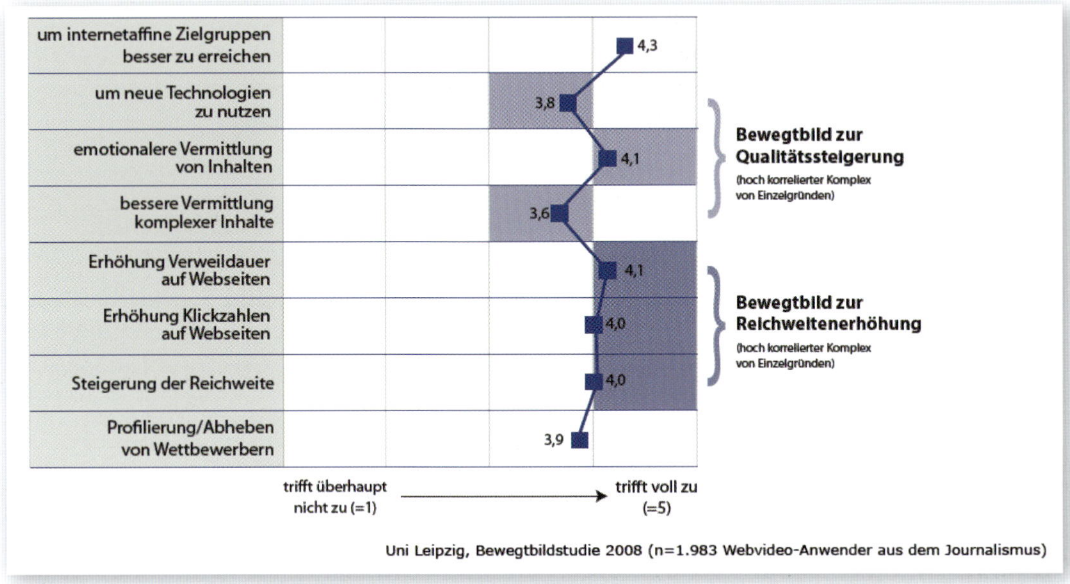

Abb. 157: *Warum setzen Sie Webvideos auf Ihrer journalistischen Website ein?*

Youtube allein soll bereits 2007 zehn Prozent der weltweit verfügbaren Internet-Bandbreite verbraucht haben, Videostreaming insgesamt 36 Prozent, übertroffen nur noch vom Bandbreitenverbrauch für das Laden regulärer Webseiten mit damals 46 Prozent. In Deutschland stieg die Zahl der Internet-Nutzer, die mindestens einmal pro Woche ein Video aufrufen, innerhalb von zwei Jahren um 50 Prozent: 2008 waren es noch 24 Prozent aller Internet-Nutzer (ab 14 Jahren), 2010 bereits 36 Prozent. Einer der wesentlichsten Vorteile wird von den Nutzern in der Verfügbarkeit gesehen: Videos sind im Web dauerpubliziert, also an vierundzwanzig Stunden pro Tag und sieben Tagen in der Woche verfügbar. Zudem kann jedes einzelne Video zeitsouverän und nonlinear angesehen werden. Die Zuschauer sind im Web also nicht mehr an vorgegebene Sendezeiten gebunden und können sich genau das anschauen, was sie gerade anschauen wollen, so lange, wie sie es gerade anschauen wollen, und vor allem auch Dinge, die die meisten Sender nicht ausstrahlen würden. Aus Sicht der Website-Anbieter wächst Video damit sehr schnell in den Status eines Standard-Vermittlungsmodus, mit dessen Hilfe vor allem Reichweiten gesteigert und Informationen in emotionalerer Weise vermittelt werden können (s. Abb. 157).

Für den Einsatz von Video als erzählerisches Mittel ist zu berücksichtigen, dass das Video-Sehen am Rechnermonitor als Aktivität etwas anderes ist als das traditionelle Fernsehen. Die wesentlichen Unterschiede liegen im Abstand zwischen Monitor und Zuschauer und dem daraus folgenden Aktivierungsgrad der Rezipienten: Während die optimale

Betrachtungsdistanz beim Fernsehen je nach TV-Bildschirm bei etwa zwei bis vier Metern liegt, sitzen Webnutzer etwa in Lesedistanz vor ihren Rechnermonitoren. Webvideo-Nutzer sind deshalb nicht in einer Lean-Back-Haltung, sondern in einer so genannten Lean-Forward-Situation: Sie sind deutlich zugewandter als Zuschauer, die auf Sofas oder in Sesseln vor dem Wohnzimmer-TV sitzen. Selbst wenn sich die Trennlinie zwischen Web und TV in den kommenden Jahren langsam auflösen sollte, wie es beispielsweise die Medienforscher von ARD und ZDF prognostizieren, so wird sich daran im Grundsatz wohl wenig ändern. Ist das Web in absehbarer Zeit auch über TV-Flachbildschirme zugänglich, dann dürften darauf vermutlich bevorzugt unterhaltende Webvideos in die Zimmer flimmern.

Das Webvideo-Sehen ist in diesem Licht eher so etwas wie ein Nah-Sehen in kurzen Zeitfenstern, weniger ein Fern-Sehen in ausgedehnteren Zeitfenstern. Daten über die tatsächlichen Nutzungsdauern von Webvideos weisen jedenfalls in diese Richtung: Nach einer Studie des Videotracking-Dienstleisters Tubemogul aus dem Jahr 2008 schaut nur knapp ein Viertel der Nutzer länger als zwei Minuten auf ein Webvideo, fast 55 Prozent steigen vor Ablauf der ersten Minute aus dem gerade betrachteten Webvideo aus. Und: Die durchschnittliche Betrachtungsdauer für Webvideos lag Mitte 2009 für die Nutzer stark frequentierter sozialer Netzwerke wie Twitter, Facebook oder Digg ebenfalls bei maximal knapp zwei Minuten. Nicht nur beim Lesen, sondern auch im Webvideo-Schauen bleiben Nutzer also ungeduldig, und der Geduldsfaden reißt recht flott (s. Abb. 158).

Eine vollständige Konvergenz von TV und Web ist schon aus diesen Gründen mit einiger Skepsis zu betrachten und wird zumindest

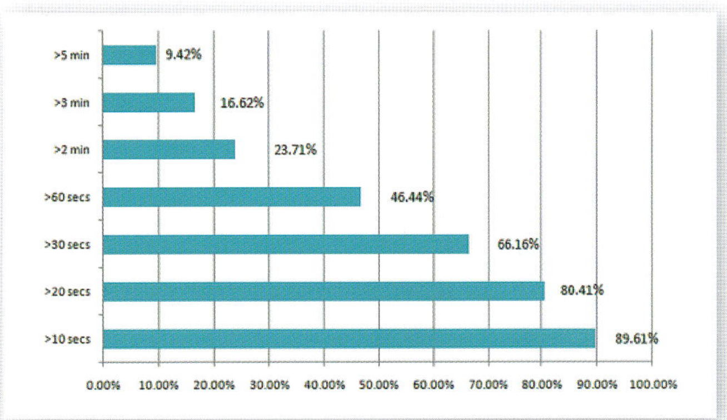

Abb. 158: *Nicht nur beim Lesen, auch beim Video-Sehen ist die Geduld der Webnutzer endlich: Nach zehn Sekunden sind bereits zehn User aus dem betrachteten Video ausgestiegen. Am Ende der zweiten Minute schauen nur noch 24 von 100 Nutzern hin.*

noch eine Weile auf sich warten lassen. Auch in Relation zum Vermittlungsmodus Schrift wird sich so schnell wenig ändern: Bis ins Jahr 2010 jedenfalls hat Video die Schriftsprache als dominierenden Modus im Web nicht verdrängt, und so wird Video – abseits der großen Video-Portale – auf den meisten Websites zunächst weiterhin als Additiv dienen.

Für das multimediale Erzählen haben Videosequenzen im Web immer dann eindeutige Vorteile gegenüber anderen Darstellungsmodi, wenn das Visuell-Dynamische eines Geschehnisses im Originalbild besonderen Informationswert besitzt.

Ein Beispiel: Wenn Joschka Fischer auf dem Parteitag der Grünen aus kürzester Distanz einen Farbbeutel ins Gesicht geschmettert bekommt, so geschehen 1999, ist dies im Hergang vor allem eine optische Information. Der Satz »Joschka Fischer mit Farbbeutel beworfen«, der als Schlagzeile dienen könnte, macht

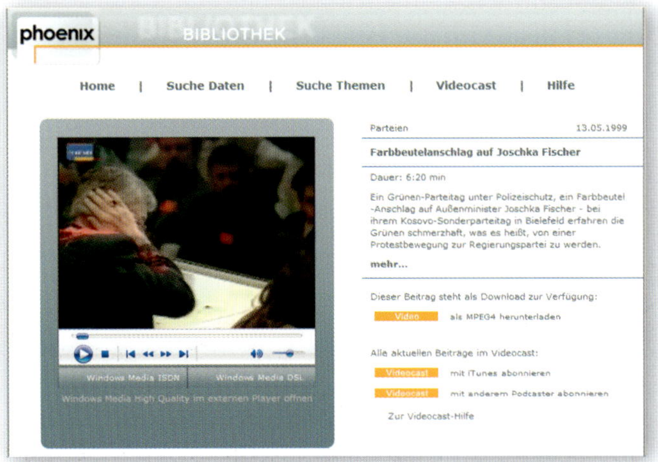

Abb. 159: *Die Phoenix-Video-Bibliothek dokumentiert den Farbbeutelanschlag auf den damaligen Bundesaußenminister Joschka Fischer. Das Video liefert in kompakter Form mehr Information als die schriftliche Meldung: Das Überraschungsmoment und die geschockten Gesichter der Menschen im Plenum des Parteitags wirken durch das Bewegtbild ganz unmittelbar, sie sprechen buchstäblich Bände.*

vor allem neugierig auf ein Bilddokument. Ein Foto wäre in diesem Fall ein denkbarer Darstellungsmodus, weil es die Situation in all ihren visuellen Facetten als Standbild einfriert und den Nutzern ein Betrachten ohne Zeitdruck erlaubt: den an der rechten Wange, an Hemdkragen und Sakko mit roter Farbe besudelten Bundesaußenminister, seinen Gesichtsausdruck, vielleicht auch den Schrecken in den Gesichtern der Podiumsnachbarn oder im Plenum, das ganze Drumherum. Wenn man aber zusätzlich weiß, dass dabei sein Trommelfell gerissen sein soll, ist das auf der Basis des Fotos nur schwer nachvollziehbar. Hier zeigt das Bewegtbild seine Stärke: Es zeigt die ganze Wucht des Farbbeutel-Aufpralls und dokumentiert die aus dem Nichts kommende Brutalität der Protestaktion. Und es zeigt das Überraschungsmoment, das Plötzliche: Von der einen auf die andere Sekunde stellt sich eine völlig neue Situation ein – und im bewegten Bild ist das unmittelbar in den Gesichtern zu erkennen, ohne jede weitere Erläuterung.

Bewegtbilder sind für multimediale Erzählformen also vor allem dann ein adäquater Darstellungsmodus, wenn es um dynamische Vorgänge geht: Es muss natürlich nicht immer ein nachrichtliches Ereignis sein. Wenn Naturgewalten wüten, Wirbelstürme das Land verheeren oder Sturmfluten über die Ufer brechen, wenn Politiker im Parlament handgreiflich werden, Promis ausrutschen oder umfallen, dann ist das natürlich Hinguck-Stoff. Grundsätzlich bietet sich Video freilich für alle eher Themen an, die mit visueller Dynamik zu tun haben – vom Zusammenbau eines Kinderbetts in fünf Schritten über Tanz-Choreografien für Flash Mobs (Abb. 160) bis hin zu Erläuterungen in Gebärdensprache – all das und noch mehr kann vom Betrachter schneller und prägnanter im Bewegtbild erfasst werden als in anderen Darstellungsmodi. Bewegtbilder sind außerdem immer dann sinnvoll, wenn möglichst umfassende Sinneseindrücke von einer Person oder von einem Ort vermittelt werden sollen, also etwa bei Interviews, Porträts oder in Reiseberichten. Ähnlich wie Originaltöne wirken Bewegtbilder authentisch.

Die Nachteile von Video im Web ähneln ebenfalls jenen, die mit dem Audio-Einsatz verbunden sind: Auf Anbieterseite entstehen nicht unerhebliche Kosten für Personal, Produktion, Rechte, Hardware und Server. Und die Nutzer werden über spezielle Dateiformate und erforderliche Abrufprogramme mit zusätzlichen Nutzungshürden konfrontiert. Nutzer mit langsamer Netzanbindung und/oder älterer Hard- beziehungsweise Software werden ausgegrenzt. Zusätzlich ist an den Webvideos problematisch, dass ihr

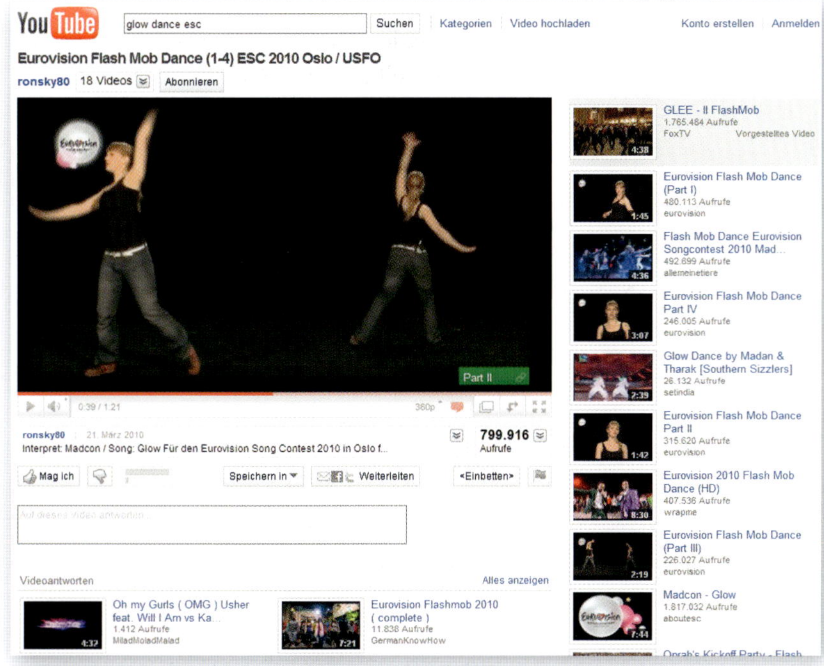

Abb. 160: *Lena Meyer-Landrut gewann 2010 in Oslo den Eurovision Song Contest, und in ganz Europa tanzten während der Show junge Leute in einem Flash Mob die gleichen Moves. Die zugehörige Choreografie konnte jeder, der aktiv dabei sein wollte, vorab per Youtube-Video einstudieren. Mit einer schriftlichen Tanzanleitung als herunterladbares PDF wäre das Ganze vermutlich in die Hose gegangen.*

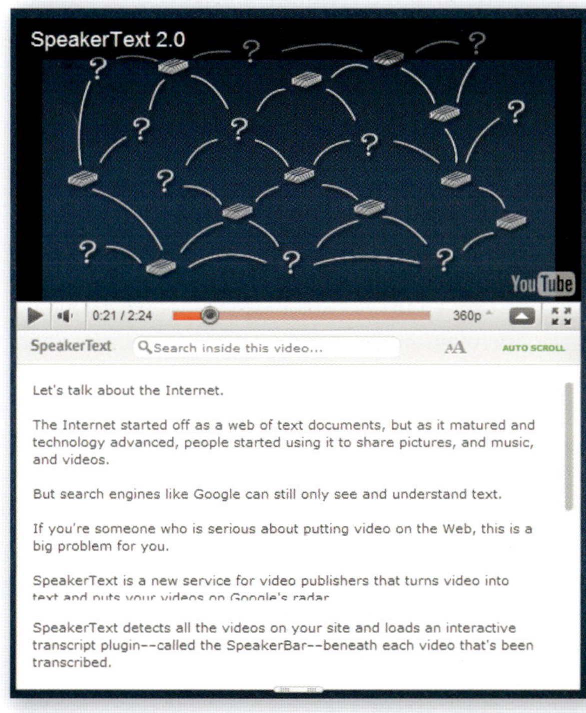

Abb. 161: *Automatisierte Transkriptionsservices wie speakertext.com setzen den gesprochenen Inhalt eines Videos in Text um und stellen ihn in einem Fenster unterhalb der Fortschrittsleiste dar. Videos werden auf diese Weise SEO-fähig und können von den Nutzern schon vor dem Video-Start wie eine Artikelseite überflogen beziehungsweise auf Stichwörter durchsucht werden.*

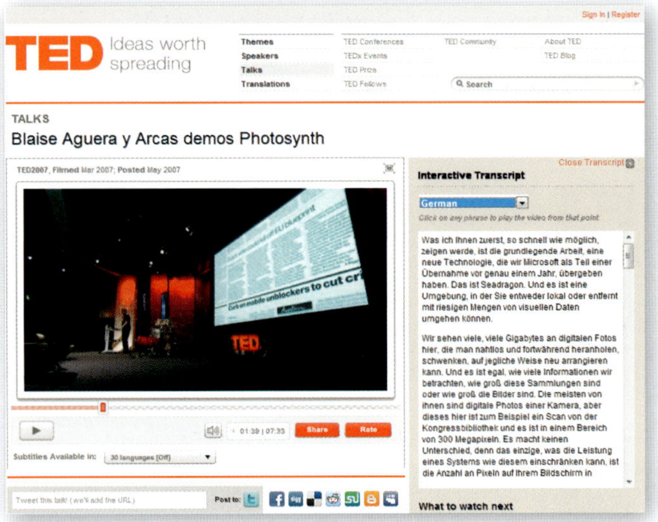

Abb. 162: *TED ist eine Non-Profit-Organisation, die Menschen mit richtungweisenden Ideen vernetzen will. Die Website dient dazu als eine Austauschplattform, interessante Vorträge und Präsentationen werden hier als Video veröffentlicht. Der im Video gesprochene Text wird flankierend als Transkript angeboten, sodass sich der Video-Inhalt auch nachlesen lässt. Wer eine interessante Stelle liest und sich das Ganze dann im Video ansehen will, klickt im Transkript einfach auf den zugehörigen Satz.*

Abb. 163: *Der Spartensender N24 ist mit seinem Programm im Web als Livestream zu empfangen. In Beispielen wie diesem kündigt sich an, dass Web und TV konvergieren Reguläres TV wird künftig regelmäßig auch auf den Websites zu sehen sein und die Websites umgekehrt auch auf den Wohnzimmerglotzen.*

Inhalt – anders als bei Textseiten – von den Nutzern nicht vorab überflogen werden kann. Die Nutzer von spiegel.de beispielsweise gaben in einer Spiegel-Online-Marktstudie als Hauptgrund für das Aussteigen aus einem Video an, dass »der Film dann doch nicht so interessant ist wie gedacht«. Ohne einen erklärenden Text, der den Video-Inhalt kurz skizziert (Abb. 162), sind demnach auch Videos nichts anderes als Content-Wundertüten, die den Abruf tendenziell unwahrscheinlicher werden lassen oder eben einen frühzeitigen Kontaktabbruch provozieren. Anders als bei den Audios kann das Startbild allerdings für einen bildgebundenen Klickanreiz genutzt werden.

Technisch ist das Streaming heute sehr viel ausgereifter als noch vor zehn Jahren, und gerade deshalb werden Wartezeiten fürs Rebuffering, also für das Wiederaufnehmen eines unterbrochenen Streams, von den Nutzern offenbar streng bestraft. Nach einer Tubemogul-Studie vom Dezember 2009 tritt das Rebuffering immer noch in jedem vierzehnten abgerufenen Webvideo auf (knapp sieben Prozent). Der Effekt des Datennachladens auf das Video-Anschauen ist geradezu brutal: Mehr als 80 Prozent der Nutzer brechen den Kontakt ab und klicken weg.

Ähnlich wie für Audio-Komponenten ist also auch der Video-Einsatz fürs multimediale Erzählen im Web eine Abwägungsfrage, letztlich kommt es auf den konkreten Einzelfall an. Die Relation in der Nutzung von Textseiten und Videos entscheidet das geschriebene Wort heute nach wie vor für sich. Auf spiegel.de beispielsweise wurde Mitte 2010 nicht mehr als ein knappes Prozent der gesamten Seitenabrufe über Videos generiert, allerdings konnten sich die Video-Abrufe in der Zeit von 2008 bis 2010 nach Verlagsangaben verzwanzigfachen. Ganz klar: Es gibt definitiv noch deutlich Luft nach oben für den Darstellungsmodus Video.

Das Spektrum der Einsatzmöglichkeiten ist heute sehr breit gefächert, auch im Detail sehr facettenreich und reicht von der einfachen Video-Nachricht über Video-Grußworte, Erklär-Videos, Video-Kolumnen über videobestückte Fotostrecken, Videosequenzen in Webspecials oder in interaktiven Grafiken bis hin zu videodominierten Online-Magazinen oder On-Demand-Archiven klassischer Fernsehsender. Die folgenden Beispiele systematisieren die Möglichkeiten des Webs für den Medienmodus Video.

Video – echtzeitaktuell

Live-Sendungen sind mittlerweile selbst in fernsehvergleichbarer HD-Qualität auch via WWW möglich. Etliche Programme von TV-Sendern können als Live-Streams über die Web-Mediatheken abgerufen werden. Hier schwindet die Grenze zwischen klassischem Fernsehen und Web-TV (Abb. 163).

Video – interaktiv

In einfachster Weise werden Videos dann interaktiv, wenn sie zeitsouverän betrachtet werden können. Jedes Video im Web hat deshalb eine Fortschrittsleiste, damit das Bild angehalten, vor- oder zurückgespult werden kann. Auch einfache Hyperlinks von einem zum nächsten Video schaffen bereits simple Interaktivität. Soweit ist das nichts Besonderes. Spannender ist es, dass Hyperlinks prinzipiell auch direkt in Videos eingebettet werden können. Den Nutzern wird es so ermöglicht, beispielsweise innerhalb eines Videos von einer Szene zu einer anderen Szene zu springen oder über einen Link aus dem Video heraus zu einem anderen Dokument. In umgekehrter Richtung kann allerdings auch ein Deeplink per Zeitmarke auf eine frei gewählte Szene innerhalb eines Videos gesetzt werden. Ein solcher Zeitmarken-Link führt dann nicht an den Anfang des Videos, sondern mitten hinein, direkt an den gewünschten Zeitpunkt im Video (s. Abb. 164).

Durch Hyperlinks innerhalb von Videos wird die strenge Linearität des Bewegtbildes aufgebrochen und eine inhärente Form der Interaktivität geschaffen: Die eingebetteten Links entlinearisieren das Video. Eingebettet werden können aber nicht nur Links, sondern auch anklickbare Textfahnen, Fotografien oder PDFs. Fürs Web-Storytelling eröffnet dieses Instrument nonlineare, diachronische und synchronische Erzählmöglichkeiten auch innerhalb von Videos (Abb. 165 – Abb. 170).

In eine ähnliche Kategorie gehören immersive Videos, in denen die Nutzer sich wie in einem 360-Grad-Panorama umschauen können – nur dass die Umgebung nicht als Stillbild betrachtet wird, sondern als Bewegtbild (Abb. 175). Auch die immersiven Videos durchbrechen in gewisser Weise die Linearität des TV-Bewegtbildes, indem sie den Betrachtern eigene Kopfbewegungen und damit

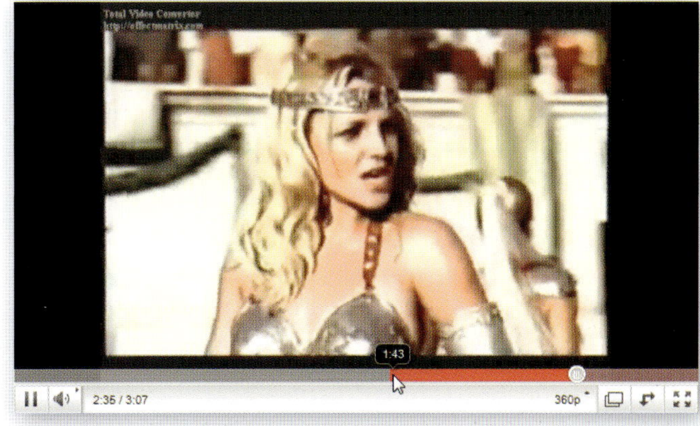

Abb. 164: *Der Mauszeiger auf dem roten Fortschrittsbalken zeigt an: An dieser Zeitmarke wurde das Video über einen Deeplink gestartet.*

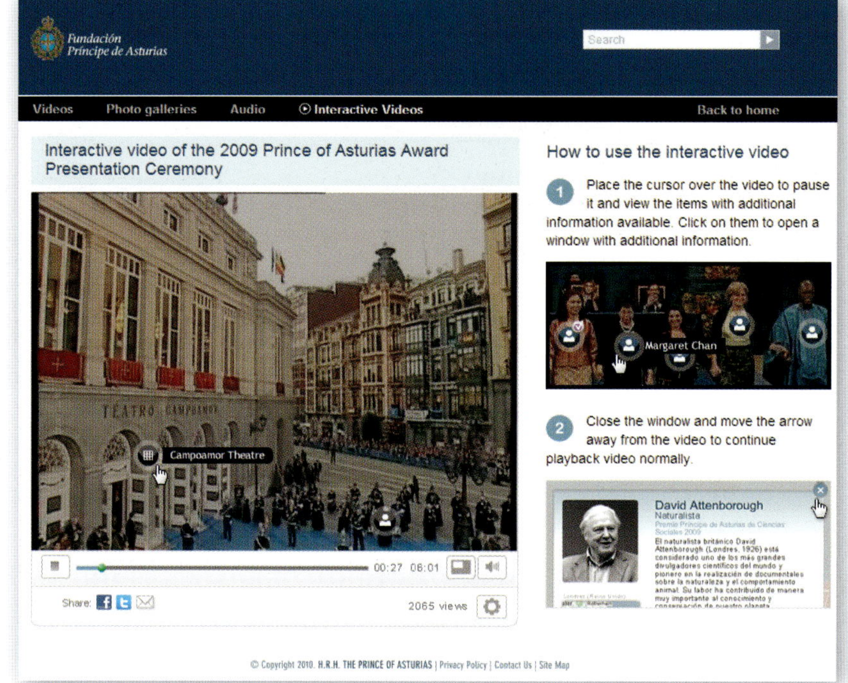

Abb. 165: *In dieses Video sind Hotspot-Links eingebettet: Per Mausklick auf einen Hotspot wird das Video angehalten und es werden zusätzliche Information in das Videofenster eingeblendet. Wer diese Informationen dann wieder ausblendet, setzt das Video automatisch an der Stelle fort, an der es angehalten wurde.*

Abb. 166: *Veeple.com legt Hotspot-Links per API als transparente Schicht auf Videos in beliebigen Video-Playern. So können beispielsweise in den TV-Nachrichten erwähnte Studien per Mausklick direkt heruntergeladen werden.*

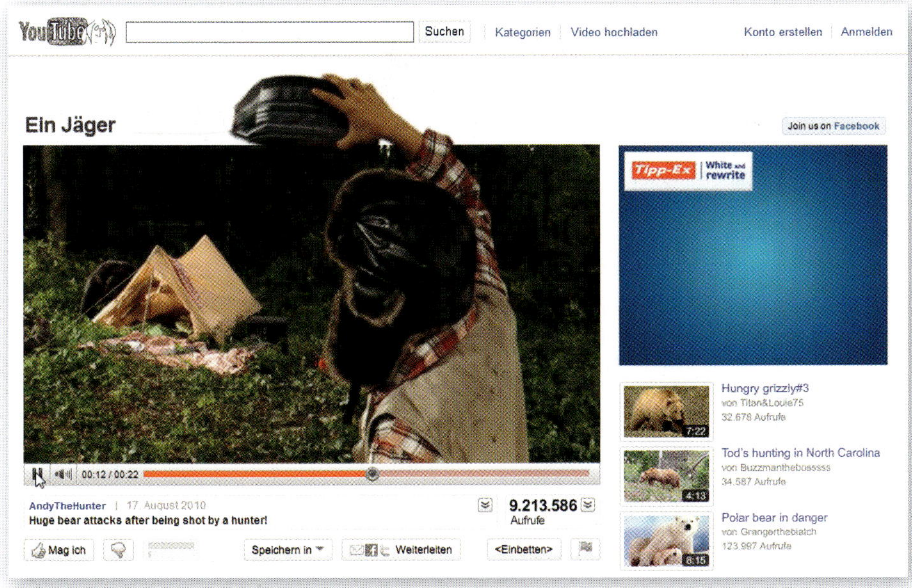

Abb. 167: *Interaktives Video als Werbegag: Wer in das Eingabefenster (neben »Der Jäger«) ein beliebiges Verb eingab, bekam zum eingegebenen Wort das thematisch passende Video.*

Abb. 168: *Hyperspots.com geht in Sachen Video-Interaktivität noch einen Schritt weiter: Hier werden keine Links eingebettet – stattdessen ist alles anklickbar, was im Video zu sehen ist. Wer sich beispielsweise für die Bluse oder die Frisur der jungen Dame interessiert, kann ganz einfach drauf klicken und bekommt weiterführende Informationen in der Spalte am rechten Rand angezeigt.*

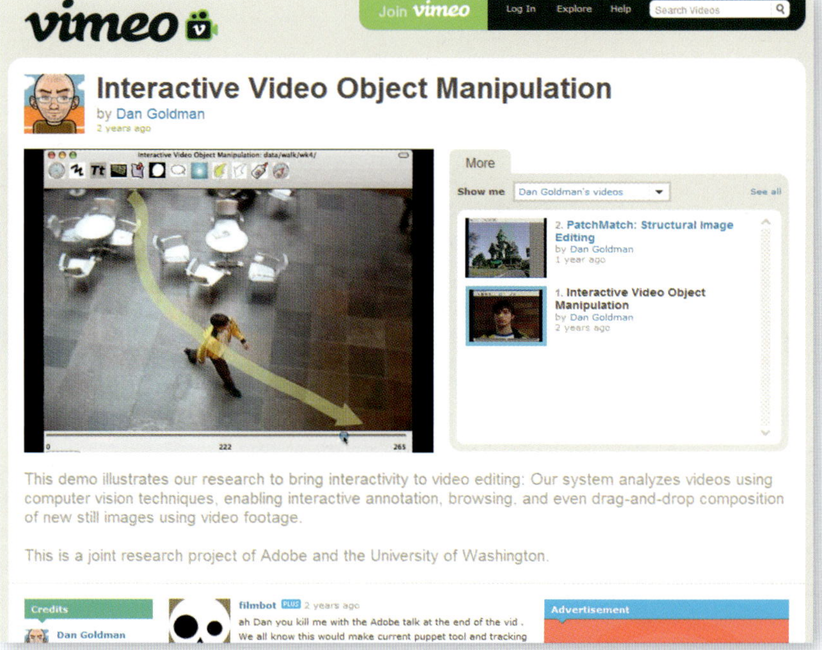

Abb. 169: *Aus den Adobe Labs: Technologiedemonstration für eine Software, mit der Anwender in ein Video hineinschreiben oder die in einem Video zu sehenden Objekte mit dynamischen Grafikmarkern versehen können.*

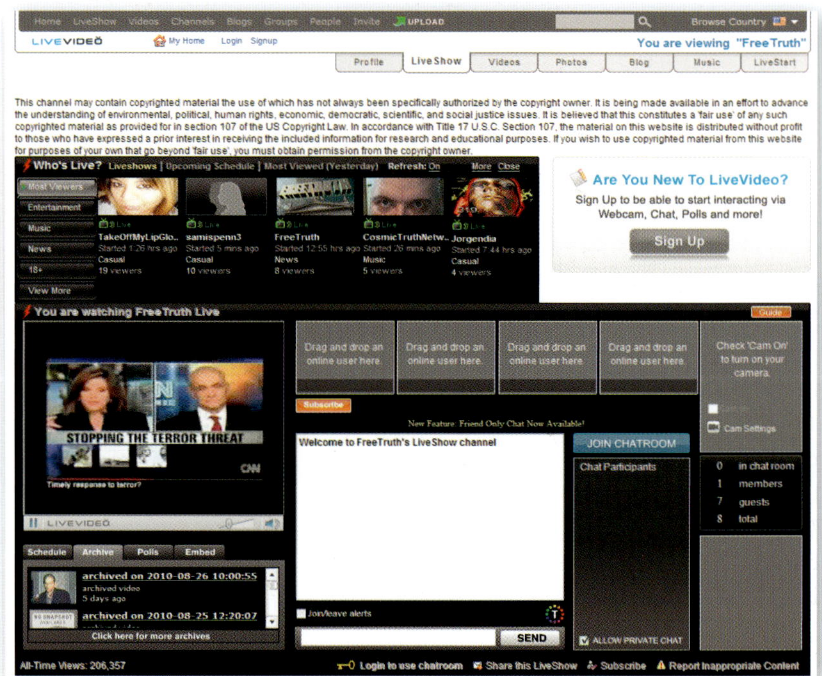

Abb. 170: *Ganz wie es euch gefällt: Livevideo.com bietet mit seiner multidirektionalen Plattform so etwas wie Bürgerfernsehen im Web – jeder kann senden, jeder kann zuschauen, jeder kann mitdiskutieren.*

individuelle Blickrichtungen erlauben (siehe unten »Video – dreidimensional«).

Eine andere Form der Interaktivität wird mit Video-Unterstützung realisiert, indem Videos in interaktive Kommunikationsplattformen eingebettet werden und dort als Impulsgeber für Echtzeit-Diskussionen zwischen den Online-Zuschauern dienen. Die teilnehmenden Nutzer können sich auf solchen Plattformen also online zum gemeinsamen Video-Sehen treffen und in Echtzeit untereinander und mit den Menschen im Studio per Chat diskutieren. Auf Plattformen wie beispielsweise livevideo.com kann die Diskussionsgruppengröße individuell skaliert werden (s. Abb. 170). Usatoday.com modelliert ein ähnliches Konzept nicht synchronisch (also an den Sendezeitpunkt eines Videostreams gebunden), sondern diachronisch: In seinem Voices-Projekt können Videos nicht nur diskutiert und kommentiert, sondern es können auch eigene Meinungsbeiträge als Videos auf die Site hochgeladen werden. Auf diese Weise wird Video, ob als Stream oder als Konserve, zum Dreh- und Angelpunkt multidirektionaler Kommunikation.

Abb. 171: *Im Video-Flug über die Pyramiden von Gizeh: Bewegtbilder können auch dann sinnvoll sein, wenn sie den Nutzern einen ungewöhnlichen visuellen Zugang bieten – wie in diesem Beispiel aus dem Jahr 2001.*

Video – crossmedial

Natürlich ist Video als Darstellungsmodus auch mit den anderen verfügbaren Modi kombinierbar. Vor allem in aufwändig produzierten Webspecials ist Video als Komponente immer dann zu finden, wenn Themen oder Themenaspekte in besonderer Weise authentisch oder dynamisch zu vermitteln sind (Abb. 171). So werden in Audio-Slidehows nicht nur Audiospuren und Fotografien verbunden, sondern – wann immer es erzählerisch angebracht ist – auch Video-Sequenzen (Abb. 172).

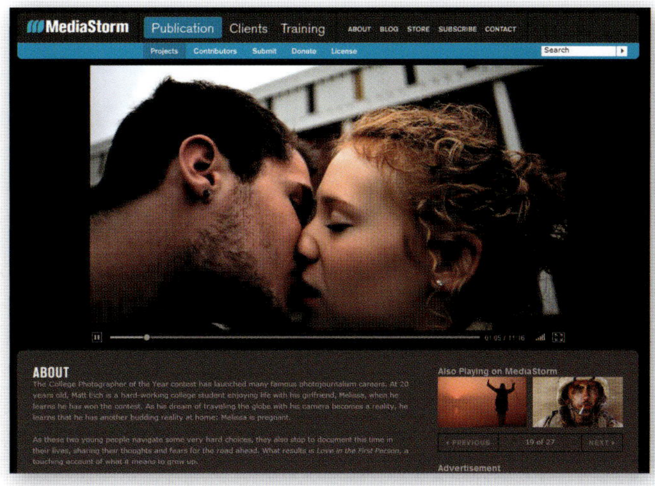

Abb. 172: *Die New Yorker Multimedia-Schmiede Mediastorm steht in der Multimedia-Journalistenszene für anspruchsvolles Storytelling in linearen Audio-, Foto- und Video-Kombinationen.*

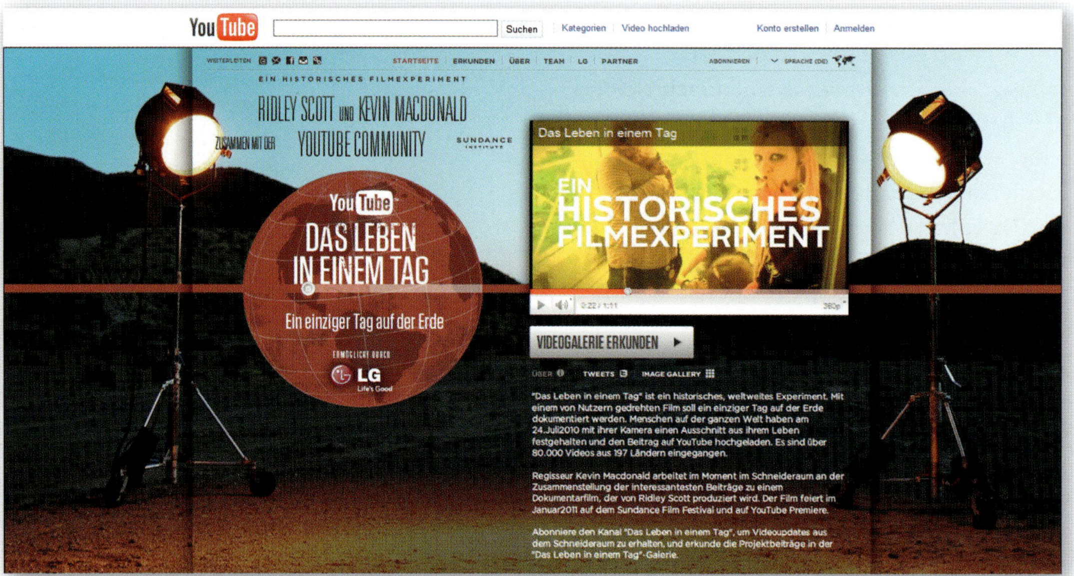

Abb. 173: *Stichtag 24.Juli: Die Filmemacher Kevin Macdonald und Ridley Scott riefen 2010 die Webnutzer dazu auf, ihren persönlichen 24. Juli 2010 im Video festzuhalten und den Clip dann auf den Life-in-a-Day-Channel auf Youtube hochzuladen. Das Ergebnis: 80.000 Videos, die am Stichtag gefilmt wurden. Und ein Kinofilm, der aus diesen Videos zusammengeschnitten wurde.*

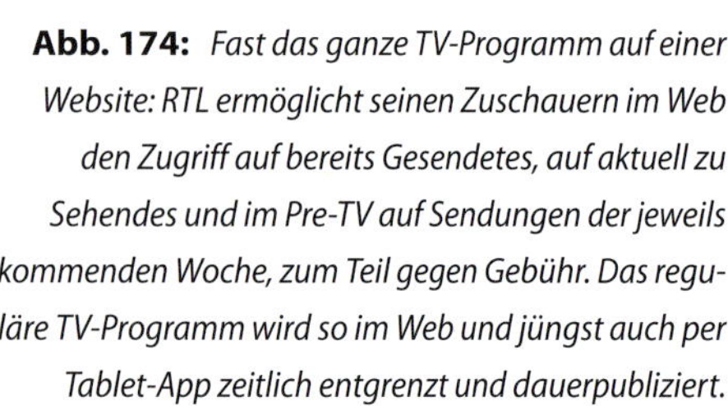

Abb. 174: *Fast das ganze TV-Programm auf einer Website: RTL ermöglicht seinen Zuschauern im Web den Zugriff auf bereits Gesendetes, auf aktuell zu Sehendes und im Pre-TV auf Sendungen der jeweils kommenden Woche, zum Teil gegen Gebühr. Das reguläre TV-Programm wird so im Web und jüngst auch per Tablet-App zeitlich entgrenzt und dauerpubliziert.*

Video – entgrenzt

Das Web bietet theoretisch unendlich viel Platz und eignet sich damit als durchsuchbarer Speicher für digitale oder digitalisierte Medienangebote jeglicher Art, auch natürlich für Bewegtbilder. Komplette Fernseh-Archive können auf diese Weise online zum Abruf angeboten und mit den Streams des aktuellen Tagesprogramms oder natürlich auch mit Programmvorschauen für die nächsten Tage verknüpft werden. Die unbegrenzte Speicherkapazität ist allerdings nur ein Aspekt medialer Entgrenzung. Vorstellbar ist grundsätzlich auch, dass die Entgrenzung im Web als Darstellungsoption genutzt und innerlich entgrenzte Videos möglich werden. Ähnlich wie dies bereits in den fotografischen Gigapans möglich ist (siehe Abb. 130) könnten sich die Nutzer in die Tiefe eines Videos hineinzoomen. Wer je vor einem Hochhaus gestanden und sich gefragt hat, was in einem bestimmten Moment darin wohl alles geschieht, ohne dass die Bewohner jeweils davon erfahren, kann sich vorstellen, dass es per Webcam in jedem Raum möglich würde, genau dies festzuhalten. Realweltlich wird das im privaten Bereich schon aus Datenschutzgründen zwar eine Idee bleiben, in den Video-Überwachungszentralen vieler Gebäude ist es allerdings bereits heute weltweit alles andere als Science-Fiction. Für künstlerische, web-partizipatorische und kollaborative Erzählprojekte sind entgrenzte Videos definitiv eine Option, wie beispielsweise das »One Day On Earth«-Projekt oder das »Life in a Day«-Projekt in 2010 illustrierten (s. Abb. 173) Vorstellbar ist für entgrenzte Videos prinzipiell ebenfalls, dass sie begehbar werden, die Nutzer also in die Videos hineinschlüpfen – ähnlich wie auf den Holodecks der Star-Trek-Sci-Fi-Serien. Auch dies ist auf dem Weg, von der Science-Fiction zum Science Fact zu werden: Google experimentierte damit offiziell bereits in 2009.

Abb. 175: *Basejump von der Brücke, festgehalten im immersiven Video: Die baumelnden Beine in diesem Bild lassen ahnen, dass der Fallschirmspringer die Video-Kamera auf dem Kopf trägt. Was das Bild nicht zeigen kann: Wer sich das Video anschaut, kann in alle beliebigen Richtungen schauen, ganz so, als hinge man selbst unter dem Fallschirm.*

Video – dreidimensional

Wenn über 3D und bewegte Bilder gesprochen wird, denken Kinogänger unweigerlich an Filme wie James Camerons Avatar – und an die zum Anschauen erforderlichen Pappbügel-Brillen. Ähnlich funktionierende 3D-Videos sind natürlich auch im Web zu finden, Bild.de beispielsweise hat im August 2010 damit experimentiert. Einen deutlichen Schritt weiter gehen die immersiven Videos, die es den Nutzern erlauben, sich in den Bewegtbildern umzuschauen, sich also innerhalb eines Videos um 360 Grad zu drehen beziehungsweise nach oben oder unten zu sehen. Neu ist diese Darstellungstechnologie zwar nicht,

Abb. 176: *US-Forscher wollen Google Earth visuell Leben einhauchen: Auf den Straßen sollen Autos fahren, auf den Gehwegen und Plätzen echte Fußgänger flanieren. Dazu wird beispielsweise auf öffentliche Videokameras zugegriffen, die die erforderlichen, bewegten Bilder liefern können. Aus Datenschutzgründen werden reale Autos und Menschen in Avatare verwandelt.*

aber der visuelle Überraschungseffekt stellt sich verlässlich und immer wieder aufs Neue ein: Wer etwa schon immer einmal einen Basejump von einer Brücke erleben (Abb. 175), wie ein Fußballstar in ein ausverkauftes Stadion einlaufen oder auf dem Dach eines Taxis durch die Straßen von New York City kreuzen wollte, kann das in monoperspektivischen, immersiven Videos ganz risikolos auch am eigenen PC-Bildschirm erledigen – fast so, als sei man tatsächlich selbst vor Ort.

Selbst multiperspektivisches, immersives Video ist heute möglich, wenn 2D-Videos in eine dreidimensionale Navigation eingewoben werden: Jeder weiß beispielsweise, dass die Satellitenbilder bei Google Earth zum Teil schon Jahre alt sind – und aktuelle Live-Aufnahmen dort bislang nicht eingewoben werden. Ein Forscherteam des Georgia Institute of Technology stellte 2010 ein Projekt vor, um genau dies zu ändern und Videostreams von Überwachungs- und Webkameras in Google Earth einzubinden (Abb. 176). Auf diese Weise sollen die Orte, Straßen und Plätze in Google Earth lebendig werden. Und die Nutzer können Fußgängerströme verfolgen oder einen Blick auf den aktuellen Autoverkehr werfen. Um Datenschutzprobleme zu vermeiden, haben die Wissenschaftler zudem ein Verfahren entwickelt, Gesichter und Fahrzeuge automatisiert in Echtzeit zu anonymisieren: Statt der zu sehenden Personen werden 3D-Avatare als Platzhalter gezeigt, und die im Live-Video zu sehenden Fahrzeuge werden in zufällig ausgewählte 3D-Automodelle verwandelt. Das Forscherteam integriert zusätzlich aktuelle Wetterdaten, um auch die gerade herrschenden Wetterbedingungen des jeweiligen Orts abzubilden. Ein wenig erinnert das im optischen Konzept an Microsofts Photosynth – nur eben mit Bewegtbildern.

Video – multidirektional

Wenn Websites wie usatoday.com ihre Straßen-Interviews zu aktuellen Fragen als Video online stellen und dann dazu aufrufen, Reaktionen und Rückmeldungen auf die Meinungen der Interviewten ebenfalls als Video hochzuladen, dann erhält Video als Vermittlungsmodus einen Rückkanal (s. Abb. 177). Prinzipiell könnte ein solches Format durch Video-Chats erweitert werden, in denen sich zwei oder mehr Nutzer zur weiteren Diskussion treffen. Auf diese Weise würde themengebunden eine multidirektionale Video-Kommunikation entstehen.

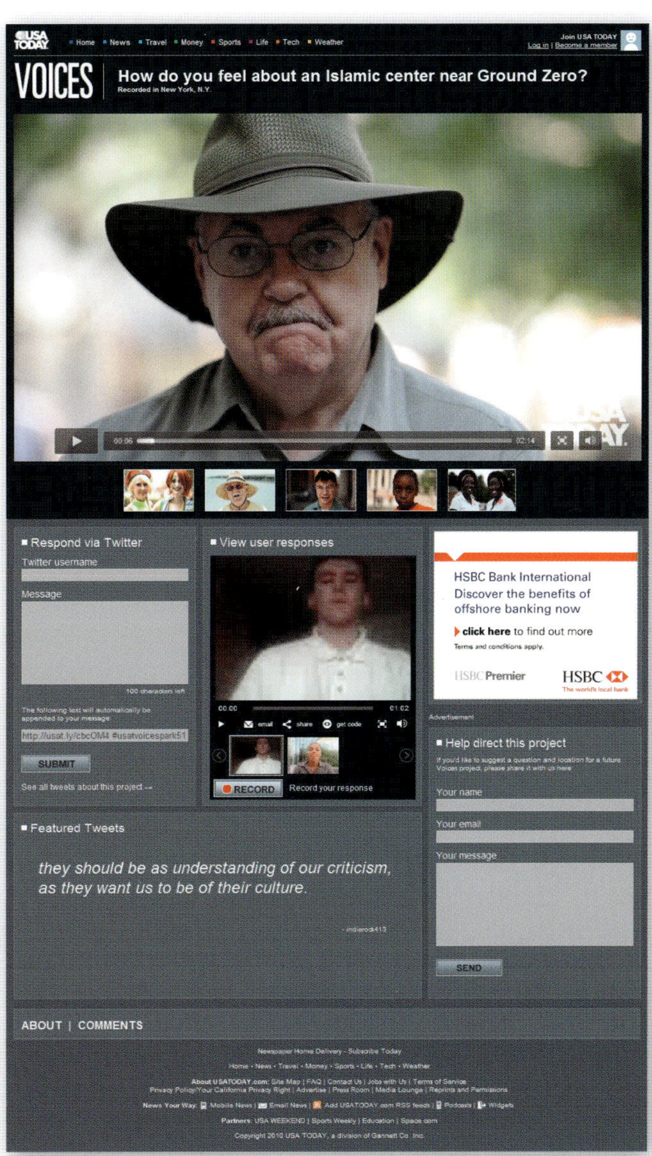

Abb. 177: *Zeitlich entkoppelte Diskussion in bewegten Bildern: Auf usatoday.com sind alle Nutzer eingeladen, auf die gezeigten Nutzer-Reaktionen zu reagieren, und zwar per Video.*

Handwerk: Der Fünf-Punkte-Plan für das perfekte Video

Webvideo ist doch nur Daddelkram – meinen manche. Und wer professionelle Filme drehen will, braucht viel Geld, Zeit und Personal. Dass das nicht unbedingt stimmen muss, zeigen viele erstklassige Webvideos, nicht nur auf Youtube. Webvideos sind im Vergleich zum Bewegtbild fürs TV in der Tat meist kostengünstiger, ohne dabei visuell im Nachteil zu sein. Im Gegenteil: Die Nutzer am PC-Monitor sind beim Zuschauen deutlich zugewandter und aufmerksamer als jene auf dem Wohnzimmersofa, das Video-Sehen im Web ist zwar ein ungeduldigeres, dafür aber auch relativ konzentrierteres Zuschauen. Um diesen Vorteil für die eigene Website zu nutzen, gilt es beim Dreh einige Dinge zu beachten:

1. Vor-Recherche

Professionelle Video-Drehs wollen gut organisiert sein, denn wenn Sie erst einmal vor Ort sind, ist es für manche vorbereitenden Dinge zu spät. Bevor Sie am Drehort aufkreuzen, sollten Sie mit den wichtigen Personen und Verantwortlichen mindestens telefonisch einmal gesprochen haben. Noch besser ist es, wenn man den Drehort vorab persönlich besichtigt, sich also alles genau angesehen hat. Typische Fragen, die vorab zu klären sind: Wer hat das Hausrecht? Wo kann ich meine Kamera aufstellen? Wenn ein Geschehen gefilmt werden soll: Wie läuft das Ganze zeitlich ab? Wann ist der beste Tag und die beste Uhrzeit für den Dreh? Mit wem kann ich reden und eventuell ein Interview führen? Ganz wichtig: Brauche ich eine Drehgenehmigung?

2. Drehplan

Sind die Ansprechpartner vor Ort bekannt und die grundlegenden Planungsfragen geklärt, wird im nächsten Schritt ein kurzer Drehplan verfasst. In diesem Drehplan steht in knapper Form Folgendes: eine Kurzbeschreibung des geplanten Beitrags (nicht mehr als drei Zeilen), der Themenfokus (Worum geht's im Video?), die Drehorte (am besten gleich mit den Drehzeiten), die Namen, Kontaktdaten und Funktionen aller drehrelevanten Ansprechpartner, eine knappe Liste der potenziell auftretenden Probleme, die benötigte Ausrüstung als Checkliste (Kosten!) und die Bildidee für den Einstieg und den Schluss. Dieser Drehplan liefert ein gutes Stück organisatorische Sicherheit und kann, sofern erforderlich, natürlich abgeändert werden.

3. Ablaufplan (Treatment)

Wer eine Geschichte zu erzählen hat, braucht die passenden Bilder in einer dramaturgisch geeigneten Reihenfolge – und die sollte ebenfalls vorab kurz skizziert werden. Es ist also extrem wichtig, schon vor dem Dreh zu überlegen, welche Bilder für den Inhalt benötigt werden. Überraschungen und eigene Änderungen sind natürlich nie ausgeschlossen, aber das Treatment hilft, nichts Wesentliches vor Ort zu übersehen. Für einen Beitrag über die Geburt eines Elefantenbabys im örtlichen Zoo könnte ein Treatment zum Beispiel so aussehen:

1. Einstiegsbild: Elefantenbaby bei Elefantenmama (halbtotal oder amerikanisch)
2. Totale des Elefantengeheges (mit Pflegerin)
3. 3. O-Ton-Elefantenpflegerin (Close-up; »Die Geburt war schwierig …«)
4. Halbtotale: Elefantenbaby mit Pflegerin im Innenbereich
5. Totale: Besucher am Gehege
6. O-Ton/Besucherin (»Ich bin jede Woche hier, hab lange auf die Geburt gewartet – endlich.)
7. O-Ton/Kind (»Toll! Das Baby ist noch so runzelig, kann aber schon ganz dolle rennen…«)
8. Schlussbild: Elefantenbaby (evtl. Close-up)

4. Drehen

Auch wenn es verlockend ist – verzichten Sie weitestgehend auf Bewegungen der Kamera, also auf Kameraschwenks. Wenn sich zum Schluss ein Schwenk an den nächsten reiht, dann sieht das im fertigen Video eher kurios aus. Nehmen Sie deshalb möglichst viele Bilder ohne Schwenks oder Zooms auf. Wenn es für die Geschichte unbedingt nötig ist, beginnen Sie einen Schwenk oder Zoom immer mit ein paar Sekunden (mindestens drei Sekunden) im Standbild. Bewegung sollte also möglichst immer vor der Kamera stattfinden, nicht mit der Kamera. Jede Einstellung sollte mindestens fünf, besser sieben Sekunden lang gefilmt werden, denn kürzere Sequenzen sind im Schnitt kaum zu verwenden (Menschen brauchen etwa drei Sekunden, um einen Bildinhalt zu verstehen). Denken Sie unbedingt auch an Detailaufnahmen als Schnittbilder, um später Spielmaterial fürs Zwischenschneiden zu haben. Und schauen Sie beim Dreh zwischendurch immer mal wieder auf Ihr Treatment.

5. Schnitt

Jedes Video besteht aus Szenen, die beim Dreh in einer jeweils gewählten Einstellung aufgenommen werden und im Schnitt dann in eine lineare Folge gebracht werden. Unterschieden werden bei den Einstellungen die Supertotale (Landschaften mit Personen als Beiwerk), die Totale (Personen und Gegenstände mit Umgebung, visuell relativ gleichgewichtig), Halbtotale (Personen von Kopf bis Fuß, Umgebung ist nur noch Beiwerk), die Amerikanische (Personen von Kopf bis Knie), die Halbnahe (Kopf bis Hüfte), die Nahaufnahme (Kopf bis Mitte des Oberkörpers), die Großaufnahme (Kopf mit Schulter) und die Detailaufnahme (Mund, Augen, Hände, Gegenstände oder Teile von Gegenständen). Ein guter Schnitt hat das Ziel, die Geschichte allein über die Bilder zu erzählen. In namhaften Fernsehredaktionen wird beispielsweise in der redaktionellen Abnahme der Ton ausgeschaltet, um zu sehen, ob die Geschichte allein durch die Bilder schon klar vermittelt wird. Machen Sie's zum Schluss genauso: Schalten Sie einmal den Ton ab und prüfen Sie, ob die Geschichte allein über die Bilder einen roten Faden hat.

Handwerklich ist im Videoschnitt vor allem wichtig, dass es generell nicht um möglichst viele Tricks aus der Effekte-Kiste geht, sondern um Schlichtheit. Professionell wirkt ein Video dann, wenn die grundlegenden Schnittregeln beachtet werden. Die wichtigste dieser Regeln hat mit der Zeit zu tun: Jede Einstellung sollte nicht kürzer als drei Sekunden und nicht länger als 15 Sekunden sein (es sei denn, es passiert etwas Wichtiges, das länger als 15 Sekunden dauert). O-Töne sollten nie länger sein als 30 Sekunden. Am besten lassen sich ruhige Bilder aneinanderschneiden. Einstellungen sollten nicht beendet werden, solange sich die Kamera noch bewegt. Startbilder sind also ruhige Bilder, Schlussbilder auch. Gleiche Einstellungen sollten nie aneinandergeschnitten werden – Totale an Totale oder Halbtotale an Halbtotale ist im Schnitt ein echter Fauxpas. Passende Schnittbilder helfen hier aus der Klemme, und genau deshalb ist es so wichtig, am Drehort von einer Szene mehrere Einstellungen zu drehen, am besten immer auch Details. Vermeiden Sie auch Anschlussfehler: Wenn Personen oder Gegenstände den Ort wechseln, müssen Schnittbilder (zum Beispiel Detailaufnahmen) dazwischengesetzt werden. Steht der Zoodirektor in einer Einstellung am Elefantengehege und begrüßt einige Zoobesucher, ist er aber in der nächsten Einstellung an seinem Schreibtisch zu sehen, dann wirkt das auf den Zuschauer wie ein unerwarteter, plötzlicher Sprung. Um diesen Eindruck zu vermeiden, wird ein Schnittbild eingefügt, zum Beispiel die Hände des Zoodirektors auf der Tastatur seines Computers. Ein klassischer Schnittfehler ist der sogenannte Achsensprung: Wenn zwei Personen oder Gegenstände im Bild zu sehen sind, dann bilden sie eine Linie, die in den Einstellungen nicht überschritten werden darf. Das ist ähnlich wie im Theater: Da fungiert im Normalfall die Vorderkante der Bühne als Achsenlinie – und auch diese darf von den Zuschauern nicht einfach so überschritten werden, um auf die andere Seite zu wechseln. Wird die Bildachse im Videoschnitt nicht beachtet und in zwei aufeinanderfolgenden Einstellungen übersprungen, wirkt das auf den Zuschauer wie ein plötzlicher Spiegeleffekt: Was gerade noch links war, ist jetzt rechts und umgekehrt, und das verwirrt. Die aneinandergereihten Einstellungen müssen also immer auf einer Seite dieser gedachten Achse bleiben.

Animation: Wenn der Blick verwehrt ist

Für Animationen oder Trickfilme werden Bewegungsabläufe von Figuren, Objekten und Effekten nicht in Echtzeit gefilmt (wie beim Video), sondern Bild für Bild wird künstlich geschaffen. Sie bestehen also nicht aus Bewegtfotos, sondern aus Bewegtgrafik im weitesten Sinne. Im Kern bieten Animationen den gleichen Vorteil wie Videosequenzen: Sie eröffnen dem Erzähler die Bewegungsdimension. Für schwer zu verbalisierende oder im Stillbild kaum zu visualisierende Vorgänge und Abläufe sind Animationen deshalb ein ebenso naheliegender Darstellungsmodus wie Videofilme. Zusätzlichen Vorteil gegenüber dem Videobild bietet die Animation überall dort, wo die Video-Kamera nicht hinkommt, nicht dabei sein darf oder nicht dabei gewesen ist. Beispiel Titanic-Untergang: Wie und warum das Passagierschiff nach der Kollision mit einem Eisberg letztlich unterging, lässt sich in der dynamischen Dimension heute nur noch nachzeichnen – eine Kamera war nicht dabei. Und selbst wenn zufällig eine Filmkamera vor Ort gewesen und die Katastrophe im Bewegtbild festgehalten worden wäre, so hätte man nur sehen können, was oberhalb der Wasseroberfläche passiert. Dem Blick der Kamera wäre verschlossen geblieben, was im Inneren der Titanic geschah, wie der aufgerissene Rumpf erst langsam, dann immer schneller von den eiskalten Wassermassen geflutet wurde und wie das Schiff nach dem Auseinanderbrechen schließlich auf den Meeresgrund sank. In einer Animation lässt sich die Szenerie auch ohne Filmbilder darstellen.

Vorteile haben Animationen auch dann, wenn per Videokamera aufgenommene Realbilder zwar möglich sind, aber nur geringen Informationswert bieten. Wenn beispielsweise auf einer populärwissenschaftlichen Website der Aufbau und die Funktionsweise des menschlichen Herzens erläutert werden sollen, hat eine Animation gegenüber Fotos oder Videosequenzen zahlreiche Vorteile: Sie zeigt den Aufbau des Herzmuskels, sein Kammer- und Klappensystem im Schema viel klarer und strukturierter als ein Foto (s. Abb. 179). Sie zeigt die Pumpbewegungen, den Blutkreislauf und die Strömungsrichtungen in einer Weise, wie es im Videobild gar nicht möglich wäre. Und sie zeigt eben nicht, wovor sich mancher ekeln wird: zu viel Blut. Das Risiko, dass die Betrachter gar nicht hinschauen mögen, wird deutlich geringer sein.

Der dritte Vorteil der Animation ist die inhaltlich beliebig skalierbare Größendimension. So kann bei Bedarf nicht nur der Makro-Kosmos auf Postkartengröße geschrumpft werden, etwa wenn im Trick gezeigt werden soll, wie es zu einer Sonnenfinsternis kommt, wie sich Galaxien durchkreuzen oder wie Ansammlungen von mehreren Universen einen Raumschaum bilden. Umgekehrt können natürlich auch Vorgänge im Mikro- und Nano-Kosmos grafisch sichtbar gemacht werden, die ansonsten ebenfalls mit bloßem Auge nicht zu begutachten wären (Abb. 180). Animationen erlauben also einen Blick auf das, was schon seiner Größe wegen nicht im Bild zu zeigen ist. Und nach allem, was man heute darüber aus der Kognitionspsychologie weiß, fördern sie bei komplexen Themen zudem die Informationsaufnahme, werden also schneller und besser verstanden als andere Darstellungsmodi.

Abb. 178: *Geo.de experimentierte schon früh mit rekonstruierenden 360-Grad-Panoramen: In dieser Aufnahme wurde beispielsweise das antike Rom zu Zeiten Kaiser Konstantins für den Betrachter virtuell begehbar.*

Darüber hinaus ist es auch möglich, komplette virtuelle Welten zu erschaffen (Virtual Reality) oder – in umgekehrter Richtung – die Alltagswelt um neue Dimensionen zu erweitern, Virtuelles also in Reales einzuweben (Augmented Reality, kurz AR). Auch hier sind beliebige Skalierungen wählbar – von Nano bis Makro ist prinzipiell alles möglich. All dies übt auf die Webnutzer regelmäßig einen starken Nutzungsanreiz aus, Animationen und virtuelle Realitäten sind für viele Nutzer echte Zuckerchen.

Die Nachteile des Darstellungsmodus Animation sind wiederum jenen ähnlich, die auch dem Einsatz von Audios und Videos entgegenstehen: So sind die Produktionskosten für aufwändige Animationen, beispielsweise in Flash, in X3D, in Java oder im Motion Capturing, in der Regel deutlich höher als die Produktionskosten für eine Audio- oder Videosequenz. Zudem benötigen die Nutzer für bestimmte

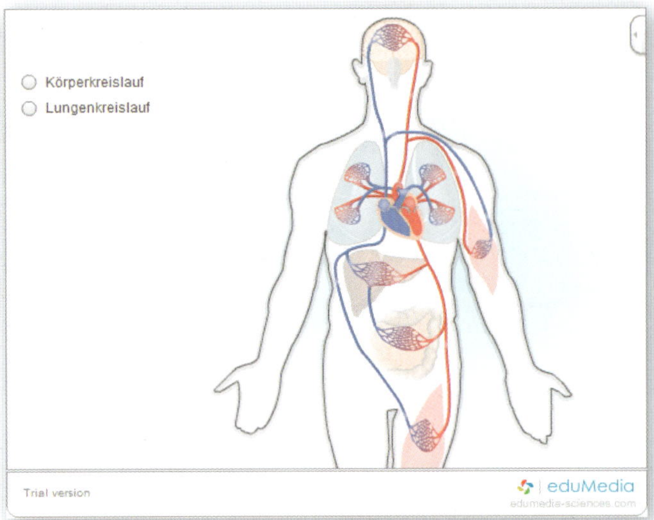

Abb. 179: *Interaktive Animationen sind als Lehrmaterial geeignet, visuell unzugängliche Zusammenhänge im Bewegtbild darzustellen. Hinzu kommt dann noch die Freiheit der zeitsouveränen Rezeption: Jeder kann selbst bestimmen, wie flott oder wie gemächlich das Ganze ablaufen soll.*

Abb. 180: *nanoreisen.de: Eine Reise in den Körper, durch die Haut, durch die Zellkerne bis hinein in subatomare Zonen.*

Dateiformate wenig verbreitete Zusatzprogramme, manchmal sogar ausführbare proprietäre Programme. Im konkreten Einzelfall relativieren sich diese Nachteile jedoch schnell, denn viele der webtypischen Freiheitsgrade lassen sich gerade im Vermittlungsmodus Animation sehr wirkungsvoll nutzen, die Grenze zu virtuellen und zu erweiterten Realitäten verschwimmt.

Animation – echtzeitaktuell

Echtzeitaktuelle Animationen gibt es im Web schon seit vielen Jahren. Ob als Hurricane-Tracker auf den Websites von Zeitungen im Hurrikan-Gürtel der USA oder als Thementrend-Landkarten, ob als RSS-Nachrichtenflüsse in Smartphone-Apps oder als Flug- oder Versandstatusdienste – kontinuierlich aufgefrischte Infografiken und Live-Animationen gehören im Web längst zum Standard. In der Live-Dimension wird die Grenze zu interaktiv-dynamischen Landkarten fließend, die letztlich nichts anderes sind als kartografische Animationen. Die in Live-Animationen verarbeiteten Daten werden mit überschaubarem Aufwand über offene Programmschnittstellen (APIs) aus Datenbanken eingespielt. Die Datenaktualisierungen verursachen jeweils nur relativ geringen Rechenaufwand und erschöpfen sich meist darin, dass einzelne Punkte einer grafischen Oberfläche in definierten Zeittakten neu berechnet werden.

Vergleichsweise deutlich aufwändiger ist es, aktuelle Nachrichten als computergenerierte Animationsfilme darzustellen. Bis vor einigen Jahren galt dies schlicht als technisch nicht machbar, weil allein die Produktion eines Einzelbildes für eine 24stel Sekunde Film schon mehrere Stunden Rechenzeit verbrauchen kann – für aktuelle, computergenerierte Nachrichtenfilme völlig indiskutabel.

Zwischenzeitlich hat sich in dieser Richtung einiges getan: Das taiwanesische Unternehmen Next Media Animations (NMA) bietet seit 2009 zwar noch keine Live-News-Animationen, aber immerhin schon etwas Ähnliches.

Um komplexe Nachrichtenthemen in möglichst kurzer Zeit in sendefähige Animationsfilme übersetzen zu können, ließ Unternehmenschef Jimmy Lai ein stark arbeitsteilig aufgebautes CGI-Produktionsverfahren (CGI = Computer Generated Imagery) entwickeln. Im Prinzip ähnelt dieser Produktionsprozess jenem Verfahren, das bis dato vor allem aufwändigen Kinofilmprojekten vorbehalten war, um computergenerierte Filmfiguren zu schaffen, wie beispielsweise den Gruselzwerg Gollum für Peter Jacksons »Herr der Ringe«-Filme. Mit einem Unterschied: Die Storyboards basieren auf Agenturnachrichten und eigenen Recherche-Informationen, sie sind der redaktionelle Ausgangspunkt. Alles Weitere läuft dann wie beim CGI-Dreh fürs Kino ab, nur eben durch parallelisierte Arbeitsschritte viel schneller: Die in den Storyboards skizzierten Szenen werden von Schauspielern im Akkord nachgespielt (sogenanntes Re-Enactment) und dabei im Motion-Capture-Verfahren rechnergestützt in 3D-Animationen verwandelt (Abb. 184).

Worauf Lais Investment zielte, verriet er Mitte 2010 dem Technik-Magazin Wired: Er wolle nach einem Mord nicht immer nur TV-Bilder des Opfers zeigen, sondern den im Ablauf rekonstruierten Tathergang gleich mitliefern – und das natürlich möglichst flott, damit das Material an Fernsehketten und Nachrichten-Websites verkauft werden kann. Punktuell ging der Plan auf: Weltweit für Furore sorgte NMA erstmals, als der US-Golfstar Tiger Woods mit seinem Geländewagen direkt vor seinem Haus gegen einen Baum fuhr und es Gerüchte gab, der Unfall sei Folge

Abb. 181: *Im Web: animierte, interaktive Live-Karte über Flugverspätungen auf europäischen Flughäfen.*

Abb. 182: *Flipboard nutzt RSS-Feeds, um daraus automatisch ein blätterbares iPad-Magazin zu erstellen.*

Abb. 183: *Gequirlter 3D-Animationsquark aus der CGI-Schmiede von Next Media Animations aus Taiwan: ernste Themen als animierter Comic-Strip.*

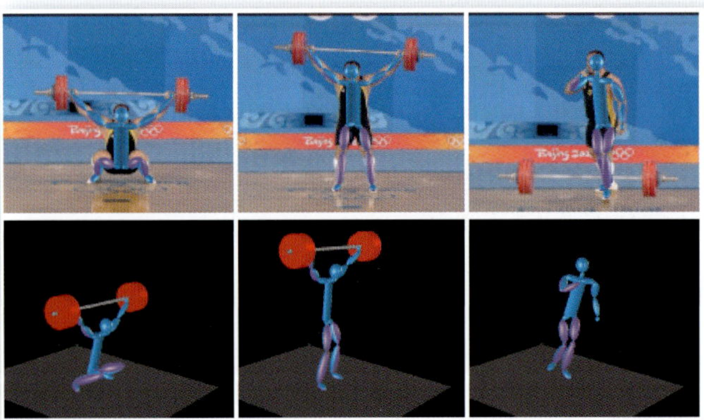

Abb. 184: *Mittlerweile lassen sich 3D-Animationsfilme auch aus zweidimensionalen Videos extrahieren, fiktives Geschehen lässt sich damit aber natürlich nicht nachstellen. http://www.innovations-report.de/html/berichte/informationstechnologie/quot_videomocap_quot_macht_2d_videos_3d_animationen_157957.html*

eines handgreiflichen Ehekrachs mit seiner Frau Elin Nordegren gewesen. Das NMA-Team stellte das Geschehen in – weitgehend spekulativen – Szenen nach, produzierte daraus in gut drei Stunden einen 96-sekündigen Animationsclip, lud die Datei auf Youtube hoch, und in kurzer Zeit hatten sich mehrere Millionen Nutzer den Nachrichtenfilm angesehen. Etliche TV-Sender nutzten das Material nach NMA-Angaben anschließend für ihre Berichterstattung.

Was technisch machbar ist, muss dabei journalistisch aber nicht unumstritten sein: Inhaltlich sind die NMA-Animationen schon im Grundsatz problematisch, weil sie in der Regel nicht mehr liefern (können) als kaum fundierte Spekulation. Außerdem zeigten die ersten News-Animationen regelmäßig einen zumindest für westliche Betrachter irritierenden Hang zu unangemessen flapsiger Inszenierung: So wurden die 2010 unter Tage eingeschlossenen, um ihr Leben kämpfenden chilenischen Bergarbeiter beispielsweise öffentlich verballhornt, indem sie in einer Animation als debile Typen dargestellt wurden, die feuergefährliche Fürze lassen und sich mit Nikolausmützen auf dem Kopf und Karaoke-Liedern in der Kehle lustig und gut gelaunt ihre freie Zeit vertreiben (s. Abb. 183).

Animation – interaktiv

Anders als linear ablaufende Animationen, die von den Nutzern allein auf festgelegten Zeitschienen betrachtet werden können und deshalb eher an traditionelles Fernsehen erinnern, bieten interaktive Animationen den Nutzern eine zeitsouveräne Rezeption. Sie können einzelne Sinneinheiten der Animation also in beliebiger Reihenfolge und in individuell bestimmter Geschwindigkeit erkunden (Abb. 185, Abb. 186).

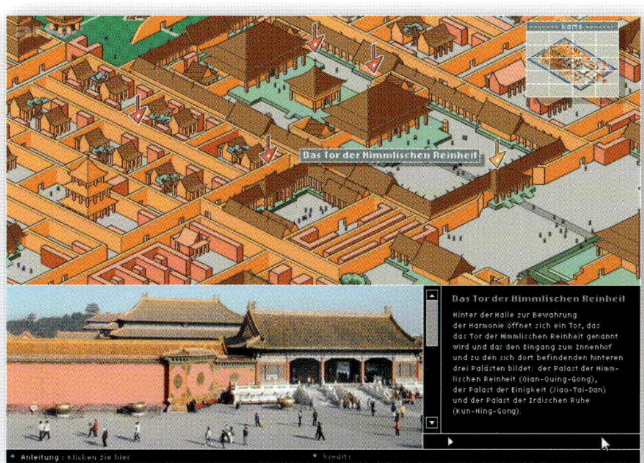

Abb. 185: *arte.tv: Interaktive, isometrische Grafik der Verbotenen Stadt im Zentrum Pekings.*

Abb. 186: *MSNBC: Start der US-Raumfähre Discovery aus unterschiedlichen Videokamera-Perspektiven, die in eine interaktive, animierte Oberfläche eingebunden sind.*

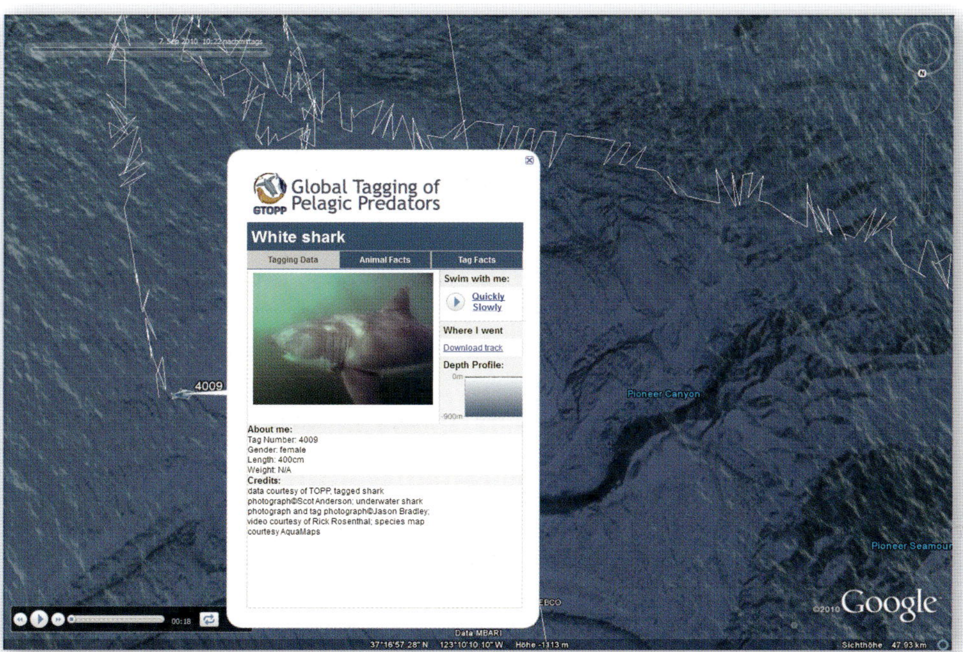

Abb. 187: *Die Zickzacklinie zeigt das Bewegungsprofil eines per Sonde markierten Weißen Hais in einer Animation. Der aktuelle Aufenthaltsort des Tieres wird als Hotspot-Punkt für ein multimediales Datenblatt eingebunden.*

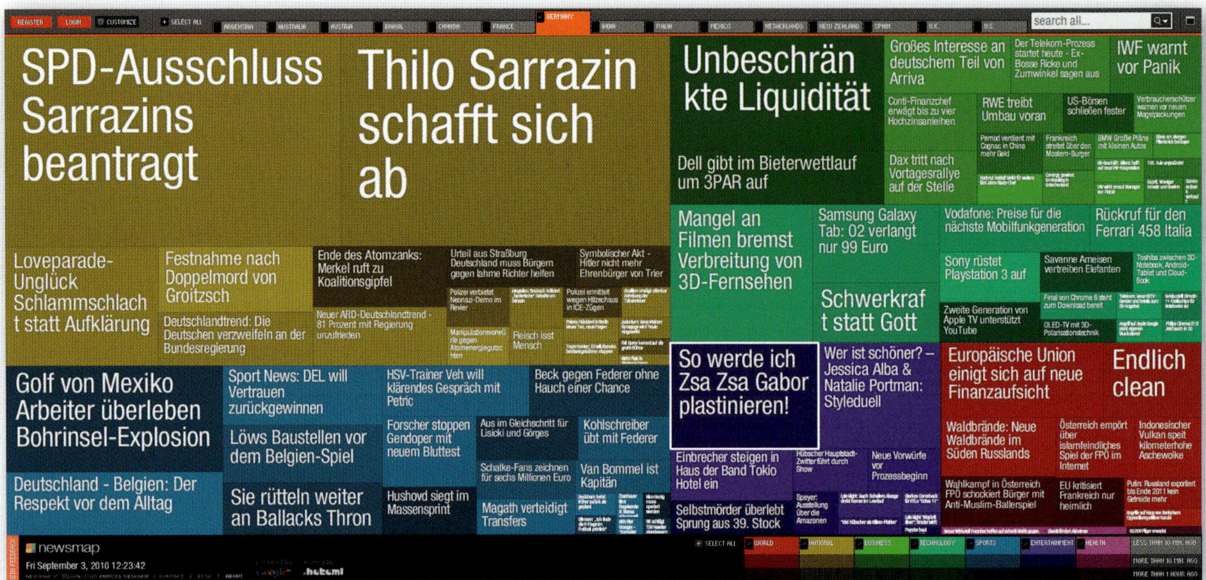

Abb. 188: *Nachrichtenlandkarte: Welches Thema ist im deutschen Web gerade das dominierende Thema? Je mehr Links in Google News auf die thematisch zugehörigen Artikel verweisen, desto größer ist die Themenfläche. Stark verlinkte Themen lassen sich in dieser Grafimation also über die jeweilige Flächengröße von weniger stark verlinkten Themen unterscheiden.*

Animation – crossmedial

Animationen lassen sich im Web mit beliebigen anderen Medienmodi verknüpfen, es können Videos in sie eingebettet werden, sie können mit O-Tönen unterlegt oder einfach mit Geräuschen aufgepeppt werden.

Animation – entgrenzt

Animationen können im Web theoretisch völlig entgrenzt realisiert werden. Vorstellbar sind unendlich tiefe, hohe, lange oder fortlaufend aktualisierte Animationen. Nur ein Beispiel: Die 2010 vielbeachtete Spacemap-App von Frédéric Descamps beispielsweise kartografiert einen Weltraumsektor mit 135 Millionen Lichtjahren Durchmesser, lässt darin die Planeten unseres Sonnensystems auf ihren Echtzeitpositionen um die Sonne kreisen und hätte theoretisch immer noch Platz für ein paar Parallel-Universen.

Eine zusehends wichtiger werdende Variante der Animation sind umfangreiche Datenvisualisierungen, die aus Datenbanken gespeist werden. Im Web werden sie häufig kurz als Datavis oder als Daten-Mashups bezeichnet. Solche Mashups verknüpfen Datenbanken, API-Programmcode und Grafikdesign zu einem neuen Ganzen, um größere Datensätze visuell auf jeweils wesentliche Aussagen zu reduzieren oder um Zusammenhänge zwischen

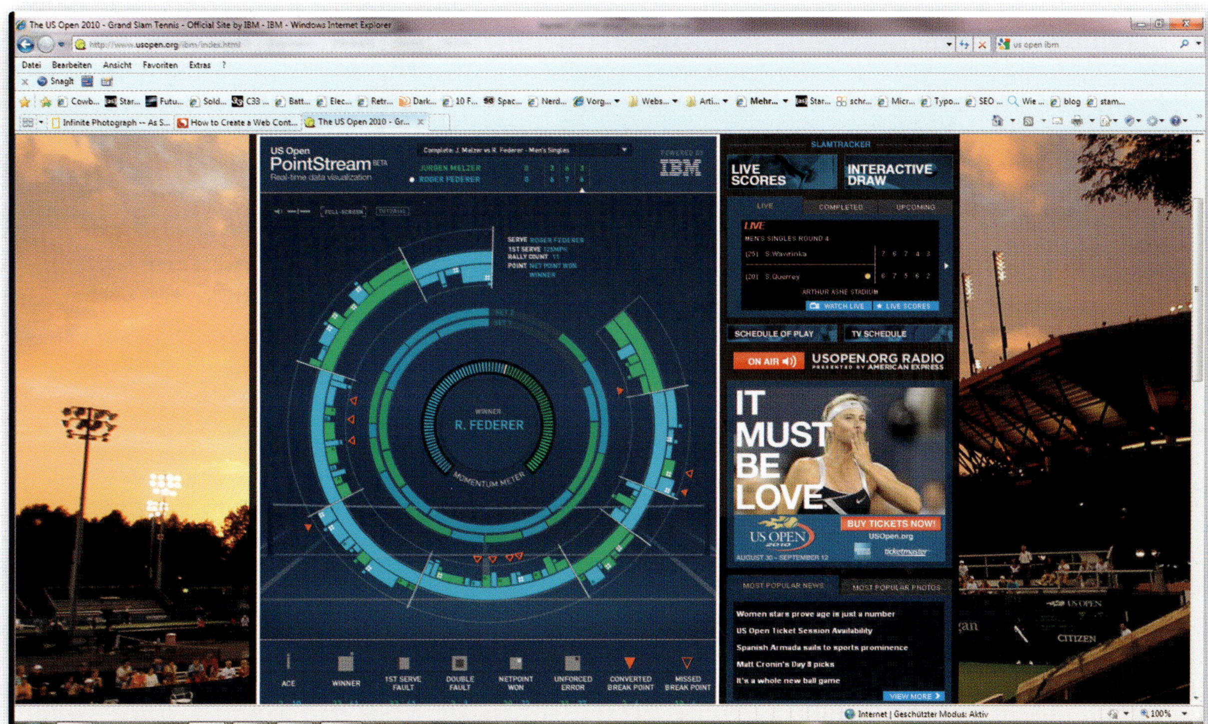

Abb. 189: *Interaktives Mashup, visualisiert in der Kugelform eines Tennisballs: Auf der offiziellen US-Open-Website wurden die statistischen Daten eines jeden Matches in Echtzeit ausgewertet und im Zentrum der Kugel grafisch in eine aktuelle Sieger-Verlierer-Tendenz übersetzt. Das Angebot war gedacht als Match-flankierende Berichterstattung – wirkte für diesen Zweck allerdings informativ etwas überladen.*

Datensätzen anschaulich auszuleuchten. Die Menge der visualisierten Daten geht dabei in der Regel jeweils weit über das hinaus, was etwa in statische Infografiken eingespeist werden kann. Die mit Mashups verbundene Innovation liegt vor allem in der Verknüpfung von Datenbanken über offene Programmierschnittstellen (APIs) mit infografischen Visualisierungstechniken: Die APIs erlauben es, umfangreichste Datensätze anzuzapfen, diese miteinander zu verknüpfen und mit speziell formulierten Algorithmen zu durchfiltern. Durch infografische Veredelung werden aus den genutzten Datenbeständen dann visuell überschaubare, interaktiv steuerbare dynamische Präsentationsformen. Entgrenzt sind diese Formen häufig in zeitlicher Hinsicht: Wenn niemand die beteiligten Datenbanken und Server abschaltet, kann so etwas ewig weiterlaufen.

Eines der bekanntesten Mashup-Beispiele ist die Nachrichtenlandkarte von Marcos Weskamp: Für diese interaktive Visualisierung wird fortlaufend ausgewertet, wie viele Links

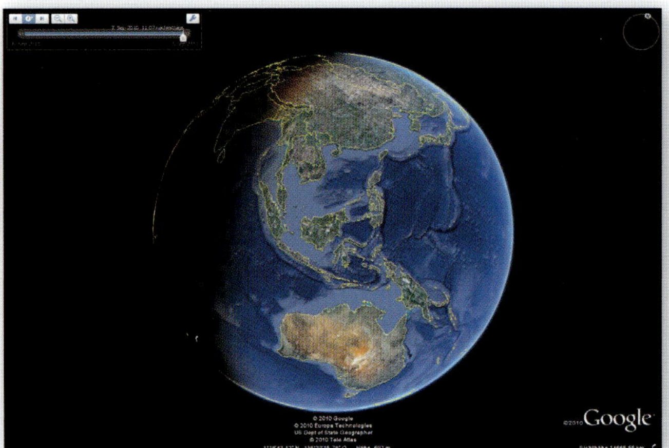

Abb. 190: *Der gesamte Planet in einer dreidimensionalen Animation: Google hat die Erde mit seinem Google-Earth-Dienst zum Spielball auf Rechnermonitoren gemacht.*

ein bestimmtes Thema in den Nachrichtenquellen von Google News in einem definierten Zeitfenster erreicht hat. Je mehr Links für ein Thema gezählt werden, desto größer ist die Fläche für das betreffende Thema in der Nachrichtenlandkarte (s. Abb. 188). Möglich ist es auch, sich die Nachrichtenlandkarten von zwei oder mehr Ländern im Vergleich anzeigen zu lassen. Die Ländervergleiche zeigen in optisch schnell zu erfassender Form, welche Themenfelder jeweils relativ größere Beachtung finden, welche Themenfelder vergleichsweise weniger stark interessieren, und natürlich, ob und inwieweit in den Medien der verglichenen Länder über die gleichen oder über unterschiedliche Themen berichtet wird.

Auch in der Sportberichterstattung werden Mashups häufig eingesetzt. IBM beispielsweise bot auf der offiziellen US-Open-Website im Sommer 2010 eine interaktive Kreisgrafik an, in der echtzeitaktuelle Spieldaten während der Matches zusammengefasst und fortlaufend in einen Momentum-Meter-Wert umgerechnet wurden (s. Abb. 189). Das Momentum-Meter im Zentrum der Grafik zeigte dann in Echtzeit die jeweils aktuelle Sieger-Verlierer-Tendenz für die beiden Spieler an: Der eine Spieler beispielsweise erhielt dazu als Momentum-Kennung die Farbe Blau, der andere die Farbe Grün. In engen Matches teilte sich die Momentum-Meter-Kreisanzeige in zwei gleichgewichtig bemessene Farbhälften, in ungleichen Matches mit einem deutlich dominierenden Spieler dominierte im Momentum-Meter dann die Farbe des gerade dominierenden Spielers. Was ein bisschen kompliziert klingt, hatte in der Praxis schon einen gewissen Charme, denn das Momentum-Meter kündigte – mit gleichsam seherischer Gabe ausgestattet – verlässlich an, wenn ein gerade noch klar dominiertes Match bald kippen sollte.

Entgrenzung findet in Animationen in gewisser Weise auch deshalb statt, weil das Darzustellende in der Größe grundsätzlich beliebig skaliert werden kann. Google beispielsweise hat mit seinem Google-Earth-Dienst den gesamten Planeten in eine interaktive dreidimensionale Animation verwandelt (s. Abb. 190). Die Nutzer können den Globus deshalb beliebig drehen, beliebig verkleinern oder vergrößern, beliebig hinein- und wieder hinauszoomen und beliebig vom einen Ort zum nächsten springen. Zusätzlich entgrenzt wird diese Animation, indem sie als Speicherziel für nutzergenerierten Inhalt dient. In Google Earth ist die Erde also ein stetig wachsendes Inhalte-Universum.

Wenn Fotos oder Videos realer Orte in eine abbildende, interaktive Animation gespeichert werden, dann fließt Reales ins Virtuelle. Auch die umgekehrte Richtung ist als entgrenzende Darstellungsoption zugänglich: Das Virtuelle kann in die physikalische Realität eingewoben werden, wenn Texte oder

Abb. 191: *Augmented Reality mit dem Smartphone: Auf dem iPhone wird das aktuelle Erscheinungsbild des Reichstagsgebäudes über die integrierte Kamera angezeigt. Der AR-Browser sorgt dafür, dass dieses aktuelle Bild durch eine historische Aufnahme überblendet wird. Dem Betrachter öffnet sich damit auf dem Smartphone-Bildschirm ein Tunnel zurück durch die Zeit.*

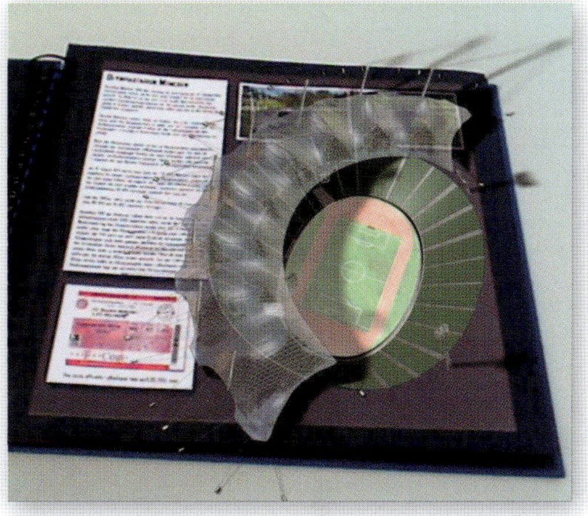

Abb. 192: *Papier ist nicht nur geduldig, sondern immer auch für eine Überraschung gut: Dieses Buch beispielsweise zeigt eine dreidimensionale Animation des Münchner Olympiastadions. Ganz ohne Technik lässt sich das 3D-Bild allerdings nicht nutzen. Um es sehen zu können, muss die Seite in das Aufnahmefeld einer Webcam gehalten werden, und es muss auf dem zugehörigen Rechner ein entsprechendes Programm installiert sein.*

Fotos über Kamera-Smartphones virtuell in die reale Umwelt eingeblendet sind, und diese reale Umwelt so in eine Projektionsfläche für webgebundene Daten verwandeln. Diese so genannte Mixed Reality oder Augmented Reality (AR, deutsch: erweiterte Realität) wird sowohl für Anwendungen an Schreibtischrechnern als auch für mobile Applikationen eingesetzt. An Rechnern mit Webcam beispielsweise kann der im Videobild zu sehende reale Raum durch zweidimensionale oder dreidimensionale Einblendungen erweitert werden. Aus manchen Kinderbüchern springen dann animierte Dinosaurier aus Holzkisten, oder aus Architekturzeitschriften erwachsen dreidimensionale Modelle berühmter Bauwerke.

Die technischen Voraussetzungen fürs Betrachten solcher Einblendungen sind allerdings (noch) nicht wirklich massentauglich: Neben einem flotten Rechner mit geeigneter Grafikkarte muss zusätzlich eine Webcam vorhanden sein, und es muss auf dem benutzten Rechner ein ausführbares Programm installiert werden. Ist das alles funktionstüchtig eingerichtet, dann wird die virtuelle Einblendung durch einen grafischen Marker gestartet, der in das Bildfeld der Webcam gehalten wird. Sobald die installierte Software den Marker per Webcam erkannt hat, wachsen auf dem Rechnermonitor beispielsweise aus zweidimensionalen Papierseiten lebendige dreidimensionale Animationen.

Der Buchverlag ArsEdition etwa hat im Sommer 2010 auf diese Weise ein Kinderbuch über Dinosaurier virtuell erweitert und so die physischen Grenzen des Buchkörpers

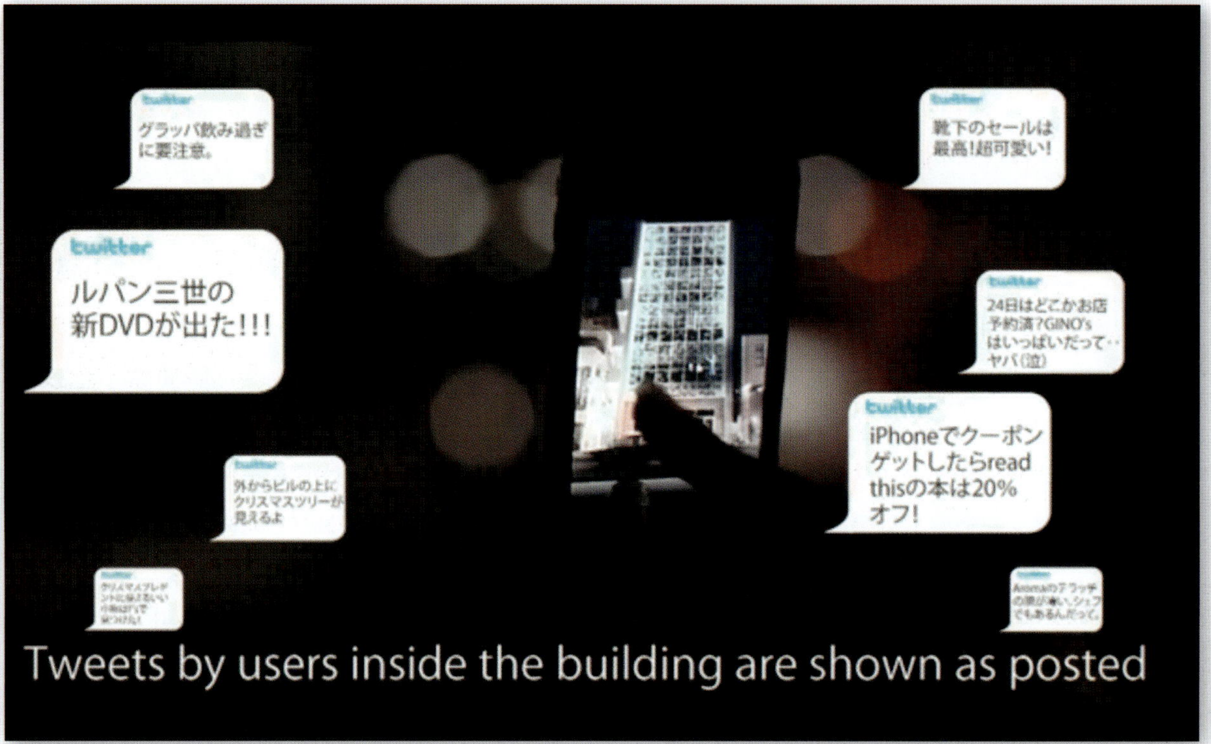

Abb. 193: *Hochhausfassade als QR-Code: Wer seine Smartphone-Kamera auf das N-Building in Tokio hält und den riesigen QR-Code auf der Fassade einliest, für den wird die Fassade des Gebäudes transparent. Auf dem Smartphone-Monitor ist dann live zu sehen, in welchen Räumen gerade Menschen arbeiten und was sie gerade twittern.*

virtuell überwunden. Wer das Buch vor einer Webcam am Rechner durchblättert, sieht, wie Baby-Dinos aus Eiern schlüpfen, wie Flugsaurier nach Fischen jagen oder wie ein Tyrannosaurus Rex mit weit aufgerissenem Maul sein markerschütterndes Drohgebrüll über die Lautsprecher schickt. Massenkompatibler erscheint im Vergleich die mobile AR, denn dazu wird nicht mehr als ein Smartphone mit eingebauter Kamera plus eine AR-App benötigt.

Animation – dreidimensional

Wenn Animationen interaktiv gestaltet werden, dann eröffnet die räumliche Dimension besonders spannende Zugangsmöglichkeiten: Die Betrachter können sich virtuell an Orten tummeln oder Dinge begutachten, die ihnen sonst nicht oder nicht so unmittelbar zugänglich wären. So können in dreidimensionalen Animationen beliebige Gegenstände gedreht und gewendet und von allen Seiten beäugt werden. Und es lassen sich darin reale oder fiktive Orte und Landschaften begehen oder erkunden. Ein frühes Beispiel für eine dreidimensionale Nachrichten-Animation lieferte CNN.com in den späten Neunzigerjahren. Die CNN-Web-Redaktion experimentierte damals mit der VRML-Technologie, um Naturphänomene oder Weltraumtechnologien zu erklären. Die Abb. 194 zeigt eine VRML-Animation des Weltraum-Teleskops Hubble aus dem Jahr 2001. Das Teleskop konnte in dieser Animation aus beliebigen Perspektiven betrachtet werden, auf Mausklick ließen sich einige Baukomponenten auch öffnen. Im Jahr 2010 ist die dreidimensionale Animation als Darstellungsform auch im mobilen Web angekommen – auf Tablet-Geräten wie Apples iPad (Abb. 195).

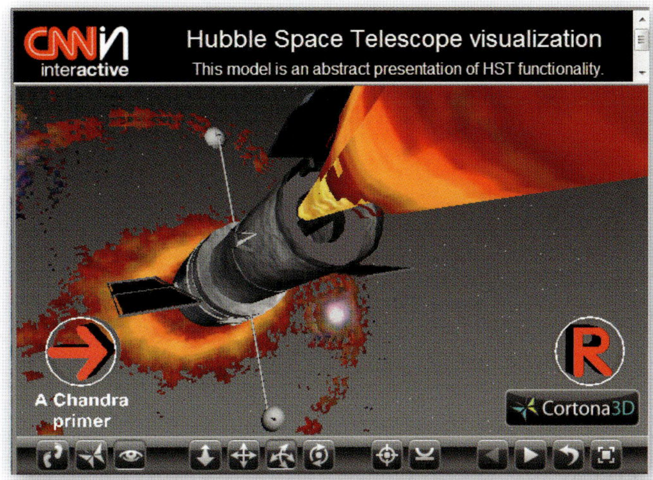

Abb. 194: *VRML-Animation auf cnn.com im Jahr 2001*

Abb. 195: *Gehört in den iPad-Versionen namhafter Printmedien zum Standard: die dreidimensionale Animation. Die beiden Aufnahmen zeigen eine dreidimensionale Animation aus der iPad-App von Wired.*

Und was heißt das alles ganz praktisch?

Welcher Darstellungsmodus letztlich für ein bestimmtes Thema und eine bestimmte Zielgruppe der angemessene ist, lässt sich nur im Einzelfall entscheiden. Einige Optionen werden sich in vielen Redaktionen erst gar nicht bieten, weil personelle und/oder technische Ressourcen fehlen. Wenn im Idealfall alle Optionen verfügbar sind, wird zunächst das Thema in seine wesentlichen Teilaspekte zerlegt und bestimmt, welcher Aspekt in welchem Modus beziehungsweise in welchen modusbezogenen Dimensionen vermittelt werden kann und soll.

Technisch unprätentiös sind natürlich immer die beiden Grundmodi Wort und Foto. Für den Themenzugang grundlegende Informationen sollten deshalb immer in diesen Modi angeboten werden, denn nur so ist sichergestellt, dass potenziell alle Nutzer mindestens die Basisdaten auch tatsächlich zu Gesicht bekommen.

Ob darüber hinaus auch Audios, Videos, Animationen oder Daten zum Einsatz kommen sollen, lässt sich dann über die jeweiligen Stärken der einzelnen Optionen klären: Ist beispielsweise die akustische Dimension für die Berichterstattung unwichtig, dann reicht ein Foto plus Text. So muss man die x-te Rede des Bundesfinanzministers im Bundestag sicher nicht als O-Ton bringen, wenn keine besondere emotionale, stimmliche Färbung zu erwarten ist. Geht es im Bundestag zwischen Redner und Opposition aber richtig zur Sache, dann kann eine Berichterstattung in Text und Foto unzureichend sein, und alternativ sollte möglichst eine Audiosequenz angeboten werden. Kommt es im Bundestag während der Rede zu einem unvorhergesehenen Zwischenfall, weil beispielsweise ein Oppositionsabgeordneter dem Redner ein Glas Wasser ins Gesicht schüttet, dann sind Bewegtbilder oder zumindest eine Diaschau des Vorgangs angesagt.

Bei identischem Informationswert sollte immer der jeweils einfachere und kostengünstigere Modus Vorrang haben. Ein Beispiel: Wenn auf der Website einer US-Zeitung in einer Animation erläutert wird, dass den US-Autofahrern durch ein neues Umweltschutzgesetz jährlich 200 US-Dollar zusätzliche Kosten entstehen, ist definitiv etwas schiefgelaufen. Um eben diese Information zu vermitteln, braucht man keine virtuelle Landschaft, keine Straße und auch keine Autos, die in den Bildvordergrund fahren, um dann mit den Mehrkosten pro Jahr beziffert zu werden – ein schlichter Aussagesatz hätte völlig ausgereicht und wäre wesentlich nutzerfreundlicher gewesen.

Als Faustregel gilt nach wie vor: Je unkomplizierter der Darstellungsmodus, desto nutzerfreundlicher und massenfähiger ist der Inhalt. Jede Abhängigkeit von zusätzlicher nutzerseitiger Zugangstechnik reduziert die maximal mögliche Reichweite. Eine AR-Komponente setzt beispielsweise ein kamerabestücktes Smartphone voraus plus eine AR-Browser-App. Noch komplizierter wird es, wenn eine AR-Animation per Grafik-Marker auf einem Blatt Papier gestartet werden soll. Dazu braucht ein Nutzer dann einen schnellen Rechner, eine aktuelle Grafikkarte, eine schnelle Webcam und ein ausführbares Zusatzprogramm. Im Ergebnis wird die erreichbare Zielgruppe eher klein sein. Im Zeitverlauf ist zu beachten, dass sich einzelne Darstellungstechniken als Standards etablieren. Dann würde selbst die Abhängigkeit von einem zusätzlichen Steckerprogramm für den Browser unproblematisch sein. Flash beispielsweise stellt heute sicher keine Zugangshürde mehr dar. Es ist als

Zusatzprogramm bei etwa 95 Prozent der Nutzer im Browser installiert.

Von 1000 potenziellen Nutzern werden also nur noch 50 Nutzer von der Rezeption ausgeschlossen. Anders verhält es sich nach wie vor für VRML-Animationen: Die Technologie konnte sich längst nicht so breit durchsetzen, und auch der VRML-Nachfolger X3D hat daran nichts geändert. Plug-in-Programme wie Cortona3D sind nur Eingeweihten bekannt und für die Ansprache breiter Zielgruppen ungeeignet. Vielleicht ändert sich das mit HTML 5, denn 3D-Anwendungen können damit ohne Plugin betrachtet werden.

Zu beachten ist ohnehin, dass diese Zahlen sich ständig ändern und auch mit Blick auf bestimmte Zielgruppen immer zu relativieren sind. So kann der Penetrationswert für X3D-Plug-ins in Naturwissenschaftlerkreisen deutlich besser sein als im allgemeinen Durchschnitt, weil VRML gerade in der Chemie und der Biologie häufig für die Darstellung etwa von Molekülen genutzt wird. Ob ein bestimmtes Plug-in bei den anvisierten Nutzern vorhanden ist, hängt also auch von der jeweiligen Zielgruppe ab. Neben der inhaltlichen Zielgruppenorientierung braucht es in Online-Redaktionen deshalb immer auch eine technische Zielgruppenorientierung. Informationen über die technische Ausstattung der eigenen Nutzer sind stets in die Content-Planung einzubeziehen.

Neue Formen: HMPs, Audio-Slideshows & Co.

Systematisieren lässt sich die Vielfalt der unterschiedlichen Darstellungsformen am ehesten über den Grad der Multimedialität. Bereits in der Erstauflage dieses Buches wurde auf dieser Basis ein Versuch unternommen, das Formenspektrum zumindest ansatzweise zu ordnen und zu skizzieren, und allem Anschein nach hat sich dieser Versuch als durchaus praxistauglich erwiesen. Auch wenn harte empirische Daten dazu nicht vorliegen, ist doch auf den einschlägigen Websites festzustellen, dass das Spektrum der Darstellungsformen nach wie vor von multimedial ergänzten Print-Texten über Slideshows und 360-Grad-Panoramafotos bis hin zu den multimedial hoch integrierten Webspecials reicht. Die zu Beginn des Jahrhunderts erkennbaren, vornehmlich aus traditionellen Printformen abgeleiteten Erzählmuster haben sich augenscheinlich weiter gefestigt und differenziert.

Eine einheitliche Nomenklatur dieser Online-Darstellungsmuster wird vermutlich Zeit brauchen und sich – nicht anders als im Printjournalismus – erst im Zeitverlauf herauskristallisieren. Immerhin allerdings sind die vor knapp zehn Jahren vorgeschlagenen Bezeichnungen für diese Muster (Heijnk 1997 oder auch Meier 1998) inzwischen auf den redaktionellen Websites punktuell wiederzufinden. Was die acht in 2002 skizzierten Darstellungsmuster anbelangt, sind sieben davon im WWW nach wie vor in Gebrauch – graduell sicher in unterschiedlichem Ausmaß und zuweilen natürlich auch unter anderen Namen:

- der multimedial ergänzte Print-Artikel (Hypermedia-Patchwork),
- die kontinuierlich aktualisierte, monothematische Textsammlung (Themenpaket),

- die linear arrangierte Fotostrecke (Slideshow, ebenso die Subform Audio-Slideshow),
- die pointillistisch in Vielfach-Porträts oder in Vielfach-O-Tönen erzählte monothematische Geschichte (Multiperspektiven-Story),
- die visuell immersiven Formate wie 360-Grad-Panoramen oder 3D-Videos (3D-Media),
- die interaktive Grafik (Grafimation) und
- die multimedial hoch integriert erzählte monothematische Geschichte (Webspecial).

Allein das Online-Feature als Hybridmuster aus Printreportage und Datenbankkomponenten ist eher Experiment geblieben und weitestgehend von der Bildfläche verschwunden, vermutlich weil das Artikellesen und das in einen Text integrierte Zugreifen auf Datenbanken zu unterschiedliche Vorgänge sind und in der Rezeption nicht wirklich harmonieren. Wenn es die Intention der frühen Experimente war, statistische Daten enger in interaktive Erzählmuster einzubinden, dann scheinen am ehesten die sogenannten Daten-Mashups als narrative, interaktive Datenvisualisierungen diese Linie evolutionär fortzuschreiben.

Reinrassige Beispiele für die unterschiedlichen Darstellungsmuster sind im Web zwar auch in 2010 nicht unbedingt weit verbreitet, aber auf journalistischen Websites durchaus regelmäßig zu finden. Interactivenarratives.org, eine der bekanntesten Beispielsammlungen für multimedial erzählte Geschichten im Web, zählte 2010 beispielsweise annähernd 2000 Einträge – und die meisten davon stammten aus den Online-Redaktionen von Zeitungen, Zeitschriften und TV-Sendern. Auch Mischformen sind nicht ungewöhnlich: Slideshows beispielsweise können integraler Bestandteil eines Webspecials, 360-Grad-Fotos in einen Multiperspektiven-Bericht eingebaut oder 3D-Panoramen mit O-Tönen verknüpft sein. Auf der anderen Seite sind die Grenzen zwischen den Darstellungstypen sicherlich ohnehin fließend: Die Unterschiede zwischen einem Hypermedia-Patchwork (HMP) und einem Webspecial beispielsweise sind gerade in elaborierten Exemplaren allenfalls noch akademischer Natur.

In den folgenden Abschnitten werden die genannten, abgrenzbaren Textmuster kurz vorgestellt und mit Beispielen illustriert. Maßgebliches Unterscheidungskriterium bleibt, wie schon in der Erstauflage dieses Buches, der jeweilige Grad ihrer Multimedialität: Auf der einen Seite des Formen-Kontinuums stehen die textdominierten HMPs, in denen multimediale Komponenten als punktuelle Ergänzungen dienen. Auf der anderen Seite stehen die multimedial hoch integrierten Webspecials, in denen das geschriebene Wort eine nebengeordnete, manchmal auch nachrangige Rolle spielt.

Das Hypermedia-Patchwork: Artikel mit Multimedia garniert

Hypermedia-Patchworks (HMPs) sind die häufigste multimediale, genauer: multimodale Darstellungsform im Web. Sie bestehen jeweils aus einem Print-Artikel und flankierenden Multimedia-Komponenten. Ähnlich wie bei den Themenpaketen steht auch in den HMPs also ein Text im Zentrum. Allerdings ist ein HMP eine zeitpunktbezogene Form und wird im nachrichtlichen Tagesgeschäft eingesetzt, während Themenpakete eine zeitraumüberspannende Form sind und fortlaufend das gesamte auf einer Website vorhandene Material zu einem bestimmten Thema versammeln. HMPs sind deshalb regelmäßig Komponenten von Themenpaketen. Audio- und Video-Dateien, Animationen und Slideshows fungieren im HMP als Content-Satelliten, die den Kernartikel flankieren und im Normalfall über beigestellte oder eingebettete Links angeklickt werden. Entsprechend könnte dieses Muster auch als Print-plus-Form bezeichnet werden, so wie es Roman Mischel auf onlinejournalismus.de einmal vorgeschlagen hat.

Den Nutzern präsentiert sich ein solches Ensemble als fragmentierter Multimedia-Content: Es gibt einen Artikel und drum herum die zusätzlichen Audio-, Video- oder Animationssequenzen. Die einzelnen Fragmente sind zwar inhaltlich aufeinander abgestimmt, eine Reihenfolge wird für die Rezeption der unterschiedlichen Inhalte vom Verfasser aber nicht vorgegeben. Und anders als bei den Webspecials gibt es im HMP auch keine eigene Intro-Seite und auch kein thematisches Key Visual am Seitenkopf, sondern das Standard-Template für die Nachrichtenstoffe.

Für die Produktion eines HMP gilt zwingend, dass die unterschiedlichen Komponenten inhaltlich aufeinander abgestimmt werden müssen. Wird im Video noch einmal genau das Gleiche gesagt wie schon im Text, dann fehlt dem Video der Mehrwert – und die Nutzer verstehen nicht mehr, warum sie zusätzliche Rezeptionszeit aufwenden sollen. In jedem Fall muss ein HMP also bereits auf der Artikelebene den inhaltlichen Kern vermitteln und einen abgeschlossenen Sinn stiften.

Ist dies nicht der Fall und ein Verstehen des Ensembles erst nach dem Betrachten weiterer multimedialer Komponenten möglich, dann kann ein gravierendes Problem auftreten: Scheitert das Aufrufen einer inhaltlich unverzichtbaren Multimedia-Komponente, aus welchen Gründen auch immer, dann bleibt dem Nutzer der Schlüssel zum Verstehen des Inhalts vorenthalten. Darüber wird sich niemand freuen können, die Nutzer nicht und der Anbieter des Inhalts konsequenterweise auch nicht.

Technisch anspruchsvollere Komponenten sollten deshalb immer nur als Ergänzungen dienen, der Kern eines HMP gehört stets in den nutzerfreundlichsten Modus, also in den schriftlichen Text. Ausnahme: Der Inhalt ist in der Textform nicht oder nur unzureichend darstellbar. Als Faustregel gilt: Eine Audio- oder Videosequenz sollte niemals nur das wiederholen, was bereits im Text zu lesen war. Liefert ein Multimedia-Element redundante Information, dann lohnt sich für die Nutzer der zusätzliche Rezeptionsaufwand nicht mehr, und die Kosten-Nutzen-Relation gerät in Schieflage. HMPs sind also immer eine Gratwanderung: Zusätzliche Multimedia-Komponenten müssen zusätzliche inhaltliche Aspekte liefern, um den höheren Aufwand für Redaktion und Nutzer zu rechtfertigen. Gleichzeitig darf die Rezeption einer zusätzlichen Multimedia-Komponente nie Voraussetzung für das Verstehen des angebotenen Gesamtinhalts sein.

Abb. 196: *Frühes Beispiel für die multimediale Ergänzung schriftlicher Berichterstattung: Nachrichten-Video über die ICE-Katastrophe bei Eschede auf Spiegel Online.*

Nachrichten vom 24.09.2010 FOCUS Magazin | FOCUS-MONEY | FOCUS TV | FOCUS-SCHULE Meine Themen | Login | Registrieren

Home Politik Finanzen Wissen Gesundheit Kultur Panorama Sport Digital Reisen Auto Immobilien

Deutschland | Ausland | Zitate

Über 5000 Jobangebote! Randstad. Willkommen in einer neuen Arbeitswelt.

1.Wahl für Wiener Charme! Mit airberlin täglich direkt von Hamburg und Berlin nach Wien. Ab 29 €!!

IT-Sicherheit = secunet Fortschrittliche IT-Sicherheitslösungen für Unternehmen und Behörden

Hinrichtung

Keine Gnade für Teresa Lewis

Freitag 24.09.2010, 06:52

Umstrittenes Todesurteil: Frau in den USA hingerichtet Reuters

Erstmals seit fünf Jahren ist in den USA wieder eine Frau hingerichtet worden. Das Todesurteil war heftig umstritten, weil Teresa Lewis einen niedrigen IQ hatte. Der Gouverneur lehnte ein letztes Gnadengesuch ab.

Die 41-jährige Teresa Lewis starb am Donnerstagabend um 21.13 Uhr Ortszeit (3.13 Uhr MESZ) in einem Gefängnis im Bundesstaat Virginia durch die Giftspritze, wie die Zeitung „Richmond Times-Dispatch" berichtete. Gegen die Exekution gab es weltweit Proteste, weil der Geisteszustand der Frau nach Ansicht ihrer Anwälte an eine Behinderung grenzte. Mit einem IQ von maximal 72, je nach Gutachten, lag Lewis nur äußerst knapp über dem Wert, der eine Todesstrafe ausschließt.

Lewis' Stieftochter verfolgte ebenso wie Angehörige der Opfer die Hinrichtung von einem Nebenraum aus. „Ich will, dass Kathy weiß, dass ich sie liebe und es mir sehr leid tut", sagte die Todeskandidatin, kurz bevor ihr der tödliche Cocktail verabreicht wurde.

Habgier als Motiv

Die junge Großmutter war wegen Mordes an ihrem Ehemann und ihrem Stiefsohn verurteilt worden. Sie hatte gestanden, im Oktober 2002 zwei junge Männer für die Tat angeheuert zu haben. Als die Schüsse fielen und ihr Mann langsam verblutete, wartete sie nebenan in der Küche seinen Tod ab.

Das Gericht sah Habgier als Motiv der Frau an, weil sie eine Lebensversicherung in Höhe von 250 000 Dollar kassieren wollte. Gezielt, so die Anklage, habe Lewis die späteren Mitverschwörer mit Sex und Geld gefügig gemacht. Das Urteil wird auch deshalb kritisiert, weil die

ZUM THEMA

Todesstrafe
EU will Hinrichtung in Virginia abwenden

SCHLAGWÖRTER

Giftspritze
Hinrichtung
Teresa Lewis
Mord
Todesurteil
Todeszelle
USA
Virginia

Google-Anzeigen

Rundreisen Israel
Busrundreisen, Mietwagenrundreisen Israel-Jordanien Rundreisen
www.rundreise-israel.de

Ausland Übersicht

Afghanistan USA
Nahost Iran

Neueste Artikel

24.09.2010 Eklat bei UN-Debatte: Entsetzen über Ahmadinedschads Tiraden

24.09.2010 Seekonflikt: Japan lässt chinesischen Kapitän frei

24.09.2010 EU: Guttenberg weist auf Grenzen der Zusammenarbeit hin

Meistgelesene Artikel

24.09.2010 Eklat bei UN-Debatte: Entsetzen über Ahmadinedschads Tiraden

23.09.2010 UN-Vollversammlung: Ahmadinedschad löst Eklat aus

24.09.2010 Hinrichtung: Keine Gnade für Teresa Lewis

Ausland in Bildern

Nahost-Konflikt: Viele Gipfel, wenig Erfolge

Von der Mine zum Reaktor: Die

Abb. 197: *Focus online relaunchte im Sommer 2010 seinen Webauftritt. Eine der zentralen Neuerungen: Die Bildergalerien wurden so eingebunden, dass die jeweils gerade betrachtete Artikelseite vom betreffenden Nutzer nicht mehr verlassen werden muss, um eine zugehörige Bildergalerie ansehen zu können. In dieser Konstellation wird die Artikelseite zum Integrationsort: Der schriftliche Text dient hier – ganz wie im HMP üblich – als Basis, in den die zusätzlichen Komponenten eingewoben werden. Multimediale Komponenten wie kurze Video-Clips werden dort, sofern verfügbar, ebenfalls eingebunden. Allerdings wird das Video nach dem Klick auf Play auf einer eigenen Seite gestartet, nicht in dem Bildfenster auf der zugehörigen Artikelseite.*

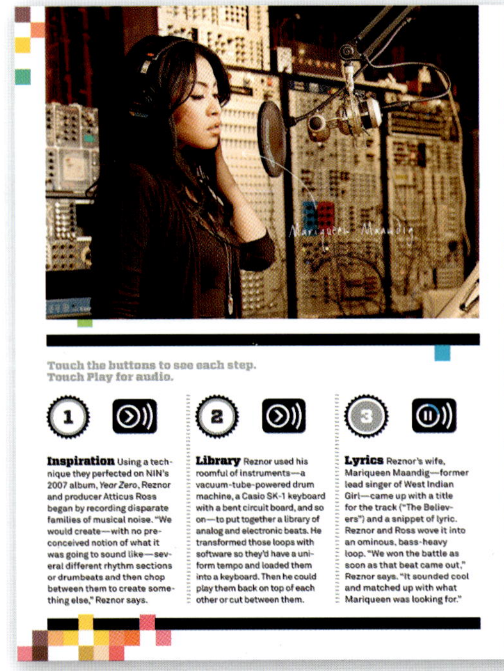

Touch the buttons to see each step.
Touch Play for audio.

1

Inspiration Using a technique they perfected on NIN's 2007 album, *Year Zero*, Reznor and producer Atticus Ross began by recording disparate families of musical noise. "We would create—with no preconceived notion of what it was going to sound like—several different rhythm sections or drumbeats and then chop between them to create something else," Reznor says.

2

Library Reznor used his roomful of instruments—a vacuum-tube-powered drum machine, a Casio SK-1 keyboard with a bent circuit board, and so on—to put together a library of analog and electronic beats. He transformed those loops with software so they'd have a uniform tempo and loaded them into a keyboard. Then he could play them back on top of each other or cut between them.

3

Lyrics Reznor's wife, Mariqueen Maandig—former lead singer of West Indian Girl—came up with a title for the track ("The Believers") and a snippet of lyric. Reznor and Ross wove it into an ominous, bass-heavy loop. "We won the battle as soon as that beat came out," Reznor says. "It sounded cool and matched up with what Mariqueen was looking for."

Abb. 198: *HMP in der iPad-Ausgabe von Wired: Der Artikel beschreibt, wie in professionellen Musikstudios heute Songs am Reißbrett konstruiert werden. In den schriftlichen Text sind Sounddateien eingewoben, die sich per Klick auf das Play-Symbol starten lassen.*

Grafimation: Der Nutzer im Regie-Sessel

Grafiken und Animationen sind im journalistischen Formenkanon nichts Neues. Beide sind, solange sie in ihren angestammten Mediengattungen publiziert werden, eher fürs passive Betrachten gedacht. So können Grafiken vom Leser üblicherweise nicht verändert werden – sieht man einmal davon ab, dass man natürlich an ihnen herumschnippeln, in ihnen herumkritzeln oder eine Tasse Kaffee über sie gießen kann. Ähnlich ist es mit Animationen: Länge und Ablaufgeschwindigkeit werden vom Autor vorgegeben und können nur noch über Hilfsmittel beeinflusst werden, etwa mit Hilfe eines Videorecorders.

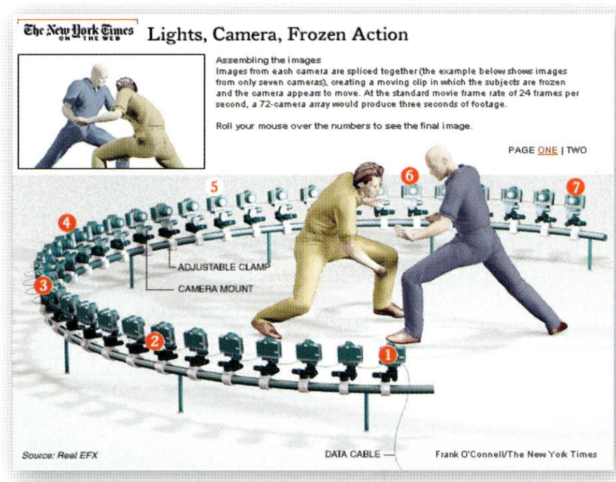

Abb. 199: *Grafimation aus der New York Times: Per Mausklick auf die roten Ziffernbuttons ändert sich mit dem Kamerawechsel auch das gezeigte Motiv in dem kleinen Fenster oben links.*

Abb. 200: *Grafimation aus dem Handelsblatt: Per Mausklick auf eine gelben Punkt werden Detail-Informationen über die deutschen Atomkraftwerke eingeblendet.*

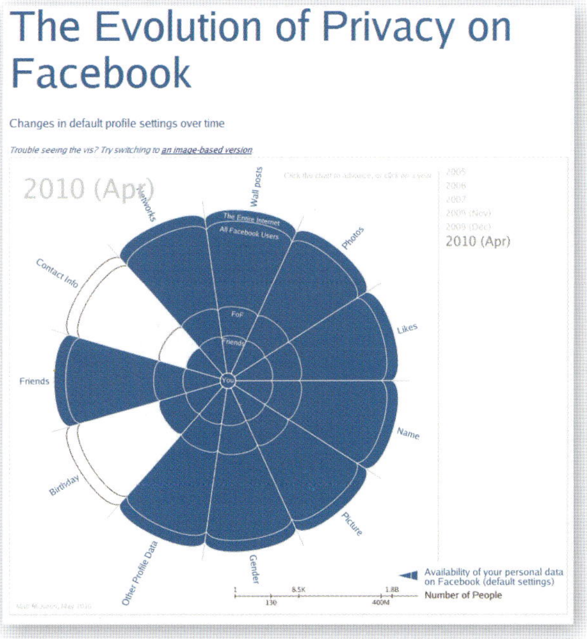

Abb. 201: *Grafimation über Datenschutz auf Facebook: Per Mausklick auf eine Jahreszahl am rechten Rand wird angezeigt, wie die Neugier der Facebook-Betreiber auf zusätzliche private Informationen von Jahr zu Jahr wächst.*

Im Web sieht die Sache etwas anders aus, denn Grafik und Animation verschmelzen hier, sofern ihnen Interaktionsmöglichkeiten eingebaut werden, zu einem neuen Darstellungsmuster. Die Grenze zwischen Grafik und Animation löst sich auf: Setzt man eine interaktive Grafik in Gang, dann wird sie zur Animation. Umgekehrt wird eine Animation auf Stop-Klick wieder zur Grafik. Im Englischen werden diese interaktiven Grafiken schlicht als »Interactives« bezeichnet. Auf Deutsch könnte man sie kürzer auch als »Grafimationen« bezeichnen, eine Wortschöpfung aus den Substantiven »Grafik« und »Animation«.

Die Slideshow: Nicht nur Klickmaschine

Die virtuellen Dia-Reihen waren im Web schon sehr früh als Klickmaschinen beliebt und weit verbreitet. Bis heute hat sich daran nichts geändert (Abb. 203). Aus naheliegendem Grund: Die in ihnen dargebotenen Fotos werden in der Regel schneller rezipiert als Texte, sodass die Nutzer schneller klicken und mehr Seitenabrufe generieren. Das Anlegen einfacher Slideshows ist technisch heute meist schnell erledigt, denn in gängige Content-Management-Systeme sind entsprechende Funktionalitäten vielfach bereits fest eingebaut.

Aus der einfachen Bilder-Klickstrecke der frühen Webzeit ist inzwischen eine weiter differenzierte Darstellungsform geworden, in den vergangenen zehn Jahren kristallisierten sich unterschiedliche Unterkategorien heraus. Das Variantenspektrum startet heute bei Text-Slideshows, in denen Textschnipsel zum Durchklicken angeboten werden, beispielsweise für die Hitliste der zehn besten Anmach-Sprüche oder für die zehn besten Gartenzwerg-im-Selbstbau-Bastel-Tipps. Und es mündet in die dramaturgisch anspruchsvollen Audio-Slideshows (Abb. 202), die längst nicht mehr nur Fotos mit Texteinblendungen ausstatten und mit Audiospuren unterlegen, sondern zusätzlich auch Video-Komponenten einweben.

Dazwischen gibt es Formen, die wie bebilderte Berichte informieren, solche, die als eine Art visueller Reportage das Dynamische eines Ereignisses einfrieren oder das Atmosphärische eines Ortes einfangen. Und natürlich auch solche, die karikieren, kommentieren oder glossieren. In Grenzbereichen des klassischen Journalismus-Verständnisses lassen sich auch Audio-Slideshows entdecken, die verwandt sind mit Erzählformen des literarischen Print-Journalismus (s. Abb. 205).

Handwerklich ist vor allem die Audio-Slideshow ein erzählerisches Experimentierfeld. Ob eine Standardisierung dieser Variante grundsätzlich sinnvoll ist, kann bezweifelt werden. Für das Einpassen von Audio-Slideshows in redaktionelle Arbeitszusammenhänge ist es auf der anderen Seite allerdings auch sicher nicht ganz unnütz, die Form als konturiertes Format zu begreifen.

Fragen nach der angemessenen Anzahl der Bilder oder nach der optimalen zeitlichen Länge sind bislang jedenfalls nicht systematisch beantwortet. Entsprechend unterschiedlich stellen sich die konkreten Beispiele dar: Mediastorm-Projekte haben beispielswiese nicht selten eine Länge von über zehn Minuten, Audio-Slideshow-Journalisten wie Matthias Eberl empfehlen hingegen als Optimum eine Dauer von drei bis fünf Minuten. Zum Vergleich: Bis Mitte 2010 durften Videos auf Youtube maximal zehn Minuten lang sein, inzwischen sind maximal 15 Minuten erlaubt.

Abb. 202: *Das Beispiel von ABC News zeigt: Audio-Slideshow als Begriff wurde ursprünglich nur für Darstellungsmuster verwendet, in denen nicht Fotos, sondern Audio-Dateien zum Durchklicken wie in einer Diaschau aneinandergereiht wurden. Heute ist mit dem Begriff Audio-Slideshow ein anderes Konzept verbunden, eben die mit einer Audiospur unterlegte Fotoreihe.*

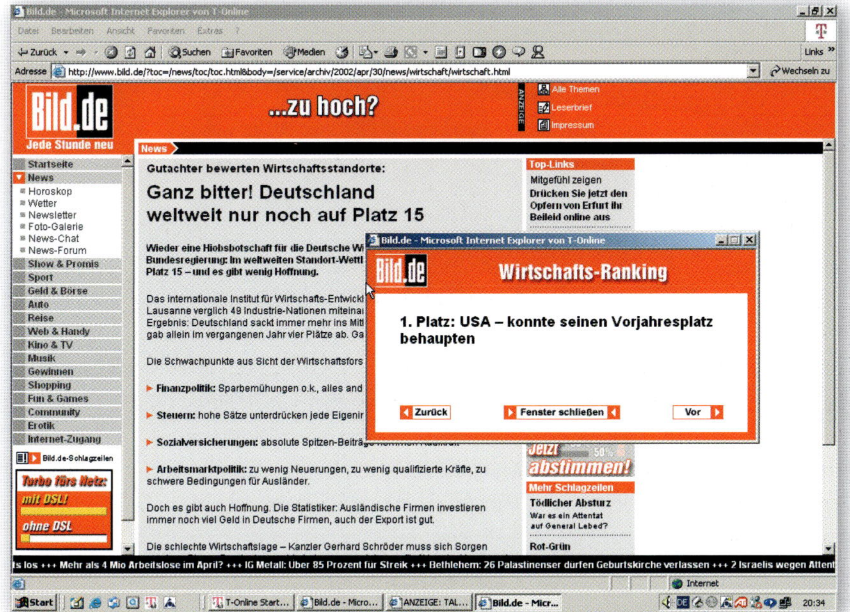

Abb. 203: *Das Navigationsmuster der Fotoreihe wird nicht nur für Fotos, sondern auch für Klickstrecken kürzester Schriftinformation genutzt. Das Ziel liegt dabei auf der Hand: möglichst viele Seitenabrufe zu generieren.*

Abb. 204: *Visuell eindrucksvoll: Diese Audio-Slideshow auf der Website des US-Fernsehsenders MSNBC zeigt Bilder von Menschen in New Orleans, nachdem die Stadt 2005 durch den Hurrikan Katrina großflächig überflutet und verwüstet wurde. Die Fortschrittsleiste unterhalb des Bildes gibt über die Breite der einzelnen Teilbalken an, wie lange das jeweilige Foto angezeigt wird.*

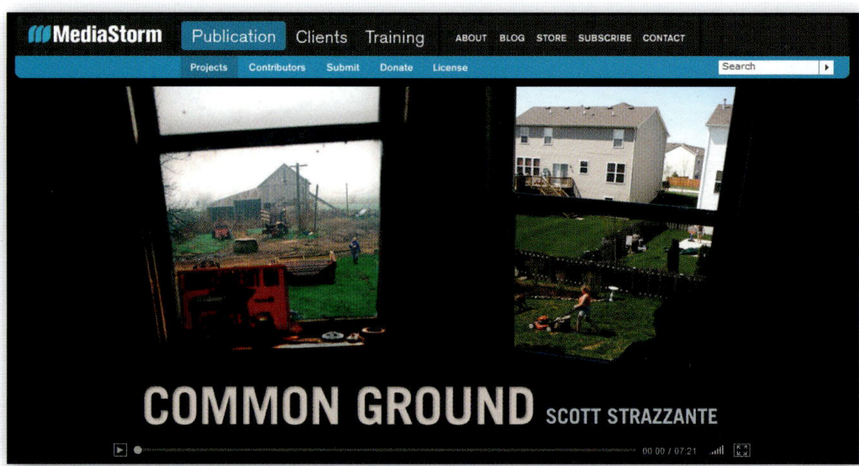

Abb. 205: *Für die Audio-Slideshow Common Ground fotografierte Fotojournalist Scott Strazzante 14 Jahre lang einen kleine Flecken Land und die beiden Familien, die in dieser Zeit dort lebten. Was die Geschichte spannend macht, ist, dass die eine Familie das Land für ein Wohnungsbauprojekt verlassen musste und die andere Familie in eine der neugebauten Wohnungen einzog. Recherchezeiten dieser Länge werden im Printjournalismus fast ausschließlich in journalistisch-narrative Projekte investiert und gehören dort in die Kategorie Literarischer Journalismus.*

Selbst gemacht: Eine Audio-Slideshow erstellen mit Soundslides plus

Eins gleich vorweg: Audio-Slideshows sind kein Hexenwerk. Die erforderliche Technik (Kamera plus Aufnahmegerät plus etwas Software) ist einigermaßen erschwinglich und das Produzieren macht Spaß, weil vorzeigbare Ergebnisse relativ rasch auf dem Monitor sind. Wer es also ausprobieren und eine Audio-Slideshow selbst erstellen will, braucht nicht mehr als möglichst starke Fotos, akustisch saubere Töne und natürlich geeignetes Werkzeug, um das Material zu verknüpfen und fürs Web aufzubereiten.

Für das Bearbeiten der Fotos verwenden Sie am besten ein Bildbearbeitungsprogramm, mit dem Sie bereits vertraut sind. Für das Arrangieren der Audiospur bietet sich ein kostenloses Audioschnittprogramm wie beispielsweise Audacity an, das zwar nicht ganz so intuitiv zu bedienen ist, aber mit etwas Übung seinen Zweck erfüllt. Soll auch Musik unterlegt werden, dann gehören zusätzlich die Web-Adressen von Sound-Archiven in den Werkzeugkasten. Einschlägige Plattformen mit Unmengen kostenloser Audio-Clips finden Sie im Web mit einer einfachen Websuche nach »royalty free music« beziehungsweise »royalty free sounds«. Um aus den Fotos und der Audiospur eine Audio-Slideshow werden zu lassen, wird Soundslides plus empfohlen. Das Programm wird zwar immer mal wieder wegen zu geringen Funktionsumfangs kritisiert, doch in meinen Workshops, beispielsweise an der ARD-ZDF-Medienakademie, hat es sich regelmäßig bewährt. Aus zwei Gründen: Soundslides ist leicht zu bedienen, arbeitet mit Drag-and-drop-Funktionen und erspart Ihnen das Programmieren in Flash. Und: Gerade weil es an Funktionen nur jene enthält, die unbedingt erforderlich sind, erlaubt es, schnell zu produzieren. Trotz mancher Einschränkung ist es deshalb selbst in vielen Profi-Redaktionen das Standardwerkzeug zum Erstellen von Audio-Slideshows. Zu den Einschränkungen von Soundslides plus gehört beispielsweise, dass die Audiospur darin nicht mehr verändert werden kann, der Audioschnitt also ausgelagert ist. Und es können damit auch keine Videosequenzen in die Bildstrecke aufgenommen werden. Wer also auch mit Video arbeiten will, benötigt ein Videoschnittprogramm wie Final Cut. Allerdings hat auch Final Cut wiederum seine Einschränkungen, denn damit wird letztlich eine Videodatei erstellt und interaktive Komponenten für ein nonlineares Anschauen sind damit nicht möglich. Ist Ihr Werkzeugkasten befüllt, kann die Arbeit beginnen. Ähnlich wie beim Video-Dreh ist ein guter Plan die halbe Miete:

1. **Thema festlegen**
   Spannende Audio-Slideshows sind meist solche, die einen Protagonisten dramaturgisch in den Mittelpunkt stellen und/oder auf eine sehr persönlich gefärbte Weise über ein besonderes Wissen, eine besondere Fähigkeit, einen besonderen Ort oder eine besondere Biografie erzählen. Anders als im Video steht nicht der dynamische oder der aktuelle Erzählaspekt im Vordergrund, sondern das Stille, das Leise, das Langsame, das Vergangen-Sein oder das allmähliche Verfallen, das auf den ersten Blick Unspektakuläre oder das Innehalten von Menschen oder Vorgängen. Der Multimedia-Journalist Matthias Eberl beispielsweise erhielt 2009 den Deutschen Reporterpreis für eine Audio-Slideshow über eine Münchner Kneipe.

2. **Hauptmodus festlegen**
Für eine Audio-Slideshow müssen O-Töne und Fotos optimal aufeinander abgestimmt sein. Einfacher wird die Arbeit, wenn schon vor der Vor-Ort-Recherche geklärt ist, ob zuerst das Audio-Material aufgenommen oder zuerst fotografiert wird. Beide Herangehensweisen sind gleichberechtigt: Wird zuerst das Interview aufgenommen, kann anschließend auf die O-Töne fotografiert werden, also inhaltlich abgestimmt auf die zentralen Aussagen des Interviews. Wird zuerst fotografiert, dann leiten sich die Fragen an den Interviewten ganz wesentlich auch aus den Fotos ab. Für komplexere Geschichten kann zwischen diesen beiden Verfahrensweisen situativ hin und her gewechselt werden. In Soundslides werden die Fotos grundsätzlich auf die Audiospur getrimmt, die Audiospur bedarf deshalb genauerer Planung.

3. **Storyboard entwerfen**
Was das Treatment im Video-Dreh leistet, wird in der Audio-Slideshow-Produktion mit dem Storyboard erledigt: Es orientiert vorläufig über das, was vor Ort beim Fotografieren und in der Audio-Aufnahme zu erledigen ist, damit die Geschichte angemessen erzählt werden kann. Vor Beginn der Produktion sollte also unbedingt mindestens ein grobes Storyboard skizziert werden, entweder von Hand auf Papier, am Rechner oder auf dem Smartphone, etwa mit entsprechenden Storyboarding-Apps (wie Cinemek auf dem iPhone). Wie lang das Ganze zeitlich werden darf, kann kaum verlässlich gesagt werden. Typische Audio-Slideshows haben eine Länge von drei bis fünf Minuten, es gibt aber auch deutlich längere Varianten mit bis zu 15 Minuten. Empfohlen werden nicht mehr als fünf Minuten: Audio-Slideshows sind zwar keine Videos, bei den Videos allerdings halbiert sich die Nutzerzahl mit jeder weiteren Minute. Die Standzeit eines Fotos sollte, ähnlich wie beim Video-Dreh, nie unter drei Sekunden liegen. Die Standzeiten in preisgekrönten Audio-Slideshows liegen etwa bei fünf bis sieben Sekunden. Wenn Sie die geplante Gesamtlaufzeit durch die durchschnittliche Foto-Standzeit von fünf Sekunden dividieren, wissen Sie auch, wie viele Fotos benötigt werden: bei fünf Minuten sind es immerhin schon 60 Fotos. Haben Sie einen O-Ton, der zehn Minuten lang ist, würden schon 120 Fotos zu schießen sein, um die Audiozeit angemessen zu bebildern. Kommen Sie besser immer möglichst rasch auf den Punkt: Jeder Satz sollte eine neue Information liefern und diese sollte dann auch im Bild gezeigt werden. Für die tatsächliche Standzeit eines Fotos ist ohnehin letztlich immer der Bildinhalt entscheidend: Komplexere Motive dürfen länger stehen, eindeutige Motive brauchen nicht so viel Standzeit. Im Ergebnis muss jedes Foto im Gesamtzusammenhang funktionieren.

4. **Die Audiospur produzieren**
Soundslides plus hat nur eine Tonspur und erlaubt das Importieren allein von MP3-Formaten. Deshalb müssen alle O-Töne, die Atmos und gegebenenfalls auch der Off-Text zuerst in einem Audio-Schnittprogramm zu einer Spur arrangiert werden. Das Produzieren der Audiospur ist unbedingt sorgfältig zu erledigen, denn Nachbearbeitungen kosten meist viel Zeit. Wird im Nachhinein beispielsweise festgestellt, dass nachträglich noch O-Töne eingeholt werden müssen, wird das am besten gleich per Rechnertelefon erledigt

und lästiges Umformatieren und Geräte-Verkabeln entfällt. Das Telefonieren am Rechner per VoIP (etwa mit Skype) geht heute in angemessener Qualität und zum Mitschneiden gibt es passende Programme wie beispielsweise PowerGramo. Für Off-Text gibt es zwei Möglichkeiten: Entweder wird er als Texttafel (also als Schrift im Foto) eingeblendet. Oder er wird als Off-Text in die Audiospur eingesprochen. Wer den Text einspricht, sollte ihn so knapp wie möglich halten. Für die Zeitkalkulation des gesprochenen Off-Textes gilt als grobe Richtschnur: 1.000 Zeichen beziehungsweise 300 Wörter verbrauchen etwa eine Minute Lesezeit. Wer im Hörfunk-Sprechen nicht geübt ist, eine Mikrofon-Hemmung hat oder einen Dialekt spricht, sollte Texttafeln verwenden. Bei den Texttafeln ist immer darauf zu achten, dass die Einblenddauer, Textmenge und die Lesezeit zueinander passen: Der dargestellte Text muss also in der Einblendzeit auch gelesen werden können. Und noch etwas: Eröffnen Sie die Audiospur möglichst immer mit ein paar Sekunden Atmo, denn das erlaubt dem Betrachter ein intuitives Einsteigen in die Slideshow.

5. **Die Fotos in Soundslides arrangieren**
Bevor die Fotos in Soundslides arrangiert werden können, werden sie als jpg-Formate in das Programm importiert. Sie können die Fotoreihenfolge bereits vorher im Ausgangsordner festlegen und dann den gesamten Ordner laden. Sie können aber auch einen ungeordneten Ordner importieren und auch einzelne Bilder, wenn nötig, in ihre Projektdatei nachladen.
In Soundslides werden die verfügbaren Fotos in einem Fenster angezeigt und von dort können sie in die Fotospur gezogen werden. Ziehen Sie die Fotos in die Fotospur des Programms und legen Sie die Fotos darin in einer Reihenfolge ab, die zur Audiospur der Geschichte passt. Um die Logik der Bildreihenfolge zu prüfen, schalten Sie den Ton einfach aus und lassen die Fotoreihe ablaufen. Sie werden sehen: Auffällige dramaturgische Brüche entlarven sich ganz von selbst. Gegebenenfalls wird ein Foto dann an eine andere Stelle der Reihe verschoben, gelöscht oder durch ein anderes Foto ersetzt. Passen Sie die Standzeit der Fotos anschließend an den inhaltlichen Lauf der Audiospur an. Zeigen Sie also kein Lamm, wenn in der Audiospur bereits über Wölfe gesprochen wird. Und gibt die Audiospur gerade O-Töne einer interviewten Person wieder, dann sollte im Normalfall schon zu Beginn dieses O-Tons auch die sprechende Person im Bild zu sehen sein – und möglichst nur diese Person, wenn erforderlich mit einer Namenseinblendung.

Die Standzeit der ausgewählten Bilder legen Sie fest, indem Sie den linken oder den rechten Rahmenrand mit

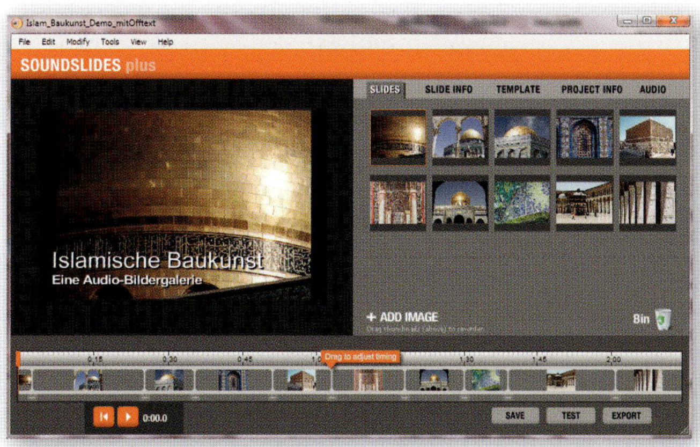

Abb. 206: *Arbeitsoberfläche in Soundslides plus*

der Maus anfassen und den Fotorahmen breiter ziehen oder stauchen. Je breiter der Rahmen, desto länger wird das Foto angezeigt. Die Sekundenskala an der Foto/ Audio-Leiste zeigt Ihnen an, von wann bis wann das Bild in der Slideshow zu sehen sein wird. Achten Sie bei den Standzeiten darauf, dass die Bildübergänge auf O-Ton-Pausen und ausklingende Sätze gesetzt werden. Sind die Fotos auf die Audiospur gelegt, kontrollieren Sie das Ergebnis in einem Testlauf und geben dem Ganzen gegebenenfalls noch etwas Feinschliff. Lassen Sie möglichst die Finger von den verlockenden Überblendungseffekten (ganz ähnlich wie beim Video). Allein der Ken-Burns-Effekt ist gelegentlich nützlich, denn damit kann in das Bild hineingezoomt und der Blick gezielt über einzelne Bildausschnitte geführt werden – probieren Sie es einfach aus. Zum Schluss sollten Sie die einzelnen Bilder mit Bildunterzeilen ausstatten (einzugeben unter Slide Info, dort Captions), das Slideshow-Startbild betiteln (unter Audio, dort unter Lower Thirds) und eine Credit-Tafel ans Ende stellen. Fertig ist die Audio-Slideshow.

philly.com
philly.com's SPORTS FOCUS
philly.com

Down with Crime

Front Page | Police Stats News | Schieber Murder/Center City Rapes News | Search 9 Years of Major Crimes | Search Minor and Non Crimes | Source documents

The Rape Squad Files

For years, Philadelphia police have had a culture of minimizing or dismissing complaints from crime victims. This practice kept crime statistics low, thereby improving the department's image. Among police, the practice is called "going down with crime".

In articles and series published in recent years, The Inquirer examined that long-standing practice - especially the "downgrading" of rapes.

Police Commissioner John F. Timoney eventually acknowledged that many rapes and other sex offenses had been improperly classified and had received little or no investigation. Timoney, who has made a priority of reforming police statistics, detailed a special task force to reopen more than 2,000 such cases dating to 1995.

Victim Grace Roman surveys the area where she was sexually assaulted. Police downgraded the attack to a minor offense. (April Saul / Inquirer Staff Photographer)

Among the cases declared "non-crimes" by the rape squad were attacks by the so-called Rittenhouse Square rapist. He is still being sought for a series of attacks, including the 1998 murder of University of Pennsylvania graduate student Shannon Schieber.

Read The Inquirer's coverage of the police mishandling of rape cases and articles about the Rittenhouse Square rapist. Or read about the overall problem of police burying complaints from victims.

Read FBI, police correspondence over city rape rates

In the early 1980s, when the police rape squad was founded, the FBI questioned the unit's high rate of "unfounding" rape complaints -- rejecting them as false. The squad defended its policies. Read the exchange of letters and the Police Department's' official directive on when police may "unfound" a case. By keeping many cases out of the crime statistics, the police were able to artificially boost their arrest rate for rape. See our graphic on the rape case "clearance" rate.

- **On the Web**: *U.S. News & World Report* writes about Philadelphia crime statistic problems

Search Philadelphia major crime reports
This database contains reports on more than 900,000 serious crimes, including rapes and attempted rapes, reported to the FBI by Philadelphia police from 1991 through 1999.

Search Philadelphia minor crime and "non-crime" reports
For 1997, 1998 and 1999, this database includes reports on more than 300,000 lesser offenses, ranging from simple assaults to lesser sex offenses. The reports include several thousand incidents that were deemed "investigation of persons" or "investigation, protection, medical examination" -- two non-crime codes often applied to allegations of sexual assault.

Discussion: Join in an ongoing discussion about police practices.

Search other databases on Philly.com for suburban crime rates, homicide statistics and more

Abb. 207: *Die Redaktion des Philadelphia Inquirer leuchtete im Jahr 2000 in einer Artikelserie aus, wie die örtlichen Polizeibehörden durch statistische Kosmetik jahrelang vor allem die Zahl der Vergewaltigungen zu verschleiern suchte. In den Eröffnungstext des Online-Features waren auch Zugänge zu Datenbanken integriert, sodass jeder Nutzer ganz individuell herausfinden konnte, wie viele Morde in der eigenen Nachbarschaft seit Beginn der offiziellen Datenerhebung tatsächlich begangen wurden, welche Waffen dabei eingesetzt wurden, wie alt die Täter im Durchschnitt waren und eben wie viele Vergewaltigungen es gegeben hatte.*

Das Online-Feature: Artikel mit integrierter Datenbank

Die Print-Darstellungsform »Feature« wird in Zeitungen und Zeitschriften immer dann eingesetzt, wenn abstrakte Vorgänge wie steigende Gesundheitskosten, sinkende Arbeitslosigkeit oder neue Gesetze in ihren Konsequenzen sichtbar gemacht werden sollen. Anders als die Reportage ist das Feature dabei mit Datenmaterial durchsetzt. Beispiel Rentenreform: Würde die neue Rentengesetzgebung in einem Printmedium zum Thema, dann würde für ein Feature in der Vorrecherche zunächst geprüft, welche Neuerungen geplant und welche Personengruppen davon in welcher Weise betroffen sind. Im zweiten Schritt würden dann beispielhaft betroffene Menschen ausfindig gemacht, um sie vor Ort nach ihrer aktuellen Situation beziehungsweise den zu erwartenden Auswirkungen der Reform zu befragen. Der Artikel würde dann auch Angaben darüber enthalten, wie sich die finanzielle Lage der Beispielpersonen durch die Reform verändert.

Online-Features versprachen in der Web-Frühzeit eine vertiefte Variante des Print-Genres: Mit ihnen wurde es möglich, eine Art persönlich konfigurierten Text anzubieten. Bis heute sind Online-Features aber eher Einzelfälle geblieben und nur ausnahmsweise realisiert worden. So experimentierte etwa die US-Tageszeitung Philadelphia Inquirer schon im Jahr 2000 auf ihrer Website mit der Form des Online-Features. Das Thema damals: von der örtlichen Polizei geschönte Verbrechensstatistiken (s. Abb. 207).

Warum sich diese Form bislang nicht weiter durchsetzen konnte, hat vermutlich damit zu tun, dass sie zwei Rezeptionsmuster verknüpft, die nicht so recht zueinander passen: Das Lesen eines Textes und das Recherchieren in einer Datenbank. In den neueren Varianten

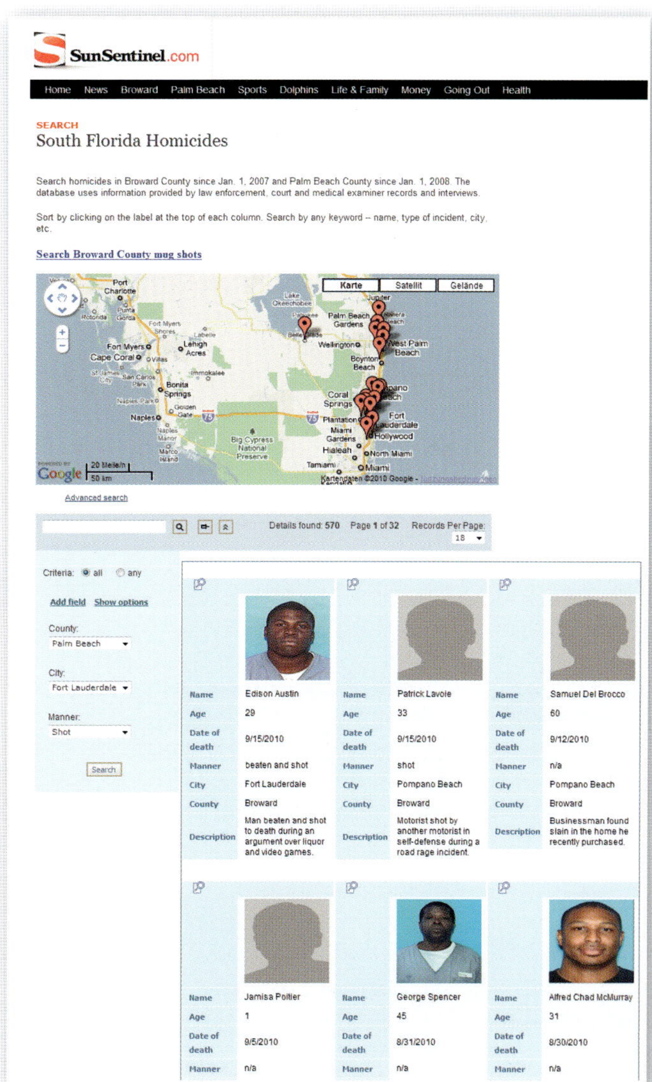

Abb. 208: *Die Redaktion des Sun-Sentinel in Südflorida bietet auf ihrer Website recherchierbare Datenbanken an, in denen die Nutzer beispielsweise die durchschnittlichen Immobilienpreise je Stadtteil in Palm Beach herausfiltern können – oder auch die Tatorte von Mordverbrechen in jüngerer Vergangenheit.*

Abb. 209: *Themenpaket auf yahoo.de*

Bombenabwurfstelle bei Kunduz, Inspektion durch deutsche und US-Soldaten am 5. September 2009

BUNDESWEHR

Merkels Versprechen

Nach dem Desaster von Kunduz hat die Kanzlerin volle Aufklärung versprochen. Es blieb eine Ankündigung. Auch ein Jahr danach verdunkeln geheime Verschlusssachen den Fall.

Die Kanzlerin hatte sich mit ihrem Namen verbürgt. Lange hatte sie laviert, aber am 8. September, vier Tage nach dem fürchterlichen Bombardement auf die zwei Tanklastzüge im Flussbett von Kunduz, fand Angela Merkel deutliche Worte: „Die lückenlose Aufklärung ist für

Versprechen Merkels. Am 4. September 2009 wurden auf Befehl des deutschen Oberst Georg Klein zwei Tanklaster in der afghanischen Provinz Kunduz bombardiert. Bis zu 142 Menschen starben, darunter zahlreiche Zivilisten. Es war ein Ereignis, das die Wirklichkeit des Krieges nach Deutschland brachte.

Die Regierung versuchte allerdings nach Kräften, diese Wirklichkeit immer nur sehr gefiltert in Deutschland ankommen zu lassen. Der Beschuss von Kunduz wurde vertuscht, beschwichtigt und kleingeredet, so gut es ging.

SPIEGEL ONLINE
THEMA Erfahren Sie mehr:
Kunduz-Affäre: Der Sündenfall

Mehr zum Thema DER SPIEGEL 35/2010 1 / 3

bilden deshalb die Datenbankzugänge den nutzwertigen und prominenten Kern – Kontext in schriftlicher Form erscheint da als eher unnötig (s. Abb. 208).

Das Themenpaket: Mehr als nur ein Haufen Artikel

In ihren einfachsten Formen sind Themenpakete nichts anderes als im Web veröffentlichte, ständig aktuell gehaltene Artikelkonglomerate für tiefergehende Informationsverlangen. Der Begriff »Themenpaket« wird hier also für Inhalte verwendet, die primär auf die Print-Darstellungsmodi Wort und Bild zurückgreifen, sich auf ein Thema konzentrieren und dabei als Ganzes eine inhaltlich fortlaufend aktualisierte Themen-Einheit bilden. Schon ein aktueller Artikel, angereichert um ältere Texte zum gleichen Thema, kann also als Themenpaket begriffen werden. Gleiches gilt für Textkonglomerate, die im Zeitverlauf immer

Abb. 210: *Spiegel Online hat mit seinen Themenseiten das Themenpaket als Darstellungsform in der Website durchgängig etabliert. Zu erreichen sind die Themenseiten sowohl über eingebettete Links in den Artikeltexten als auch über den Themen-Link in der horizontalen Hauptnavigation am Seitenkopf. Auch aus der iPad-Ausgabe wird auf diese Themenseiten der Website verlinkt, um Hintergründe zur aktuellen Berichterstattung anzubieten – und als SEO-Instrument die Site-Relevanz zu unterstützen.*

dann entstehen, wenn der jeweils aktuellste Artikel via Hyperlinks mit den zum Thema bereits publizierten Artikeln verknüpft wird.

Handwerklich ist bei den Artikelverbunden auf eine klare, chronologische Hierarchie zu achten. Der aktuellste Text muss also immer die größte Hinweisfläche erhalten. Verweise auf die weiteren Texte, ob als Link oder als Teaser, sollten deutlich kürzer sein als der aktuell wichtigste Teaser, weil dann für den Betrachter schon auf den ersten Blick klar wird, was im Augenblick am wichtigsten ist. In umfangreichen Artikelverbunden sind zudem nutzerfreundliche Link- und Navigationsstrukturen unerlässlich, mehrteilige Autoren-Themenpakete brauchen zudem Neugier motivierende Cliffhanger-Dramaturgien.

Die Multiperspektiven-Story: Das Ganze in seinen Teilen

Als Multiperspektiven-Storys werden Texte bezeichnet, die in strittigen Fragen oder bei Ereignissen mit unklarem Hergang die unterschiedlichen Perspektiven der jeweils Beteiligten im Originalton skizzieren, rekonstruieren oder dokumentieren und diese Zeugnisse schon durch das bloße Versammeln an einem Ort zueinander in eine nonlineare Beziehung setzen. So kann über geeignete Themen, etwa über Großereignisse mit vielen Besuchern oder über historische Katastrophen mit vielen Augenzeugen, gewissermaßen pointillistisch berichtet werden. Einzelne Originalvideos werden dazu in großer Zahl für die nonlineare

Abb. 211: *Oral History im Web: Nationalgeographic.com hat die Zeitzeugenberichte zu den Anschlägen am 11.September 2001 in einer nonlinearen, zeitsouverän rezipierbaren Porträtsammlung zusammengefasst.*

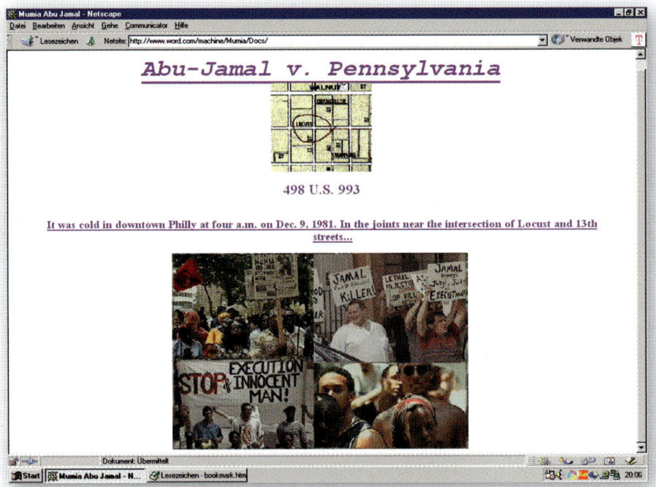

Abb. 212: *Der Fall Mumia Abu-Jamal: Alle Zeugenaussagen auf einer Website versammelt.*

Rezeption versammelt, sodass sich für die Nutzer ein multiperspektivischer Zugang zum Thema ergibt (Abb. 211 – Abb. 218).

Eines der frühesten Beispiele stammt aus dem New Yorker Web-Magazin Word. Dort wurde 1996 über den Prozess gegen den mutmaßlichen Polizistenmörder Mumia Abu-Jamal berichtet, unter anderem mit Hilfe einer Tatort-Straßenkarte, auf der alle Augenzeugen mit ihrer jeweiligen Position zur Tatzeit eingezeichnet waren. Per Mausklick auf die Augenzeugen konnte jede Aussage im Detail nachgelesen werden – und jeder Nutzer sich auf diese Weise sein eigenes Bild vom Tathergan (s. Abb. 212).

In einem anderen Beispiel aus hotwired.com wurde eine Kontroverse zwischen Janet

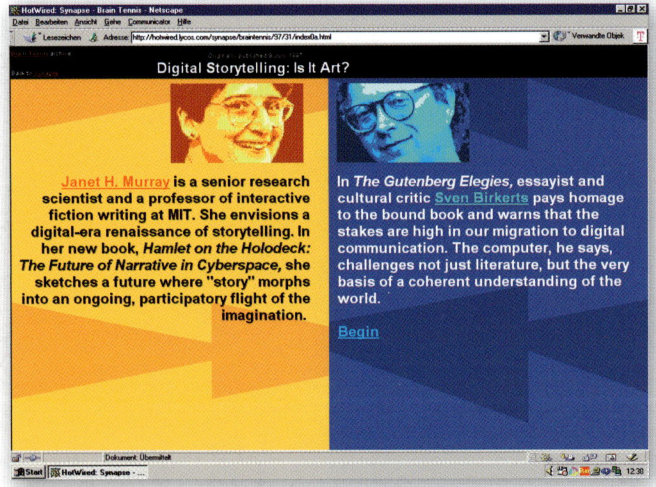

Abb. 213: *Pingpong-Artikel auf hotwired.com. Per Mausklick auf »Begin« startet der Nutzer in die Diskussion zwischen Janet H. Murray und Sven Birkerts (nicht mehr im Netz).*

Abb. 214: *Das Projekt American Love Stories des öffentlich-rechtlichen US-Fernsehens PBS arbeitet dramaturgisch ebenfalls mit Kontrapunkten. In der Multiperspektiven-Geschichte geht es um Liebespaare, die gemeinsam schicksalhafte, lebensprägende Situationen durchlebt haben – und dies im Nachhinein jeweils aus ihrer Sicht schildern.*

Murray und Sven Birkerts über die Zukunft der Erzählkunst im Web unter dem passenden Titel »Brain Tennis« realisiert (s. Abb. 213). Das Hin und Her der Diskussion wurde visualisiert durch zwei nebeneinander gestellte Kolumnen, in denen Rede und Gegenrede der Diskutanten dokumentiert wurden. Am Ende des ersten Absatzes von Janet Murray konnte man also in der linken Spalte auf einen Hyperlink

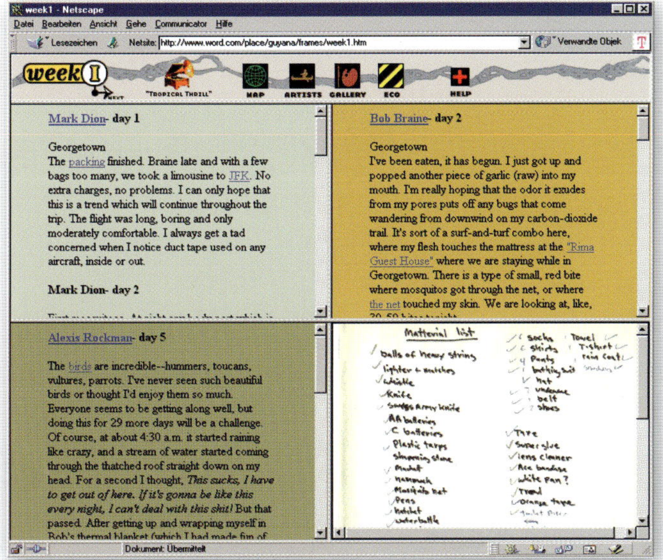

Abb. 215: *Word.com war Mitte der Neunzigerjahre des 20. Jahrhunderts eine der absoluten Kult-Websites fürs Digital Storytelling. Die New Yorker Redaktion experimentierte hemmungslos mit den erzählerischen Freiheitsgraden des jungen Mediums. Der Screenshot zeigt das Layout einer der ersten Multiperspektiven überhaupt: Drei junge Männer gehen für einen Monat in Guayana gemeinsam auf eine Trekking-Tour durch den südamerikanischen Dschungel – und protokollieren in ihren öffentlichen digitalen Tagebüchern tagesaktuell ihre Erlebnisse, Eindrücke und Gedanken. Damals gab es das Wort Weblog noch nicht, sonst hätte diese Form auch als Multi-Blog bezeichnet werden können.*

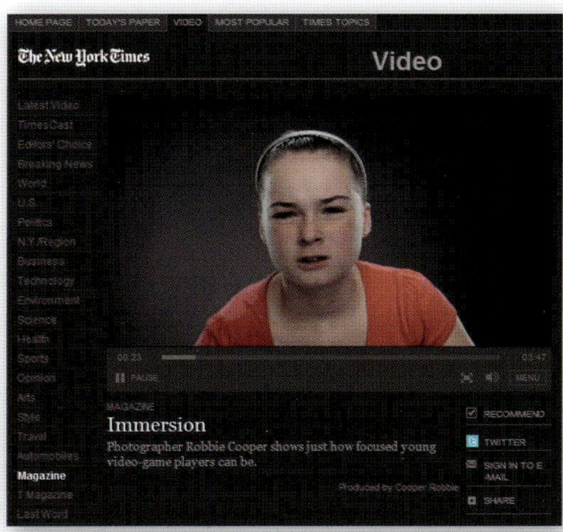

Abb. 216: *Zweimal New York Times, zweimal Multiperspektiven-Story: Das Projekt One in 8 Million versammelt kurze Video-Interviews mit Einwohnern New Yorks und reiht diese Interviews quasi als Zeitkapseln persönlicher Gedanken aneinander. Hier steht also Video neben Video. Das zweite Beispiel ist handwerklich-dramaturgisch in einem alternativen Muster angelegt: Hier geht es um Jugendliche, deren Gesichter beim Ballerspiel am Computer von einer Videokamera aufgezeichnet werden. Anders als in One in 8 Million sind die Aufnahmen in einer gemeinsamen Videospur aneinandergereiht, nicht in jeweils einzelnen Videos.*

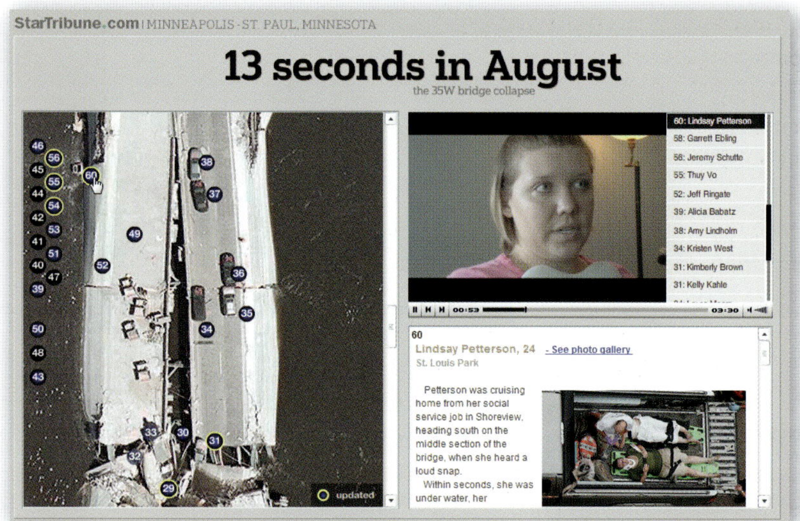

Abb. 217: *Akribische Recherche einer Katastrophe und ihrer Folgen: Im Januar 2007 stürzte die 35W-Brücke mitten im Feierabendverkehr in den Mississippi. 13 Menschen starben, Dutzende wurden zum Teil schwer verletzt. Die Redaktion der Star Tribune aus Minneapolis im US-Bundesstaat Minnesota hat die Insassen von 78 der insgesamt 84 betroffenen Fahrzeuge ausfindig gemacht, sie sich in Video-Interviews erinnern lassen und in Porträts die jeweilige Geschichte des Schicksalstags aufgeschrieben. Die Ziffern an den Fahrzeugen auf der Luftbildaufnahme sind Hotspots, über die sich herausfinden lässt, wer in dem betreffenden Pkw, Lkw, Bus oder Bulli gesessen hat. In den beiden kleineren Fenstern werden auf Mausklick dann die jeweiligen Personen im Interview gezeigt und in Porträts vorgestellt.*

Abb. 218: *Breitest denkbare Multiperspektiven-Story: Das Projekt Six Billion Others möchte Statements aller Erdenbürger auf einer Website versammeln. 5000 Menschen haben bislang mitgemacht (Stand 2010).*

klicken, über den dann die zugehörige Gegenrede von Sven Birkerts in die rechte Spalte geladen wurde. Erreichte man dort das Absatzende, dann konnte man wiederum per Klick den nächsten Absatz von Janet Murray in die linke Spalte laden usw.

Aus journalistischer Sicht bieten sich Multiperspektiven-Geschichten als Form also für kontroverse beziehungsweise für per se facettenreiche Themen an. Der Gewinn gegenüber ähnlichen Textmustern in Printmedien liegt in der interaktiven Dimension, die Leser werden über die Klickmöglichkeiten in den Textraum involviert und können dort dem jeweiligen Gedankengang folgen. Wichtig ist für diese Form, dass jede der einzelnen Komponenten jeweils nur einen Gedanken trägt, der für sich genommen verstanden werden kann.

Mashups und Datavis: Visualisierte Daten als Erzählform

Der Begriff Mashup wird abgeleitet vom englischen Verb to mash und bedeutet so viel wie vermischen. Web-Mashups sind Daten-Darstellungen, die in anderen Mediengattungen so nicht realisierbar sind: Das können beispielsweise individualisierte, blätterbare RSS-App-Magazine sein, topografische Landkarten regionaler Verbrechensstatistiken oder geocodierte, echtzeitaktuelle Grippefälle-Wolken. Um Mashups zu erstellen werden meist umfangreiche Datenbestände (re-)kombiniert, in grafischen Oberflächen aggregiert, visuell geordnet und damit für die Nutzer komfortabel erfassbar gemacht.

Zu den bekanntesten Mashup-APIs zählt sicherlich Google Maps, mit dessen Hilfe interessierte Website-Anbieter Landkarten oder

Abb. 219: *Echtzeitaktuelle Datenvisualisierung: Schiffsverkehr in der Ägäis zwischen Griechenland und der Türkei.*

Abb. 220: *Washington Post: Geschäftsbeziehungen zwischen US-Regierung und Privatwirtschaft.*

Abb. 221: *Die Finanzkrise des Jahres 2009, erzählt und erklärt in Zahlenbildern auf crisisofcredit.com.*

Satellitenbilder in die eigene Website einbinden und mit individuellen Diensten versehen können. In ihrem visuellen Erscheinungsbild ähneln viele Mashups den interaktiven Grafiken (Abb. 220). Allerdings können sie auch in ganz andere Layouts einfließen, zum Beispiel in Apps, die ihren Inhalt in einer Zeitschriftenmetapher präsentieren. Oder als linear erzählte Zahlen-Geschichte (Abb. 221). Ob Mashups dabei eine Darstellungsform im Modus Animation sind oder gar ein eigener Darstellungsmodus, soll hier nicht weiter diskutiert werden. Das Besondere an den Mashups ist jedenfalls, dass mit ihnen große Datenmengen über grafische Oberflächen dynamisch und/oder interaktiv visualisiert werden können – und auf diese Weise neue Einsichten in unterschiedlichste Informationszusammenhänge ermöglicht werden.

Selbst gemacht: Daten-Visualisieren in sechs Schritten

Auf vielen journalistischen Websites sind interaktive Grafiken heute Standard. Tendenziell dominieren dabei die Daten-Visualisierungen (im Englischen meist als datavis abgekürzt), häufig realisiert als Mausklick-sensitive Formen. Zusammengefasst wird das Ganze unter dem noch relativ jungen Begriff Data Journalism, zu Deutsch: Daten-Journalismus. Eigentlich ist dieses Zahlen-Visualisieren die Domäne von Infografik-Spezialisten, doch wer sich darin selbst ausprobieren möchte, kann im Web auf zahlreiche, vielfach kostenlose Dienste zurückgreifen. Vor dem Start ins hemmungslose Experimentieren lohnt es sich, einen Workflow festzulegen – denn die Visualisierungsmöglichkeiten sind fast unerschöpflich. Manche Typologie der Datavis-Darstellungsformen listet mehr als 280 unterschiedliche Muster, da kann man sich schnell verzetteln oder danebengreifen. Der britische Daten-Journalismus-Trainer Paul Bradshaw, Autor des Online Journalism Blog, empfiehlt für den Einstieg deshalb eine strukturierte Vorgehensweise:

1. **Das Thema festlegen**
   Nachrichtlich relevantes Zahlenmaterial für Datavis-Formen gibt es online wie offline im Überfluss. Und gerade deshalb ist es zentral, das Thema für eine Datavis-Form genau zu definieren, am besten gleich eine Leitfrage aufzuschreiben. Klar verständliche und inhaltlich korrekte Datenvisualisierungen setzen eine klar formulierte Arbeitsfrage voraus. Zum Beispiel: »Sind Radarfallen ein Verlustgeschäft oder sind sie es nicht?« Oder: »Wie gut waren die Prognosen zum Wirtschaftswachstum in den letzten zehn Jahren?« Oder: »Wehren sich ältere Menschen vor Gericht häufiger gegen Kindergärten in ihrer Nachbarschaft als jüngere Menschen?« Stellen Sie sich vor dem Einstieg in die Recherche unbedingt die folgenden Fragen: Welche Daten benötige ich zwingend? Welche lenken nur vom Thema ab?

2. **Daten recherchieren**
   Aus der Arbeitsfrage leitet sich also ab, welche Daten benötigt werden, und daraus wiederum leitet sich ab, wo und wie recherchiert wird. Rein handwerklich unterscheidet sich die Recherche für eine Datavis in nichts von einer Recherche zum Beispiel für einen Bericht. Vielleicht mit einer Ausnahme: Es kann natürlich sein, dass Programmierkenntnisse erforderlich sind, wenn große Datenmengen aus Datenbanken abgeholt werden sollen. Wobei mit dem Wort »Programmierkenntnisse« nicht zwangsläufig gleich Kenntnisse in höheren Programmiersprachen wie etwa Python gemeint sind. Vieles existiert im Web bereits in einsatzfertiger Form, zum Beispiel als Scraper-Programme, mit denen offen zugängliche Daten von Websites automatisiert in strukturierte Datenbanken kopiert werden können. Völlig ohne Programmierkenntnisse geht es auch, zum Beispiel mit Online-Werkzeugen wie der Firefox-Erweiterung OutWit Hub oder (weitgehend) mit dem Mashup-Werkzeug Yahoo Pipes. Zwingend sind Programmierkenntnisse ohnehin nicht, denn prinzipiell können die Daten für Datavis auch manuell in einer Tabelle zusammengetragen werden. Sichern Sie Ihre Daten so oder so immer in einem gängigen Tabellenformat wie .csv, denn das erleichtert Ihnen zum Schluss, die Daten visuell ansprechend auszugeben.

3. **Daten hinterfragen**
   Bevor die Daten fürs Visualisieren verwendet werden, ist noch einmal genau zu beleuchten, ob das vorhandene Material tatsächlich geeignet ist, die Arbeitsfrage zu beantworten. Gibt es begründete Zweifel an der Aussagekraft oder an der Verlässlichkeit der Daten, dann heißt die Losung: Finger weg – also ganz genauso, wie es auch sonst im Journalismus üblich ist (oder sein sollte). Achten Sie unbedingt auch auf den Kontext der von Ihnen recherchierten Daten: Wenn Ihnen beispielsweise Daten über stark gestiegene Personalkosten in einer Regierungseinrichtung vorliegen, dann müssen diese Daten im Kontext betrachtet, sorgfältig eingeordnet werden und es ist zwingend zu prüfen, ob die Zahl der Mitarbeiter stark gestiegen ist, wie die Kosten sich im Vergleich zu anderen Regierungseinrichtungen entwickelt haben, ob

vielleicht in der Privatwirtschaft deutlich mehr gezahlt wird oder wie sich die Inflationsrate und die Lebenshaltungskosten entwickelt haben. All dies kann den Unterschied ausmachen zwischen einer peinlich genauen und einer peinlichen Geschichte. Zudem ist immer auch zu hinterfragen, ob sich die Daten auch ganz praktisch fürs Visualisieren eignen. Dazu sind gute Kenntnisse im Umgang mit Tabellenkalkulationsprogrammen nützlich, nicht zuletzt weil es Zeit spart.

4. **Daten aufräumen**
   In jede Recherche können sich Fehler einschleichen – ein Zahlendreher oder eine Null zu viel und schon steckt in der Datenvisualisierung eine möglicherweise gravierende Falschaussage. Prüfen Sie Ihre Daten deshalb möglichst immer doppelt: Stimmen die Zahlen? Sind einzelne Daten vielleicht mehrfach in die Tabelle gerutscht? Stimmen die Skalenbeschriftungen (Meter oder Kilometer, Milliarden oder Millionen)? Sind die Datenbeschriftungen sachlich und orthographisch korrekt? Sind die Datenbeschriftungen glasklar verständlich?

5. **Daten visualisieren**
   Jetzt geht es ins Finale, Kreativität ist gefragt – oder eine gute Beispielsammlung wie etwa www.improving-visualisation.org für die themengerechte Inspiration: Ist eine Kreis-Zeitliste besser geeignet als ein Flussdiagramm? Oder vielleicht doch eher das interaktive Baumdiagramm? Traditionell begann hier bislang die Aufgabe für spezialisierte Grafiker und Programmierer, doch frei verfügbare Online-Werkzeuge erlauben es prinzipiell allen Interessierten, beliebige Daten mit wenig Aufwand gekonnt zu visualisieren. Auf der Datavis-Probier-Plattform ManyEyes von IBM Research beispielsweise bauen Sie Ihre erste Daten-Visualisierung in weniger als zwei Minuten: Sie wählen ein Datenset aus über 4000 Quellen aus, dann bestimmen Sie das Visualisierungsmuster und fertig. Ähnlich flott geht es, wenn sie mit Wordle.net eine Wortwolke bauen: Sie kopieren dazu einen beliebigen Fließtext in ein leeres Textfeld, wählen Farbe und Form aus. Das war's. Einfacher geht's auch mit Excel oder PowerPoint nicht. Beim Daten-Visualisieren ist es also ein wenig wie beim Fotografieren: Das erforderliche technische Verständnis für das Werkzeug tritt eher in den Hintergrund, dafür rückt die eigentliche Themen-Idee deutlich in den Vordergrund. Spielen Sie einfach mit den unterschiedlichen Webservices und mit etwas grafischem Geschick können Sie Ihre ersten Visualisierungen durch gezielten Farbeinsatz, alternative Diagrammformen oder prägnante Beschriftung rasch optimieren.

Abb. 222: *Wortwolke: Je häufiger das Wort im Text steht, desto größer der Schriftgrad im Bild.*

Handwerklich ist darauf zu achten, dass jede interaktive oder animierte Grafik eine Überschrift erhält. Machen Sie die Daten transparent, sagen Sie woher das Datenmaterial stammt. Sagen Sie auch, wer der Autor der Grafik ist – Autorennamen gehören genauso zu einer Datavis wie zu einem Artikel oder einem Foto. Achten Sie darauf, dass die unterschiedlichen Diagrammformen je eigene Stärken und Schwächen haben.

6. **Visualisierung überprüfen**
   Ist die Datavis fertig produziert, dann ist vor dem Live-Schalten eine letzte Kontrolle angesagt. Vor allem ist noch einmal zu prüfen, ob die zum Start formulierte Leitfrage beantwortet wird. Und denken Sie auch daran, dass eine Daten-Visualisierung dazu gedacht ist, ein komplexes Thema auf Wesentliches reduzieren und nicht die Komplexität des Themas abzubilden. Oder anders: Die Datavis muss sich selbst erklären. Sind längere Bild-Unterzeilen erforderlich, um den Inhalt verständlich zu machen, dann ist das Visualisierungskonzept inhaltlich noch nicht hinreichend ausgearbeitet.

Abb. 223: *Diese Treemap zeigt Daten, die im WWW frei verfügbar, aber meist wenig ansprechend aufbereitet sind: die jeweiligen Ausgaben der einzelnen Bundesministerien. Auf www.bund.offenerhaushalt.de wird demonstriert, wie aus dem Zahlensalat in wenigen Klicks ein visueller Appetithappen wird. Der größte Posten sind die Ausgaben für Arbeit und Soziales. Für das Projekt wurden die Haushaltsdaten aus den Jahren 2003 bis 2010 zusammengetragen.*

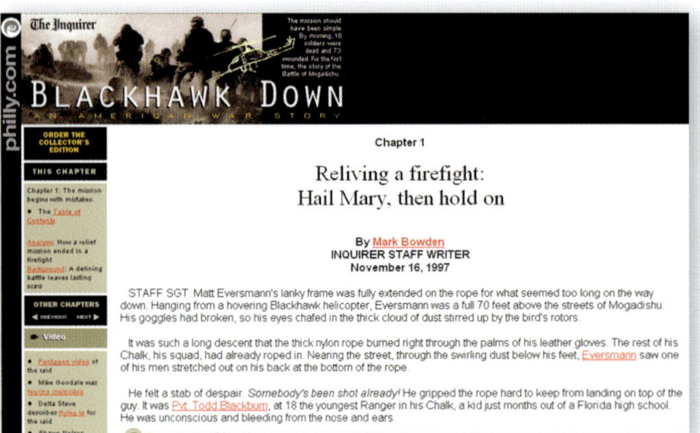

Abb. 224: *Webspecial anno 1997: Autor Mark Bowden recherchierte und produzierte eigentlich eine Serie über den Somalia-Einsatz von US-Truppen für die Tageszeitung Philadelphia Inquirer – und baute daraus eines der ersten Webspecials überhaupt.*

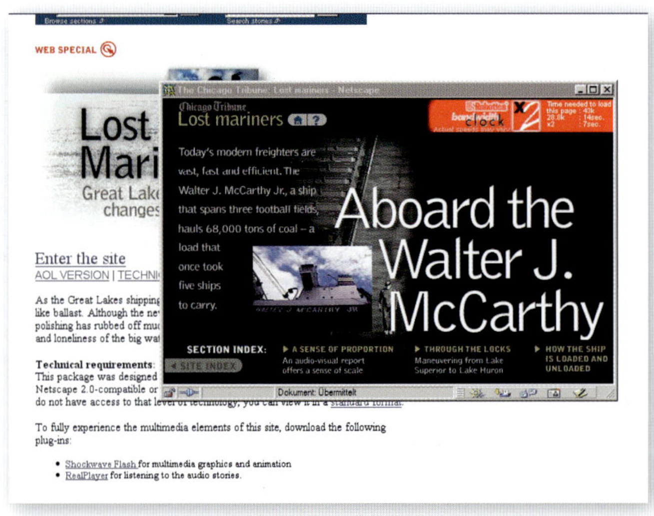

Abb. 225: *Die Chicago Tribune gehörte ebenfalls zu den Webspecial-Pionieren. Dort wurde diese Darstellungsform bereits 1997 als Webspecial bezeichnet (nicht mehr im Netz).*

Das Webspecial: Multimediales Meisterstück

Was die Reportage für Print ist, ist das Webspecial oder die Web Documentary für den Online-Journalismus (Abb. 225). Wie es der Name schon sagt: Webspecials sind eine Darstellungsform, die webspezifisch ist. Ähnlich wie ein HMP, eine Audio-Slideshow oder eine MPS ist auch ein Webspecial eine monothematische Form. Im Unterschied beispielsweise zu den HMPs sind sie allerdings kein lockerer, sondern ein dramaturgisch konzentrierter Verbund miteinander verknüpfter, multimedialer Einzelteile.

Die einfachen Formen unterscheiden sich optisch von HMPs nur durch je eigene Introseiten und themenspezifisches Screendesign. Komplexere Varianten sind dagegen als sorgfältig komponierte, hoch integrierte Multimedia-Pakete realisiert, in denen Multimedia-Komponenten ihrerseits wiederum in andere Multimedia-Komponenten eingebaut sein können.

Slideshows, Videos und Audios stehen in diesen Varianten also nicht nur als zusätzliche Klickangebote neben einem Text, sondern sind ineinander verschachtelt, miteinander kombiniert, dramaturgisch aufeinander abgestimmt und deutlich als abgeschlossene Einheit oder gar als Website in der Website zu erkennen. Das hypermediale Ganze ist dabei zuweilen auch linear organisiert. Zentrale Maxime für die Produktion von Webspecials sollte es sein, dass die Nutzer kognitiv nicht überfordert werden. Schließlich wird niemand für eine neue Art der Darstellung zu begeistern sein, wenn sie schon in den ersten Augenblicken unverständlich wirkt. Sinnvoll erscheint deshalb, auch im Web – ganz ähnlich wie in den Anfangszeiten von Hörfunk oder Fernsehen – im Schwerpunkt auf bewährte Formen zurückzugreifen. Ausreichend Platz für Innovation

Abb. 226: *Webspecials gehören auch in deutschen Online-Redaktionen zum Formenkanon: Für die Produktion muss allerdings nicht immer teuerstes Equipment eingesetzt werden, eine gute Idee plus kostenlose Webservices wie etwa Vuvox Collage tun es auch. Autor Marc Röhlig erhielt für sein Webspecial »Die Morgenlandfahrt«, erschienen im Souk-Magazine, einen Grimme Online Award 2010.*

Abb. 227: *Webspecial anno 2010: Out My Window ist ein Webspecial des National Film Board of Canada und versammelt Geschichten über Menschen, gibt Einblicke in ihre Wohnungen und in ihre Gedanken beim Blick aus dem Fenster. Viele der in diesem Kapitel vorgestellten Erzählmöglichkeiten sind darin in besonderer Weise verknüpft – von der kinetischen Typographie bis hin zu immersiven Videos. Out My Window galt in Branchenkreisen bereits kurz nach dem Live-Gang als Referenz für multimediales Erzählen in höchster Qualität.*

bleibt trotzdem, wenn vertraute Erzählmuster in neuer Weise miteinander kombiniert und dabei webtypische Dimensionen wie Interaktivität oder Dreidimensionalität genutzt werden.

Eines der ersten Webspecials überhaupt war Blackhawk Down des US-Journalisten Mark Bowden, das er 1997 für die Website phillynews.com des Philadelphia Inquirer adaptierte. Die Geschichte rekonstruiert dramatische Ereignisse während des Einsatzes US-amerikanischer Truppen für die UN in Somalia im Jahr 1993. Vom Branchen-Fachmagazin *Editor&Publisher* wurde Blackhawk Down 1998 zum besten Webspecial des Jahres gekürt (Abb. 224).

Selbst gemacht: So organisieren Sie ein Webspecial

Webspecials oder Web Documentaries sind komplexe, multimediale Erzählstücke, die nicht immer, aber doch häufig in Teamarbeit realisiert werden. Praktisch können in einem Webspecial alle in diesem Kapitel erläuterten Medienmodi und Darstellungsformen in beliebigen Kombinationen zum Einsatz kommen – entsprechend anspruchsvoll ist nicht nur das Handwerkliche, sondern auch die Koordination. Erfahrene Webspecial-Autoren setzen in der Produktion deshalb meist auf Strategien, um die inhaltliche Komplexität eines Themas möglichst frühzeitig auf das zielgruppenorientiert Wesentliche zu reduzieren. Weithin gebräuchlich ist die Deconstructing-Reconstructing-Methode. Sie besteht im Prinzip aus drei einfachen Schritten:

1. Zuerst wird das Thema festgelegt, der Fokus am besten in einem Dreizeiler aufgeschrieben – ganz ähnlich wie etwa in der Planung einer Print-Reportage. Dann wird das Thema in seine Einzelteile zerlegt, es wird also dekonstruiert: Alle relevant erscheinenden Teilthemen werden gesammelt, notiert und dann inhaltlich gruppiert. Dabei sollte die Geschichte von Anfang an insgesamt nicht in einer linearen, sondern in einer nonlinearen Dramaturgie gedacht werden. Das Denkmuster lautet also nicht: »Erst Kapitel 1, dann Kapitel 2, dann Kapitel 3 etc.«, sondern: »In einem Teil geht es um den Aspekt A, in einem anderen Teil um den Aspekt B, im nächsten Teil um den Aspekt C etc.«. Damit bleibt schon im Ansatz gewährleistet, dass in der Produktion jeweils abgeschlossene Sinneinheiten entstehen, die jeweils für sich stehen und später von den Nutzern in beliebiger Reihenfolge rezipiert werden können.

2. Anschließend wird diese Sammlung der Teilthemen gesichtet und es wird entschieden, welche Aspekte des Themas für die jeweilige Zielgruppe die wesentlichen sind. Alle irrelevanten Aspekte werden aus der Sammlung gestrichen, nur die relevanten Aspekte beibehalten. Das ursprüngliche Thema wird auf diese Weise zielgruppenorientiert rekonstruiert.

3. Zum Schluss wird ein Storyboard erstellt: Alle Seiten werden am besten auf Papier als Skizzen entworfen, von der Startseite des Webspecials über die Sub-Startseiten für die jeweiligen Teilthemen bis hin zu den einzelnen Inhalte-Seiten. Für jedes Teilthema wird darin auch festgehalten, in welchem Medienmodus es realisiert werden soll (Schrift, Foto, Audio, Video, Animation) – und wer das jeweils erledigt.

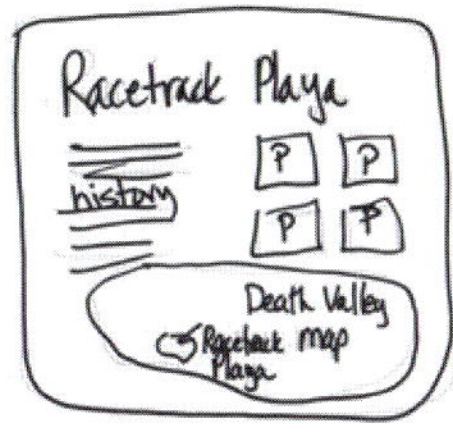

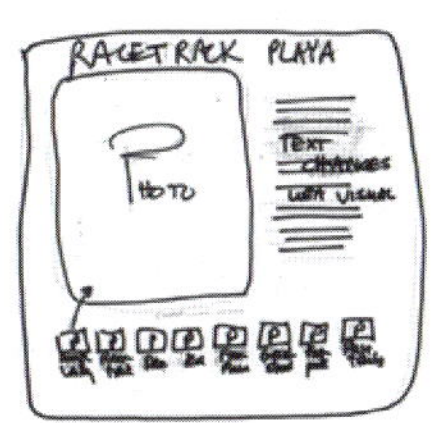

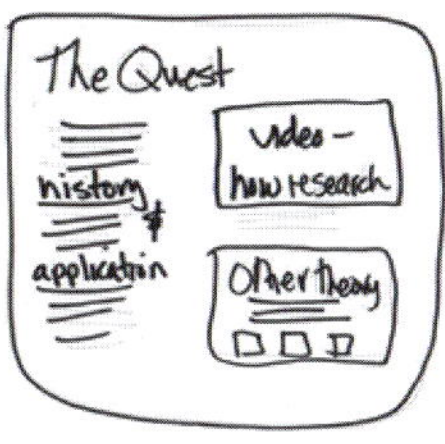

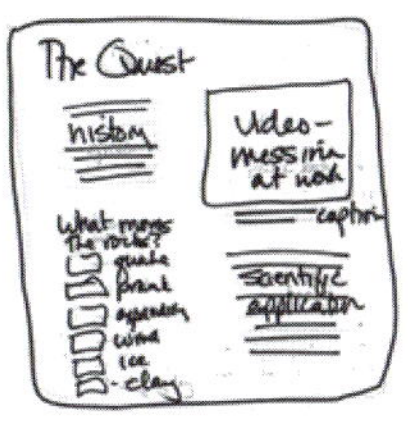

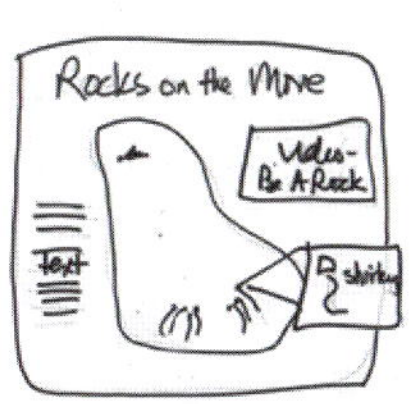

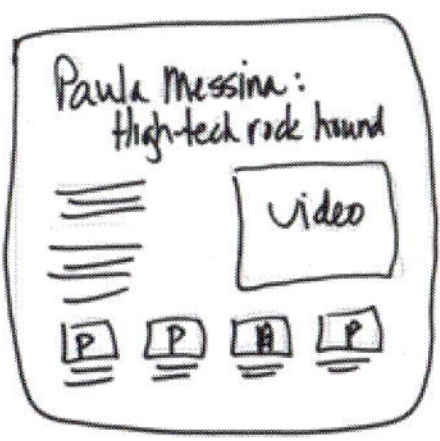

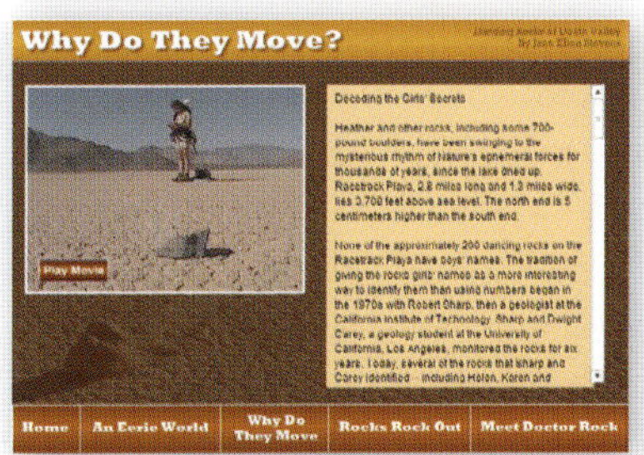

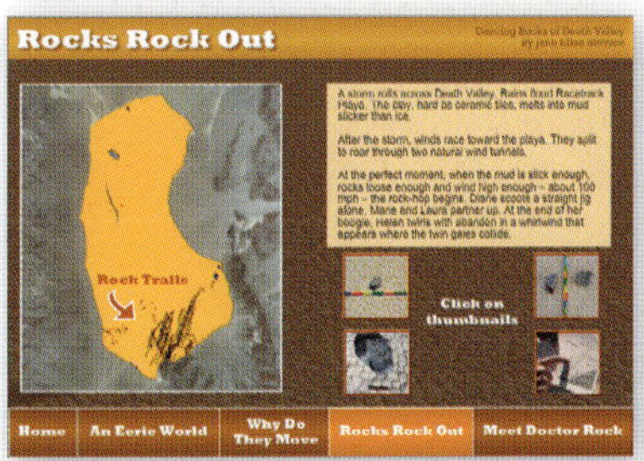

Abb. 228: *Storyboard und Endfassung eines Webspecials über die Wandernden Felsen im Death Valley, produziert von der Multimedia-Journalistin Jane Ellen Stevens für discovery.com. Die Skizzen in der linken Spalte zeigen die ersten Seitenentwürfe, die mittlere Spalte zeigt die verfeinerten Seitenentwürfe und die rechte Spalte zeigt die Seiten in ihrer realisierten Form.*

Voraussetzungen für die effiziente Webspecial-Produktion sind also ein angemessen fokussiertes Thema, eine gründliche Vorrecherche für die Stoffsammlung und ein angemessen detailliertes Storyboard, sprich: eine dramaturgisch ausgearbeitete Pageflow-Skizze der zu produzierenden Geschichte. Das Storyboard strukturiert dann den gesamten weiteren Produktionsprozess und hilft, den Zeit- und Kostenaufwand für die einzelnen Teilgeschichten zu kalkulieren, die Geschichte erzählerisch zu organisieren und den Stand der Arbeiten zu dokumentieren.

Epilog: Multimediales Erzählen – eine Zwischenbilanz mit Aussicht

Perspektivisch scheint die handwerkliche Multimedia-Kompetenz, das Multimedial-professionell-erzählen-Können, strategische Bedeutung zu haben: Weil die Nutzer sehr schnell gelernt haben und nach wie vor schnell hinzulernen, was im Web oder auch in den Apps auf mobilen Endgeräten möglich ist, formt sich bei ihnen auch ein entsprechender Erwartungshorizont.

Video als Vermittlungsmodus ist in dieser Perspektive das augenfälligste Beispiel für nutzerseitig deutlich veränderte Erwartungshaltungen: Kaum eine Website kann heute noch auf Bewegtbild-Inhalt verzichten, für breite Nutzerschichten gehören Videos einfach zum Standard. Ähnliches war zuvor schon mit Audio als Medienmodus zu beobachten, als die Podcast-Euphorie durchs Web rollte.

Einen Durchbruch für tatsächlich integriertes, multimediales Erzählen hat die Etablierung dieser beiden Medienmodi allerdings bislang nicht nach sich gezogen: Multimedia ist im Web durch Videos und Audios inzwischen zwar weithin sichtbar, allerdings werden Bewegtbilder und O-Töne meist als Feeds, Streams oder Casts automatisiert in definierte Video- oder Audio-Ressorts durchgeschleust. Von echter crossmedialer Konvergenz ist kaum etwas zu sehen.

Auch aus diesem Grund hält manch altgedienter Redakteur das multimediale Erzählen nach wie vor für eine nette Vision. Schließlich stellen sich redaktionelle Webangebote vielfach immer noch als etwas Nachrangiges dar: Als per CMS zusammengestückelter Abklatsch traditioneller Medienangebote, der im Ergebnis nicht mehr anzubieten hat als einen einigermaßen uninspiriert zusammengerührten Zweitverwertungsmischmasch. Eine ernsthaftere Betrachtung multimedialen Erzählens muss diese Vorurteile unbedingt geraderücken, denn:

- Nicht anders als bei den traditionellen Mediengattungen geht es auch beim multimedialen Erzählen um ein Set spezieller, eben onlinespezifischer Fertigkeiten. Genauso wie es Fachwissen für einen Print-Kommentar braucht, für ein Radio-Feature oder für eine Fernsehdokumentation, so erfordert auch die multimedial im Web erzählte Geschichte eigene Qualifikationen. Dazu gehört beispielsweise zu wissen, welche Erzählformen im Web grundsätzlich überhaupt möglich sind.

- Multimediales Erzählen ist in vielen Facetten nach wie vor Experiment und steht deshalb unter Liebhaberei- oder Bastelei-Verdacht. Faktisch sind es jedoch gerade diese Versuche, die den Weg zur Etablierung erst öffnen. Und das Wichtigste dabei ist: Sie wurzeln ebenso wie die Formen traditioneller Mediengattungen prinzipiell im gleichen Grund journalistischer Standards – Themen erkennen, Informationen recherchieren, Informationen einordnen, Informationen arrangieren, mit dem Ziel, Ereignisse und Aussagen zu erklären und Kenntnis zu schaffen oder im besten Fall sogar Erkenntnis.

- Multimediales Erzählen wirkt zuweilen völlig zu Unrecht wie eine Banalisierung journalistischen Handwerks. Es geht dabei nie um Schnellschüsse, niemals darum, nebenher noch ein paar Rechercheabfälle in die Website zu stopfen. Nein, multimediales Erzählen hat den Anspruch, die erweiterten Erzählmöglichkeiten des Webs für die attraktiv erzählte Geschichte sinnvoll auszuschöpfen. Dies setzt natürlich Zeit voraus – und Geld.

- Multimediales Erzählen ist auf keinen Fall zu verwechseln mit dem simplen Zusammenflicken von Agentur-Feeds mit Video- oder Audio-Komponenten. Stattdessen geht es immer um das Ziel, eine geeignet erscheinende Geschichte auf webtypische, in anderen Medien nicht reproduzierbare Weise zu erzählen. Dazu braucht es die kreative Idee und das Wissen über die zum aktuellen Zeitpunkt jeweils gegebenen technischen Möglichkeiten.

So wie die Dinge heute liegen, scheint sich die Medien-Evolution – von Schrift und Foto über Radio und Kino und schließlich zum Fernsehbild – in den Online-Redaktionen im Zeitraffer noch einmal zu wiederholen. Die bislang fein säuberlich getrennten Vermittlungskompetenzen konvergieren dort in eine neue Gattung hinein, eben in den Online-Journalismus in all seinen Spielarten. Mancherorts langsamer, mancherorts aber auch beschleunigt. Pioniergewinne werden hier nur jene Websites einfahren können, die die multimedialen Potenziale am Markt systematisch zu nutzen verstehen – ökonomisch mit Augenmaß und gleichzeitig journalistisch mutig.

Bislang steckt das multimediale Erzählen allerdings nach wie vor noch in den Kinderschuhen: Tatsächlich konvergente Erzählformen sind hier und dort zwar zu betrachten, in der Masse des Webs gehen sie aber noch unter. Linksammlungen wie interactivenarratives.org oder die Berichterstattung auf Branchen-Websites wie onlinejournalismus.de dokumentieren primär für Fachzirkel, dass diese integrierten Erzählformen im Web durchaus existieren, wenn auch eher als Randnotiz.

In gewisser Weise ist diese Zwischenbilanz natürlich ernüchternd – gerade weil die heute existierenden Beispiele im Einzelfall grandiose Qualität zeigen und dennoch keine breit wirkende Attraktivität entfalten. Auf der anderen Seite: Das Web als massenzugängliches Medium ist gerade einmal 15 Jahre alt, die Zeitung hingegen hat als Gattung schon mehr als 400 Jahre auf dem Buckel. Vielleicht waren die Erwartungen der frühen Webzeit deshalb schon im Zeithorizont einfach zu ambitioniert. Grundsätzlich liegt es vermutlich aber auch schlicht in der Natur der Dinge, dass elaboriertere Stoffe eher interessierte Minderheiten ansprechen. Selbst die Print-Reportage ist definitiv keine massenattraktive Form.

Manche der frühen Formen-Experimente im Web sind bis heute weder dramaturgisch noch in den Monetarisierungsmöglichkeiten wirklich weiterentwickelt. Die aufwändigeren, meist flashbasierten Webspecials beispielsweise sehen im Jahr 2010 kaum anders aus als zu Beginn des Jahrtausends und finden sich auf vielen Medien-Websites, ganz wie einst, immer noch in den Schaut-mal-was-wir-alles-machen-können-Nischen. Immerhin, denn viele der experimentellen Websites der ersten Stunde wie word.com oder fray.com, quokka.com oder apbnews.com sind längst aus dem Web verschwunden und nur noch auf Screenshots oder im Web-Archiv unter archive.org erhalten.

Anders als die flashbasierten Webspecials konnten sich andere onlinespezifische Darstellungsformen in einigen Segmenten der professionellen Kommunikation allerdings durchaus entwickeln, manche sind heute sogar deutlich profiliert oder mindestens auf dem Weg, sich stärker zu profilieren. Die Audio-Slideshow beispielsweise ist in den vergangenen Jahren, vor allem nach den Terror-Anschlägen auf das World Trade Center in New York am 11. September 2001, zusehends deutlicher in den Fokus professioneller Web-Macher gerückt. Weithin sichtbar ist das vor allem in den USA, wo sie längst zum Kanon der onlinespezifischen Formen gehört.

In Deutschland hingegen entwickelte sie sich weniger dynamisch: Hier befasste sich zuletzt eine eher kleine Gruppe von Multimedia-Journalisten professionell mit dieser Form. Fabian Mohr von Zeit Online, einer ihrer profiliertesten Protagonisten, stellte im Sommer 2010 einigermaßen ernüchtert fest, dass sich »Audio-Slideshows als Format und Soundslides als Produktionsumgebung gegen Video – insbesondere HD – nicht mehr behaupten werden und wir sie deswegen in aller Freundschaft besser an den Nagel hängen«. Auf der anderen Seite wurden zur gleichen Zeit erstmals wichtige Journalistenpreise auch für Audio-Slideshows vergeben: Matthias Eberl erhielt 2009 den Deutschen Reporterpreis für seine multimedial erzählte Geschichte über eine Münchner Kneipe und Niklas Schenk den Axel-Springer-Nachwuchsjournalistenpreis für *Das verlorene Leben der Heidi K.*, ein Porträt einer DDR-Sportlerin.

Grundsätzlich stehen allerdings keine Gründe im Raum, warum sich die Dinge in Deutschland nicht in eine ähnliche Richtung entwickeln sollten, wie sie in den USA bereits eingeschlagen wurde. Entscheidend wird schlicht und ergreifend sein, ob die entstehenden multimedialen Formen von den Nutzern nachgefragt werden oder nicht. Attraktiv dürften konvergente Erzählformen gerade dann sein, wenn sie in den traditionellen Medien nicht zu reproduzieren sind. Und vor allem, wenn sie gut recherchierte Geschichten erzählen. Wenn ein Nutzer in ein Foto hineingehen kann, wenn ein komplexes Thema mit einer interaktiven Animation verständlich gemacht wird oder das zum Artikel gehörende Foto auf Knopfdruck ein Video startet, ist das zwar sicher schon mehr, als in einer papierenen Zeitung möglich ist. Nur: Die technischen Möglichkeiten allein machen noch keine gute Geschichte.

Dass die Genese multimedialer, auch interaktiver Erzählformen ihre Zeit benötigt, ist sicher unstrittig. Ebenso unstrittig ist allerdings auch, dass diese Entwicklung bereits stattfindet, sich weiter fortsetzen und neue Muster zeitigen wird. Die weithin sichtbare Etablierung des Online-Live-Tickers als multimediale Darstellungsform beispielsweise ist zwar nicht mehr als ein zartes Pflänzchen – sie bezeugt aber exemplarisch, dass sich webtypische Erzählmuster dann beschleunigt zu Standards mausern, sobald die Nachfrage existiert.

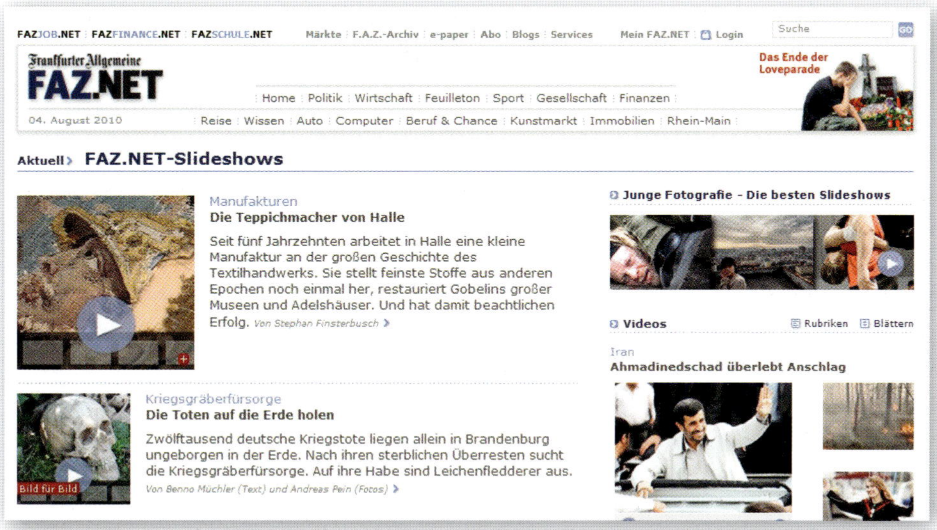

Abb. 229: *FAZ.net gehört zu den journalistischen Websites, die die Audio-Slideshow als Darstellungsform pflegen.*

Tablet-Endgeräte wie das iPad oder das GalaxyTab könnten nach Ansicht vieler Medienmacher die Karten in diesem Spiel neu mischen und integriertes multimediales Erzählen massentauglich werden lassen. Ob es dazu kommt, muss sich erweisen. Und selbst wenn es nicht so rasch geht wie in manchen Journalistenkreisen erhofft: Andere Mediengattungen haben ihr volles erzählerisches Potenzial ebenfalls nicht von heute auf morgen entfaltet. Um bildgewaltige Blockbuster wie das SciFi-Spektakel *Avatar* hervorzubringen, brauchte das Medium Kino beispielsweise weit über 100 Jahre Zeit, dazu einige geniale Köpfe wie Eadward Muybridge oder Sergej Eisenstein und noch dazu beachtlichen technischen Fortschritt. Im Radio, im Fernsehen und in den Printmedien verlief es nicht anders. Es könnte deshalb durchaus verfrüht sein, wenn die eine oder andere webtypische Erzählform schon heute wieder beerdigt wird.

Abb. 230: *Schöne Sache: Während der WM 2010 in Südafrika waren Live-Ticker nicht mehr nur auf vielen Websites zu finden, sondern auch als Smartphone-Apps fürs mobile Web – zum Beispiel der Live-Ticker des Fußball-Magazins 11 Freunde.*

So oder so: Vieles steckt in der Tat immer noch im Konjunktiv. Vielleicht wird das auch so bleiben, wahrscheinlicher aber ist es, dass die Formen-Genese im Web einfach langsamer verläuft, als anfänglich zu vermuten war. Evolution ist per se ein eher gemächlicher Prozess, und auch die Evolution neuer Erzählformen fürs Web, so meinen beispielsweise die Schweizer Medienforscher Daniel Perrin und Guido Keel, »braucht Einfälle, Zufälle, Mut zum Ausprobieren, Demut zum Dazulernen und eben Zeit. Dramaturgie reift viel langsamer als Technologie.«

Über die Gründe für die mancherorts beklagte Stagnation im multimedialen Erzählen, mindestens aber für die relativ langsame Evolution lässt sich spekulieren. Drei Dinge erscheinen wesentlich – die Produktionstechnik, die Nutzer, die Rentabilität: Die bislang verfügbaren Computerprogramme für das Produzieren multimedialer Web-Storys sind für das journalistische Tagesgeschäft nach wie vor meist zu kompliziert und zu unhandlich. Die Kernkompetenzen im schreibenden Journalismus sind nun einmal das Themen-Erkennen, das Recherchieren und das Beherrschen typischer Darstellungsformen, aber nicht das Programmieren in ActionScript oder in HTML5. Für PR-Redaktionen gilt das analog.

Die arbeitsteilige Produktion in Teams von Rechercheuren, Produktionsredakteuren, Webdesignern und Programmierern eröffnet sicher einen Ausweg – nur ist der relativ teuer. Außerdem sind der zeitliche Vorlauf und der produktionsseitige Aufwand gegenüber dem technisch simplen Texte-und-Fotos-ins-Web-Einstellen deutlich gesteigert. Aufwändigere, multimediale Erzählformen sind deshalb in der Regel schon aus Kostengründen nur jenen Redaktionen möglich, die sich das finanziell leisten können und leisten wollen. Entsprechend werden meist längerfristig relevante, große Themen in webtypischen, webeigenen Mustern erzählt – und auch dies eher ausnahmsweise. Vorgefertigte, schnell anzupassende Flash-Templates sind zwar eine pragmatische Alternative, erlauben allerdings auch nur eine wenig flexible Multimedia-Berichterstattung.

Zu fragen ist auch, ob bei den Nutzern überhaupt eine echte Nachfrage für multimedial aufwändig erzählte Stories existiert. Generell sind Audios und Videos im Web beliebt – mit weiter steigender Tendenz. Die ARD-ZDF-Online-Studie hat dazu 2009 beispielsweise festgehalten: »Audios und Videos gelten als der Zukunftsmarkt im Netz. In der nunmehr 13-jährigen Historie der ARD/ZDF-Onlinestudienreihe von 1997 bis 2009 weist keine andere Anwendung eine derartige Wachstumsdynamik auf: Bedingt ist dies durch ein steigendes Angebot an multimedialen Anwendungen und damit korrespondierend einem steigenden Bedürfnis nach orts- und zeitsouveräner Nutzung von Medieninhalten. Während 2006 erst 28 Prozent der deutschen Onliner Erfahrung mit Videos im Netz hatten, nutzten 2009 genau 62 Prozent (2008: 55 Prozent) Bewegtbilder über das Internet. Parallel dazu, wenn auch nicht mit den Zuwachsraten der Videoinhalte, stieg der Audioabruf: von 44 Prozent in 2006 auf 51 Prozent in 2009.«

Grundsätzlich darf also angenommen werden, dass Onliner durchaus positiv auf multimedialen Inhalt reagieren. Für die Teilzielgruppe der Zeitungsleser in Deutschland sehen die Umfragebefunde allerdings bei Weitem nicht so erfreulich aus: Das Marktforschungsinstitut TNS Emnid in Bielefeld befragte 2010 in einer Repräsentativerhebung knapp 1100 Personen, davon 56 Prozent »Onliner mit Zeitungsnutzung«. Die Bielefelder Demoskopen stellten in ihrem Ergebnisbericht fest, dass »ein Viertel der Befragten nichts von der Möglichkeit weiß, sich Videos zu den Nachrichten auf den Websites anschauen zu können. Entsprechend niedrig ist der Anteil der Nutzer: Lediglich vier Prozent haben diese Angebote auf den Websites der Tageszeitungen bereits genutzt – ähnlich gering ist der Anteil derjenigen, die sich diese Angebote dort überhaupt wünschen.« Der Leipziger Journalismusforscher Michael Haller folgerte daraus in einer Blog-Kolumne, dass die vielen interaktiven Apps und Tools für junge Webfreaks berauschend sein mögen, dennoch viele der »mit Videos, Apps und Tools überfrachteten Webauftritte gründlich überarbeitet und entschlackt werden müssten, damit sie die im Grunde simplen Erwartungen erfüllen.«

Beide Befunde scheinen widersprüchlich zu sein, sind es bei genauerem Hinsehen jedoch nicht: Unter den – meist älteren – Zeitungslesern wissen viele scheinbar einfach nicht, dass im Web eine multimediale Berichterstattung existiert. Und gerade bei den jüngeren Zeitungslesern, die die gedruckte Ausgabe zwar regelmäßig, aber nicht täglich lesen, bieten interaktive Möglichkeiten auf den Websites der Tageszeitungen durchaus die Chance, sie an deren Angebote heranzuführen. Selbst die TNS-Emnid-Studie hält dazu fest: »Über alle abgefragten Online-Angebote zeigt sich in dieser jungen Teilgruppe eine deutlich ausgeprägte Offenheit gegenüber den neuen Angeboten.« Am größten sei die Akzeptanz, »wenn die Ergänzungen aus der journalistischen Kernkompetenz der Tageszeitung erwachsen, aktuelle Nachrichten beispielsweise durch Bewegtbilder flankiert werden. Personen, die regelmäßig zur Zeitung greifen, können also sehr wohl mit erweiterten Content-Angeboten an das Angebot der lokalen bzw. regionalen Tageszeitungspräsenz herangeführt beziehungsweise dort gehalten werden«.

Rein betriebswirtschaftlich betrachtet, machen aufwändige Multimedia-Projekte heute nur selten Sinn, Aufwand und Ertrag stehen meist in keinem vernünftigen Verhältnis. Trotzdem werden auch in deutschen Webredaktionen regelmäßig onlinetypische Formen gepflegt, vor allem bei faz.net und sueddeutsche.de. Robert Wenkemann, Multimedia-Chef von faz.net, sagte 2010 dazu: »Wir machen das nicht, weil wir da Klicks einsammeln können, sondern weil es ein besonderer journalistischer Mehrwert ist.« Ähnlich sah es zur gleichen Zeit Hans-Jürgen Jakobs, Chefredakteur von sueddeutsche.de: »Es muss unsere journalistische Aufgabe sein, ein Thema auch anders zu erzählen, wir machen schließlich kein Onlinepapier.«

An Formen unmittelbarer Amortisierung aufwändiger multimedialer Erzählformen ist auf Sicht eher nicht zu denken. Ändern könnte sich diese Situation durch eine neue Endgeräte-Klasse, die 2010 durch Apples iPad überhaupt erst geschaffen wurde – so zumindest die Hoffnung in vielen Verlagen und zwangsläufig auch unter Journalisten. Faktisch könnten diese Tablet-Endgeräte einem regelmäßig gepflegten multimedialen Erzählen tatsächlich zum Durchbruch verhelfen. Vor allem weil sie ein ausgeruhteres Lesen ermöglichen: Sie lösen das Bildschirmlesen vom Schreibtisch, konzentrieren den Nutzer im Moment des Lesens auf einen Inhalt und schirmen den Lese-Akt kognitiv gegen das ungeduldige Klick-and-Run-Lesen im wuseligen WWW ab. Es könnte damit tatsächlich eine neue Arbeitsteilung heraufdämmern: Nutzenorientiertes Konsultationslesen findet am Schreibtisch statt, das eher kontemplative Lesen dagegen bevorzugt auf dem iPad und seinen Vettern.

Etwas weniger euphorisierend wirkt hier allerdings eine Retrospektive auf die E-Paper-Versionen der Tageszeitungen: Auch für sie war ein solcher Effekt schon prognostiziert worden, lange vor dem aktuellen Branchen-Hype ums iPad. Immerhin konnten durch e-Paper-Abos erlösstabilisierende Effekte erzielt werden, richtig innovativ oder gar durchschlagend im Sinne neuer Erzählformen waren die digital distribuierten 1-zu-1-Versionen der Papierausgabe aber gewiss nicht. Ob und inwieweit die neue Klasse von Bildschirmlesegeräten eine wachsende Nachfrage nach stärker multimedial geprägten Erzählformen auslöst, ist eine offene Frage. Eine positive Antwort wird es darauf wohl nur dann geben, wenn das Lese-Erlebnis bereichert, aber nicht gestört wird. Der renommierte Printdesigner Mario Garcia hat deshalb bereits 2010 gefordert, die Verlage sollten eigene iPad-Content-Redakteure einstellen, um von Anfang an eine professionelle Aufbereitung von Inhalten für Tablet-Geräte sicherzustellen. Ex-Focus-Online-Chef Jochen Wegener warnte zur gleichen Zeit allerdings vor überzogenen Erwartungen an das multimediale Storytelling: »Am Ende muss all das jemand umsetzen, bezahlen – und vor allem: anschauen.«

Stimmen Qualität und Attraktivität multimedialer Erzählformen, dann dürfte das Anschauen vermutlich das geringere Problem sein. Entscheidend ist eher der unternehmerische Mut. Perspektivisch gilt auch für multimediale Erzählprojekte genau das, was dem Management-Nachwuchs an Business Schools im In- und Ausland schon seit jeher gepredigt wird: »You have to spend money to earn money.« Ohne Investition keine Innovation. Und ohne Innovation auf Dauer kein Profit.

Index

Index

Stichwortverzeichnis

D

E

F

G

U

V

W

Y

Z

Medienwebsites

Firmenwebsites

Literaturverzeichnis

Altmeppen, Klaus-Dieter/Hans-Jürgen Bucher/ Martin Löffelholz (Hg.)(2000): *Online-Journalismus.*
Opladen: Westdeutscher Verlag.

Balázs, Stefan (2005a): *Das missverstandene Medium? Probleme des Online-Journalismus.*
In: Fachjournalist, Nr. 19 (2005), S. 3-8.

Balázs, Stefan (2005b): *Die Emanzipation der Online-Medien.*
In: Fachjournalist, Nr. 20 (2005), S. 4-9.

Bernard, Michael (2001): *Developing Schemas for the Location of Common Web Objects.*
Webquelle (zuletzt aufgerufen am 22.02.2011): http://surl.org/usabilitynews/31/web_object.asp

Bernard, Michael (2002): *Examining User Expectations for the Location of Common E-Commerce Web Objects.*
Webquelle (zuletzt aufgerufen am 22.02.2011): http://www.surl.org/usabilitynews/41/web_object-ecom.asp

Bernard, Michael/ Ashwin Sheshadri (2004): *Preliminary Examination of Global Expectations of Users' Mental Models for E-Commerce Web Layouts.*
Webquelle (zuletzt aufgerufen am 22.02.2011): http://www.surl.org/usabilitynews/62/web_object_international.asp

Bernstein, Mark (2001): *Patterns of Hypertext.*
Webquelle (zuletzt aufgerufen am 22.02.2011): http://www.eastgate.com/patterns/Print.html

Bhatti, Nina/Anna Bouch/Allan Kuchinsky (2000): *Integrating User-Perceived Quality into Web Server Design.*
Webquelle (zuletzt aufgerufen am 22.02.2011): http://www.hpl.hp.com/personal/Nina_Bhatti/papers/www2000.pdf; eine Zitationshistorie für dieses Dokument gibt es auf: http://citeseerx.ist.psu.edu/viewdoc/summary?doi=10.1.1.5.4141

Bhatti, Nina/Anna Bouch/Allan Kuchinsky (2000): *Quality is in the Eye of the Beholder: Meeting Users' Requirements for Internet Quality of Service.*
In: CHI 2000. The Hague, The Netherlands. (Ausgabe: April 2000), S. 297-304.
Online-Exzerpt: http://www.websiteoptimization.com/speed/1/1-3.html

Birkerts, Sven (1997): *Die Gutenberg-Elegien.*
Frankfurt am Main: S.Fischer.

Bogula, Werner (2007): *Leitfaden Online-PR.*
Konstanz: UVK.

Brand-Sassen, Katja/Thorsten Wilhelm (2009): *Imagery III: Erwartungskonforme Website-Gestaltung – Ergebnisse einer Längsschnittanalyse (2003 bis 2009).*
In: Forschungsbeiträge der eResult GmbH.
Webquelle (zuletzt aufgerufen am 23.02.2011): http://www.eresult.de/studien_artikel/forschungsbeitraege/imagery_III.html

Briggs, Mark (2010): *Journalism Next.*
Washington: CQ Press.

Bucher, Hans-Jürgen/Ulrich Püschel (Hg.) (2001): *Die Zeitung zwischen Print und Digitalisierung*.
Opladen: Westdeutscher Verlag.

Bucher, Hans-Jürgen/Steffen Büffel/Jörg Wollscheid (2003): *Digitale Zeitungen als ePaper: echt Online oder echt Print?*
In: Media Perspektiven 9/2003, S. 434-444.

Bull, Andy (2010): *Multimedia Journalism*.
New York: Routledge.

Catledge, Lara D./James E. Pitkow (1995): *Characterizing Browsing Strategies in the World-Wide Web*.
Download unter Webquelle (zuletzt aufgerufen am 22.02.2011; URL muss kopiert werden):
citeseerx.ist.psu.edu/viewdoc/download?doi=10.1.1.103.4010&rep=rep1&type=pdf

Cooper Murphy (Hg.)(2010): *iPad Consumer Usage Study*.
Webquelle (zuletzt aufgerufen am 22.02.2011):
http://cmcopywriters.co.uk/ipad-consumer-usage-study

Fischer, Mario (2009): *Website Boosting 2.0*.
Bonn: mitp.

Grüner, Ulf (Hg.)(2008): *Handbuch Web-Video*.
Norderstedt: Books on Demand.

Heijnk, Stefan (1997a): *Textoptimierung für Printmedien*.
Opladen: Westdeutscher Verlag.

Heijnk, Stefan (1997b): *Online-Journalismus – neue Erzählformen für ein neues Medium*.
In: Sage & Schreibe, 5/1997, S.8-9

Heijnk, Stefan (2010a): *Storytelling im Web - Erzählen mit Hyperlinks*.
Webquelle (zuletzt aufgerufen am 22.02.2011):
http://www.texten-fuers-web.de/?p=479

Heijnk, Stefan (2010b): *Storytelling im Web - Onlinejournalistische Textformen*.
Webquelle (zuletzt aufgerufen am 22.02.2011):
http://www.texten-fuers-web.de/?p=648

Heijnk, Stefan (2010c): *Storytelling im Web – Das Hypermedia-Patchwork.*.
Webquelle (zuletzt aufgerufen am 22.02.2011):
http://www.texten-fuers-web.de/?p=670

Heijnk, Stefan (2011): *Wischen statt Blättern. Zeitungs-Apps fürs iPad konzipieren*.
In: Message, 1/2011, S.70-76.

Hoffacker, Gabriele (2010): *Online-Journalismus*.
München: List.

Heindl, Eduard (2003): *Die Besuchsdauer auf einer Webseite*.
Webquelle (zuletzt aufgerufen am 22.02.2011):
http://www.heindl.de/web-kolumne/die-besuchsdauer-auf-einer-webseite.html

Johnson, Steven (1997): *Interface-Culture*.
New York: HarperCollins.

Luckie, Mark. S.: *The Digital Journalist's Handbook*.
Eigenverlag.

Lynch, Patrick J./Sarah Horton: *Web Style Guide: Basic Design Principles for Creating Web Sites (2008)*.
Webquelle (zuletzt aufgerufen am 22.02.2011):
http://webstyleguide.com/index.html

O'Reilly, Tim/Sarah Milstein: *Das Twitterbuch*. Köln: O'Reilly.

Matzen, Nea (2010): *Onlinejournalismus*. Konstanz: UVK.

McAdams, Mindy (2005): *Flash Journalism*. Burlington: FocalPress.

McCloud, Scott (2000): *Reinventing Comics*. New York: Harper Collins.

Meier, Klaus (Hg.)(2007): *Internet-Journalismus*. Konstanz: UVK.

Neuberger, Christoph/Jan Tonnemacher (Hg.)(1999): *Online – die Zukunft der Zeitung?* Opladen:Westdeutscher Verlag.

Nielsen, Jakob (2010): *Website Response Times*. Webquelle (zuletzt aufgerufen am 22.02.2011): http://www.useit.com/alertbox/response-times.html

Nielsen, Jakob (2009): *Mobile Usability*. Webquelle (zuletzt aufgerufen am 22.02.2011): http://www.useit.com/alertbox/mobile-usability.html

Nielsen, Jakob (1997): *The Need for Speed*. Webquelle (zuletzt aufgerufen am 22.02.2011): http://www.useit.com/alertbox/9703a.html

Nielsen, Jakob (1993): *Response Times: The 3 Important Limits*. Webquelle (zuletzt aufgerufen am 22.02.2011): http://www.useit.com/papers/responsetime.html

Nielsen, Jakob/Hoa Loranger (2006): *Web Usability*. Berkeley: NewRiders.

Nielsen, Jakob/Kara Pernice (2010): *Eyetracking Web Usability*. Berkeley: NewRiders.

N.N. (2010): *The Habits of Online Newspaper Readers. Wallstreet Journal*. Webquelle (zuletzt aufgerufen am 22.02.2011): http://online.wsj.com/article/SB10001424052748703326204575616310040096840.html?mod=e2tw

Outing, Steve/Laura Ruel: *Poynter Eyetrack III – What We Saw Through Their Eyes*. Webquelle (zuletzt aufgerufen am 22.02.2011): http://www.poynterextra.org/eyetrack2004/

Pörksen, Bernhard/Joan Kristin Bleicher (Hg.) (2004): *Grenzgänger. Formen des New Journalism*. Wiesbaden: VS-Verlag.

Schneider, Wolf (1991): *Deutsch für Profis*. Hamburg: Gruner+Jahr.

Schneider, Wolfgang (2010): *Übersicht über die Grundsätze der Dialoggestaltung nach DIN EN ISO 9241-110*. Webquelle (zuletzt aufgerufen am 22.02.2011): http://www.ergo-online.de/site.aspx?url=html/software/grundlagen_der_software_ergon/grundsaetze_der_dialoggestalt.htm

Schumacher, Peter (2008): *Rezeption als Interaktion*. Baden-Baden: Nomos.

Shaikh, Dawn/Kelsi Lenz (2006): *Where's the Search? Re-examining User Expectations of Web Objects*. Webquelle (zuletzt aufgerufen am 22.02.2011): http://www.surl.org/usabilitynews/81/webobjects.asp

Spielkamp, Matthias/Melanie Wieland (2003): *Schreiben fürs Web. Konzeption, Text, Nutzung.* Konstanz: UVK-Verlag.

Spool, Jared M./Christine Perfetti/David Brittan (2004): *Designing for the Scent of Information.*
Webquelle (kostenpflichtig; zuletzt aufgerufen am 22.02.2011): http://www.uie.com/reports/scent_of_information/

Storm, Brian (o.J.): *Gathering Audio.*
Webquelle (zuletzt aufgerufen am 23.02.2011): http://www.mediastorm.com/train/resources/MediaStorm_Gathering_Audio.pdf

Teigeler, Peter (1982): *Verständlich schreiben sprechen informieren.*
Bad Honnef.

Warren, Christina (2010): *An In-Depth Look at How People Are Using the iPad.*
Webquelle (zuletzt aufgerufen am 22.02.2011): http://mashable.com/2010/07/08/ipad-usage-report

Wegner, Dushan (2004): *Der Videojournalist.*
Stein-Bockenheim: Mediabook.

Weischenberg, Siegfried (1988): *Nachrichtenschreiben.*
Opladen: Westdeutscher Verlag.

Wirth, Werner/Wolfgang Schweiger (1999): *Selektion im Internet. Empirische Analysen zu einem Schlüsselkonzept.*
Opladen: Westdeutscher Verlag.

Ein Online-Literaturverzeichnis inklusive einer Linkliste der im Buch erwähnten Beispiel-Websites finden Sie auf: http://www.texten-fuers-web.de/?page_id=1229

Das Passwort lautet: Freikarte.